Hans Hellmut Kirst wurde am 5. Dezember 1914 in Osterode in Ostpreußen geboren. Seine Vorfahren waren Bauern, Beamte und Handwerker. Im zweiten Weltkrieg nahm er an den Feldzügen in Polen, Frankreich und Rußland teil. Später versuchte er sich in vielen Berufen, war landwirtschaftlicher Angestellter, Straßenarbeiter, Gärtner, Dramaturg und Kritiker. Seine über 50 Bücher erreichten eine Weltauflage von 14 Millionen Exemplaren in 30 Sprachen. Er starb am 23. Februar 1989 in Bremen.

Außer dem vorliegenden Band sind von Hans Hellmut Kirst als Goldmann-Taschenbücher erschienen:

Alles hat seinen Preis. Roman (9236)
Aufruhr in einer kleinen Stadt. Roman (8487)
Aufstand der Soldaten. Roman (6895)
Deutschland, deine Ostpreußen.
Erinnerungen an eine unvergessene Heimat (9096)
Fabrik der Offiziere. Roman (6588)
Faustrecht. Roman (6597)
Glück läßt sich nicht kaufen. Roman (3711)
Gott schläft in Masuren. Roman (6444)
Held im Turm. Roman (6615)
Kameraden. Roman (6789)
Keiner kommt davon. Roman (3763)
Kein Vaterland. Roman (6823)
Kultura 5 und der Rote Morgen. Roman (6844)
Die letzte Karte spielt der Tod. Roman (9276)
Letzte Station Camp 7. Roman (6605)
Mit diesen meinen Händen. Roman (8367)
Der Nachkriegssieger. Roman (6545)
Die Nacht der Generale. Roman (3538)
08/15 in der Kaserne. Roman. Teil 1 der »08/15«-Trilogie (3497)
08/15 im Krieg. Roman. Teil 2 der »08/15«-Trilogie (3498)
08/15 bis zum Ende. Roman. Teil 3 der »08/15«-Trilogie (3499)
08/15 heute. Der Roman der Bundeswehr (1345)
Das Schaf im Wolfspelz. Ein deutsches Leben (8658)
Verdammt zum Erfolg. Roman (6779)
Verfolgt vom Schicksal. Roman (8815)
Verurteilt zur Wahrheit. Roman (8848)
Wir nannten ihn Galgenstrick. Roman (8507)
Die Wölfe. Roman (6624)

HANS HELLMUT KIRST

Generals-affären

ROMAN

GOLDMANN VERLAG

Ungekürzte Ausgabe

Umschlagbild: Generaloberst Werner Freiherr von Fritsch
und Reichskriegsminister Werner von Blomberg.
Ausschnitt aus einem Foto von 1936

Der Goldmann Verlag
ist ein Unternehmen der Verlagsgruppe Bertelsmann

Made in Germany · 4. Auflage · 10/89
© 1977 C. Bertelsmann Verlag GmbH, München
Umschlagentwurf: Design Team München
Umschlagfoto: Süddeutscher Verlag (Bilderdienst), München
Druck: Elsnerdruck, Berlin
Verlagsnummer: 3906
MV · Herstellung: Klaus Voigt
ISBN 3-442-03906-1

Den Opfern
der Verleumdung

Von Opfern
der Verführung

Es ist keine Übertreibung, wenn man sagt, daß ein privater Vorfall der Tragödie Vorspiel darstellte.

Sir Neville Henderson,
letzter britischer Botschafter in Berlin.

Wenn ein deutscher Feldmarschall eine Hure heiratet, dann ist in dieser Welt alles möglich.

Adolf Hitler, Führer und Reichskanzler.

Niemals in der Geschichte seiner Diktatur bewies er auf dramatischere Weise sein Genie, Gelegenheiten beim Schopf zu packen.

Der amerikanische Historiker
Harold C. Deutsch.

Dieses Mädchen Eva Gruhn hat Weltgeschichte gemacht!

Generaloberst Jodl.

Hitler hält keinem die Treue, er verrät auch Sie; innerhalb von wenigen Jahren!

General Ludendorff
zum Generaloberst von Fritsch,
Frühsommer 1936

Die letzte und entscheidende Anregung zu diesem Buch: ein Brief.

»Sehr geehrter Herr!
Ich muß Sie wohl vor mir, dem Verfasser dieses Schreibens, nachdrücklich warnen. Wenn ich das nicht tue, werden das gewiß andere alsbald versuchen. Denn ich darf als eine ›umstrittene‹ bis ›fragwürdige‹ Person gelten. Ich wurde, und werde immer noch, als ›Mitglied einer verschwörerischen Generalsclique‹ bezeichnet, aber auch als ›ein mutmaßlicher Ehrenmann mit nicht ganz durchschaubarer Vergangenheit‹.

Im Grunde jedoch bin ich lediglich ein Zeuge jener Zeit gewesen – freilich einer, der ich nicht ganz tatenlos zuzuschauen vermochte. Die Voraussetzungen, die sich dabei für mich ergaben, dürfen wohl als denkbar günstig bezeichnet werden. Denn ich besaß damals, in den dreißiger Jahren, als koordinierender Regierungsrat im Preußischen Innenministerium in Berlin, einen Beobachtungsposten sondergleichen. Hinzu kamen diverse, uns Heutigen wohl seltsam bis extrem erscheinende Verbindungen in die verschiedenartigsten Gesinnungsbereiche hinein. Und darüber hinaus existierte auch noch für mich eine ungewöhnliche und folgenreiche Jugendfreundschaft – mit einem der damals ganz Mächtigen.

All das ermöglichte mir interne Einblicke; speziell in jene Vorgänge, für welche die Historiker inzwischen die Bezeichnung ›die Affäre der Generale‹ gefunden haben. Es handelt sich dabei um scheußliche, schurkische, brutal angezettelte Intrigen, um eindeutig kriminelle Vorgänge, denen der Generalfeldmarschall von Blomberg und der Generaloberst von Fritsch zum Opfer fielen. Diese Tragödie der beiden ›ersten Soldaten des Reiches‹ ist im Getöse ›großdeutscher Geschichte‹ nahezu untergangen.

In diesen Fällen hat es sich jedoch um den letzten Endes absolut entscheidenden Machtkampf hinter den Kulissen des ›Dritten Reiches‹ gehandelt. Dabei ging es, unter Anwendung von Betrug, übler Nachrede und Urkundenfälschung, um die totale Vereinnahmung der Wehrmacht, um die endgültige Auflösung des deutschen Soldatentums, und damit um die vielleicht wichtigste Weichenstellung für den Untergang.

Meine Aufzeichnungen, Notizen und gesammelten Aussagen über dieses unfaßbar schäbige Hintertreppenstaatstheater stelle ich Ihnen, wenn Sie wollen, zur Verfügung – gewissermaßen mit spitzen Fingern. Machen Sie damit, was Sie für richtig halten.

Mit freundlichem Gruß!

Dr. Erich Meller.«

Dies ist dennoch, wie gehofft wird, ein um menschliches Verständnis und Mitgefühl bemühter Roman geworden. Der jedoch zugleich, was kein Widerspruch sein muß, in sehr vielen Einzelheiten den Dokumenten und den Berichten der Zeitgenossen folgt. Das ist ein sicher notwendiger Versuch.

Denn inzwischen sind bereits Historiker aller Spielarten, Parteinehmer und Selbstdarsteller, fleißig am Werk. Sie alle sind bemüht, ein detailgetreues Abbild des sogenannten Dritten Reiches zu geben, also »reale Geschichtsschreibung« zu betreiben. Dazu gehört die Analyse aller nachweisbaren Zeitströmungen und Machtgruppierungen, die Untersuchung der anhand von Dokumenten erkennbaren Einflußbereiche, Maßnahmen, Möglichkeiten, Versäumnisse, Mißgriffe.

Bei dieser Methode droht jedoch der Mensch, das Menschliche übersehen zu werden, wenn nicht gar unter so emsig gesammelten Zahlen, Daten und Fakten völlig unterzugehen. Politische und militärische Schlachten sind auf diese Weise in jeder ihrer Phasen beschrieben worden – ohne daß den Leser dabei auch nur eine Ahnung befiele vom Schicksal der verblutenden, gequälten, verröchelnden Opfer. Allenfalls erscheinen sie ihm als der nun einmal notwendige »Dünger der Weltgeschichte«.

Mit dieser Feststellung soll der Wert exakter Tatsachen-vermittlung, also das Verdienst der fleißigen Rechercheure, nicht angezweifelt werden. Absolut zutreffend haben sie fest-gestellt:

1. Ein ranghoher General, ein ehrenwerter Soldat, konnte – und zwar wissentlich erlogen – als »Homosexueller« öf-fentlich angeprangert werden. Das war damals eine nicht nur gesellschaftlich vernichtende Beschuldigung. Mit einer derar-tigen Unterstellung konnte man jeden, ganz nach Wunsch, für immer »ausschalten«.

2. Ein anderer General, und zwar der nach Rang und Stel-lung damals höchste der Wehrmacht, konnte auf Grund ver-fälschter und gefälschter Dokumente, nach denen er eine »Prostituierte« geheiratet haben sollte, fast mühelos um alle seine Ämter gebracht werden.

Spätestens wenn ein auch nur halbwegs nachdenklicher Betrachter solche Tatsachen zur Kenntnis nimmt, muß er sich wohl fragen: Was ist denn damals tatsächlich geschehen? Was hat sich in jenen Menschen, die kriminellen Machtinteressen geopfert wurden, wirklich abgespielt? Und wie brachten sie es fertig, obgleich so tief verletzt und verleumdet, dennoch weiterzuleben?

In dem Bemühen, dies zu ergründen, wird geglaubt, daß sich die folgende Erkenntnis zwangsläufig anbietet:

Der eine jener Generale ist von ahnungsloser Aufrichtig-keit gewesen – was höchst ehrenwert sein mag, was jedoch im Machtbereich von Kriminellen einer ziemlich totalen Selbst-zerstörung gleichkommt. Der andere war in den entscheiden-den Augenblicken seines Lebens nichts als ein hingebungsvoll liebender Mensch, ein Mann. Und die Frau, die er liebte, fiel einem gemeinen Rufmord zum Opfer.

Beide »Affären«, die nicht nur zeitlich sehr eng miteinan-der verbunden sind, entwickelten sich mit ihren bewegenden, zuweilen fast rührenden Einzelheiten zu einer menschlichen Tragödie.

Der Beginn dieser heiklen, oftmals absurd erscheinenden Ereignisse läßt sich genau registrieren: Berlin, 22. November 1933. Wannsee-Bahnhof am Potsdamer Platz.

1
Fragwürdige Anfänge

Damals, als hier alles begann, endete ein dunkler, verregneter Tag. Der Himmel über Berlin, der Hauptstadt des bereits seit zehn Monaten bestehenden nationalsozialistischen Reiches, schien sich in tiefer Erschlaffung herabgesenkt zu haben. Blaudunkel lauernde Müdigkeit breitete sich aus.

Kein Polizeibeamter war in Sicht. Die Straßen waren menschenleer. Hier im S-Bahnhof Wannsee gähnte die diensttuende Angestellte hinter ihrem Schalter. Sie sah den Mann nicht, der sich gegen eine der verwitterten Säulen lehnte; vermutlich wollte sie ihn gar nicht sehen. Er glich einem fahlen Schatten, konnte irgendein »Eckensteher« sein, vielleicht aber auch ein »Geheimer«. Es schien ratsam, einen solchen Menschen nicht zur Kenntnis zu nehmen. Denn wer wollte sich schon, in dieser Zeit, völlig unnötigerweise Schwierigkeiten einhandeln!

In der Herrentoilette rauschte die Wasserspülung auf – zum dritten Mal innerhalb der letzten halben Stunde. Doch niemand verließ jenen Raum. Die Angestellte hinter dem Schalter nahm auch das, ganz bewußt, nicht zur Kenntnis.

Doch der Mann an der Säule grinste breit, nickte wie wissend vor sich hin, schien mäßig amüsiert. Er wartete beharrlich. Er wußte, worauf.

Dieser Mensch hieß Otto Schmidt; er wurde in seinen

Kreisen auch Otto-Otto genannt. Was hier geschah, war für ein Wesen seinesgleichen Alltag – ein jedoch oft genug für ihn sehr lohnender Alltag im Bereich von Spülgeräuschen, Männergestöhn, gekeuchten Bekenntnissen.

Doch heute kam das erst noch, bahnte sich jedoch bereits wie unvermeidlich an. Denn nun sah er eine Anzahl männlicher Wesen, fünf oder sechs, die Treppe herunterkommen, in hörbar guter Stimmung, scherzend, plaudernd, wie in schillernde Nachtbläue getaucht.

Otto-Otto registrierte, nun sehr wachsam: Heeresoffiziere! Und unter ihnen ein Herr in Zivil, im vorgeschrittenen Alter: hahnenhaft gereckt, mit hellsäuselnder Stimme, gehüllt in einen ehemals elegant gewesenen schwarzdunklen Mantel mit bärbraunem Pelzkragenbesatz.

Und der meinte, sich wiegend, fast tänzelnd: »Das, meine lieben, verehrten Kameraden, war doch wohl ein höchst gelungener Abend!«

Bereitwillig wurde ihm zugestimmt. Diese Offiziere hatten einen intensiven Schulungstag hinter sich gebracht und danach vorzüglich gespeist. Nun begaben sie sich in ihre Quartiere oder vielleicht noch in ein Nachtlokal in der Stadtmitte – Friedrichstraße – oder am Kurfürstendamm. Der Kamerad mit dem Pelzkragenmantel hatte sie mit diesbezüglichen Adressen versorgt.

Nahezu herzlich verabschiedeten sie sich, freudig lautstark, mit kräftigem Händedruck. Dann bestiegen sie, lebhaft winkend, die S-Bahn; schnell entschwand der Zug in der Dunkelheit. Der Pelzkragenmensch starrte ihm nach, etliche Sekunden lang, mit nun sehr bleich wirkendem Gesicht. Es sah aus, als befände nur er allein sich noch in dieser gekachelten Untergrundwelt.

Dabei schien er angestrengt zu lauschen. Und dann vernahm er, gleich einem Signal, ein erneutes Rauschen der nahen Wasserspülung. Er setzte sich in Bewegung. Von Otto-Otto hoffnungsvoll belauert.

Dieser Otto Schmidt kannte etliche der nächtlichen Spielarten dieses Verlangens. Die waren gewiß nicht nur in Berlin üblich, hier jedoch besonders unerwünscht, in dieser Hauptstadt des Dritten Reiches, wo neuerdings überaus wortstark Wert auf Sitte, Moral und Sauberkeit gelegt wurde. Unerwünschte Elemente waren also zu bekämpfen. Und dabei half Otto Schmidt mit, auf seine Art.

Davon lebte der sogar – zeitweise gar nicht schlecht. Das konnte er allerdings nur deshalb, weil er der Polizei mit einer gewissen Regelmäßigkeit Hinweise und Adressen lieferte. Daß ihm dabei ein einzigartiger Volltreffer gelingen könnte, vermochte er nicht zu ahnen. Und hätte er es geahnt – er würde vermutlich versucht haben, einen derartigen »Erfolg« um jeden Preis zu vermeiden. Schließlich wollte er nichts wie kassieren, das aber möglichst in aller Ruhe.

Zunächst jedenfalls wußte Otto-Otto lediglich dies: diese Herrentoilette im S-Bahnhof Wannsee war eine Art Sprechzimmer; und zwar pflegte dort einer seiner Kollegen auf Kundschaft zu warten – zwischen Pißbecken und Scheißschüsseln. Und das Ziehen der Wasserleitung war sein Lockruf.

Zu diesem Abortmenschen begab sich nun der Herr mit dem bärbraunen Pelzkragenmantel. Mit plötzlich sehr schnellen, wie drängenden Bewegungen. »Geradezu triebhaft!« sollte es später, in einem Vernehmungsprotokoll, heißen.

Aus dem Bericht des Dr. Erich Meller
»Auskünfte, die mir der Kriminalbeamte Georg Huber gab:
›Bei diesem Mann in der Herrentoilette handelte es sich um

einen gewissen Weingartner, mit Vornamen Josef. Der wurde auch, in einschlägigen Fach- und Benutzerkreisen, als ›Bayern-Seppl‹ bezeichnet. Doch eben dadurch wurde ich schon frühzeitig auf ihn aufmerksam. Denn im Präsidium, wie auch später bei der Gestapo, pflegte man mich den ›Bayern-Schorsch‹ zu nennen.

Nun gut! Dieser Weingartner-Josef jedenfalls durfte als ein auf Homosexuelle getrimmter Hinhalter gelten. Dabei war der alles andere als ein strammer Strichjunge; er wirkte vielmehr schon leicht verbraucht. Doch grade deshalb war er sehr bereitwillig; denkbar wahllos, begnügte er sich mit höchstens mittleren Preisen.

Wer ihn bezahlte, den ›bediente‹ er auch – sicher etliche hundert Male in den Jahren von 1933 bis 1937. Meistens spielten sich derartige Vorgänge in Bahnhofsgegenden ab, jedoch nicht auf den Bahnhofstoiletten – die dienten lediglich zur Kontaktaufnahme. Die eigentliche Kundenbedienung erfolgte dann an möglichst abgelegenen Orten, oft im Freien – um eine Annäherung Dritter, etwa gar der Polizei, rechtzeitig erkennen zu können.

Die damaligen Preise für derartige Dienstleistungen, wie sie ein niederrangiger, allerhöchstens mittelklassiger ›Bediener‹ wie Weingartner verlangte, bewegten sich, je nach Art und Umfang der Manipulation, zwischen 10 und 40 Reichsmark. Mehr als 50 Reichsmark waren für diese Type bestimmt nicht drin.

Das alles, Herr Regierungsrat, erzähle ich Ihnen nicht, um Sie zu erfreuen oder moralisch erschauern zu lassen – dazu sind diese Dinge wohl auch kaum geeignet. – Ich versuche lediglich, Sie auf einige bemerkenswerte Tatsachen in diesem Zusammenhang aufmerksam zu machen:

Weingartner war ein fleißig genutztes Verbrauchsobjekt – jedoch in diesem Bereich ohne jeden ›Rang‹. Er hatte Hun-

derte von Kunden, deren Namen er nicht kannte, von denen
er kaum wußte, wie sie aussahen. Zumal er die Dunkelheit
bevorzugte – schon seinetwegen; denn er war eben, wie
schon angedeutet, alles andere als ein attraktiver Lust-
knabe.

Woraus, nach den Erfahrungen in unserem Metier, zu fol-
gern ist: dieser Bursche konnte wohl kaum das erklärte
sexuelle Wunschobjekt eines Menschen von einiger Kultur
sein! Doch genau das wurde angenommen. Und kommen Sie
mir nun nicht damit, lieber Herr Regierungsrat Meller, daß
in den allzu menschlichen Bereichen eben nichts undenkbar
sei.

Das mag, im Prinzip, durchaus stimmen – trifft aber doch
wohl dort nicht zu, wo ein hoher Rang, eine gutbezahlte Stellung eine gewisse Auswahl durchaus ermöglichen. Selbst in
dem Bereich. Mithin vermag ich mir einen General, noch dazu
einen in hoher Position, im Verkehr mit einer so miesen
Kreatur wie Weingartner einfach nicht vorzustellen! Sie
etwa?‹«

Schmidt, Otto-Otto, hielt sich weiter im Schatten der Säulen
des Wannsee-Bahnhofs auf. Er brauchte jetzt nur noch abzu-
warten – und die bei seiner Profession erforderliche Geduld
besaß er.

Was sich hier abspielte, war für ihn, den Kenner der Szene,
ein alltägliches, allnächtliches Ereignis. »Diese Sittensäue« –
so hieß es dann später in den Akten – »begaben sich in Funktion.«

Der Pelzkragenmensch strebte jetzt, unmittelbar hinter
dem »Bayern-Seppl«, sehr dicht hinter dem, ins Freie und
folgte ihm durch eine dunkle Seitenpassage, über mehrere

Gleise hinweg, zu einem verrosteten Drahtzaun, der die Bahnstation von dem benachbarten Güterdepot trennte.

Und dort, zwischen vielfach gestapelten Baumaterialien – Zementsäcke, Ziegel und Bretter – fand dann das statt, was man gemeinhin einen »homosexuellen Akt« zu nennen pflegt. Dauer: etwa fünf bis acht Minuten. Preisklasse: vermutlich dreißig Reichsmark.

Otto-Otto kannte das alles. Er brauchte sich mithin gar nicht von der Stelle zu rühren, nicht zuzuschauen. Er würde dennoch, zu gegebener Zeit, alles, was man von ihm verlangte, beschwören können.

Weitere Auszüge aus dem Bericht des Dr. Erich Meller, zur Zeit jener Vorgänge Regierungsrat im Preußischen Innenministerium, Berlin:

»Einfach lächerlich: diese neuerdings immer wieder unternommenen Versuche, die damaligen Vorgänge als ›staatspolitisch verständlich‹ verharmlosen zu wollen. Vielmehr hat es sich dabei, ganz eindeutig, um gemeine, hinterhältige kriminelle Machenschaften gehandelt. Und die vollzogen sich auch in Bereichen, für die der sogenannte ›soldatische Ehrenkodex‹ gültig war. Den galt es zu treffen, möglichst auszuschalten.

Nach dem ersten verlorenen Weltkrieg retteten sich Reste der großen Armee, zumeist eindeutig konservative, standesbewußte Offiziere, in die als ›Reichswehr‹ bezeichnete Institution – das sogenannte ›Hunderttausend-Mann-Heer‹. Dessen dominierender Befehlshaber war der hochbefähigte Generaloberst von Seeckt. Er erstrebte eine ›über allen Parteien‹ stehende Neutralität des Heeres. Doch dann kam dieser Hitler. Und dem gelang es, selbst noch so selbstsicher auftretende Generäle glatt aufs Kreuz zu legen – nicht Seeckt; der starb vorher.

Zu diesen planvoll erledigten Opfern gehörte jedoch das berühmte ›Doppelgestirn‹ des Weltkrieges mit der Nummer eins: Hindenburg und Ludendorff.

Letzteren, den einst als genial gepriesenen Generalstabschef des kaiserlichen Heeres, erledigte Hitler zuerst: er machte aus ihm, an seiner Seite, beim Marsch auf die Feldherrnhalle, München, 1923, einen gescheiterten Putschisten; später verwandelte sich der bitter Enttäuschte in einen germanisch-völkischen Spintisierer.

Generalfeldmarschall Paul von Hindenburg, die Symbolfigur deutschester Kriegerherrlichkeit – ›Im Felde unbesiegt‹ –, erledigte Adolf Hitler später, als der Reichspräsident bereits ein würdig seniler Trottel geworden war. Das geschah, ähnlich wie einst bei Ludendorff, nach schamlos ergebenen Anbiederungsversuchen und intensiven Treuebekenntnissen: er, Adolf Hitler, Soldat des großen Krieges, mit dem Eisernen Kreuz Erster Klasse ausgezeichnet, versicherte, daß er jederzeit bereit sei, für die soldatische Ehre einzutreten.

Was Hitler vermutlich auch so meinte, wie er es gesagt hatte – allerdings von seiner Sicht aus! Jedenfalls glaubte man bereitwillig in soldatischen Kreisen: Der ist gewiß einer unserer Besten! Der kann Massen organisieren und volksverräterische Elemente, etwa Kommunisten, Pazifisten und Sozis, unschädlich machen. Dafür bürgt sein Frontsoldatengeist.

In der sicheren Gewißheit ›Der wird spuren‹ ernannte der Generalfeldmarschall und Reichspräsident, also Hindenburg, den einstigen Gefreiten und nunmehrigen Parteiführer am 30. Januar 1933, dem sogenannten ›Tag der Machtübernahme‹, zum Reichskanzler.

Und der schien sich tatsächlich vor den geheiligten Traditionen deutscher Soldatenherrlichkeit beugen zu wollen – zumindest verbeugte er sich davor. In der Potsdamer Garnisonkirche, wo Hitler eine Rede über die ›wahren Werte‹ eines Volkes gehalten hatte, reichte ihm der ›greise Feldherr‹ gerührt und anerkennend seine Rechte. Die Generalität sah vielversprechende, postenreiche, finanzkräftige Zeiten auf sich zukommen.

Die ›Sturmabteilungen‹ der Partei, kurz SA genannt, eine nach Millionen zählende, sich ehrgeizig vordrängende militante Truppe, wurden alsbald brutal in ihre Grenzen verwiesen – ihr Stabschef Ernst Röhm und mit ihm zahlreiche hohe SA-Führer wurden ermordet. Hitler gab die Parole aus: ›Der alleinige Waffenträger Deutschlands ist die Wehrmacht!‹ Das war ein Ausspruch nach dem Herzen Hindenburgs; er erfüllte die Generalität mit noch größerer Hoffnung. Doch sie alle kannten diesen ihren ›Führer‹ nicht; sie pflegten ihren großen Irrtum, für sie war er nichts als ein kleiner Gefreiter, ein Emporkömmling und letzten Endes ihr Untergebener.

Hindenburg selbst fand, in seiner schnell fortschreitenden Greisenhaftigkeit, alsbald höchste, fast weihevolle Worte der Anerkennung für ihn. Nach einem Abendessen im Reichspräsidentenpalais, bei dem ich anwesend war, vernahm Hindenburg Flugzeuggeräusche, denen er nahezu versonnen lauschte. Um dann zu verkünden: ›Das – ist *er*!‹ Also Hitler. ›Der macht sich Sorgen um unser Deutschland. Der ist immer unterwegs!‹

Nach einer derartig geistesschwachen Greisenreaktion schien hier nun wohl nichts mehr unmöglich. Immerhin gab dieser Reichspräsident, auf Hitlers Vorschlag, am 1. Juni 1935 zwei entscheidend wichtige Ernennungen bekannt: Der Generaloberst Werner von Blomberg erhielt den Rang eines Generalfeldmarschalls, wurde Oberbefehlshaber der Wehrmacht und Reichskriegsminister. Doch zugleich wurde, wie um den vorausschaubaren Unwillen konservativer Offizierskreise zu dämpfen, der Generaloberst Werner Freiherr von Fritsch zum Oberbefehlshaber des Heeres ernannt.

Und diese zweite Ernennung war ein höchst geschickter Schachzug: einem angeblich mit dem Nationalsozialismus sympathisierenden General wurde ein Offizier alter preußischer Schule an die Seite gestellt. Eine Konstellation, mit der sich durchaus einiges anfangen ließ.

Heute will es so erscheinen, als habe Hitler das vorausgesehen. Bei der nun bald beginnenden schaurigschönen Schmierenstaatstheater-Vorstellung besaß ich einen Logenplatz. Den verdankte ich nicht zuletzt der Tatsache, daß ich einen ›Jugendfreund‹ sondergleichen hatte.«

Otto-Otto, dieser Lauscher im Wannsee-Bahnhof, war seiner Sache sicher, als er den Mann im Pelzkragen von den hinteren Gleisanlagen wieder auf sich zukommen sah. Der wirkte nun sehr erleichtert, zugleich aber auch bedrückt. Er sah sich nach allen Seiten um, als fürchte er, gleich einem Wild umstellt zu werden.

Doch dann befand er wohl, daß er völlig allein auf diesem Bahnsteig war, was ihn tief aufatmen ließ und sichtlich entspannte. Er angelte ein weißes Tuch aus seiner rechten Manteltasche und betupfte damit sein schweißnasses Gesicht. Dann aber sah er aus dem Halbdunkel der S-Bahn-Anlage einen Mann auf sich zukommen.

Der, im schlotternden Regenmantel, den Schlapphut tief ins Gesicht gedrückt, bewegte sich lässig, fast tänzelnd auf den Mann mit dem Pelzkragen zu. Blieb vor ihm stehen – als studiere er die Plakate an einer Litfaßsäule.

Dann sagte er, fast gemütlich: »Ihre Tätigkeit ist beobachtet und registriert worden. In allen Einzelheiten.«

Der Mann im Pelzkragenmantel wich zurück, zog seinen

blendendweißen Schal noch enger um den Hals und schien sogar sein Gesicht, das mondlichthaft bleich geworden war, bedecken zu wollen. Er sagte kein Wort.

Schmidt, Otto-Otto, kannte sich in solchen Situationen aus. Er wußte, daß eine gewisse Wortkargheit das suggestiv Bedrohliche derartiger Vorgänge nur noch zu steigern vermochte. Er blieb stehen, wo er stand – lächelte, keinesfalls freundlich: verächtlich, bedrohlich, lauernd.

In diesem Augenblick rollte ein Zug in den Bahnhof. Der Pelzkragenmensch flüchtete sich hinein. Otto Schmidt folgte ihm gemächlich. Für ihn war die Aktion so gut wie gelaufen: es war nur noch der Preis auszumachen. Ein leider wohl mäßiger, höchstens mittelmäßiger Preis, nach ersten Schätzungen.

In lauernder Geduld geübt, setzte Otto-Otto sich seinem Opfer gegenüber, wobei er registrierte: ein anhaltend strapaziertes, nunmehr wie erschlafft wirkendes Offiziersgesicht, würdig borniert blickend. Flimmernde, um Nachsicht, um Verständnis flehende Augen.

»Wer sind Sie? Und was, bitte, wollen Sie von mir?«

Otto Schmidt gab sich großzügig, als ein äußerst verständnisvolles, menschlich denkendes Wesen. Mit ihm könne man reden. »Mein Name ist Kröger«, sagte er. »Ich bin Kriminalkommissar, Sittenpolizei. Den Rest werden Sie sich denken können.«

Nun erschrak der Mann im Pelzkragenmantel sichtlich. Denn jetzt begriff er, daß er diesmal nicht der Sittenpolizei in die Hände gefallen war wie schon einige Male zuvor. Das war nicht allzu schlimm gewesen; denn die hatte ihrer strengen Beweispflicht nachzukommen, sich an die verbindlichen Verfolgungsregeln ihres Metiers zu halten. Die riskierten nichts, was sie möglicherweise selbst gefährden könnte. Hier

23

jedoch war er an einen Erpresser geraten – an einen äußerst entschlossenen, wie es schien.

Otto Schmidt machte denn auch keine Umstände mehr, um möglichst schnell an sein Ziel zu gelangen, während die S-Bahn dumpf-röhrend quer durch Berlin rollte.

»Ich bin schließlich kein Unmensch«, versicherte er. »Bin das nie gewesen! Was sich jedoch, meine ich, auszahlen sollte – in gewisser Weise. Sie verstehen?«

»Zweihundert Mark«, sagte der Herr im Pelzkragen schnell. »Die könnte ich zahlen – sofort.«

»Wofür, werter Herr, halten Sie mich!« Otto Schmidt gab sich ehrlich entrüstet. »Wollen Sie mich etwa dazu zwingen, Sie auf der nächsten Polizeistation abzuliefern? Mit dem Bayern-Seppl als arschbreitem Zeugen? Das wollen Sie nicht? Nun gut. Wenn ich das also nicht tue, dann aus purer Menschenfreundlichkeit. Das aber sollte Ihnen mindestens fünfhundert Mark wert sein. Na – ist das ein Angebot?«

»Soviel – habe ich nicht. Nicht bei mir.«

»Wo dann?«

»In meiner Wohnung. Wenn Sie mich bis dorthin begleiten wollen . . .«

»Will ich! Mit den dabei notwendigen Absicherungen, versteht sich.« Otto-Otto war Praktiker; er kannte alle Winkelzüge bei solchen Geschäften. »Glauben Sie nicht, daß Sie mir entwischen können! Etwa auf die Tour: vorne ins Haus rein und hinten schleunigst wieder raus, auf Nimmerwiedersehen! So was, werter Herr, ist bei mir nicht zu machen!«

»Ich gebe Ihnen mein Ehrenwort . . .«

»Sie geben mir fünfhundert Mark. Und zwar die zweihundert, die Sie bei sich haben, sofort; die restlichen dreihundert in Ihrer Wohnung. Und nun nennen Sie mir mal Ihren Namen und Ihre Adresse!«

Dabei stellte sich heraus: die Adresse dieses Herrn war

Lichterfelde-Ost – eine Wohngegend von einiger Qualität, bevorzugt von höheren Beamten und Offizieren höherer Dienstgrade. Dort wohnte auch Generaloberst Beck, der Generalstabschef des Heeres.

Der Ausweis dieses Herrn besagte: Ferdinandstraße 20. Beruf: Rittmeister außer Dienst, österreichischer Herkunft. Name: Frisch. Vielleicht auch – von Frisch.

Und der blätterte dann, noch in der gleichen Nacht, seinem Erpresser, nach den ersten zweihundert, weitere dreihundert Mark hin. Das mit der Bemerkung: diese Zahlung falle ihm ungemein schwer, denn schließlich sei er kein begüterter Mann; er müsse, reichlich mühsam, von seinem bescheidenen Ruhestandsgehalt leben.

Otto-Otto kassierte mit unbeweglichem Gesicht.

Weitere Aufzeichnungen des Dr. Erich Meller
»Das Verhältnis zwischen diesem Reichskanzler Hitler und seinen Generalen war von Anfang an unruhig gespannt, ja fragwürdig. Wollte man das auf den einfachsten Nenner bringen, könnte man sagen:

Sie verachteten ihn – und er haßte sie!

Während sie in Hitler einen raffgierigen Gefreiten mit borniertem Geltungsbedürfnis sahen, waren sie in seinen Augen nichts als blöd-stolze Postenjäger und notorische Besserwisser. Beides war nicht ganz aus der Luft gegriffen.

›Sie verstehen mich nicht!‹ klagte Adolf Hitler gekonnt in einem abendlichen Monolog in der Reichskanzlei, an dem ich, mit etlichen anderen, Anteil nehmen durfte. Dieser Vortrag hatte Staatstheaterformat; in edlem Pathos, mehr Schiller als Shakespeare, klagte er: ›Sie vermögen nicht zu erkennen, worauf ich hinauswill!‹ –

›Dieser Herr versteht uns nicht!‹ stellte Generaloberst

25

Beck, der Generalstabschef des Heeres, seinerseits fest. Diese Bemerkung fiel in einem, wie Beck glaubte, verständnisvolleinsichtigen Kameradenkreis, zu dem er auch mich gehören ließ. Dieser General, gewiß ein nobler, sehr zurückhaltender Mann, zählte nicht zu jenen, die Hitler einfach ›den Gefreiten‹ nannten. Für ihn war er ›dieser Herr‹, auch ›der Herr Hitler‹. – ›Der Herr Hitler‹, sagte er, ›vermag offenbar nicht zu erkennen, worauf wir hinarbeiten müssen!‹

Diese Feststellung erläuterte der Generaloberst mit unbedenklich fordernder Offenheit: ›Unsere Wehrmacht kann, zielstrebig ausgebaut, zu einem europäischen Ordnungsfaktor allerersten Ranges werden. Die darin investierten Milliarden könnten, müßten sogar, ein stabilisierendes Friedenselement sondergleichen sein!‹

Adolf Hitler beließ seine Generale in diesem bereitwilligen Glauben. Zumindest in seinen ersten Jahren als Staatsoberhaupt sprach er ihnen bei jeder sich bietenden Gelegenheit seine Hochachtung aus, sein hohes Vertrauen auf kriegskameradschaftliches Zusammengehörigkeitsgefühl. ›Wir sind Deutschland! Keine Verpflichtung kann größer sein!‹

Derartig schöne Aussprüche, oder eben schöne Sprüche, glaubte sich Hitler unbedenklich leisten zu können. Zumal zu seinem engsten Bereich nicht nur der brave von Fritsch gehörte, sondern auch der noble Werner von Blomberg, und dem schien es zu gelingen, sogar betont altdeutsche Generalsstreitrösser zu neutralisieren. Doch daß selbst dieser Blomberg einmal als eine Art ›Sicherheitsrisiko‹ von allerhöchster Rangordnung in Erscheinung treten sollte, oder eben mit kriminellen Methoden, einer Frau wegen, dazu manipuliert werden könnte, das vermochte sich kaum jemand vorzustellen.

Doch eben das traf ein. Dafür sorgte, mit besonderer Intensität, Hermann Göring. Der vermochte es sogar, Unterleibsgefühle in Staatsaktionen umzusetzen.«

Erster Versuch einer romanhaften Gestaltung möglicher Vorgänge um Eva Gruhn.
Thema: Die Warnungen der Mutter

»Ach, du lieber Gott, mein Kind, was ist denn nur in dich gefahren!« rief Mutter Gruhn. »Dein Verhalten kommt mir geradezu größenwahnsinnig vor! Was willst du wirklich?«

»Nichts wie endlich leben!« versicherte Eva, ihre Tochter, in fast feindseligem Ton. »Ich will 'raus aus dieser Enge, diesem Dreck, diesem Gestank! Gönnst du mir das nicht?«

Sie befanden sich in der Waschküche eines schäbigen Berliner Mietshauses; zerbröckelnde Wände, verdreckter Zementboden, strapazierte Waschutensilien, Kessel und Wannen. Es roch penetrant – nach von minderwertiger Seife zerkochter Wäsche.

»Ich bin eine einfache, ehrbare Frau!« sagte Mutter Gruhn. »Auch habe ich immer versucht, dir eine gute Mutter zu sein – das mußt du mir zugestehen. Doch du hörst neuerdings nicht mehr auf mich! Offenbar bist du im Begriff, eine fürchterliche Dummheit zu begehen.«

»Ach was, Mutter!« wehrte Eva ab. »Ich will doch nichts wie Sicherheit, Geborgenheit, eine Liebe, die sich auch lohnt, die jeden Einsatz wert ist! Und nun glaube ich endlich soweit zu sein. Bitte, komme mir dabei nicht in die Quere!«

»Ich versuche lediglich, dich zu warnen, Eva, mein Kind! Du bist sehr schön, sehr begehrenswert, du wirst geliebt – aber eben das könnte äußerst gefährlich werden. Ich kenne mich da aus! Männer sind unberechenbar.«

»Letzten Endes kommt es wohl nur auf einen einzigen an – für den sich dann alles gelohnt hat. Und den glaube ich endlich gefunden zu haben.«

»Ach was, Eva, mein Kind, du scheinst dich immer wieder mit Männern anzufreunden, die wesentlich älter als du sind

27

– und das macht mich besorgt. Nennt man so etwas nicht ›Vaterkomplex‹? Hast du den?«

»Kann sein!« bekannte Eva. Sie hatte ihren Vater kaum gekannt; der war »gefallen«, im ersten Weltkrieg. »Kann aber auch sein, daß ich lediglich bemüht bin, realistisch zu denken. Denn ältere Männer, das habe ich begriffen, sind aufgrund ihrer Erfahrungen wesentlich großzügiger, ritterlicher, auch verständnisvoller.«

Mutter Gruhn schüttelte mißbilligend ihr bereits leicht ergrautes, strähniges Löwenhaupt. Sie durfte immer noch als eine Frau von einer gewissen rustikalen Schönheit gelten. Doch ein schweres, mühsames Leben hatte sie gezeichnet.

Tochter Eva, derzeit knapp über dreißig Jahre alt, war ein durchaus dekoratives Wesen, wohlgerundet, ein Geschöpf von verlockend sinnlicher Ausstrahlung.

»Was ist denn etwa mit unserem Hauswirt, Eva? Das ist doch wirklich ein recht widerlicher Kerl! Mit dem, sagt man, sollst du was haben?«

»Sagt man das?« Eva blickte ihre Mutter lächelnd an. »Behauptet wird vieles – besonders das, was einige ganz gerne glauben würden. Offenbar besonders gerne von mir. Soll ich mich daran gewöhnen?«

»Natürlich nicht, mein Kind! Doch immerhin – falls dieser Mensch echte Gefühle für dich entwickeln würde; eine schlechte Partie wäre der gewiß nicht. Der soll, wie ich gehört habe, noch mindestens zwei andere Mietshäuser besitzen.«

»Ach, Mutter, so was imponiert mir nicht. Was ein Mann besitzt, ist mir gleichgültig – mir kommt es darauf an, daß er mich liebt. Genauso selbstlos, wie ich ihn lieben will.«

Mutter Gruhn seufzte tief auf. »Und was ist mit diesem Mieter aus dem dritten Stock – diesem Vogelsang? Auch zu dem sollst du immer so freundlich sein – habe ich gehört. Aber der befindet sich doch schon an der Grenze des Greisenalters. Der soll schon an die Fünfzig sein! Und mit so einem tust du schön?«

»Warum sollte ich nicht freundlich zu ihm sein, Mutter?« fragte Eva Gruhn. »Zumal der über höchst wichtige Beziehungen verfügt – bis hin zur Partei, sogar zur Polizei! Außerdem ist er recht nett, Geschäftsführer einer gutgehenden Delikatessenhandlung am Kurfürstendamm. Nun ja, er bemüht sich um mich. Aber das ist auch schon alles!«

»Als ich jung war«, versicherte nun Mutter Gruhn mit Nachdruck, »habe ich stets versucht, ein ehrliches, anständiges, arbeitsames Leben zu führen. Damit habe ich mich bewußt bewahrt, für einen einzigen Menschen, meinen Ehemann. Deinen Vater! Nur ihn habe ich geliebt.«

»Mir kommen gleich die Tränen der Rührung – vor soviel Ehrbarkeit!« Eva betrachtete ihre Mutter mit nachsichtiger Freundlichkeit. »Jedenfalls fiel dann mein Vater auf dem Felde der Ehre, wie du immer so schön sagst. Und so werde ich mich künftig auch ausdrücken; in meiner derzeitigen Situation kann ich eine Art Heldenvater ganz gut gebrauchen.«

»Und – deine Herkunft? Daß du von einfachen Leuten abstammst? Das kannst du doch nicht einfach auslöschen!«

»Da ist nichts auszulöschen, Mutter! Allerdings möchte ich gerne einiges vergessen. Und der Mann, den ich jetzt kenne, könnte mir das ermöglichen! Er ist ein großer, gütiger Mann; ein wirklicher Kavalier. Von so einem Mann habe ich schon als Kind geträumt.«

Mutter Gruhn wirkte nun ehrlich entsetzt, gluckenhaft besorgt. »Das«, verkündete sie finster, »kann schiefgehen! Du – aus einfachsten Verhältnissen – und er, nach deinen Andeutungen, ein bedeutender Mann. Das muß schiefgehen!«

»Muß nicht und wird nicht! Das hat er mir nicht nur mehrmals versichert – das spüre ich!«

29

»Wer ist es? Sag mir das endlich! Wer?«

Eva lachte amüsiert, in sonnenhaftem Selbstbewußtsein. »Vielleicht wirst du das eines Tages in der Zeitung lesen!«

»In der Zeitung? Wo denn dort?« Mutter Gruhn schien angesichts soviel strahlender Unbekümmertheit Angst zu empfinden. »Etwa unter den Polizeinachrichten? Eva, ich habe wirklich Angst. Das alles kann ein schlimmes Ende nehmen – auch für mich!«

Aus den Aufzeichnungen des ehemaligen Regierungsrates Dr. Erich Meller:

»Der sogenannte Bayern-Schorsch – eine amtsinterne Bezeichnung, die meinem Freund Huber verständlicherweise gar nicht gefiel, brachte sie ihn doch in klanglichen Zusammenhang mit einer der schäbigsten Gestalten in seinem Sittlichkeitsbereich, mit jenem ›Bayern-Seppl‹ –, dieser Kriminalbeamte war ein Fachmann allererersten Ranges.

Georg Huber durfte als ein behutsamer Durchschauer, ein vorsichtiger Verfolger, ein anerkannter Meister seines Metiers gelten. Und war dabei, wie er fest glaubte, allein dem Recht und der Gerechtigkeit verpflichtet. Doch gerade das sollte ihn in seine besondere, überaus dunkle Tragödie führen. Auch er scheiterte schließlich an dem Verlangen, nichts wie ein – dennoch – ehrenwerter Mensch sein zu wollen. Und das in jener Zeit!

Ich selbst leitete damals im Preußischen Innenministerium in Berlin die Abteilung ›K‹. Das konnte alles mögliche bedeuten: Kontakte – Koordinierung – Kanalisation. Fast alles traf dann auch, irgendwie, zu.

Denn meine Dienststelle war offiziell verantwortlich gemacht worden für die möglichst reibungslose Zusammenarbeit aller sich damals ehrgeizig in den Vordergrund drängenden Machtgruppierungen: Partei und Staat, SA und SS, Polizei und Geheimdienste – und was nicht alles sonst noch! Dabei, so könnte man sagen, kochte ich meine Suppen. Und das wohl nicht ganz ungeschützt. Würde ich denn sonst noch leben?

Mit derartigen Vorgängen war auch Georg Huber, der Bayern-Schorsch, befaßt. Der erschien fast regelmäßig bei mir und behauptete jedesmal, er sei rein zufällig durch den Korridor gegangen, wobei er mein Namensschild an der Tür gesehen habe. Und dabei sei ihm eingefallen: Regierungsrat Meller verfügt über etliche Dutzend Kisten erlesener Havanna-Zigarren – fachgerecht in Edelholzbehältern in einem kühlen Schrank aufbewahrt. Sein Verlangen nach einem dieser Henry-Clay-Produkte – die damals, als Cuba noch keinen Castro hatte, absolute Spitzenqualität darstellten – sei dann, so behauptete er, übermächtig geworden.

Er wurde, so undurchsichtig er sich auch gab, von mir stets willkommen geheißen. Er erhielt seine Havanna, die er sich mit zeremonieller Betulichkeit aus meinem reichhaltigen Angebot aussuchte. Er betastete ihr Deckblatt, beroch sie intensiv – als habe er die wundersam duftende Haut einer scheinbar kühlen, doch höchst anschmiegsamen Frau vor sich. Doch bevor er diese Zigarre anzündete, pflegte er vor mir stets einige mitgebrachte Dokumente hinzulegen; und dies auf eine Weise, als wolle er gleichsam einigen Abstand von ihnen nehmen.

Diese Aktenstücke, oder auch eine lose Sammlung polizeiinterner Unterlagen, schob er mir also niemals direkt zu, das vermag ich zu beschwören. Doch ich konnte danach greifen und Einblick nehmen, auch Fragen stellen, falls ich das für notwendig hielt. Diese ›Sprechstunde‹ dauerte stets so lange, wie Huber an seiner Zigarre rauchte, also jeweils deren Format entsprechend, etwa vierzig bis fünfzig Minuten.

Mit der Zeit versuchte ich, ihm immer längere, größere Formate anzubieten. Denn was er dabei lieferte, war ausgesagt scharfe Munition – für die diversen Dschungelunternehmungen gewisser Raubtiere erfolgversprechend verwendbar. Etwa dies:

›Aktennotiz Polizeipräsidium Berlin, Dezernat Sitte. Nur für den internen Amtsgebrauch bestimmt:

Betreffend Eva Gruhn. Einzelheiten siehe Vorsammlungskartei. Sich dabei handelnd um eine als ›fragwürdig‹ zu bezeichnende Person. Nicht jedoch direkt zu überwachen. Aufallende weitere Hinweise wären lediglich vorbeugend zu registrieren.‹

›Ein höchst fragwürdiger, unklarer, undurchsichtiger Fall also, lieber Huber‹, meinte ich, sehr überzeugt davon, mich in diesem Metier auszukennen. ›Eine durch Zufall entstandene Aktennotiz, dann eine ebenso zufällige nächste – und die Polizei hat ihr Material, mit dem sie fortan arbeitet. So was kommt hundertfach vor!‹

›Tausendfach! Allein in Berlin‹, bestätigte Huber, scheinbar ausschließlich mit seiner Zigarre beschäftigt. ›Lassen Sie sich, wenn ich bitten darf, nicht unnötig ablenken. Lesen Sie weiter – Recherche Nummer zwei.‹

Diese beschäftigte sich mit der Mutter dieser Eva Gruhn, die oftmals mit Behörden in Berührung gekommen war. Wobei sie dann, nachlesbar, vermutlich ihrer deutlichen Direktheiten wegen, den heftigsten Unwillen einiger der mit ihr konfrontierten und dadurch aufgestörten Beamten erregt hatte. Deren Ansichten hierzu waren gesammelt aufgeführt; unter anderem klobig unterstrichene Feststellungen wie: ›Äußerst unverträglich‹ oder ›Bereitwillig zänkisch‹, sogar ›Völlig hemmungslos streitbar‹.

›Wohl eine Art gebranntes Kind unseres ungeheuerlich mißbrauchten Volkes‹, vermutete ich. ›Jener Typ also, der sich mühsam durchschlagen muß, dann auch um sich schlägt, um sich nicht die letzte Butter vom Brot nehmen zu lassen. Verständlich. Die spucken und beißen dann um sich, nur um irgendwie zu überleben. So werden sie zum Beamtenschreck, der verdauungsstörend wirkt und sich in Aktennotizen niederschlägt. Und diese Eva ist eben die Tochter ihrer Mutter!‹

›Ja und nein.‹ Huber genoß dennoch seine Zigarre. ›Polizeiliche Registrierungsbeamte, wie ich, aber wohl auch koordinationsbestrebte Regierungsvertreter, wie Sie, neigen vermutlich stets dazu, die Dinge zu vereinfachen, um sie so übersichtlicher zu machen. In diesem Fall anscheinend nach dem dämlichen, volksverdummenden Sprichwort: Der Apfel fällt nicht weit vom Stamm! Aber wenn auch diese Mutter lediglich eine streitbare Waschfrau zu sein scheint – deren Tochter könnte dennoch geradezu königliche Eigenschaften besitzen. Oder eben – entwickeln!‹

Nun wurde ich hellwach. ›Was versuchen Sie mir denn da unterzujubeln, lieber Huber?‹

›Das werden Sie sehr bald erkennen. Beschäftigen Sie sich mit der Recherche Nummer drei.‹

Diese besagte:

›Polizeiinterne Feststellung. Betreffend Luise Gruhn. Ehemalige Putzfrau im Königlichen Schloß, Berlin-Charlottenburg. Deren Mann, Paul Gruhn, betätigte sich dort als Gärtner. Beider Verehelichung erfolgte 1903. Deren einziges Kind, Eva, wurde im gleichen Jahr geboren. Doch dessen Erzeuger, also Paul Gruhn, scheint sich dann dieser Familie, seiner Frau wegen, die wohl auch er bereits frühzeitig für ›unverträglich‹ hielt, entzogen zu haben. Er nahm diverse Stellungen an, meist weit außerhalb von Berlin.‹

Weiter ging aus dieser Notiz hervor: Des Vaterlandes ›Ruf zu den Waffen‹ erreichte Paul Gruhn dennoch. Er folgte ihm.

Dabei erlitt er den sogenannten Heldentod, 1916. Infanterie, Verdun, Trommelfeuer! Mehrere Granatsplitter zerfetzten seinen Unterleib.

Seine Witwe, sehr bald nur noch Mutter Gruhn genannt, versuchte sich und ihre Tochter mit raubtierartiger Verbissenheit durchzubringen: durch eine hektische Nachkriegszeit, die entmutigende Inflation, durch all die politischen Wirrnisse danach.

Dabei scheute Evas Mutter selbst niedere Dienstleistungen nicht; sie war als Aushilfe tätig, etwa in der Wäscherei von Krankenhäusern oder auch in deren Küchen. Später versuchte sie sich auf ›Heilmassage‹ zu spezialisieren. Ihre Kunden waren zumeist Kriegsopfer, die dafür zahlen konnten.

Offiziell – etwa von 1923 bis 1927 – nannte sie sich Masseuse. Was damals ein achtbarer Beruf war. Jedenfalls wurde sie nach offenbar mehreren, doch wohl grundlosen Anzeigen, wiederholt überprüft, von Polizeibehörden ebenso wie vom Gewerbeamt. Daraus ergaben sich jedoch keine Beanstandungen.

›Zu vermerken ist übrigens‹, versicherte nun Georg Huber, immer noch hingebungsvoll mit seiner Havanna beschäftigt, doch bereits mit dem letzten Rest davon, ›daß selbst dieser nüchterne Fachmann, dem wir diesen Bericht verdanken, offensichtlich eine gewisse Sympathie für Mutter und Tochter Gruhn empfindet.‹

›Mir geht's ja langsam auch so, Menschenskind! Denn im Grunde scheinen diese beiden vielfach heimgesuchten weiblichen Wesen doch wohl nichts wie arme, gebeutelte, stets gefährdete Zeitopfer zu sein. Was die verständlicherweise nicht bleiben wollen. Dafür empfinde ich Achtung – Mitgefühl aber auch. Oder – irre ich mich da?‹

›Vermutlich nicht. Aber genau weiß ich das nicht – noch

nicht. Selbst nicht nach dem Inhalt der gleichfalls dubios anmutenden Recherche vier, die Sie sich nun auch noch zu Gemüte führen sollten. Sie könnte ein weiterer Mosaikstein sein.‹

›Mai, 1933. Eva Gruhn wird verhaftet, unter dem Verdacht des Diebstahls. Man wirft ihr vor, einen Ring entwendet zu haben, der mit Diamanten oder Diamantsplittern verziert gewesen sein soll. Doch der wurde bei dem ›Bestohlenen‹ wiedergefunden. Wobei sich dann noch herausstellte: bei diesen ›Diamanten‹ hatte es sich lediglich um wirksam täuschende Glasprodukte gehandelt, made in Germany – vermutlich Idar-Oberstein. Eva Gruhn mußte also, wegen erwiesener Unschuld, wieder freigelassen werden.‹

Soviel emsig gehorteter Polizeiseich machte mich unruhig, auch unwillig: ›Mein Gott, Huber, was sind denn das für grauenhafte Methoden! Nichts wie in Akten gesammeltes Geschwätz von eifrigen Beamten! Falls jedoch derartige Schreibtischexkremente einmal in unrechte Hände geraten sollten, könnten sie zu entsetzlichen Mißverständnissen führen! Nach dem Motto: ›Etwas Wahres wird schon daran sein.‹

Huber: ›Sie sagen es, Herr Regierungsrat – und Sie kennen sich aus! Aber wer will sagen, wo die rechten und wo die unrechten Hände sind? Denn Sie wissen ja wohl, daß wir in einer Zeit der großen Materialsammlungen leben. Dieses fatal zufällige Material wird mal zwecks Verwendung, mal zwecks Unterschlagung gehortet! Auf jeden Fall ist es, wenn auch noch so fragwürdig, als gelagerter Sprengstoff zu gebrauchen. Auch gewisse Zweckfreundschaften lassen sich damit zementieren.‹

›Reden Sie etwa immer noch von Mutter und Tochter Gruhn? Mann Gottes – da leben mühsam zwei Menschen! Mit denen sich die Polizei beschäftigt – völlig überflüssig! Nur um eine Art Sammlungssoll für ihre Karteien zu erfüllen. Das ist doch reichlich schäbig – und es beunruhigt mich.‹

›Vermutlich mit Recht. Zumal auf diese Damen, speziell auf Tochter Eva, bereits ein V-Mann angesetzt worden ist. Noch weiß ich nicht, von wem. So was kann zufällige Routine sein – zunächst noch. Doch Sie sollten sich nun auch die Recherche fünf gönnen.‹

Diese betraf einen gewissen Vogelsang, Volker mit Vornamen. Der war im Berliner Polizeipräsidium ›wie laufend‹ registriert worden. Und zwar als ›mehrfach vorbestraft‹; das jedoch nur ›leicht‹ – etwa wegen Warenverfälschung, kleinerer Betrugsdelikte oder einer reichlich ungeschickt verschleierten Unterschlagung. Der war, nach sachkundiger Meinung eines Kriminalbeamten, ›ein ziemlicher Stümper‹! Aber eben als solcher bequem benutzbar.

Mithin wurde dieser Vogelsang, ganz routinemäßig, von der Polizei ›um Mitarbeit‹ ersucht; einer ›amtlichen‹. Worauf der sich einließ. Er leistete dann einige geringwertige, doch wohl nicht ganz unbrauchbare Handlanger- und Zuträgerdienste. Dementsprechend wurde er als V-Mann registriert, und zwar unter der Nummer 134. Er war einer von etlichen hundert anderen.

Er lieferte, was er konnte – was ihm der Zufall so zuspielte. Doch eben dabei gelang ihm, völlig ahnungslos, ein Volltreffer. Er durfte sich an dem beteiligen, was man gemeinhin ›Weltgeschichte‹ nennt. Denn wohl wiederum zufällig, also routinemäßig, wurde ihm ein Kennwort zugespielt, auf das er prompt bedienungsbereit reagierte: Eva Gruhn!

In einem der ersten diesbezüglichen ›V-Mann-Berichte‹ dieses Volker Vogelsang war nachzulesen: ›Besagte Person kenne ich, zufällig. Wir wohnen im gleichen Haus. Deren Mutter, zumeist nur Mutter Gruhn genannt, pflegte sich als ›Heilmasseuse‹ zu betätigen. Wobei sie ihre Tochter, also

Eva, zumindest zeitweilig, vermutlich dazu gezwungen hat, bei ihr als mitverdienende Hilfskraft in Erscheinung zu treten.

Dabei wohl erfolgt: Massierung von restlichen Arm- und Beinstümpfen, auch Herzgegenden und Rückenmuskeln. Eine gewiß doch wohl höchst deprimierende Tätigkeit, der sich dann Eva Gruhn, verständlicherweise, zu entziehen trachtete.

Wobei ich ihr, völlig selbstlos, aus rein menschlichen Beweggründen, behilflich war. Ich vermittelte ihr eine Stellung als Verkäuferin in einem Warenhaus. Von der sie dann, sehr schnell, in ein Restaurant von einigem Rang überwechselte – als Bedienung. Und das zur vollsten Zufriedenheit des Besitzers, sowie seiner Kunden. Dort dann geschah es!‹

›Dort geschah – was?‹

Doch Huber erhob sich bereits und versenkte den letzten Rest der Havanna in meinem tellergroßen Kristallaschenbecher. Er nahm seine Unterlagen wieder an sich. ›Was sich dann anbahnte, kann reichlich harmlos, also kaum verwertbar sein. Wenn es dabei bleibt.‹

›Wobei bleibt, Mensch?‹

›Bei einem Kintoppmärchen. Ganz großer Mann begegnet kleinem schönen Mädchen! Beide sind glücklich und zufrieden. Und das, kann man nur hoffen, ohne ein versuchtes Happy-End.‹

›Diese Eva Gruhn also – aber mit wem?‹

Huber, nun bereits in Türnähe, sehr bedächtig wirkend: ›Ich fürchte, Herr Meller, Sie werden kaum darüber lachen – obwohl das Ganze nicht unkomisch ist. Denn bei der an diese Dame geratenen Person handelt es sich um einen in jenem Restaurant speisenden Gast. Und zwar um den Generalfeldmarschall von Blomberg.‹

›Wenn Sie nun sagen: das war ein Witz – dann lache ich

tatsächlich! Aber das ist keiner – was?‹ Ich fühlte mich leicht verwirrt, auch beunruhigt. Dieser fragwürdige Vorgang wollte mir recht heikel erscheinen.

›Wer kann an die diesbezüglichen Unterlagen herankommen?‹

›Ein halbes Dutzend Beamter – mindestens. Dazu natürlich auch deren Vorgesetzte. Das zumindest bis heute. Denn nunmehr sehe ich mich veranlaßt, dieses Material ein wenig abzusondern – falls es dafür nicht schon zu spät sein sollte.‹

›Was befürchten Sie?‹

›Das gleiche wie Sie, selbstverständlich. Und eben deshalb, denke ich, sollte sich nun wohl jemand ein wenig intensiver um diesen Vorgang kümmern – aber eben keiner von der Polizei. Meinen Sie das nicht auch?‹

Worauf mir dieser Mensch mit schwungvoller Abschiedsgeste einen neutralen Umschlag zuwarf. In dem befand sich ein Photo; dazu zwei Adressen: die eines Restaurants und die Privatanschrift der Eva Gruhn. Dieser ausgekochte Bursche versuchte tatsächlich, mich, vermutlich als eine Art Hilfskraft, für sein heikles Vorhaben zu gewinnen. Und das in der sicheren – und leider auch berechtigten Hoffnung, daß ich auf einen derartig scharfen Köder anbeißen würde.«

Inzwischen versuchte Otto-Otto fleißig weiter zu kassieren. Denn die schäbigen fünfhundert Mark, die der Rittmeister Frisch ihm hingeblättert hatte, vermochten ihn nicht zu befriedigen. Er, der Profi, wollte mehr. Soviel wie möglich!

Also meldete er sich abermals bei seinem Opfer – nur wenige Wochen nach den Vorgängen im Wannsee-Bahnhof. Schließlich hatte er die Adresse. Seine Methode blieb im Prinzip unverändert: abermals gab er sich, denkbar ungeniert, als Angehöriger der Kriminalpolizei aus. Ob ihm das geglaubt wurde, war ihm gleichgültig. Das war nun mal die bewährte Tour.

Er sagte, nachdem er in die Wohnung des ehemaligen Rittmeisters Frisch eingedrungen war: »Ich, werter Herr, müssen Sie wissen, halte mich konsequent an meine Abmachungen. Sie haben gezahlt – und damit ist dieser Fall für mich erledigt.«

»Warum – sind Sie dann wieder hier?«

»Weil ich eben nicht allein mit Ihnen in dieser Welt bin. Ich habe Vorgesetzte. Sehr unbequeme. Nicht zu übersehende. Und auch die fordern ihren Anteil. So ist das nun mal.«

»Wieviel?«

»Wir sind schließlich keine Unmenschen, werter Herr«, versicherte Otto-Otto Schmidt. »Aber auch Kriminalbeamte müssen leben. Dabei denken wir sehr praktisch, sollten Sie wohl wissen. Wir haben Ihre Möglichkeiten ziemlich gründlich recherchiert – und auf diese stellen wir uns ein. Überfordern jedenfalls wollen wir Sie nicht.«

»Wieviel also?«

»Zweitausend Mark.«

»Mein Gott – das ist so gut wie alles, was ich besitze!«

»Stimmt – ziemlich genau. Über diese Summe können Sie verfügen, das haben wir nachgeprüft. Und die liefern Sie nun also an – sagen wir: bis spätestens übermorgen. Zu übergeben im Restaurant an der U-Bahn-Station Lichterfelde-Ost. An mich. Mein Vorgesetzter wird dabei anwesend sein.«

»Und was – wenn ich mich weigere?«

»Dann erfolgt, ganz einfach, eine Anzeige.«

»Doch was, wenn ich Sie anzeige? Wegen Erpressung!«

»Aber nicht doch, werter Herr! Denken Sie doch mal nach! Legen Sie Wert darauf, daß ich gegen Sie aussage? Offiziell? Also zu einem Zeugen werde? Ein Kriminalbeamter! Und nicht nur ich – auch, garantiert, unser ›Bayern-Seppl‹, der Sie so freundlich bedient hat? Wollen Sie es darauf ankommen lassen? Wollen Sie nicht! Na sehen Sie! Also – was bleibt Ihnen übrig? Kapiert, Mann?«

»Habe verstanden – jawohl!«

Aus dem Bericht des Regierungsrats Meller

»Im Bereich der Berliner Kriminalpolizei, im Dezernat Sitte, befanden sich bereits Monate, bevor sich noch die Ereignisse überstürzten, zwei Akten; und zwar im selben Raum, doch in verschiedenen Regalen. Auf die Idee, daß diese beiden Akten jemals eng miteinander in Zusammenhang gebracht werden könnten, kam zunächst niemand. Auch nicht mein Freund Huber, der ›Bayern-Schorsch‹, Fachmann für Unsitten.

Die eine dieser sogenannten Akten – im Grunde wohl eine sich zufällig ergebende Materialansammlung – registrierte die Existenz einer gewissen Eva Gruhn. Das jedoch auf ziemlich fragwürdige Weise. Die andere Akte jedoch, wesentlich umfangreicher, auch ungleich beweiskräftiger anmutend, befaßte sich mit Otto Schmidt – einem gerne verwendeten, auch sich stets anbietenden ›Zeugen der Berliner Homosexuellen-Szene‹.

Damaliger Verwalter dieser polizeilichen Unterlagen war ein Kriminalinspektor namens Singer, ein bienenfleißiger, aber auch ehrgeiziger Mann. Und der besaß einen höchst bemerkenswerten ›Gönner‹ – einen Kriminalrat namens Meisinger. Dieser Meisinger gehörte zu den erklärten Gesinnungsgenossen der derzeitigen Machthaber; schon früh hatte er sich ihnen als williger Weggefährte angeboten. Das hatte auch Reinhard Heydrich, der Chef des RSHA, des Reichssicherheitshauptamtes, instinktsicher erkannt. Schon sehr bald wurde Meisinger für eine führende Position bei der Gestapo, der Geheimen Staatspolizei, vorgesehen. Und auf diese bereitete er sich nun, auf seine Weise, vor: Er sammelte Material, ziemlich wahllos, auch reichlich unvollständig, einfach alles, was sich ihm anbot. Er wollte sozusagen mit vollen Taschen bei seiner neuen Dienststelle eintreffen.

Hierzu später Huber: ›Von diesen Vorgängen hatte ich nicht die geringste Ahnung – obwohl diese Unterlagen, Akten und Karteiblätter zu meinem Bereich gehörten. Aber so war es eben damals: Raubtiere entfesseln Dschungelkriege – und manch kleines Schwein versucht dabei löwenartig mitzubrüllen! In unserem Falle entwickelte sich daraus, was niemand voraussehen konnte, eine menschliche Tragödie. Und nicht nur eine.‹

Doch auch das gehörte mit zu dem großen betrügerischen Pokerspiel, das alsbald beginnen sollte. Die Aktiven waren zu ihren Aktionen angetreten. Alles kam unaufhaltsam in Gang.

Wobei Adolf Hitler, obgleich wahrlich nicht phantasielos, sehr gern von sich auf andere schloß: Er hielt alle Menschen, die ihm begegneten und sich mit ihm einließen, für seinesgleichen! Entsprechend, sagte er sich, mußten sie reagieren. Auch Generale. Eine verheerende Vermutung, die jedoch keinesfalls aus der Luft gegriffen war.

Sich und ihnen traute er mithin so gut wie alles zu: hinterhältige Machtkämpfe, verlogene Intrigen, politischen Betrug! Er vermochte einfach nicht zu begreifen, daß es auch unter Generalen noch viele ehrenwerte Männer gab; zumindest solche, die das gerne sein und bleiben wollten.

Mithin hätte er ihnen gegenüber die dann ausgespielten kriminellen Machenschaften gar nicht notwendig gehabt. Denn ein Machtwort des Führers, ein Befehl des Reichskanzlers, des Staatsoberhauptes, würde genügt haben – und die beiden direkt von diesen Vorgängen Betroffenen, der Gene-

41

ralfeldmarschall und der Generaloberst, hätten gehorsam ergeben reagiert. Schließlich waren sie Soldaten.

So etwas jedoch schien Adolf Hitler nicht einmal in Erwägung gezogen zu haben. In Wahrheit ging es ihm wohl um ein erschreckendes und damit auch abschreckendes Staatstheater. In berechnender Gemeinsamkeit mit Göring und Heydrich – und ausgerechnet Heydrich war mein ›Jugendfreund‹! Woraus sich dann, zwangsläufig, mutwillig angeheizte Kampfsituationen ergaben, existenz- und lebensgefährdende Auseinandersetzungen – mit völlig ungleichen Waffen. Elegante Florett-Fechter ließen sich mit völlig enthemmten Messerstechern ein!

Mein Gott – was war das ein Gemetzel!«

2
Weitere Manipulationen

Oberst Friedrich Hoßbach, der Wehrmachtsadjutant des Führers und Reichskanzlers Adolf Hitler, galt als ein höchst verläßlicher, aufrichtiger, ehrenwerter Mann. Durchaus berechtigt. Er war ein Soldat. Und das versuchte er auch in dieser Umgebung zu bleiben.

Doch neuerdings beherrschte ihn das bedrückende Gefühl, er bewege sich hier, auf dem Parkett der Reichskanzlei, wie auf einer spiegelglatten, papierdünnen Eisdecke. So war ihm auch zumute, als er Hitler mitteilte:

»Der Herr Oberbefehlshaber der Luftwaffe läßt fragen, ob die für heute nachmittag angesetzte Besprechung mit dem Reichskriegsminister und dem Oberbefehlshaber des Heeres nicht auch zugleich für alle drei Wehrmachtsteile, also auch für Marine und Luftwaffe, vorgesehen ist.«

Hitler blickte gekonnt alarmiert, ungehalten, nahezu empört. »Was soll denn das heißen!« röhrte er stimmgewaltig. »Seit wann besitzt denn Göring Einblick in meine Terminpläne!« Sein stets waches Mißtrauen schien hemmungslos hervorzubrechen. »Sollte hier etwa eine undichte Stelle bestehen – womöglich sogar in Ihrem Büro, Herr Oberst?«

Friedrich Hoßbach gab nicht zu erkennen, wie sehr ihn diese Verdächtigung verletzte. Er sagte lediglich betont höflich: »Soweit ich informiert bin, Herr Reichskanzler, haben die Herren von Blomberg und Göring gestern abend miteinander gespeist. Durchaus möglich also, daß dabei . . .«

»Schon gut, mein lieber Hoßbach«, rief Hitler. In Sekundenschnelle schien sich seine Laune gebessert zu haben, er verlieh seiner rauhen Stimme geradezu freundlich gurrende Untertöne. Selbstverständlich entschuldigte er sich nicht – das tat er niemals; das wurde auch von ihm nicht erwartet. Er sagte lediglich:

»Göring soll sich gefälligst nicht in alles einmischen. Der sollte sich lieber um seine Luftwaffe kümmern, und zwar wesentlich intensiver als bisher; die hat das nötig! Worum es mir hier in allererster Linie geht, ist unser Heer – das hat bei mir immer Vorrang!«

Womit er gleich drei bedeutsame Feststellungen getroffen hatte. Sie waren ganz speziell für die Ohren von Oberst Hoßbach bestimmt, diesem wichtigen Verbindungsmann zwischen Reichskanzlei und Wehrmacht. Einmal hatte Hitler zu verstehen gegeben, daß ihm dieser Göring, immerhin offiziell der zweite Mann des Dritten Reiches, unerwünscht aufdringlich erschien – und das hörten gar nicht wenige recht gern. Hitler wußte das. Zum anderen zweifelte er sogar dessen militärische Qualitäten an – und auch das mußte vielen, die ähnliche Zweifel hegten, gefallen. Endlich hatte er die dominierende Rolle des Heeres betont, was jedem Heeresangehörigen schmeicheln mußte – und Hoßbach war einer von ihnen.

»Sind irgendwelche Unterlagen für diese Besprechung zurechtzulegen?« fragte der Oberst, obgleich er die Antwort bereits kannte – sie würde »nein« lauten. Denn Hitler besaß ein enormes Gedächtnis, und im übrigen gehörte es zu seinen Methoden, geschickt zu vermeiden, daß sich seine Gesprächspartner frühzeitig auf Einzelheiten einstellen konnten – er liebte massive Überraschungen. Wozu auch Material gehörte, das ihm aus diversen, nur ihm zugänglichen Quellen zugeflossen war und das er dann effektvoll auszuspielen pflegte.

Doch diesmal sagte der Reichskanzler, wohl ganz im Sinne seiner Verschleierungstaktik: »Es geht mir allein darum, die Schlagkraft unseres Heeres möglichst noch zu erhöhen! Wobei wir das Glück haben, in Generaloberst von Fritsch, den ich ungemein schätze, einen Strategen von allerersten Qualitäten zu besitzen. Seine einzigartigen Fähigkeiten voll auszunützen, also ihm weitgehend freie Hand zu lassen, halte ich für geraten. Sie werden mir gewiß zustimmen.«

»Jawohl!« bestätigte Oberst Hoßbach prompt.

Doch soviel schöne Worte konnten ihn lediglich vorübergehend beunruhigen. Denn schon seit geraumer Zeit stellte sich ihm, immer intensiver, immer peinigender, die Frage: Kann ich diesem Menschen, kann ich meinem Staatsoberhaupt noch trauen?

Dem damaligen Polizeipräsidenten von Berlin, einem Grafen Helldorf mit Vornamen Wolf, war in jenen Tagen ein neuer Vizepräsident zugeteilt worden, gleichfalls ein Graf: Fritz-Dietlof von der Schulenburg. Ein, wie sich dann bald herausstellte, ebenso aktionsfreudiger wie nahezu undurchschaubarer Mann.

Zunächst wußten diese beiden Grafen nicht, was sie voneinander zu halten hatten; vorsichtig versuchte einer den anderen zu erkunden und seine geheimen Gedanken zu ergründen. Bei einer ihrer ersten Unterredungen verwies der sich bald als ungemein neugierig entpuppende Vizepräsident auf eine Anordnung des preußischen Innenministers. Diese betraf:

›Erstellung einer Zentralkartei von als sittengefährdend anzusehenden Elementen – wie Dirnen, Zuhälter, Homosexuelle sowie sonstige Abartige. Dabei anfallende Erkenntnisse sind nunmehr monatlich karteiverwendungsgerecht an die neugebildete Auffangstelle zu melden.‹

»Diese bemerkenswerte Aufforderung«, stellte der von der Schulenburg gleichsam augenzwinkernd fest, »befindet sich bereits seit einigen Wochen auf Ihrem Schreibtisch. Sie haben jedoch diesem dringlichen Ersuchen bislang nicht entsprochen, also noch keine diesbezüglichen Anordnungen gegeben. Gedenken Sie etwa, diesen Vorgang möglichst lange auf Eis zu legen?«

»Irritiert Sie irgend etwas daran?« Graf Helldorfs glattschönes Gesicht wirkte angespannt. »Wollen Sie mir das etwa anlasten?«

»Nicht doch gleich das!« erklärte ihm sein neuer Vizepräsident mit einem leichten Lächeln. »Ich erlaube mir lediglich darauf hinzuweisen, daß man möglicherweise höheren Ortes den Eindruck haben könnte, bei diesem eventuell nachweisbaren Hinauszögern handele es sich um keine eindeutig überzeugende nationalsozialistische Reaktion.«

»Nun ja, nun ja«, sagte der eine Graf zum anderen. »Das könnte, allenfalls, als eine Art Versäumnis ausgelegt werden – etwa von einem so erklärten Nationalsozialisten, wie Sie einer sind, falls ich Ihre Personalakte richtig deute!«

Schnell hatte sich der Polizeipräsident Graf Helldorf zu völliger Offenheit verführen lassen: »Sollten Sie etwa auf mich persönlich angesetzt worden sein?« fragte er grollend. »Um dann meinen Posten zu übernehmen – falls mir nicht hundertprozentige nationalsozialistische Gefolgschaftstreue nachgewiesen werden kann? Kann man auch nicht! Bei dieser Prüfung fällt jeder durch, wenn man's drauf anlegt. Was ich

Ihnen zutraue! Wem nicht? Aber bitte, bitte, Sie können meinen Posten haben – deshalb brauchen Sie keine Eiertänze mit mir zu veranstalten!«

Der Graf von der Schulenburg war nun nahezu amüsiert, was er auch deutlich zeigte. »Ich weiß ziemlich genau, was Sie von mir wissen – oder eben zu wissen glauben. Vor und nach 1933 bin ich Gauamtsleiter in Königsberg gewesen, ausgerechnet bei einem Gauleiter Erich Koch – und das gleich so gut, daß dieser Kretin mit meinen Fähigkeiten glänzen konnte. Dann betätigte ich mich als Landrat in Ostpreußen – gleichfalls erfolgreich, geradezu spektakulär. Danach wurde ich die rechte Hand des Gauleiters von Schlesien – worauf der, obgleich er nichts als ein Armleuchter war, bald als einer der Besten seiner Branche galt.«

»Doch nun, Herr Schulenburg, sind Sie ausgerechnet bei mir gelandet. Warum?«

»Weil ich wohl überall um eine Nummer, wenn nicht gleich um mehrere Nummern, zu groß gewesen bin, Herr Helldorf. Ich war vermutlich, wo auch immer ich hinkam, unbequem, ruhestörend, stellte unbequeme Forderungen. Aber das liegt wohl so in meiner Natur.«

»Und mit diesen verwegenen Praktiken gedenken Sie hier fortzufahren?«

»Aber ja! Sogar mit Wonne! Und das nicht zuletzt, weil ich weit mehr von Ihnen weiß, als Sie von mir wissen. Zum Beispiel dies: Sie sind bei Admiral Canaris und seiner Abwehrgruppe, speziell bei dem dortigen Großfuchs Oberst Oster, als vielversprechender Gesinnungsfreund registriert. Erwarten Sie also nicht, daß ich Sie mir als überzeugten Anhänger des Nationalsozialismus vorstelle.«

»Und was, Schulenburg, sind Sie?«

»Wohl noch etwas weit Schlimmeres. Ich bin ein überzeugter Gegner! Dieser größenwahnsinnige Hitler mit seinen kleinbürgerlichen Faschisten widert mich maßlos an. Diese Schweißfußrevolutionäre habe ich durchschaut! Und ich habe mir eines sehr schönen Tages gesagt: Wenn ich diesen Saukerl auch nicht umbringen kann, dann will ich doch wenigstens eine Art Fouché für ihn werden.«

»Ich kann da wohl nur hoffen, mich verhört zu haben, Schulenburg. Oder sollten Sie tatsächlich, als Sie Fouché sagten, Napoleons Polizeiminister gemeint haben, der sogar seinen Kaiser einige Male kräftig aufs Kreuz gelegt hat? Sollten Sie das etwa auch mit Hitler versuchen wollen?«

»Mal sehen, wie weit ich damit komme. Mit Ihrer Hilfe, selbstverständlich.«

»Und das – sagen Sie mir so offen?« Graf Helldorf schien bestürzt. »Versuchen Sie etwa, mich mit Gewalt zu provozieren? Haben Sie nicht bedacht, daß Sie sich mir ausliefern?«

»Wie kommen Sie denn darauf?« Der Graf von der Schulenburg wirkte ehrlich erheitert. »Wir führen hier doch lediglich ein Gespräch unter vier Augen – also ohne jeden Zeugen. Das ist mithin gar kein Problem. Was mich jedoch beschäftigt, ist Ihr Zögern, sich voll zu engagieren. Wohl machen Sie gelegentlich Ihre Scherze über die Nazis; Sie lassen auch deren Gegnern so manche brauchbare Information zukommen – und das ist gewiß nicht wenig. Aber ich will aktiv sein! Mal sehen, wie das zusammengeht.«

Der Polizeipräsident gab sich nun nahezu amtlich, als habe er das alles nicht gehört, wolle es nicht gehört haben: »Kommen wir also zur Sache!«

»Sie meinen diese hinterhältige, amtlich getarnte Aufforderung, eine offizielle Sammlung schlüpfriger Vorkommnisse für denkbar dreckige Hände anzulegen! Vorkommnisse, die dann mit einiger Sicherheit, im sogenannten Staatsinteresse, verwertet werden könnten! So was kann man doch nicht bedenkenlos mitmachen, Parteigenosse Helldorf! Aber so ein labiles Hinauszögern, wie Sie das offenbar versuchen – das geht auf die Dauer auch nicht.«

»Nun gut, Parteigenosse Schulenburg! Dann ist wohl die Lösung des Problems ziemlich einfach: Ich übergebe diese Angelegenheit Ihnen, als meinem Stellvertreter. Wie gedenken Sie dann vorzugehen?«

»Praktisch und polizeigerecht, Herr Präsident! Zu registrieren – also weiterzumelden – sind lediglich erkennbar notorisch kriminelle Elemente in diesem Bereich; keinesfalls aber nur zufällig und vorübergehend hineingeratene Passanten.«

»Genau darum, mein Lieber, bemühen Sie sich mal!« meinte nun Helldorf erleichtert. Er war nicht ohne Hoffnung, blieb aber dennoch skeptisch. »Versuchen Sie also bei diesem Unterleibsbetrieb wenigstens halbwegs brauchbare Trennungslinien zu ziehen – etwa zwischen schäbigen Tätern und armseligen Opfern. Denn ich nehme an, Sie ahnen, für wen letzten Endes diese Zentralkartei bestimmt ist?«

»Vermutlich für die Gestapo. So was paßt genau zu den Methoden dieser Leute. Die halten Bettdecken für Goldgräberhügel. Aber ganz so einfach sollten wir's denen nicht machen!«

»Seien Sie vorsichtig, Parteigenosse Vizepräsident! Und rechnen Sie dabei nicht mit mir als einer Art Schutzengel! Wenn ich jemals Flügel gehabt haben sollte, so sind die schon längst gestutzt. Bedenken Sie: nur eine einzige Panne, die Ihre illegal absichernden Methoden verrät – und wir sind im Eimer. Beide!«

Auf die Minute genau zur angegebenen Zeit trafen an diesem Tag in der Reichskanzlei ein: der Generalfeldmarschall Werner von Blomberg und der Generaloberst Freiherr von

Fritsch. Oberst Hoßbach geleitete sie zum Führer. Der schritt ihnen unverzüglich entgegen – mit sehr weit ausgestreckten Händen. Ein Bild in schlichtem Feldgrau und leuchtendem Braungold.

Hitler begrüßte zunächst Blomberg, zu dem er aufsehen mußte, denn der war einen halben Kopf größer als er. Doch der Generalfeldmarschall verbeugte sich, tief. So konnte Hitler auf ihn herabsehen, um ihn dann, mit beiden Händen, zu sich hochzuziehen. »Freue mich, daß Sie da sind!«

Hitler und der Oberbefehlshaber des Heeres, Generaloberst Fritsch, beide nahezu gleich groß, standen sich sozusagen Aug in Auge gegenüber, wobei ein Auge des Freiherrn von Fritsch durch eine Glasscheibe blickte, und zwar das linke. Er trug ein Monokel, was ihm den Anschein herrenreiterhafter Arroganz gab, doch es handelte sich lediglich um die Korrektur einer von Jugend an bestehenden Sehschwäche.

Später wurde eine Bemerkung dieses Generalobersten kolportiert, die lautete: »Ich trage es«, also dieses Monokel, »damit mein Gesicht möglichst unbeweglich bleibt – besonders wenn ich diesem Mann gegenüberstehe!« Womit er Hitler gemeint haben soll.

Der Generaloberst Werner Freiherr von Fritsch konnte als Idealtypus des preußischen Offiziers angesehen werden, obwohl sein Vater aus Sachsen gekommen und seine Mutter eine Rheinländerin war. Er war ein soldatischer Asket, ein Militär von mönchischer Genügsamkeit. Scherzhafte oder gar witzige Bemerkungen waren ihm nicht zuzutrauen.

Der Generalfeldmarschall von Blomberg jedoch galt, wie übereinstimmend bezeugt wird, als ein »Mann von Welt«; er war schlank und beweglich und besaß ein eher heiteres Naturell. Dennoch wirkte er manchmal, unmittelbar vor jenen Ereignissen, ›wie verhärmt‹. Beobachter glaubten damals zuweilen ›schwere Tränensäcke unter seinen wässerigen Augen‹ zu erkennen.

Hitler führte seine Besucher mit ausgesuchter Höflichkeit zu einer Sitzecke in der Nähe der Fensterfront, gleich neben seinem Schreibtisch. Ermunternd lächelte er seinem Reichskriegsminister zu, um sich dann jedoch bevorzugt dem Oberbefehlshaber des Heeres zu widmen. Zunächst sagte er, wie ganz nebenbei, scheinbar sogar leicht erheitert: »Da ist mir, Herr von Fritsch, ein Bericht zugeleitet worden, in dem behauptet wird, daß mich einige Offiziere Ihres Heeres als ›Anstreicher‹ bezeichnet haben sollen. Stimmt das?«

»Das stimmt«, bestätigte der Generaloberst lapidar.

»Worauf Sie diese Herren angewiesen haben sollen, sich in Zukunft weniger laut zu äußern. Stimmt auch das?«

»Jawohl«, bestätigte der von Fritsch in der ihm eigenen Wortkargheit und blickte Hitler voll ins Gesicht.

Der sah nunmehr, eindeutig fragend, seinen Generalfeldmarschall an. Und Blomberg meldete sich prompt: »Es hat sich dabei, soweit ich informiert bin, um volltrunkene Elemente gehandelt. Und deren Äußerungen, das meint wohl auch der Herr Generaloberst, sollte man nicht überbewerten, jedenfalls nicht aufbauschen. Als Friedrich der Große – Sie kennen, mein Führer, die Geschichte – auf einem Plakat eine Karikatur von sich erblickte, sagte er nur ganz souverän: ›Niedriger hängen!‹ Auch in diesem Fall ist wohl kaum eine andere Reaktion zu erwarten.«

»Durchaus«, bestätigte der von Fritsch.

Hitler gab sich nun besonders entgegenkommend – zumal ihm der Vergleich seiner Person mit dem großen Preußenkönig ungemein zusagte. Fast heiter wandte er sich einem anderen Thema zu: »Da ist es neulich, bei einem Manöver, zu handfesten Auseinandersetzungen gekommen, dabei hat es sogar einige Schwerverletzte gegeben. Und zwar spielte sich

51

das ab zwischen einem Regiment des Heeres und der Leibstandarte SS.«

»So was«, erklärte der Generaloberst schlicht, »kann vorkommen.«

»Aber Sie, Herr von Fritsch, haben, unmittelbar danach, die Auflösung der Leibstandarte, meiner Leibstandarte, gefordert?«

»Angeregt! Ich darf an das zwischen uns vereinbarte Grundprinzip erinnern: Die Wehrmacht ist der garantiert alleinige Waffenträger des deutschen Volkes.«

»Und das soll sie auch bleiben!« versicherte Adolf Hitler, nun geradezu feierlich. Er machte den Eindruck, als beklage er ein Mißverständnis, und zwar zutiefst. Dann blickte er wieder seinen Generalfeldmarschall an. Hoffnungsvoll.

Und der sprudelte nun lautstark hervor: »In dieser Hinsicht ist gewiß alles Erdenkliche, und zwar überzeugend, gesagt und getan worden! Da sind doch die Würfel längst gefallen – spätestens, als dieser Herr Röhm ausgeschaltet wurde.«

Blomberg spielte auf das Blutbad am Tegernsee bei München an, am 30. Juni 34. Hitler hatte damals den Stabschef der SA und zahlreiche hohe SA-Führer umbringen lassen, weil sie angeblich mit einer zur Volksarmee umgewandelten SA Revolution machen wollten. Nicht zuletzt – gegen die Wehrmacht.

»Die Basis unserer Zusammenarbeit ist Vertrauen!« bestätigte der Generaloberst von Fritsch. Und davon war er offenbar überzeugt.

»So soll und so muß es auch sein!« stimmte der Führer wie spontan zu. »Nur eben, daß es sich bei diesem gegenseitigen Vertrauen selbstverständlich auch um eine tiefe und weitreichende Verpflichtung handelt. So müssen wir entschlossen sein, unserer Wehrmacht, speziell unserem Heer, eine geradezu einzigartige Schlagkraft zu verleihen! Eine überzeugende!«

»Sollten Sie etwa mit meinen Leistungen unzufrieden sein, Herr Reichskanzler?« Der Generaloberst Werner Freiherr von Fritsch stellte diese heikle Frage in unbeirrbarer Gelassenheit. »Falls Sie jemals an mir und meinen Fähigkeiten zweifeln sollten, Herr Reichskanzler, brauchen Sie mir das nur zu sagen. Dann trete ich ab.«

»Nur das nicht!« rief Blomberg, der Reichskriegsminister, höchst besorgt aus. »Niemand denkt an Ihren Rücktritt, Herr von Fritsch. Das kann doch keiner wollen.«

»Das will ich wirklich nicht!« versicherte nun Adolf Hitler mit geradezu herzlichen Untertönen in der bebenden Stimme. »Denn Ihre speziellen Verdienste, um unsere deutsche Nation, um unser Heer, Herr Generaloberst, sind gar nicht hoch genug einzuschätzen!«

»Meine Bereitschaft, Ihnen zu dienen, Herr Reichskanzler, ist uneingeschränkt«, versicherte Fritsch glaubhaft. Er war eben ein wahrhafter Soldat, treu und gehorsam. Das wäre er in jeder Zeit gewesen – aber er war es auch in dieser!

»Gut, sehr gut!« rief der von Blomberg anerkennend aus.

»Danke«, sagte Adolf Hitler, wobei er, wie in bereitwilliger Würdigung, den Kopf neigte. Dabei sah er jedoch seinen Kriegsminister nicht an – er konzentrierte sich weiter auf den Oberbefehlshaber des Heeres. Und dem erklärte er nun, wobei er sich um eine behutsame Formulierung bemühte:

»Ihre Verdienste, Herr Generaloberst, sind gewiß außerordentlich. Natürlich kann nichts gleich auf Anhieb vollkommen sein. Sie werden mir zugestehen, daß es da noch manches zu verändern, zu verbessern gibt. Denn schließlich befinden wir uns mitten in einer einzigartigen nationalen Erhebung.«

»Meine Aufgabe dabei«, erklärte der von Fritsch unbeeindruckt, »ist der Ausbau des Heeres – die zielstrebige Intensivierung seiner Leistungsfähigkeit. Aber das braucht nun mal seine Zeit.«

»Die jedoch nicht endlos ausgedehnt werden darf. Ich denke da, um nur ein Beispiel herauszugreifen, an die Personalpolitik des Heeres«, sagte der Führer. »Die ist mir noch nicht genug im neuen Geist angesiedelt. Das Offizierskorps schleppt noch, wie völlig unaufgeklärt, weit überlebte Traditionen mit sich herum. Oder sollten Sie etwa anderer Ansicht sein, Herr von Blomberg?«

»Das nicht, nicht unbedingt, mein Führer!« versicherte der Feldmarschall, worauf er dann jedoch, sehr behutsam, auf die Linie des Generalobersten einschwenkte: »Allerdings stimmt es, daß so was seine Zeit braucht. Denn schließlich hat man noch nicht überall in Deutschland begriffen, was das neue Reich von uns verlangt.«

»Meine Herren«, sagte nun Adolf Hitler, indem er sich ziemlich unvermittelt erhob, jedoch die Hände seiner Besucher herzlich drückte. »Ich danke Ihnen für Ihre Offenheit. Dieses Gespräch war – sehr aufschlußreich.«

Wie außerordentlich aufschlußreich dieses Gespräch tatsächlich für ihn gewesen war, ließ der Führer und Reichskanzler noch am selben Abend seinen Hermann Göring wissen. Also jenen mit vielen Ämtern beladenen bevorzugten Paladin; und der war auch, unter anderem, Oberbefehlshaber der Luftwaffe. Göring lauschte mit genußvoll-grimmigem Entzükken.

»Da habe ich nun«, verkündete ihm Hitler, in seinem Ledersessel wie erschlafft zurückgelehnt, dabei wie himmelwärts starrend, »wieder einmal mehr versucht, dem Blomberg und dem Fritsch den Puls zu fühlen! Mit dem Ergebnis: die sind einfach nicht voll und ganz entschlossen! Also wohl nicht brauchbar genug für unsere große deutsche Sache!«

»Was doch nicht verwunderlich ist!« erklärte Göring mit der ihm eigenen draufgängerischen Deutlichkeit, von der er immer dann Gebrauch machte, wenn er Vorteile witterte – für sich. »Dieser Fritsch ist doch im Grunde nichts anderes als ein bor7ierter Militärbürokrat! Und dieser Blomberg redet Ihnen doch nur nach dem Mund, mein Führer. Der gleicht immer nur aus, macht alles glatt. Der will nichts wie leben, möglichst angenehm. Im Grunde ist der ein Faulenzer!«

Derartige Unverschämtheiten konnte sich Göring bei Adolf Hitler ohne weiteres leisten – sofern sie unter sich oder im allerengsten Vertrautenkreise waren. Und gar nicht selten pflegte der Führer diese Dreckschleudereien sogar zu genießen. Denn der schwergewichtige Göring schreckte offenbar vor nichts und niemandem zurück; schon gar nicht, wenn es um handfeste Intrigen ging. Das jedoch mit einer einzigen, stets klar erkennbaren Ausnahme: Hitler! Denn mit dem war nicht zu spaßen – der war der große Wolf; mit dem mußte man heulen.

Und das begriff Hermann Göring. Sein Führer wußte das, und Göring wußte, daß es sein Führer wußte. Seine Taktik bestand darin, lauernd darauf zu warten, daß ihm die Bälle zugespielt wurden. Die fing er dann auf, mit denen jonglierte er bald mehr, bald weniger geschickt, doch stets mit Schwung.

Hitler grollte ermunternd weiter: »Da habe ich also nun, entgegenkommenderweise, versucht, diesem Fritsch beizubringen, daß er den Ausbau des Heeres beschleunigen, daß er eine zeitgemäße Personalpolitik betreiben, daß er also

Wert auf konstruktive Verbindungen zu unseren Staats- und Parteiorganen legen muß. Aber der hat nichts davon begriffen, nichts! Das einzige, was er auf meine Vorhaltungen zu sagen hatte,war: Alles braucht nun mal seine Zeit!«

»Das sieht diesem preußischen Paradepferd ähnlich!« polterte Göring vernichtungsfreudig. »Der kriegt es einfach nicht fertig, einen Blick über seine Kasernenmauern zu riskieren! Der wirkt bereits senil! Außerdem soll er krank sein, sagt man: Atembeschwerden, Blasenüberdruck, Geschwüre im After – so was Ähnliches!«

»Sagt man?« Der Führer horchte auf. »Weiß man genaueres? Existieren Unterlagen? So was macht mich sehr besorgt – um den Gesundheitszustand meines Oberbefehlshabers.«

Hermann Göring lachte schallend laut, völlig ungeniert; sie waren eben ganz unter sich. »Entsprechende Unterlagen werden sich beibringen lassen«, versicherte er. Um dann gleich weiter zu fragen: »Vielleicht auch ähnliche Details über Blomberg? Das müßte zu machen sein.«

»Nur kein unnötiges Aufsehen!« ermahnte ihn Hitler, halb entgegenkommend, halb ablehnend. »Was mich bewegt, ist Sorge, Fürsorge. Vor allem Herrn von Blomberg gegenüber, dem wir doch immerhin einiges zu verdanken haben. Obgleich ich nun eingestehen muß, daß mir sein Verhalten in Gegenwart von Fritsch nicht sonderlich gefallen hat. Denn Blomberg hat meine Position, die ich ziemlich deutlich zu erkennen gegeben habe, keinesfalls bereitwillig unterstützt! Offenbar ist auch der nicht voll überzeugt von unserer Sache.«

»Genau das habe ich kommen sehen!« rief Göring geradezu entzückt aus. »Dem geht es einfach zu gut! Der führt ein höchst bequemes Leben; der frißt zu viel, säuft allerhand in sich hinein – und quatscht herum!«

Damit dichtete er dem Reichskriegsminister nahezu alle Eigenschaften an, die auf ihn selbst zutrafen. »Außerdem ist der alles andere als ein ganzer Kerl! Der soll sich sogar, und zwar ziemlich geringschätzig, über die Jagd geäußert haben.« Das nahm er ihm besonders übel – denn das ging doch wohl eindeutig gegen ihn, der auch Reichsjägermeister war!

»Überdies bevorzugt der ausländische Getränke! Läßt sich seine Garderobe in London anfertigen! Soll auch amerikanische Romane lesen – im Original. Also – ausgesprochen deutsch ist das alles nicht!«

Hitler genoß diese Unterredung sehr, ohne das auch nur im geringsten zu zeigen. Er sagte lediglich, wie versonnen: »Immerhin sprechen wir von maßgeblichen Befehlshabern unserer Wehrmacht.«

»Auch die sind zu ersetzen!« versicherte Göring. »Jedenfalls sollte man nun wohl ihre Ablösung ernstlich erwägen – wenn ich die Gegebenheiten richtig einschätze. Oder sollte ich mich da irren, mein Führer?«

Hitler schien nun wie zu fernsten Horizonten hinzublicken, er sagte nichts. Doch Göring schien es, als habe der Führer wie zustimmend genickt. Zumindest hatte der abermals seine stets erfolgreiche Taktik angewendet: Wenn er etwas, im internen Kreis, nicht ausdrücklich verneinte, dann durfte das als Zustimmung verstanden werden.

Was einem Göring genügte. Der war ein Jäger – auch in der Politik. Sein sicherer Tiertötungsinstinkt verriet ihm stets, wie man ein zum Freiwild erklärtes Lebewesen aufspüren und erledigen konnte. Mit Blattschuß.

Weiteres aus dem Bericht des Dr. Erich Meller

»Dieser Hexenkessel, der sich damals zusammenbraute, mutete an sich gar nicht sonderlich ungewöhnlich an. Vielmehr erinnerte der, wie zwangsläufig, an seit Jahrtausenden immer wieder mit Erfolg angewandte Methoden krimineller Machtprofis: Wenn es nicht gelingt, mit den Hirnen und Herzen unliebsamer Gegner fertig zu werden, dann muß man ihnen eben in den Unterleib treten.

Wer jedoch die Bereiche derartiger Macht-Krimineller, von Nero bis Hitler, nicht zu stören oder zu gefährden drohte – für den existierten auch keine moralischen Grenzen, keine sittlichen Tabus. Die konnten dann, in so gut wie jeder Hinsicht, alles Erdenkliche tun oder lassen. Hauptsache: sie waren ›verläßlich‹.

So etwa konnte sich Ernst Röhm, der Stabschef der SA, und das genau bis zu dem Zeitpunkt, da er seinem Führer gefährlich zu werden drohte, als Homosexueller betätigen – und zahlreiche andere mit ihm, auch ein Minister. Solange sie alle unverkennbar hitlerhörig waren, hatten sie so gut wie völlig freie Fahrt. Sobald jedoch auch nur der Verdacht aufkam, daß sie abtrünnig werden könnten, nicht mehr voll mitmachten, stellte man sie ungeniert, ungehemmt, vor der ganzen Nation an den Pranger – als ›total entgleiste, säuische Sittenverderber‹. Man warf sie also der bereitwillig erschauernden, im Grunde nur gierigen Menge zum Fraße vor.

Besonders fatal verwendungsfähig erschien in diesem Zusammenhang der Vorgang Eva Gruhn. Das war eine Frau, die nichts wie lieben wollte. Da nun auch sie endlich glaubte, geliebt zu werden. Völlig vorbehaltlos. Und eben damit ließ sich gewiß eine Menge anfangen.«

Zweiter Versuch einer romanhaften
Gestaltung . . .
Thema: Ein falscher Freund

»Eva, meine Liebe! Warum weichst du mir aus? Erkennst du denn nicht, was du mir bedeutest? Ich liebe dich!«

Das versicherte ein gewisser Volker Vogelsang, V-Mann mit der Nummer 134. Der hatte Eva Gruhn in deren Wohnung aufgesucht. Dort saß er nun auf einem mit Blumenornamenten bedeckten Sofa. Wobei er vorgab, sie voller Verlangen und dennoch hingebungsvoll anzustarren. Vor ihnen, auf einem Glastisch, standen: eine Terrine Gänseleber, original Straßburg; ein Glasgefäß mit Kaviar, russischem; dazu eine Flasche Champagner, Pommery. Das alles hatte er, hoffnungsfroh, voller Erwartung, aus seiner Delikatessenhandlung am Kurfürstendamm herbeigeschafft. Für sie.

»Aber du, Eva, liebst mich nicht!«

Das war schweratmende Klage, Anklage zugleich. Eva Gruhn sah ihn nachsichtig an. Dann sagte sie, irritierend sanft: »Ach, weißt du – ich schätze es nicht, wenn man versucht, mich zu besitzen. Wie eine Art Eigentum! Das habe ich dir schon mehrmals gesagt. Wozu willst du mich zwingen?«

»Zu deinem Glück, Eva!«

»Was, bitte, verstehst du darunter?«

»Liebe Eva«, versicherte er, sich ihr entgegenneigend, »ich wäre sogar bereit, dich zu heiraten – unter gewissen Bedingungen.«

»Bedingungen«, erklärte sie ihm, nicht ohne Stolz, »gedenke ich nicht zu akzeptieren! Was ich erwarte, ist uneingeschränkt selbstloses Entgegenkommen. Das nenne ich Liebe. Aber dazu bist du wohl kaum imstande.«

Diese lässig hervorgebrachte Behauptung empörte ihn,

verführte ihn zu ungewollt hervorbrechenden Deutlichkeiten: »Dich habe ich schon längst durchschaut! Du bist absolut unberechenbar, dich beherrscht hemmungslose Lebensgier! Du willst nichts wie genießen, wie und mit wem auch immer! Stimmt's?«

»Nein! Denn ich habe niemals etwas anderes gesucht als einen Menschen, der zu mir aufsieht und zu dem auch ich aufsehen kann! Doch davon verstehst du offenbar nichts.«

»Was du nicht sagst!« Das klang weit mehr nach Drohung als nach Spott. »Eine Art Märchenprinz also! Und ich vermute, du bist bereits fleißig dabei, dir einen zu sichern.«

Eva Gruhn sah ihn betrübt an. »Solltest du mir etwa nachspionieren? Das rate ich dir nicht, falls du Wert darauf legst, weiter mit mir in Verbindung zu bleiben.«

»Das will ich! Unbedingt. Doch das fällt mir immer schwerer. Denn was, muß ich dich fragen, ist mit diesem Jüngling? Heersdorf, Herbert, heißt dieser Kerl. Angeblicher Exportkaufmann – doch wohl nichts wie ein Schmarotzer! Was versprichst du dir von dem?«

»So gut wie nichts«, sagte Eva offen. »Was ich will, ist ein Mann, der mich liebt, vorbehaltlos.«

»Mein Gott!« ereiferte sich Vogelsang. »Wie raffiniert du doch bist! Du versuchst, mich abzukochen – was? Du willst mich zwingen, dich zu heiraten! Aber das ist mit mir nicht zu machen.«

Der vermutlich unmittelbar danach erfolgte Bericht des ›Vertrauensmannes‹ Vogelsang, Volker, Nummer 134. Betreff: Eva Gruhn.

»Besagte von mir zu überprüfende Person wurde weisungsgemäß intensiv beobachtet. Wobei Tätigkeiten zum

Vorschein kamen, welche diese Eva Gruhn mit Behörden in Konflikt bringen müssen. Diese Person darf wohl als hochgradig gefährdet gelten. Nachfolgend Einzelheiten:

Deren Betätigung als Photomodell. Angeblich: Mode. Zumeist jedoch für Unterwäsche und Badeanzüge posierend. Dafür bezahlt.

Weitere Ausschweifungen sind mit Sicherheit zu vermuten. Beiliegend diverse Adressen. Darunter jene eines gewissen Heersdorf, Herbert. Der gibt sich als Export-Kaufmann aus, scheint jedoch eine höchst dubiose Person zu sein. Dessen Existenz sollte überprüft werden.

Fast gleichzeitig in Erscheinung tretend: eine Person von offenbarer Bedeutung. Jedoch noch nicht auszumachen, um wen es sich dabei handelt. Sobald mir diesbezüglich nähere Einzelheiten bekannt werden, erfolgt weiterer Bericht. Bleibe dicht am Objekt.«

Im Frühsommer 1936 – also im vierten Jahr des »Dritten Reiches« – war Otto Schmidt, auch Otto-Otto genannt, der Geheimen Staatspolizei zugeführt worden. Man hatte ihn gerade zu einer Gefängnisstrafe von sieben Jahren verurteilt; er brauchte sie aber nicht gleich anzutreten.

Denn dieser Otto Schmidt war das, was man in Fachkreisen einen »Sänger« nennt. Sobald er unter Druck geriet, zum Beispiel wenn er eine Strafe absitzen sollte, begann er sich das Wohlwollen der Polizei zu »ersingen«. Er bemühte sich also »Material« zu liefern: Namen, Adressen, Hinweise – das fiel ihm, als intimem Kenner der Berliner Homosexuellenszene, nicht schwer.

Neuerdings war für diese Delikte im Raum Groß-Berlin nicht mehr in erster Linie das Dezernat Sitte im Polizei-Präsidium zuständig, sondern eine neugebildete Dienststelle: die

›Reichszentrale zur Bekämpfung der Homosexualität‹. Sie operierte als Abteilung II-H im Reichssicherheitshauptamt, also direkt im Bereich der Gestapo.

Und hier nun packte Otto-Otto aus – in stundenlangen, tagelangen Verhören. Er lieferte alles, was von ihm gewünscht wurde, mit größter Bereitwilligkeit und in verschwenderischer Fülle. Nahezu einhundert Namen umfaßte schließlich seine Liste; darunter befand sich auch ein »Frisch« – oder auch »von Frisch«. – »Ein höherer Offizier – alter Adel«, behauptete Otto-Otto.

Mit solchen Kleinigkeiten nahm er es nicht sonderlich genau. Er pflegte die von ihm angebotene Ware gerne auszuschmücken, um sie seinen Kunden möglichst interessant erscheinen zu lassen.

Der vernehmende Beamte, er soll Herbert oder Hubert geheißen haben, jedenfalls pflegte er seine Berichte mit ›H-t‹ zu signieren, zeigte sich nicht unzufrieden. »Ganz schön emsig, du Ratte!«

Otto Schmidt nahm das als Kompliment – es war ja auch eins. Selbstgefällig versicherte er: »Man tut, was man kann! Das wird doch bestimmt ausreichen – was?« Er dachte an eine wesentliche Strafmilderung, wenn nicht gar an Strafaussetzung, als Gegengabe für vorzügliche Informationen.

»Mal sehen, was der Chef davon hält«, sagte dieser Herbert oder Hubert durchaus hoffnungsvoll.

Chef dieser ›Reichszentrale für die Bekämpfung der Homosexualität‹ war ein gewisser Joseph Meisinger – also jener vom Berliner Polizeipräsidium zur Gestapo übergewechselte Kriminalrat. Dicke, von Akten fast überquellende Koffer hatte er mitgebracht. Viel später würde er, mit höherem SS-Rang, im Ausland tätig werden, an der Deutschen Botschaft in Tokio. Dort sollte ihn dann der wohl genialste gegen die Nazis angesetzte Spion, Dr. Richard Sorge, in brillanter

Weise wiederholt aufs Kreuz legen, was diesem Meisinger nicht wenige von Herzen gönnten.

Joseph Meisinger bevorzugte brutale, korrupte, hinterhältige Methoden. Dazu gehörte auch, daß er seinen Untergebenen frühzeitig beibrachte, ihn zu fürchten. Denn er tat alles nur Erdenkliche, um seine Vorgesetzten zu erfreuen.

So war seine erste Reaktion, als er die stattliche Otto-Schmidt-Liste entgegennahm: »Das gibt einen ganz schönen Nachschub fürs KZ!« Und gleich darauf entschied er: »In dieser Aufstellung sind zunächst einmal jene Leute auszusondern, die in irgendeiner Form Einfluß haben könnten. Etwa solche mit Vermögen, mit besonderen Beziehungen, vor allem natürlich auch Parteigenossen. Die werden wir uns gesondert vornehmen.«

Und als dieser Joseph Meisinger sich die von Otto-Otto erstellte Namensliste näher angesehen hatte, bemerkte er nachdenklich: »Da fällt mir etwas auf!« Er hielt sich für einen genialen Kriminalisten – und er fand immer jemand, der ihm das bestätigte. »Ich habe da so meinen Riecher!« pflegte er zu sagen. Und jetzt schnüffelte er tatsächlich wie ein Trüffelschwein.

»Sollten Sie etwas Besonderes entdeckt haben?« fragte Herbert-Hubert, der Vernehmungsbeamte, jederzeit bereit zu ehrfürchtiger Anerkennung.

»Könnte sein«, meinte Meisinger versonnen. »Was ist das für ein Bursche, dieser Schmidt?«

»Eine Ratte! Doch wohl keine ganz alltägliche, in unserem Bereich.«

»Also – verläßlich?«

»Durchaus. Bestimmt aber dann, wenn sich das für ihn lohnt. Dann frißt er sogar den größten Dreck. Und spuckt ihn aus, wohin man will.«

»Den wünsche ich zu sehen!« entschied Meisinger.

Eine knappe halbe Stunde später sah er ihn, unter vier Augen. Beide musterten sich ungeniert; belauerten sich hoffnungsvoll. Wofür sie sich Zeit ließen.

»Kann man sich auf Sie verlassen, Schmidt?« fragte Meisinger endlich, unüberhörbar ermunternd.

»Absolut, Herr Kriminalrat! Sie müssen mir nur sagen, worauf es Ihnen ankommt.«

Meisinger blätterte, wie unkonzentriert, in den Protokollen über die Vernehmung des Otto Schmidt. Es ging ihm nur um diesen einen Namen, der ihm, dem Wachsamen, dem Superkriminalisten, dem beamteten Bewahrer deutscher Sittlichkeit, aufgefallen war.

»Dort steht – Frisch.«

»Jawohl!«

»Höherer Offizier, vermutlich alter Adel – wird hierzu bemerkt. Könnte es sich dabei, möglicherweise, sogar um einen General handeln? Nun – mein Lieber?«

Worauf der schnell denken könnende Otto-Otto prompt erkannte, daß hier offenbar etwas Besonderes von ihm erwartet wurde. Etwas, das sich lohnen könnte!

»Jawohl – ein General. Kann sein. Durchaus möglich.«

»Und wäre es auch möglich, daß Sie sich im Namen geirrt haben. Ich meine, nur ein klein wenig?«

»Irren ist ja menschlich, Herr Kriminalrat. Und wie wohl, meinen Sie, könnte so ein Irrtum diesmal aussehen?«

»Wäre es etwa denkbar, Schmidt, daß dieser Name nicht lediglich Frisch lautet – sondern vielmehr: Fritsch? Von Fritsch?«

Otto-Otto witterte sanfteste Morgenluft. Hier schien er gebraucht zu werden. Das konnte ihn möglicherweise vor dem Antritt seiner Gefängnisstrafe bewahren. Er sah sich bereits in der Funktion eines Kronzeugen.

»Ja – durchaus: Fritsch! Von Fritsch. Ein General. Kann stimmen.«

Worauf nun Joseph Meisinger, wie mehrfach bezeugt, etwas tat, was selbst im Bereich dieser Art von ›Wahrheitssuchern‹ als ›geradezu ungeheuerlich‹ bezeichnet werden sollte. Damals noch. Er schob diesem Otto Schmidt ein Photo zu.

Und dieses Photo, anläßlich einer Parade aufgenommen, zeigte einen deutschen General in voller Uniform: Straff zurückgekämmte Haare, Mittelscheitel, eine das Gesicht beherrschende hohe Stirn. Wie prüfend blickende Augen, über dem linken ein Monokel. Unter einer sehr geraden Nase ein längliches Dreieck von Schnurrbart, ein fein geschwungener Mund. Ein streng väterlich anmutender Mensch. Seinen ›Waffenrock‹ zierte eine breite, fast über die ganze linke Brusthälfte reichende Ordensspange. Dazu trug er das Eiserne Kreuz Erster Klasse.

»War's etwa der?« fragte nun Meisinger, ermunternd inquisitorisch.

Otto Schmidt, ansonsten ›kalt wie eine Hundeschnauze‹, starrte, nicht wenig erschreckt, auf das ihm vorgelegte Photo. Er begann zu ahnen, daß hier noch weit größere Ereignisse auf ihn zukamen, als selbst seine Sumpfblütenphantasie sich jemals hätte vorstellen können.

»Nun, Schmidt?« fragte der ranghöchste der reichsamtlichen Homosexuellenbekämpfer lauernd. »Sollte dir dieser Anblick womöglich die Sprache verschlagen haben?«

»So jedenfalls«, würgte Otto-Otto hervor, »ist der damals, im Wannsee-Bahnhof, nicht in Erscheinung getreten.«

»Na klar – so nicht!« Meisinger lachte kumpanenhaft herzlich. »Oder glaubst du, daß ich dir einzureden versuche, daß der dort in voller Uniform, mit allen Orden, in der Bahnhofstoilette aufgekreuzt ist – um einen Arsch aufzureißen? Du mußt dir selbstverständlich diesen ganzen Klimbim weg-denken, auch das Monokel. Stelle dir den mal in Zivil vor! Na – und?«

»Nun ja, nun ja – wenn ich mir den so vorstelle ... Dann könnte der es, möglicherweise, tatsächlich gewesen sein.«

»Ja oder nein, Mensch? Versuch nicht mir auszuweichen, du Ratte! Mit mir macht man so was nicht – kapiert? Denn hier geht es ums Ganze – auch für dich!«

»Und wenn ich das tatsächlich bezeugen könnte ...« Otto Schmidt blickte bieder, fast flehend. »Was, bitte, dann?«

»Wenn du die Wahrheit sagst, auf die ich scharf bin, und dann auch bei dieser Wahrheit bleibst, und zwar eisern – dann legen wir dich sozusagen auf Eis, wie eine Büchse Kaviar oder eine Flasche Champagner. Bis deine Stunde kommt.«

»Ich könnte also, bis dahin – sozusagen Urlaub ma-chen?«

»Auf Staatskosten«, bestätigte Meisinger bereitwillig. »Wir werden da sehr großzügig sein. Aber du bleibst unter meiner Obhut. Du kannst also wählen. Entweder du spurst, verläßlich, dann bist du mein Mann. Oder, wenn nicht – dann landest du eben im Gefängnis, für etliche Jahre. Wie hättest du's denn gerne? Ich höre.«

»Aber klar bin ich Ihr Mann!« Otto Schmidt war nun ent-schlossen, die Freiheit zu wählen – seine Freiheit; also eben das, was er darunter verstand. Und fast feierlich erklärte er: »Jawohl – der war es!«

Aus dem Meller-Bericht

»Dieser hinterhältige Kloakenhandel führte dann zu einer ziemlich brauchbaren Akte. Und mit dieser vermochte Meisinger seinen Chef, Heydrich, meinen ›Jugendfreund‹, auf das angenehmste zu überraschen. So entstand dann, nachweisbar bereits 1936 – also weit mehr als ein Jahr vor der schnell hereinbrechenden Schlußkatastrophe – beim Reichssicherheitshauptamt das erste sogenannte ›von Fritsch-Dossier‹.

Und das existierte dort einige Zeit lang als eins der bestgehüteten Geheimnisse dieser Vernichtungsfabrik in der Prinz-Albrecht-Straße. Weder die Abwehr noch das Polizeipräsidium wußten davon; auch auf meiner Nachrichtenbörse wurden diese Papiere nicht gehandelt. Vermutlich war nicht einmal Himmler darüber unterrichtet.

Ein einziger jedoch, außerhalb des RSHA, wurde prompt informiert: Adolf Hitler. Der allerdings hatte in diesem ersten ›Dossier‹, das ihm Reinhard Heydrich, ›großes Staatsgeheimnis‹ spielend, vorlegte, lediglich scheinbar gelangweilt herumgeblättert, völlig wortlos. Schließlich schob er es mit der Bemerkung beiseite: ›Das – interessiert mich nicht!‹

Er sagte also keineswegs: Das ist eine Sauerei! Womit er den von Fritsch ebenso wie die Gestapo hätte meinen können. Er sagte auch nicht: So was verbitte ich mir, das hat zu verschwinden! Womit dann dieses ganze Sumpfgelände gewissermaßen staatsamtlich trockengelegt worden wäre. Nein, der Führer hatte lediglich gesagt: ›Das interessiert mich nicht!‹ Also – jetzt nicht. Nicht so! Noch nicht!

Derartig feine Unterschiede vermochte mein ›Jugendfreund‹ Heydrich mühelos zu erkennen. Der Schluß, den er daraus zog, sah so aus:

Derzeit war wohl noch dieser von Fritsch ein möglicherweise sehr brauchbarer Mann; er stand also sozusagen unter

Staatsschutz. Den wollte Hitler noch nicht für abschußreif erklären.

So verschwand denn dieses ›Dossier‹ zunächst in einem von Heydrichs Panzerschränken. Für etliche Monate. Aber – dann!«

3
Maßnahmen der Mächtigen

Aus dem Bericht des ehemaligen Regierungsrates im
Preußischen Innenministerium, Berlin, Dr. Erich Meller

»Der Tag, an dem sich das fürchterliche Ende dieser Vorgänge anbahnte, ist genau zu bestimmen – auch der Ort und
die Uhrzeit: 3. November 1937. Reichskanzlei. Lagebesprechung. Beginn 16.15 Uhr – Ende gegen 20.30 Uhr.

Dabei anwesend, außer Hitler:

Generalfeldmarschall Werner von Blomberg, Reichskriegsminister und Oberbefehlshaber der Wehrmacht. Sitzend zur Rechten des Führers.

Links neben diesem Staatsoberhaupt: der Außenminister
des Reiches, Konstantin Freiherr von Neurath.

Weiter: die Oberbefehlshaber der drei Wehrmachtsteile.
Also Generaloberst von Fritsch, Heer; Generaloberst Göring, Luftwaffe; Admiral Raeder, Marine.

Dazu kam, am äußersten Ende des großen Schleiflack-
tisches sitzend, der Wehrmachtsadjutant des Führers: Oberst
Friedrich Hoßbach.

Auf dessen Erkenntnissen, Beobachtungen und Aufzeichnungen basieren auch entscheidende Teile meines Berichtes.
Hoßbach, ein immer skeptischer werdender Betrachter der
großdeutschen Szene, verfaßte über diesen offenbar ge-
schichtliche Bedeutung erlangenden Vorgang ausführliche

Notizen. Die ließ er dann einigen für verläßlich gehaltenen Freunden zukommen; zu welchen er auch mich zählte, mit Recht, wie ich glaube.«

Adolf Hitler begann diese Konferenz mit ausgesuchter Höflichkeit – was ihm stets überzeugend gelang, wenn er das wollte. Und diesmal wollte er. Er dankte seinen Besuchern für ihr Erscheinen, versicherte, erfreut zu sein, sie zu sehen – weitere fruchtbare Zusammenarbeit erhoffend, wie sie bisher schon stets vorbildlich praktiziert worden sei.

Er wußte genau, weshalb ihn sein Generalfeldmarschall um diese Besprechung gebeten hatte. Blomberg, der vermutlich von Fritsch inspiriert worden war, ging es um eine bessere, gleichmäßigere, ausgewogenere Zuteilung von Rohstoffen für die Rüstung. Und dieses Ansinnen war, ziemlich eindeutig, gegen Göring gerichtet – der seit 1936 Bevollmächtigter für den Vierjahresplan war. Göring, so nahm man nicht ohne Grund an, bevorzugte ganz unbekümmert seine Luftwaffe. Denn dort hieß es: »Bei uns gibt's keine finanziellen Schwierigkeiten! Wir können uns so gut wie alles leisten. ›Hermann‹ – also Göring – übernimmt die volle Verantwortung!«

Nicht etwa, daß Hitler bereit gewesen wäre, sich schützend vor seinen Göring zu stellen. Dem gönnte er durchaus einiges an Komplikationen. Nur durfte es nicht, unter keinen Umständen, zu einem Krach zwischen den drei Oberbefehlshabern kommen. Deshalb war der Führer entschlossen, diese auf erstrebenswerte Ziele höherer, wenn nicht gar höchster Art zu verweisen. Und ebendeshalb hatte er auch seinen Außenminister zu dieser Konferenz gebeten.

Hitler setzte nun zu einem seiner großen Monologe an. Und die konnten stundenlang dauern. Wobei er sich diesmal, nach den Notizen des Oberst Hoßbach, auf folgende Erkenntnisse konzentrierte:

Erstens: Es kommt entscheidend darauf an, nicht nur mit seiner Zeit zu schreiten, sondern ihr entschlossen vorauszueilen. Wer seiner Zeit wie hilflos nachhinkt, ist so gut wie verloren. Die angeblich klar erkennbaren Zeichen der Zeit aber deutete Hitler wie folgt:

Europa befinde sich in einer elementaren Umbruchssituation. Mit Italiens Verständnis sei zu rechnen; der Duce bemühe sich ehrlich darum. Das sittlich verrottete Frankreich hingegen dürfte so gut wie verloren sein. Und England benötige einen ganz massiven Anstoß, um sich endlich auf seine wahren Werte und seine Würde zu besinnen.

Zweitens: In einigen, wohl nur sehr wenigen Jahren könnte sich Sowjetrußland zu einer Weltmacht ersten Ranges entwickeln. Doch so lange dürfe nicht gewartet werden. Amerika benötige vermutlich noch Jahre, um sich auf die von uns voranzutreibende Entwicklung einzustellen. Dieses jüdisch verseuchte Volk müsse erst einmal mit seinen enormen finanziellen und wirtschaftlichen Schwierigkeiten fertig werden. »Wir jedoch, nicht wahr, haben dabei nichts zu verlieren – aber alles zu gewinnen!«

So biete sich, drittens, folgendes an: eine möglichst schnelle Bereinigung der europäischen Verhältnisse. Mithin: »Frankreich ist zu vereinnahmen, England muß überzeugt werden, klare Verhältnisse im Osten sind zu schaffen. Das ebenso in der Tschechei wie auch in Polen; sogar in Rußland. Diese hemmenden rückschrittlichen Gebilde werden überrollt, also unter deutsche Oberhoheit gestellt. Was jedoch nur mit entschlossener Schnelligkeit gelingen kann. Worauf wir uns einrichten müssen.

Und weiter sprudelte Hitler, nun wie erfüllt von ungehemmtem Sendungsbewußtsein, hervor:

»Etwa bis 1945, spätestens, haben wir in diesem Europa noch einigermaßen freie Hand. Bis dahin müssen wir diesen unseren Kontinent germanisiert, ihn also zu einer geschlossenen Einheit, unter unserer Führung, zusammengeschweißt haben. Falls wir das bis zu diesem Zeitpunkt nicht schaffen, gelingt uns das nie! Weil wir dann dem vernichtungswilligen Druck von zwei Weltmächten ausgesetzt sein werden: den jüdischen Vereinigten Staaten von Amerika – und der kommunistischen Sowjetunion. Das aber darf niemals – niemals! – geschehen!«

Nachdem Hitler das suggestiv sendungsbewußt verkündet hatte, blickte er forschend-fragend um sich. Seine Gesprächspartner schienen verstummt zu sein, also wohl zutiefst überwältigt von seiner Weltschau. Und sein Außenminister, der Freiherr von Neurath, keuchte sogar, sichtlich erregt, mit geschlossenen Augen. Er hatte beide Hände ans Herz gepreßt.

Diese Reaktion der Anwesenden war wohl kaum verwunderlich nach solch wahrhaft epochalen Eröffnungen. Selbst Göring starrte, wie tief versonnen, vor sich hin. Und Raeder, der Chef der Marine, schüttelte unentwegt den Kopf, als leide er unter einem plötzlichen Fieberanfall. Allein der von Blomberg gab sich souverän-gelassen – wie durch nichts zu erschüttern. Oberst Hoßbach aber notierte, notierte, notierte.

Auch der Oberbefehlshaber des Heeres, Freiherr von Fritsch, schien sich von Gefühlsanwandlungen nicht hinreißen zu lassen. Unbeirrbar sachlich, wie stets, erlaubte er sich zu sagen:

»Ihre Ausführungen, Herr Reichskanzler, dürfen sicherlich als überaus weitschauend bezeichnet werden. Sie ihrem Wert entsprechend zu würdigen oder etwa gar anzuzweifeln, maße ich mir nicht an. Als Soldat bin ich ein erklärter Mann der Praxis. Ich habe allein das zu sehen, was ist – was jetzt ist. Und da sehe ich dies: Unser Heer bedarf weit größerer materieller und finanzieller Mittel als bisher. Doch dazu muß, leider, festgestellt werden: Wir sind vernachlässigt, um nicht zu sagen benachteiligt worden! Und neuerdings habe ich fast den Eindruck: systematisch.«

Womit, nach dem fast zweistündigen Hitlermonolog, die Konferenz doch noch auf eine reale Basis gebracht worden war. Was Fritsch gesagt hatte, richtete sich eindeutig gegen den Bevollmächtigten für den Vierjahresplan. Gegen Göring.

Nun sprang auch Admiral Raeder Fritsch zur Seite. Mit vereinten Kräften griffen sie Göring an, kritisierten seine Methoden, versuchten seine Maßnahmen zu blockieren, und das mit wenig zimperlichen Worten. Göring wehrte sich – nicht minder massiv.

Hitler verfolgte diese Wortgefechte schweigend und bereit, jederzeit den Schiedsrichter zu spielen. Doch er war nicht darauf versessen, hier einzugreifen. Denn auch diese Entwicklung behagte ihm. Es kam, wie immer in solchen Situationen, nur darauf an, das denkbar Beste daraus zu machen. Und eben dafür besaß dieser Führer einen todsicheren Instinkt.

Göring, sozusagen in mehrere Ecken gedrängt, jaulte geradezu auf: »Ich muß doch schließlich auch mal meine Ansicht äußern dürfen!« So laut einer Notiz des Oberst Hoßbach. Inzwischen schienen mehrere der Anwesenden versucht zu haben, Hitlers visionäre Weltumwälzungspläne möglichst schnell aus ihrem Bewußtsein zu verdrängen, sie zu vergessen. Sie hackten ihr Kleinholz.

Und weiter, nun schon ziemlich hektisch, der von ihnen attackierte Göring: »Wenn ich mir das so anhöre, anhören muß, frage ich mich, ob man hier etwa versuchen will, mich zur Sau zu machen. Das kann doch wohl niemand ernsthaft wagen wollen!«

»Mißverstehen Sie uns bitte nicht«, versicherte nun der von

Blomberg, reichlich besorgt. »Keiner von uns würde jemals auf die Idee kommen, Ihre Fähigkeiten und Leistungen anzweifeln zu wollen.«

»Das würde ich auch niemand geraten haben!« knurrte der Oberbefehlshaber der Luftwaffe. »Mit so was darf man mir nicht kommen! Mir nicht.«

»Ich persönlich, das darf ich wohl versichern«, behauptete sodann der Generalfeldmarschall ziemlich ungeniert, »schätze Sie ungemein.« Er war ernsthaft bemüht, sich diesen Göring nicht zum Feind zu machen. Denn dessen Beistand brauchte er dringend, und zwar in einer sehr persönlichen Angelegenheit. »Sie sind, für uns alle, einer der wesentlichsten Garanten unseres Reiches.«

»Zu einer solchen Garantie gehört aber auch«, meinte der von Fritsch, völlig unbeeindruckt, »eine absolut ausgewogene Aufteilung aller zur Verfügung stehenden materiellen Möglichkeiten. Und daraus, Herr Göring, ergibt sich logisch, daß es mit dieser geradezu penetrant einseitigen Bevorzugung Ihrer Luftwaffe endlich ein Ende nehmen muß!«

Noch am selben Abend befahl Hitler seinen Göring zu sich in die Reichskanzlei. Offiziell: Einladung zum Essen. Bei einer solchen Gelegenheit durfte über Gott und die Welt geredet werden, jedoch nicht über Politik.

Unmittelbar nach dem Essen zog sich der Führer mit seinem Stellvertreter in den Terrassenraum zurück, wo Hitler Zeitungen und Akten zu studieren pflegte. Und dort wurde Göring, ohne irgendeiner Aufforderung zu bedürfen, massiv deutlich!

»An diesen Leuten«, er meinte Blomberg, Neurath und die Oberbefehlshaber des Heeres und der Marine, »zeigt sich doch keine Spur von Größe! Die begreifen so gut wie nichts von Ihrer grandiosen Weltschau, mein Führer!«

»Auch ich beklage diesen Mangel an Erkenntnisbereitschaft«, meinte Hitler, wobei er seinen Paladin erwartungsvoll ansah. »Aber wir dürfen nichts übers Knie brechen. Wir sollten jedoch alle sich bietenden Möglichkeiten ausschöpfen, ebenso gründlich wie wirksam, und mit größter Vorsicht! Nur keine unnötigen Märtyrer!«

»Das, mein Führer, ist auch meine Ansicht. Diese Leute muß man möglichst unauffällig, aber beschleunigt auf Vordermann bringen oder in der Versenkung verschwinden lassen; etwa durch einen kräftigen Tritt in den Hintern! Symbolisch gemeint.«

»Aber eben das muß für die Öffentlichkeit – und auch vor der Weltgeschichte – absolut überzeugend sein! Dabei muß man sich wohl einiges einfallen lassen. Aber wem, frage ich mich, könnte man so etwas anvertrauen?«

»Mir!« versicherte Göring bedenkenlos. »Das mache ich! Und zwar mit Wonne!«

Worauf ihn Hitler anlächelte, durchaus hoffnungsvoll. Denn nun hatte er Göring den ›Schwarzen Peter‹ zugeschoben, und der hatte bereitwillig danach gegriffen. Der schien seiner Sache sehr sicher zu sein. »Auf mich ist immer Verlaß!« rief er aus.

Was jedoch nur dann stimmte, wenn es um seine eigenen Interessen ging. Und eben das, so glaubte er, war hier der Fall.

Aus dem Meller-Bericht

»Um nach der Faustregel für politische Machtkämpfer – ›Wer ein Nachfolger werden will, muß seinen Vorgänger aus dem Wege räumen – oder räumen lassen!‹ – handeln zu können, überlegte Göring wohl folgendes: Er war derzeit – von seinen zahlreichen sonstigen Positionen abgesehen – einer der drei

dem Range nach gleichen Oberbefehlshaber eines der Wehr-
machtteile: der Luftwaffe. Für die Marine war Admiral
Raeder zuständig – ein äußerst verträglicher, stets entgegenkommend um Ausgleich bemühter Fachmann. Das
Heer jedoch unterstand diesem, in Görings Augen, steifdum-
men, herausfordernd verächtlich blickenden Besserwisser von
Fritsch.

Aber über diesen dreien stand Werner von Blomberg –
Generalfeldmarschall, Reichskriegsminister, Oberbefehlshaber der Wehrmacht. Nicht Göring! Die Tage dieses Blomberg, meinte nun auch Hitler, waren gezählt. Sobald jedoch
der von Blomberg dazu gebracht werden konnte, ›seinen Hut
zu nehmen‹, war ein Nachfolger für ihn zu finden. Und dafür
bot sich, nach bewährter Tradition, und auch mit der wohl
immer noch unvermeidlichen Rücksichtnahme auf die Generalität, der Chef des Heeres an – also ausgerechnet dieser von
Fritsch. Mithin mußte auch der, das ergab sich für Göring
ganz logisch, rechtzeitig abgeräumt werden.

Womit dann wohl endlich der Weg für ihn frei geworden
wäre.

Der Freiherr von Neurath, Hitlers Außenminister, erlitt
unmittelbar nach jener Konferenz in der Reichskanzlei
mehrere Herzanfälle. Einigen Vertrauten gestand er, daß er
einer solch dubios-leichtfertigen Weltanschauungspolitik
einfach nicht mehr folgen könne, auch nicht mehr folgen
wolle. Er trug sich mit dem Gedanken, seinen Abschied ein-
zureichen.

Admiral Raeder, Oberbefehlshaber der Marine,
schwankte zwischen tiefer Resignation und mühsam bewahrter Hoffnung. ›Ich weiß wirklich nicht, was ich davon halten
soll! Kann es sein, daß alles nur ein Mißverständnis war?‹
Fortan enthielt er sich, wohl in großer Selbstdisziplin, möglichst jeder negativen Äußerung oder gar einer spontanen

Kritik. Doch eben dieses Schweigen wirkte auf alle, die ihn näher kannten, äußerst vielsagend.

Werner von Blomberg, der Generalfeldmarschall, gab sich betont souverän. Er leistete sich, selbst jetzt noch, gepflegten Optimismus. Sein Kommentar hierzu: ›Nichts muß endgültig sein; abwarten muß man können. Gute Nerven muß man haben! Ganz gelassen sein. Irgendwann, irgendwie läßt sich alles regeln.‹

Nicht die geringste Seelenregung verriet das Verhalten des Oberbefehlshabers des Heeres. Der Generaloberst Werner Freiherr von Fritsch schien völlig unbeeindruckt. Er sagte lediglich: ›Ich tue meine Pflicht.‹ Und weiter sagte er, gleichfalls betont dezent: ›Der Reichskanzler wird wissen, was er will. Aber ich weiß auch, was ich will!‹

Vermutlich der einzige, der aus diesen Vorgängen, wie völlig unbeirrbar, letzte Konsequenzen zu ziehen gedachte – persönliche wie auch soldatische –, war Oberst Friedrich Hoßbach, der Wehrmachtsadjutant. Der glaubte nunmehr, keine andere Wahl zu haben, als sich Hitler zu ›widersetzen‹. Was zu seiner alsbaldigen Ausschaltung führen sollte.

›Dieser Göring‹, bekannte Hoßbach dann noch zu allem Überfluß, ›ist nichts wie ein gigantischer Greuel! Der steckt dreizentnerschwer in seiner Prunkuniform – ohne auch nur ein Gramm soldatischen Wesens zu besitzen.‹

Aber diesen Göring konnte man wohl verachten – zu respektieren war er dennoch. Den leichtfertig herauszufordern, bedeutete glatten Selbstmord. Zumal dann, wenn er glaubte, ›völlig freie Hand‹ zu haben, also ganz im Sinne seines Führers zu handeln. Dann konnte er von vernichtender Fürchterlichkeit sein.«

Dritter Versuch einer romanhaften
Gestaltung . . .
Thema: Der Heiratsantrag

»Ich liebe dich – sehr«, bekannte Werner von Blomberg seiner Eva Gruhn mit großer, kaum gedämpfter Zärtlichkeit. Er griff nach ihrer Hand. »Ich bin glücklich, dir begegnet zu sein.«

»Bitte, sag so etwas nicht!« Sie versuchte sich ihm zu entziehen – um sich ihm alsbald wieder entgegenzuneigen. »Auch ich mag dich – sehr! Du bedeutest mir unendlich viel. Auch mich macht unsere Begegnung sehr glücklich. Aber . . .«

»Wenn das so ist, gibt es kein Aber!«

»Es könnte doch sein«, meinte sie betrübt, »daß ich deiner nicht würdig bin – wie man so sagt.«

»Du bist es aber!«

»Nichts, Werner, würde ich mehr wünschen! Das wäre die Erfüllung meines Lebens. Doch ich will nicht, daß du dich meinetwegen auf ein fragwürdiges Wagnis einläßt. Das hättest du nicht verdient!«

Sie schmiegte sich an ihn, und er umarmte sie zärtlich verlangend. »Was redest du denn da! Versuchst du etwa, dich mir zu entziehen?«

»Das niemals, Werner! Ich bin deine Freundin! Und das bin ich gerne. Es beglückt mich tief, endlich einen Menschen wie dich gefunden zu haben.«

»Wie schön, Eva, das zu hören. Auch ich empfinde nichts als ein reines Glücksgefühl, seit es dich für mich gibt. Und das will ich mir erhalten. Bleib bei mir!«

»Solange du willst, Werner!«

»Für immer!«

»Ich bin für dich da. Immer.«

»Dann sei das auch mit letzter Konsequenz, mein geliebtes Wesen! Teile dein Leben mit mir!«

»Ich will einfach alles, Werner, was du auch willst! Doch ich werde niemals bereit sein, dich mit mir zu belasten. Auch das gehört zu meiner Liebe. Du mußt dich nicht an mich binden.«

»Das will ich aber, Eva«, sagte er entschlossen.

Sie starrte ihn ungläubig an. »Soll das etwa heißen . . .«

»Genau das, meine Eva! Ich will dich heiraten.«

»Mich?« fragte sie, sich an ihn schmiegend. »Ausgerechnet mich?«

»Dich! Nur dich!« sagte er, sie umarmend. »Und welche Hindernisse sich uns auch entgegenstellen sollten – wir werden sie überwinden. Gemeinsam.«

»Du bist sehr mutig, Werner«, versicherte sie ihm. »Doch ich zweifle noch immer. Ich habe Angst! Das wäre einfach des Glücks zuviel – für einen Menschen wie mich! Der aus einfachsten Verhältnissen kommt.«

Er setzte sich dicht neben sie. »Was kann denn – ich bitte dich, Eva! – ein Mann wie ich, in meinem Alter, mehr verlangen, als sich auf so unendlich wunderbare Weise bestätigt zu fühlen? Durch einen so herrlichen Menschen wie dich! Von dem ich mir nichts so sehr wünsche wie dies: Lebe mit mir! Heirate mich!«

Aus dem Meller-Bericht

»Der Beginn dieser so betörend selbstlosen Liebe Werner von Blombergs zu Eva Gruhn ist etwa Mitte 1936 zu vermuten. Wahrscheinlich sind sie sich zum erstenmal im Juni begegnet. Die erreichbaren Unterlagen stimmen nicht voll überein; sie weichen allerdings nur wenig voneinander ab. Im Detail eindeutig beweisbar ist nichts.

Der entscheidende Punkt dabei sah jedoch, ziemlich eindeutig, so aus: Ein älterer Mann, damals etwas über Sechzig, geriet an eine nahezu dreißig Jahre jüngere Frau. Nun, so was kommt vor; und dagegen ist wohl auch nicht das geringste einzuwenden. Dieser Mann war schließlich eine noch recht stattliche Erscheinung, seit langen Jahren Witwer, alles andere als ein leichtsinniger Frauenheld, vielmehr überaus kultiviert wirkend, charmant, stets liebenswürdig, also zweifellos auch liebenswert.

Diese wesentlich jüngere Frau, die ich dann kennenlernen durfte – nicht zuletzt auf das Drängen von Huber hin –, war von solider Schönheit, leicht fülligen Formen und von starker weiblicher Ausstrahlung. Sie erschien mir keinesfalls berechnend oder gar fordernd – eher wollte es mir vorkommen, als beherrsche sie eine naive, unbezähmbare Sehnsucht nach dem großen Glück einer ›wahren Liebe‹.

Das alles mutete mithin ganz ›normal‹ an. Nur eben: das Objekt ihrer Liebe war nicht ›irgendein Mann‹. Das wäre Werner von Blomberg in diesem Fall wohl gerne gewesen. Doch bei ihm handelte es sich eben um einen Generalfeldmarschall, um den Reichskriegsminister.

Von den Berichten über den Anfang dieser Liebe sind einige, wohl eindeutig frisierte, in den Akten der Berliner Kriminalpolizei erhalten geblieben. Dabei auch Auslassungen des Volker Vogelsang, V-Mann mit der Nummer 134, der im Bereich der Polizei als ›entgegenkommend labiler Lügner‹ galt.

›Die vermutlich erste Begegnung der Eva Gruhn mit Herrn von Blomberg‹, heißt es da in seinen Berichten, ›erfolgte vermutlich im Restaurant „Weißer Hirsch", Nähe Steinstraße. Dortselbst war diese Person als „Bedienung" tätig, dabei jedoch in einer Art „höherer" Funktion; wie etwa der eines Oberkellners. Eine Position, die sie sehr geschickt ausfüllte, einfühlsam entgegenkommend, wie mehrfach bezeugt.

Sie fiel jedenfalls, gleich am ersten Abend, dem Herrn von Blomberg auf – wohl durch ausgekocht gekonnte Zurückhaltung, ist zu vermuten. Sie bediente ihn höchst aufmerksam. Das „Trinkgeld" für sie soll denn auch geradezu phantastisch großzügig gewesen sein.

Zumal der dann noch sagte, zu dieser Person: „Erlauben Sie mir zu versichern, daß Sie mir gefallen – sehr! Ich würde Sie gerne wiedersehen – wenn Sie mögen!"

Sie trafen sich dann, wohl nur zwei oder drei Tage später, im Teeraum des Hotel Adlon. Danach besuchten sie eine Vorstellung im Varieté „Wintergarten", wo ein Clown namens Grock auftrat, ein Schweizer, der eigentlich Adrian Wettach heißt. Etwa vierzehn Tage später kam es dann vermutlich zu einem Treffen in ihrer Wohnung – also in jenem Haus, in dem auch ich, Volker Vogelsang, zufällig wohne. Er brachte dazu Kuchen mit, vermutlich vom Café Kranzler; auch Wein und Blumen, und zwar Rosen, weiße, so an die dreißig Stück.‹

Soweit der Bericht des fragwürdigen Volker Vogelsang. Schon damals angezweifelt – nicht nur von Huber.«

»Guten Morgen, mein lieber Maier«, sagte Werner Freiherr von Fritsch.

»Guten Morgen, Herr Generaloberst«, sagte der Feldwebel Maier.

Das waren, tagtäglich, so ziemlich die einzigen Worte, die sie miteinander wechselten. Wobei die Stimme des Oberbefehlshabers des Heeres stets freundlich, niemals gönnerhaft oder blasiert herablassend klang; manchmal verriet sie sogar eine gewisse karge Herzlichkeit. Sein ›Untergebener‹ wirkte

81

keinesfalls eilfertig dienstbereit, aber auch nicht plump vertraulich. Sachlichkeit und Korrektheit zeichneten die Atmosphäre im Bereich Fritsch aus.

Feldwebel Maier betreute außer etlichen anderen Reitpferden auch das des Generalobersten. Dem führte er es exakt zur befohlenen Minute vor. Die absolute Pünktlichkeit des Oberbefehlshabers des Heeres war sprichwörtlich. Auch in dieser Hinsicht war Immanuel Kant, der Königsberger Philosoph, sein Vorbild.

Und da sowohl für den stets zuverlässigen Feldwebel Maier wie auch für den Herrn von Fritsch Pferde nicht Nutzobjekte, sondern Weggefährten waren, wiederholte sich Tag für Tag dieser Vorgang: Niemals pflegte der Generaloberst sein Pferd schnell, wie besitzergreifend, zu besteigen. Zunächst tastete er es fast zärtlich ab, ließ seine Hände über dessen Rücken gleiten, um das samtige gepflegte Fell zu fühlen. Dann stellte er sich, sozusagen Auge in Auge, vor sein Tier und neigte sich ihm entgegen, so daß ihre Köpfe einander sanft berührten.

Zumeist nickte dann der Generaloberst seinem Feldwebel zu – knapp und stumm, was hohe Anerkennung bedeutete. Der Ausritt in den Tiergarten konnte beginnen.

An diesem Tage jedoch gab es eine Verzögerung. Fritsch erkannte, daß sein Feldwebel etwas auf dem Herzen hatte, er las es in dessen Augen.

»Irgendwelche Wünsche, Maier? Nur zu!«

»Nichts dergleichen, Herr Generaloberst«, versicherte der Feldwebel. »Lediglich eine Kleinigkeit, die mir aber gar nicht gefallen will. Nicht unser Pferd betreffend.«

»Was könnte Sie sonst noch beunruhigen, mein Guter? Also: in aller Offenheit, bitte!«

»Vielleicht irre ich mich«, meinte der Feldwebel Maier, nicht wenig verlegen. »Bei gewissen Dingen kenne ich mich nicht aus.«

»Nicht so gut wie mit Pferden und mit mir«, scherzte der Generaloberst, wobei er ein wenig lächelte. Und ebendies, den Versuch, zugleich zu lächeln und zu scherzen, unternahm von Fritsch nur äußerst selten. »Also – wo drückt Sie denn der Schuh? Ich weiß, Sie vertrauen mir – und ich, das wissen Sie sicherlich auch, vertraue Ihnen. Nur zu, mein lieber Maier!«

Nun endlich packte der Feldwebel aus, fast hastig, wie um das, was er zu melden hatte, möglichst schnell hinter sich zu bringen: »Da kreuzte hier, gestern nachmittag, irgendein Kerl auf, in Zivil. Und der versuchte mich auszufragen – lauter blödsinniges Zeug. Über meine Pferde, meinen Tagesablauf; also was ich da so tue, wen ich dabei bediene, wann, wie oft, in welcher Weise – und solchen Mist.«

»Haben Sie seine Fragen beantwortet?«

»Selbstverständlich nicht, Herr Generaloberst! Dem habe ich vielmehr gesagt: ›Mann, Sie können mich mal . . .!‹ Wörtlich. Was den jedoch nicht abschreckte.«

»Was war das für ein Mensch?«

»Der zückte seinen Ausweis, bevor ich noch dazu kam, dem in den Hintern zu treten. Das war einer von der Polizei – von der Geheimen Staatspolizei, wenn ich da nicht irre.«

Der Feldwebel betrachtete das Pferd, nicht den Generaloberst – denn der, das wußte Maier, würde nicht die geringste Reaktion auf eine derartige Eröffnung zeigen. Das Tier würde jeden Anhauch einer Erregung wittern, die einen Menschen befiel, dessen Hände ihm zärtlich den Kopf streichelten. Doch auch das Pferd verriet nicht die geringste Unruhe.

»Ist das was Schlimmes?« fragte Maier. »Ich meine – das Auftauchen von diesem Kerl?«

»Mein lieber Maier«, sagte nun der Oberbefehlshaber, und

83

seine Stimme klang wie die eines guten Kameraden, »sollten Sie da etwa in eine unangenehme Sache hineingeraten sein? Was ja vorkommen kann. Man muß so was nur rechtzeitig erkennen und es dann auch entschlossen bereinigen. Kann ich Ihnen dabei behilflich sein?«

Maier, heftig überrascht von dieser Reaktion seines Chefs, geriet etwas ins Stottern und bediente sich sogar der offiziell für überholt erklärten Anrede in der dritten Person: »Herr Generaloberst würden – für mich – falls ich . . .«

»Selbstverständlich«, bestätigte von Fritsch. Diesen Feldwebel kannte er seit Jahren, er war der beste Betreuer von Tier und Mensch, dem er jemals begegnet war: ehrlich, aufrichtig, zuverlässig! Irgendeine Schweinerei war diesem Mann nicht zuzutrauen. »Falls Sie da in eine heikle Situation hineingeraten sein sollten, Maier, dann sagen Sie es mir – und wir werden versuchen, das gemeinsam aus der Welt zu schaffen.«

»Danke, Herr Generaloberst!« Der Feldwebel war beglückt über einen derart unmißverständlichen Vertrauensbeweis – doch zugleich staunte er ehrlich über diese kaum faßbare Ahnungslosigkeit seines Chefs. Hatte der ihn mißverstanden – wollte der das? Und wenn ja: was wurde hier gespielt? Maier reagierte mit verlegenem Grinsen.

»Wer, bitte, bin ich denn schon? Ich betreue hier Pferde – und das gerne und auch zuverlässig, nehme ich an. Und in meinem Privatleben gibt's auch nichts zu schnüffeln. Ich rauche nicht, trinke nur gelegentlich mal ein Bier, und fremde Weiber regen mich nicht auf – ich bin nämlich schwer und gut verheiratet, wie Sie wissen, Herr Generaloberst. Zwei Kinder habe ich auch, lebe zufrieden mit meiner Frau, meiner Familie! Da ist alles hundertprozentig in Ordnung. Stinknormal. Um mich also geht es hier nicht, bestimmt nicht. Da bin ich ganz sicher.«

»Um was oder wen denn sonst – Ihrer Ansicht nach?«

»Nun – vermutlich um Sie, Herr Generaloberst«, bekannte der Feldwebel recht mühsam. »Denn dieser Kerl von der Staatspolizei, der geheimen, wollte eine ganze Menge wissen – und zwar über Sie! Was ich als Zumutung sondergleichen empfunden habe. Doch wohl berechtigt, was?«

»Aber ich bitte Sie, mein lieber Maier – was sollte denn daran ungewöhnlich sein?« Der von Fritsch befahl sich, was ihm fast stets glückte, oberbefehlshaberhafte Überlegenheit. Wobei er sich an seinem Pferd festzuhalten schien, das ihn wie verständnisbereit anblickte. »Schließlich leben wir in einem Ordnungsstaat, und dazu gehört nun einmal auch die Polizei.«

»Kann ja sein. Doch, bitte, was geht es diese Leute an, was Sie tun oder nicht tun? Einfach eine Zumutung, was dieser Kerl alles wissen wollte! Wann und wie oft Sie ausreiten und wohin – wer Sie begleitet, mit wem Sie sich treffen – ob Sie hier bereits in Reitkleidung eintreffen oder ob Sie sich umziehen, ob allein oder mit fremder Hilfe – ob Sie bewaffnet sind oder beschützt werden. Und ähnlichen Seich! Ist das nicht eine glatte Unverschämtheit, Herr Generaloberst?«

Werner Freiherr von Fritsch lächelte noch immer – wenn auch karg. Er schien bestrebt, auch jetzt noch diese neue deutsche Welt zu begreifen. Also erklärte er seinem Feldwebel, mit der ihm eigenen, väterlich anmutenden Höflichkeit:

»Sie müssen folgendes bedenken, mein lieber Maier: ich bin für unseren Staat angeblich eine ziemlich wichtige Person. Und als solche muß ich es mir wohl gefallen lassen, intensiv überwacht zu werden. Das geschieht zu meinem Schutz, soll mich vor Gefahren und Bedrohungen bewahren. Und das ist wohl schon alles.«

»Nun ja«, meinte Feldwebel Maier, es klang recht gedehnt,

doch auch erleichtert, »wenn Sie das so sehen, Herr Generaloberst, dann habe ich mich da wohl geirrt. Dann will ich Sie also nicht weiter aufhalten – zumal unser, also Ihr Pferd ziemlich ungeduldig geworden ist. Reiten Sie also!«

Vierter Versuch einer romanhaften Gestaltung . . . Thema: Evas Vorbehalte

»Ich fühle mich überaus glücklich«, bekannte Eva Gruhn, sehr leise, sich an ihren Werner schmiegend. »Doch zugleich komme ich mir zutiefst unglücklich vor.«

»So was darfst du nicht sagen, Eva!« rief er bestürzt aus. »Sage das, bitte, niemals mehr! Denn du gehörst nun zu mir! Du solltest endlich bereit sein, das einzusehen!«

»Ich habe mich wieder und immer wieder nach einem Menschen gesehnt, der mich liebt – so wie ich bin.«

»Das tue ich, Eva.«

Nun war sie wieder glücklich, bis zu Tränen gerührt über so viel Ritterlichkeit.

Jetzt war ein solcher Mann in ihr Leben getreten, der sie sogar heiraten wollte! Sie! Dies aber war, das erkannte sie, nicht ganz ungefährlich. Für ihn!

Oft war sie in diesen Tagen von der würgenden Angst beherrscht, ihren Werner zu verlieren. Denn es bestand die stets drohende Gefahr, daß er von dritter Seite irgend etwas Fragwürdiges, Verlogenes über sie erfahren könnte. Und deshalb hatte sie den Entschluß gefaßt, ihn über nichts im unklaren zu lassen, was ihrer Verbindung möglicherweise entgegenstehen könnte.

»Ich habe dir niemals verschwiegen, lieber Werner«, begann sie tastend, »daß du für mich nicht der erste Mann gewesen bist.«

»Du bist schließlich kein Kind, Eva«, wehrte er großzügig ab. »Du bist eine reife Frau. Diesbezüglich erklärende Einzelheiten sollten wir uns ersparen. Konzentrieren wir uns allein auf die Zukunft – unsere gemeinsame Zukunft.«

Sie hatten sich in letzter Zeit fast regelmäßig zweimal in der Woche getroffen, ohne sonderliche Heimlichkeit. Sie bevorzugten dabei Evas kleine Wohnung. Dort fühlte er sich unsagbar wohl – mit ihr.

Diese Wohnung befand sich in der Eisenacher Straße im Stadtteil Schöneberg. Ihre Einrichtung wirkte ein wenig verspielt. Dorthin hatten sich einige Möbel im späteren Jugendstil verirrt, rötlichbraune Farben herrschten vor, einige Kerzen brannten, die meisten im sehr kleinen Schlafzimmer neben dem Toilettentisch, über dem sich ein handtuchschmaler Spiegel befand.

Werner von Blomberg, ansonsten an große, weite Räume gewohnt, fühlte sich hier dennoch spürbar wohl. Ihre gleichsam jederzeit greifbare körperliche Nähe beschwingte, berauschte und entspannte ihn zugleich. Er liebte und wurde geliebt; ein Mehr war nicht vorstellbar.

Und das war ein Gefühl, das er seit Jahrzehnten nicht mehr verspürt hatte. Er mußte sehr, sehr weit zurückdenken, bis in seine Leutnantszeit, um sich an etwas Ähnliches zu erinnern; doch selbst damals hatte er nichts erlebt, was sich mit diesem Glück messen ließ. Für ihn war Eva ein großes, unerwartetes, herrliches Geschenk – und er hatte es zu einem Zeitpunkt empfangen, da er bereits glauben mußte, ein alter, erledigter Mann zu werden. Doch die große Erfüllung einer wahren Leidenschaft – sie war ihm erst jetzt beschieden. Sie war die einzige und letzte seines Lebens.

Werner von Blomberg hatte von ihrer gemeinsamen Zukunft gesprochen. Die Vergangenheit, so hatte er ihr erklärt, interessiere ihn nicht. Doch damit gab sich Eva nicht zufrieden. »Mein Gott, Werner«, rief sie aus – und das klang fast verzweifelt. »Denk doch, aus welchen Verhältnissen ich komme! An meine Kindheit! Die ist alles andere als schön oder glücklich gewesen!«

»Vergiß sie!« forderte er. »Für uns hat nur das zu zählen, was jetzt ist – und was danach kommt.«

Seine unbedenkliche Großzügigkeit ließ sie in Tränen ausbrechen. Er reichte ihr ein Taschentuch und schloß sie in seine Arme; schluchzend schmiegte sie sich an ihn. Es wollte ihr vorkommen, als sei sie die Heldin eines wunderschönen, beglückend einfältigen Romans.

Vergeblich versuchte sie, sich aus seiner Umarmung zu lösen. »Ich will, ich darf dich nicht belasten – nicht mit meinem armseligen, im Grunde so wenig erfreulichen Leben, wie es bisher war. Denn immer wieder, Werner, muß ich mich fragen: wer bin ich – und wer bist du? Einen so wundervollen Menschen wie dich verdiene ich ganz einfach nicht!«

»Du brauchst mir nur zu vertrauen, Eva, meine Liebe«, sagte er. »Alles andere findet sich.«

Aus dem Dr.-Erich-Meller-Bericht

»Bei intensiver Durchsicht weiterer mir von dem Kriminalbeamten Huber zur Verfügung gestellten Unterlagen zu diesem Thema wurde ich immer unruhiger und besorgter. Ich witterte gleichsam eine Ansammlung angeschwemmter Exkremente . . .

›Verschonen Sie mich bitte, lieber Huber, mit solchen Geschichten! Was haben die uns anzugehen? Oder sollte etwa Blomberg bereits zu einem Ausschnüffelobjekt der Gestapo geworden sein?‹

›Das ist noch nicht erkennbar. Was jedoch die Gestapo versucht, ist eindeutig dies: jede erreichbare Menge von Ausscheidungen zu horten – anscheinend wahllos.‹

›Wirklich – völlig wahllos?‹

›Scheint so. Bei diesen wilden Schnüfflern stapeln sich die Akten – von mutmaßlichen Homosexuellen und Freudenmädchen bis hin zu Ganoven, Gauleitern und Generalen, die eventuell damit in Zusammenhang gebracht werden können.‹

›Aber Blomberg gehört nicht dazu?‹

›Nein. Noch nicht. Doch sie beschäftigen sich dort bereits mit der Dame Gruhn – und das offenbar sogar mit einiger Wonne; denn die ist schließlich ein attraktives, die Phantasie angestaubter Schreibtischschnüffler beflügelndes Geschöpf. Na ja – so ist das nun mal. Aber – wer sich mit der beschäftigt, aus welchen Gründen auch immer, der wird dann auch ganz zwangsläufig irgendwann auf ihren Generalfeldmarschall stoßen. Und was dann?‹

›Was glauben denn diese Kerle einer Eva Gruhn anlasten zu können?‹

›Jede Menge Mist! Falls die wollen. Und warum sollten sie das nicht! Das macht denen Spaß‹, stellte Huber fest. ›So sind bei der Gestapo diverse Photographien aufgetaucht. Darstellend diese Eva. Zum Beispiel: wie sie sich im Spiegel betrachtet, dabei die Hände an der Brust, oder auch tief über ein Waschbecken gebeugt oder auf einem Teppich liegend . . .‹

›Das ist doch gar nichts Besonderes. Derartige Photos gibt's doch tausendfach. Die können in den besten Familien vorkommen. Von mir und einer Jugendfreundin existieren Photos im Badeanzug; wobei sie ausgesprochen lüstern aussieht – was sie leider nur auf diesem Photo gewesen zu sein scheint.‹

›Immerhin muten etliche der von den Aktenhengsten der

Gestapo gesammelten und intern in Umlauf gebrachten Aufnahmen reichlich pornographisch an. Die zeigen sogar besagte Person in voller Aktion; mit einem Partner.‹

›Das allerdings ist schlimm!‹

›Nicht unbedingt. Ich habe mir diese Bilder ein wenig näher ansehen können. Und dabei entdeckte ich: Alle diese Photos sind gefälscht! Sind Montagen! Die Gestapo verfügt schließlich über eine komplette Fälscherzentrale.‹

›Und das – könnte sich nachweisen lassen?‹

›Ja – mit ziemlicher Wahrscheinlichkeit. Spätestens dann, falls derartige Photomontagen irgendwann einmal offiziell auftauchen sollten, etwa als Beweismittel.‹

›Darauf sollten Sie sich vorbereiten!‹

Huber grinste nun breit. ›Verehrter Herr Regierungsrat – Ihre ausgeprägten Sorgen um Ihren Herrn von Blomberg und seine Eva in allen Ehren. Die sind gewiß nicht ganz unberechtigt, scheinen aber reichlich voreilig zu sein. Sie sollten dabei etwas anderes, keinesfalls weniger Wichtiges, nicht übersehen: die neuerlichen Bemühungen der Gestapo um Generaloberst von Fritsch.‹

›Aber ich bitte Sie, lieber Herr Huber!‹ versicherte ich, ehrlich überzeugt. ›Mögen diese Kerle doch ausgraben, ansauen und manipulieren, was oder wen immer sie wollen. Wenn jedoch irgend jemand in dieser korrupten Zeit ein untadeliger, unangreifbarer, durch nichts zu erschütternder Ehrenmann ist – dann dieser General!‹

›Sie dürfen mir nun noch einen Whisky pur und eine weitere Havanna offerieren‹, meinte Huber, leicht den Kopf schüttelnd. ›Die Zigarre benötige ich zu meiner Beruhigung – und den Schnaps werde ich auf Ihr geistiges Wohl trinken. Denn eines will ich Ihnen verraten, mein Lieber: Wenn hier unbedingt ein schlachtreifer Sündenbock gefunden werden soll, dann werden sie den auch produzieren! Und wenn es sich

bei dem auch um den allerletzten preußisch-deutschen Ehrenmann handeln sollte. Prost!«

Meisinger, Joseph, derzeit noch Kriminalrat, war von Reinhard Heydrich, dem Chef des Reichssicherheitshauptamtes,
aufgefordert worden, vor ihm »anzutanzen«. Des »Dossiers
F.« wegen. Dieses sei nunmehr wieder »spruchreif« geworden, sollte also möglichst wirksam »auf Hochglanz« gebracht
werden.

Heydrich sah dem Erscheinen seines Untergebenen, des
leitenden Beamten der Abteilung II–H, also ›Bekämpfung
der Homosexualität‹, nicht ohne Hoffnung entgegen. Und
wenn der auch, in seinen Augen, ein schleimiger Ansauer war
– wohl kein Wunder, bei diesem Metier! –, so durfte er doch
auch als zielstrebig bemühter Schnüffler, entschlossener Auf-
reißer, beharrlicher Verfolger gelten. Eindeutig NS-deutsch
orientiert.

»Sie kennen mich, einigermaßen, Meisinger«, sagte Heydrich einleitend. Um dann massiv warnend hinzuzufügen:
»Und eben deshalb, nehme ich an, werden Sie mir diesmal
keinen kleinen Scheißhaufen anbieten, sondern endlich mal
einen ganz dicken Hund.«

»Genau das, Gruppenführer!«

»Dann lassen Sie den mal aus Ihrem Sack!«

Worauf Meisinger vor Heydrich ein rotfarbiges Akten-
stück hinlegte, das er auf dem Wege hierher wie ein kleines
Kind an seine breite Brust gepreßt hatte. Darauf stand: Otto
Schmidt. Betreffend: Auskünfte über H-Vorgänge. Es han-
delte sich dabei um das inzwischen wesentlich erweiterte ›von
Fritsch-Dossier‹.

Der Gruppenführer betrachtete das umfangreiche Aktenstück leicht angewidert – und nicht viel anders, wenn auch

augenzwinkernd, seinen Meisinger. »Wollen Sie mir etwa zumuten, diesen ganzen Seich durchzusehen? Berichten Sie mir, in Kürze, das Wesentliche – oder was Sie dafür halten.«

Heydrich liebte es, seinen Untergebenen Respekt beizubringen, indem er sie schockierte. Bei Meisinger jedoch verfing das nicht mehr, denn der kannte diese Tour. Die wendete er selbst sehr wirksam an – niederen Vollzugsorganen gegenüber. Außerdem hielt er sich für einen in Theorie und Praxis überaus erfahrenen Kriminalisten.

Meisinger berichtete, knapp, lapidar, wie gefordert auf das Wesentliche konzentriert: Otto Schmidt, langjähriger Vertrauensmann, auf die Tätigkeit von Homos spezialisiert, neuerdings Lieferant von Details über etwa einhundert einschlägige Fälle, sei nunmehr bereit zu bezeugen, daß es der von Fritsch gewesen sei. Allein der! »Und das beschwört der sogar, wenn es sein muß, vor jedem Gericht. Vor jedem!«

Heydrich bewegte lediglich die Arme, als er dieses Aktenstück ungeöffnet zur Seite schob; sein Körper blieb steif gereckt. Seine Uniform schlug keine Falten – sie wirkte stets wie neu, war hochelegant im Schnitt, darauf legte er Wert. Meisingers eher schäbige, sichtlich strapazierte Kleidung störte ihn nicht; das ergab vielmehr eine ihr Verhältnis unterstreichende Kontrastwirkung.

Nun erfolgten Heydrichs Anordnungen. Sie waren nicht frei von Drohungen, zumindest Warnungen. Dennoch wirkten sie auf Meisinger nahezu ermunternd:

»Erstens: Dieser Informant, dieser Schmidt! Dessen Angaben, in diesem speziellen Fall, sind auf das intensivste nachzuprüfen – auf jede erdenkliche Einzelheit hin. Mehrmals, immer wieder! Da muß jetzt endlich alles stimmen, hundertprozentig. Beziehungsweise in Übereinstimmung gebracht werden.

Zweitens: Dieser von Fritsch. Ein Belastungszeuge allein genügt nicht – nicht für den! Nehmen Sie dessen Privatleben unter die Lupe! Krempeln Sie seine Vergangenheit um. Lassen Sie seine engere Umgebung durchschnüffeln. Machen Sie sich auch an seine Untergebenen heran, auch an ehemalige! An Adjutanten, Leibburschen, Pferdepfleger. Versuchen Sie weiter ausfindig zu machen, ob der Feinde hat – die bleiben schließlich niemandem erspart. Aber eben die packen erfahrungsgemäß am bereitwilligsten aus. Mit geschickten Nachhilfen flüstern sie dann genau das, was wir wissen wollen. Doch wem sage ich das?

Drittens aber, Meisinger! Dieses Aktenstück ist vollinhaltlich nur uns beiden bekannt – keinem anderen sonst. Falls es dennoch notwendig werden sollte, daß es noch jemand zu sehen kriegt, dann nur nach direkter, unmittelbarer Genehmigung von mir. Jedenfalls erhalten die von Ihnen auf diesen Fall angesetzten Leute lediglich Teilaufträge – bekommen also keinen vollen Überblick über den Gesamtvorgang. Ist das klar?«

»Wird gemacht!« versprach Meisinger. Er war von dem sicheren Eindruck beherrscht, seine ganz große Stunde sei nun endlich gekommen. Denn dieser nunmehr spruchreif gewordene einzigartige Sonderauftrag mußte der Auftakt zu der vielversprechenden, von ihm stets ersehnten Karriere sein. »Das wird alles erledigt – bestens!«

Doch Gruppenführer Heydrich dämpfte unverzüglich die von ihm prompt erkannte Hochstimmung seines Homosexuellenaufklärers. Das geschah mit bedrohlicher Deutlichkeit. Selbstherrlichkeit bei anderen schätzte er nicht.

»Sie sind sich aber hoffentlich darüber im klaren, Meisinger, daß dies ein ganz heißes Eisen ist! An dem können Sie sich, wenn Sie da nicht ganz scharf aufpassen, beide Pfoten verbrennen. Falls Sie dabei versagen, sind Sie erledigt!

Doch nun lassen Sie sich nicht länger von Ihrer Arbeit abhalten. Liefern Sie so schnell wie möglich brauchbare Resultate.«

Weitere Auszüge aus dem Meller-Bericht

»Werner von Blomberg, der Generalfeldmarschall, Reichskriegsminister und Oberbefehlshaber der Wehrmacht, war eine höchst umstrittene Persönlichkeit. Das nicht nur zu seinen Lebzeiten. Das blieb er auch noch weit nach seinem beklagenswert einsamen Tod in britischer Kriegsgefangenschaft; er fühlte sich unendlich mißverstanden – doch er litt kaum darunter.

Gelegentlich äußerte er sich darüber. Das jedoch stets mit der ihm eigenen nachsichtig lächelnden Verbindlichkeit. So in meiner Gegenwart, Mai 1937, bei einem Abendessen im Restaurant Rollenhagen.

›Einige halten mich für eine Art Steigbügelhalter des Führers. Dem, wird behauptet, hätte ich die Reichswehr zugespielt. Das ist, abgesehen von einer derartig groben Formulierung, nicht einmal ganz unzutreffend. Ich würde das aber ein wenig anders ausdrücken: Ich habe mitgeholfen, unter anderem auch auf Verlangen des Reichspräsidenten von Hindenburg, unser Heer, unsere Soldaten, davor zu bewahren, von den einseitigen, staatsgefährdenden Ansichten und Maßnahmen der SA und SS infiziert zu werden.‹

Daran schien er zu glauben. Und in der Tat wollte damals nicht nur mir ein Werner von Blomberg – im Gegensatz zu einigen anderen Generalen – als ein vergleichsweise nobler Mann erscheinen; stets verständnisvoll, entgegenkommend, großzügig. Was allerdings der hellwache, mit allen Geheimdienstwassern gewaschene Oberst Oster so zu deuten beliebte: ›Der kann sich seine souveräne Großzügigkeit ohne weiteres leisten. Glaubt er! Denn der hat schließlich alles erreicht, was man als Soldat in Friedenszeiten erreichen kann: den höchsten Rang, die äußerste, wenn auch wohl nur äußerliche Machtfülle. Sein Problem dabei aber, das er vermutlich noch gar nicht erkannt hat, ist dies: Wie kann er sich das erhalten – und für wie lange noch?‹

An dieser Stelle scheint es wohl notwendig, eine Erklärung dafür zu versuchen, warum ausgerechnet mir ein so unmittelbarer Zutritt zu diesen Kreisen vergönnt gewesen ist. Abgesehen einmal von dem Zufall, daß mir das Schicksal einen ›Jugendfreund‹ sondergleichen zugeteilt hatte, war auch alles andere kaum mein persönliches Verdienst. Ich war ein ›Erbe‹. Da ist einmal mein Vater gewesen, Maximilian Meller. Als dessen einziger Sohn bin ich am 1. Januar 1900 in Königsberg geboren worden. Vater war ein angesehener Rechtsgelehrter; das nicht nur in der Kaiserzeit, auch noch später, in der Weimarer Republik. Überdies besaß er zwei prächtig preußisch geratene Brüder.

Der eine von denen war Onkel Adalbert, auch ›Kanonen-Meller‹ genannt. Der hatte sich vor Verdun als Oberst und Regimentskommandeur betätigt, wo seine Einheit die höchsten registrierten Verluste aufweisen konnte. Der war mithin ein entschlossener Held! Man sprach fortan von ihm, in einschlägigen Kreisen, mit erheblicher Ehrfurcht.

Der andere war Onkel Erich, zumeist als ›Seelen-Meller‹ bezeichnet. Und wenn der sich auch gerne bewußt schlicht ›Feldgeistlicher‹ nannte, besaß er doch den Rang eines evangelischen Bischofs. Er hatte auf Schlachtfeldern Sterbende abgesegnet und auch eine Zeitlang im ›Großen Hauptquartier‹ Gottesdienst gehalten. Gemeinsam mit ihm sollen der Kaiser, Wilhelm II., sowie Generalfeldmarschall Hindenburg und Generalquartiermeister Ludendorff innig gebetet haben – um den Sieg selbstverständlich.

Mithin: bestes deutsches Menschenmaterial! Und das reichte aus! Auch für mich.

Das reichte aus nach der vielfach bewährten Behauptung: ›Edles Pferd zeugt edle Pferde‹. Mithin maß man die Nachkommen bereitwillig an ihren Vorfahren. Somit wurde auch ich sozusagen betreuungsbereit übernommen: etwa von einer Kasinoclique, einem Herrenklub von Adeligen, Diplomaten und höheren Staatsbeamten; oder eben von der Nobelgewerkschaft der Generale! Zumeist glaubten diese Herren Betreuer, daß sie das kaum jemals würden bereuen müssen – auch nicht in meinem Fall.

Wobei ich gerne zugebe, diesen Umgang sehr genossen zu haben – wenn auch wohl nicht ganz so, wie sich das meine Gönner und Freunde vorgestellt haben mögen. Jedenfalls zögerte ich kaum jemals, bei ihren großartig gedachten machtpolitischen Sandkastenspielen mitzumischen. Auf meine Weise.

Was nun den Werner von Blomberg betrifft: der hatte damals Augenblicke, in denen er maßlos traurig wirkte. So mag sie ein Mann haben, der befürchten muß, daß sein Leben endgültig gelaufen sein könnte. Seine ehemalige Frau, von der er stets mit äußerster Hochachtung zu sprechen pflegte, war bereits 1929 gestorben – sie hatte eine schwere, anhaltende Krankheit, vermutlich Krebs, nicht überlebt. Und inzwischen waren die Kinder aus dieser Ehe bereits erwachsen, sie hatten geheiratet und ihr Vaterhaus verlassen. Und wenn danach auch sehr herzlich anmutende Verbindungen bestehenblieben – zumindest bis zu den Ereignissen, von denen hier die Rede ist, so wirkte doch Werner von Blomberg oftmals vereinsamt, wie völlig verlassen. Auch von den Kameraden.

Dabei war wohl ein Vorgang bemerkenswert, dessen ›Zufälligkeit‹ sich alsbald als bestürzend fragwürdig erweisen sollte: Blombergs älteste Tochter hatte inzwischen den Sohn eines gewissen Wilhelm Keitel geheiratet, der nunmehr auch General geworden war. Das wohl nicht ganz ohne Mithilfe seines neuen Verwandten von Blomberg, dessen ›rechte Hand‹ er bald darauf wurde. Doch nur wenig später sollte er Hitlers ›rechte Hand‹ für den Wehrmachtsbereich werden. Das nicht, ohne gewisse Hindernisse überwinden zu müssen. Zu denen dann auch der Vater der von seinem Sohn geheirateten Tochter gehören sollte.

Überaus bezeichnend für Werner von Blomberg wollte mir eine Bemerkung vorkommen, die er – zufällig in meiner Gegenwart – von sich gab, als er sich mit dem Militärattaché der Deutschen Botschaft in London unterhielt. Der berichtete ihm über das außerordentlich heikel erscheinende Verhältnis des damaligen britischen Königs, also Eduards VIII., mit einer von Regierung und Öffentlichkeit als ziemlich fragwürdig angesehenen amerikanischen Witwe – einer gewissen Miß Simpson.

›Diese Dame‹, berichtete der Militärattaché, ehrlich verwundert, ›habe ich mir ein wenig näher angesehen. Und bei allem Wohlwollen, Herr Generalfeldmarschall, ich weiß wirklich nicht, was an der irgendwie bemerkenswert sein soll! Die mutet knochentrocken und überdies noch kosmetisch völlig überzogen an.‹

Werner von Blomberg nickte vor sich hin. Er schien zu lächeln – sich zuzulächeln; wie ermunternd. Und dann sagte er, die Arme ausbreitend: ›Da haben Sie es! Die Liebe!‹

Und das war eine Feststellung, die dann – nur etliche Monate nach ihrer Äußerung – exakt auch zur Situation dieses Werner von Blomberg gepaßt hätte. In den angeblichen Zeugenaussagen, den manipulierten Recherchen und gefälschten Gestapoakten las es sich anders. Danach ereignete sich – vermutlich Mitte September 1937 – etwas Entscheidendes: Eva Gruhn schien, um ihren Werner noch enger an sich zu binden, offenbar einen Schritt zu weit zu gehen. Auch wenn es zunächst so aussah, als wäre sie damit dem ersehnten großen Glück wesentlich näher gekommen.«

Fünfter Versuch einer romanhaften Gestaltung ...
Thema: Ein eventuell kommendes Kind

»Bist du mir sehr böse«, fragte Eva ihren Werner, »wenn wir uns übermorgen nicht sehen?«

»Aber ich bitte dich, meine Liebe!« versicherte er unverzüglich. »Du mußt dich nicht immer nach mir richten – verfüge über deine Zeit! Womit auch ich Gelegenheit erhalte, mich auf dich einzustellen.«

»Das mußt du nicht, wirklich nicht, Werner!« Manchmal war es, als vermöchte sie seine Gedanken zu erspüren. »Denn schließlich – wenn hier einer von uns auf den anderen Rücksicht zu nehmen hat, dann doch wohl ich!«

Das war, in etlichen Variationen, eines ihrer bevorzugten, wohl von ihrer Mutter inspirierten Argumente. Auch wenn sie immer zu wissen schien, wie er darauf reagieren würde – sie wollte doch stets aufs Neue seine Hingabe erspüren. Auch diesmal erfolgte die von ihr erwartete Reaktion prompt.

»Probleme?« fragte er. »Bitte, liebe, geliebte Eva, versuche nicht immer wieder, diese angeblichen Schatten deiner Vergangenheit zu beschwören; das sind keine Schatten! Falls es die überhaupt jemals gegeben hat. Waren wir uns darüber nicht schon ziemlich einig?«

»Das ist es nicht, Werner – diesmal nicht. Worum es sich jetzt handelt, das ist etwas ganz anderes. In knapp sieben Monaten könnte es soweit sein, wenn ich mich nicht irre.

Doch das ist allein meine Angelegenheit – und ich will nicht, daß du dir deshalb irgendwelche Sorgen machst.«

»Aber was, meine Liebste – willst du damit sagen?«

»Nur dies, daß ich unendlich glücklich bin!« erwiderte sie. »Denn ich glaube, ich bekomme ein Kind.«

»Mein Gott – wie schön! Ein Kind! Unser Kind. Mein Kind.« Und dann umarmte er sie überaus innig.

»Du bist herrlich!« versicherte sie, sich in seine Umarmung stürzend.

»Damit aber, mein Werner, will ich dich nicht belasten. Außerdem bin ich noch keinesfalls ganz sicher. Falls dieses Kind aber kommen sollte, unser Kind, dann werde ich es sehr lieben – wie dich! Woraus sich aber für dich keine Verpflichtung ergeben darf. Ich würde lieber sterben wollen, als dir auch nur im mindesten zu schaden!«

»Vor aller Welt werde ich mich zu dir bekennen!« versicherte er. »Zu dir und unserem Kind!« Er wirkte nun erlöst heiter, sein Lächeln verriet bereits den Stolz des werdenden Vaters.

»Lieber Werner, übermorgen bin ich bei meinem Arzt. Ich bin, wie gesagt, nicht ganz sicher . . .«

»Doch in einer Hinsicht, meine wunderbare Geliebte, mußt du nun absolut sicher sein: Wir gehören, nun erst recht, zusammen! Und niemand wird uns trennen können! Nun nicht mehr!«

Die beiden Grafen an der Spitze der Polizei von Groß-Berlin – also Helldorf, der Präsident, und Schulenburg, sein Vize – ergingen sich unentwegt in weiteren, oft reichlich verwegen anmutenden Denkspielereien. Wobei sie jedoch die selbst dabei noch gebotene Vorsicht niemals ganz außer acht ließen.

Diesmal legte Fritz Dietlof Graf von der Schulenburg seinem Präsidenten eine Liste vor. Diese bestand aus vier Blättern und erfaßte dreiundsiebzig Namen mit ziemlich unvollständigen Personalangaben. Sie war wie ein Aktendschungel.

»Hierbei handelt es sich um die allerneueste Zumutung der Gestapo! Diese Kerle begnügen sich nun nicht mehr damit, laufende Ergänzungen für ihre Kartei von uns zu fordern, sie verlangen vielmehr, daß wir ganz gezielte Nachforschungen anstellen – so wie das eine vorgesetzte Dienststelle von einer untergebenen erwartet. Gedenken Sie sich das bieten zu lassen?«

»Soll ich mich denn ausgerechnet mit der Gestapo anlegen? Ist das Ihr Ratschlag?« Graf Helldorf machte eine wegwerfende Geste. »Bleiben wir doch bitte bei unseren Methoden, die Sie ja ganz schön ausgebaut haben: diese Leute können also fordern, was auch immer. Wir jedoch beziehungsweise Sie liefern denen nur solche Sachen, mit denen sie kaum irgendeinen Unfug treiben können.«

»Allein diese Liste, Parteigenosse Polizeipräsident, ist Unfug genug!« behauptete der von Schulenburg, nur mäßig amüsiert. »Denn ich habe mir den Einfall geleistet, diese Aufstellung von einem Dutzend unserer Beamten durcharbeiten, also aufschlüsseln zu lassen. Das jedoch, ohne denen gesagt zu haben, woher die Namensammlung gekommen ist. Das Ergebnis jedenfalls mutet höchst aufschlußreich an – wollen Sie es hören?«

»Will ich nicht, Menschenskind! Werde ich mir aber wohl anhören müssen – was? Sie scheinen ja geradezu darauf versessen zu sein, mich daran zu beteiligen, das sehe ich Ihnen an. Also?«

Der von der Schulenburg zog nunmehr einen Zettel hervor, den er mit Notizen vollgeschrieben hatte. »Dreiundsiebzig Namen also – darunter einundsechzig bei uns registrierte.

Von diesen sind neunzehn Leerläufe, also minderwertige Zufallsverdächtigungen; zweiundzwanzig sind einfache Routinefälle; die restlichen zwanzig betreffen notorische Kriminelle.«

»Und – was, glauben Sie, besagt das?« Graf Helldorf lachte erleichtert auf. »Diese Gestapoleute scheinen uns überprüfen zu wollen, also die Leistungsfähigkeit unserer Karteien – und dabei versuchen sie uns, wenn möglich, aufs Glatteis zu führen! Aber eben darauf sind Sie ja bereits vorsorglich trainiert.«

»Wenn das schon alles wäre!« sagte der Vizepolizeipräsident, wobei er seinen Zettel wendete; auch dessen Rückseite war voll beschrieben. »Wenn das schon alles wäre«, wiederholte er, »dann könnten wir gelassen vor uns hin grinsen. Aber das ist leider nicht alles.«

»Was glauben Sie denn noch ausgebrütet zu haben?«

»Eine Art Kuckucksei. Was Sie jedoch kaum überraschen dürfte. Denn nach intensiv angestellten Vergleichen ergab sich dies: Zwei Drittel aller dabei genannten Personen gehören unmittelbar zum Bereich Sitte – wobei jedoch die Hälfte davon, zumeist ganz direkt, in Wehrmachtskreise hineinspielt. Was sagen Sie nun?«

Helldorf war nun doch alarmiert, versuchte es aber zu verbergen. »So was kann ein Zufall sein. Denn die Gestapo wird es doch wohl kaum wagen, sich in die Belange der Wehrmacht einzumischen. Das würde Hitler niemals zulassen!«

»Natürlich nicht – falls es sich um Eigenmächtigkeiten dieser Heydrich-Hyänen handeln sollte. Was aber dann, wenn so was unser Führer selbst angeordnet haben sollte? Oder zumindest angeregt?«

»Ach was!« Helldorf versuchte seine Unruhe durch Lautstärke zu übertönen. »Warum sollte Hitler das tun? Der ist doch kein Idiot! Der braucht die Wehrmacht – und die braucht ihn. Der will stramme Streitrösser haben, die unbeirrbar in die von ihm gewiesene Richtung traben. Und die hat er! Warum sollte er ihnen überflüssigerweise Feuer unter die stattlichen Hintern machen lassen? Die würden doch nur scheuen!«

Schulenburg blieb unbeirrbar. »Das kann man auch ein wenig anders sehen. Etwa so: einige dieser Kriegspferde scheuen bereits – und eben diese könnten die ganze Herde unruhig machen! Ergo muß man sie absondern – mit den in dieser großen Zeit gebräuchlichen Methoden. Also: sie kastrieren oder sie gleich bereit für den Schlachthof machen!«

»Falls Ihre Vermutung, was ich gerne bezweifeln würde, tatsächlich zutreffen sollte, Freund Schulenburg, was dann?«

»Selbst dann, Freund Helldorf, müssen Sie nicht gleich auf die Barrikaden steigen. Und ich muß mir auch nicht gleich in die Hosen machen. Ich gedenke unentwegt weiter meine Nebelwände zu ziehen. Und Sie könnten inzwischen etliche kleine private Plaudereien mit Ihren Gesinnungsgenossen von der Abwehr, etwa mit Oberst Oster, veranstalten. Versuchen Sie herauszufinden, ob die ahnen, was da auf ihre Wehrmacht zukommt. Erzählen Sie mir dann davon, möglichst in allen Einzelheiten. Danach werden wir weitersehen.«

Meisinger, Kriminalrat und amtlicher Homoverfolger, durfte sich erneut bei seinem obersten Chef, Reinhard Heydrich, blicken lassen. Leicht gebückt stand er vor ihm, als habe er eine große Last zu tragen. Sein verwaschenes Gesicht flehte um Nachsicht und Verständnis.

Heydrich erkannte seinen kläglichen Zustand auf den ersten Blick. Dementsprechend klang seine Stimme äußerst ungnädig, fordernd, scharf: »Sollen Sie etwa kalte Füße bekommen haben, Meisinger?«

»Nicht gleich das, Gruppenführer! Aber sonderlich wohl ist mir bei dieser Angelegenheit nicht – offen gesagt.«

Heydrich ließ seinen Untergebenen stehen – in Nähe der Tür. Dort verweilte der längere Zeit mit gequält ergebenem Gesichtsausdruck.

Prompt kam dann auf ihn die Frage zu: »Sollte etwa Ihr Hauptzeuge umgefallen sein?«

»Das nicht, Gruppenführer! Dieser Otto Schmidt ist sozusagen ganz eisern – also nicht leicht zu erschüttern. Allerdings haben sich, als wir einige seiner Aussagen intensiv nachprüften, etliche Widersprüche ergeben. Das eine oder andere stimmt dabei nicht, nicht ganz. So etwa seine Beschreibung des Tatortes – oder die Art, wie er kassiert hat. Auch einige Details der von ihm gelieferten Personenbeschreibung, bezüglich des von Fritsch, muten nicht voll überzeugend an.«

»Ich höre da wohl nicht ganz richtig, Meisinger?« Reinhard Heydrich lehnte sich zurück, nur wenige Zentimeter, dabei bemüht, seine stets gut sitzende Uniform nicht in Unordnung zu bringen. »Da verfügen Sie nun also über einen erstklassigen Zeugen, der nach Ihren Angaben garantiert nicht umfallen wird. Doch nun, Meisinger, glauben Sie plötzlich, über diverse Details stolpern zu können? Das ist doch geradezu irre! Den müssen Sie eben wasserdicht und schußfest präparieren, Mann!«

»Jawohl, Gruppenführer!« versicherte der Kriminalrat bewährungsbereit. »Aber eben das scheint sich leider nicht von heute auf morgen bewerkstelligen zu lassen. Wofür ich sehr um Verständnis bitte. Ich brauche Zeit.«

»Die haben Sie – zufälligerweise«, sagte Heydrich nachsichtig. »Denn das Objekt, auf das Sie speziell angesetzt sind, ist gerade dabei, einen längeren Erholungsurlaub anzutreten. Im Süden. Ein Adjutant wird ihn begleiten.«

»Ein Adjutant?« fragte Meisinger, der nun wieder lebhaft wurde. »Vermutlich also ein junger Mann? Das aber paßt genau in dieses Bild! Ich werde den also, diese beiden, während ihrer Reise beschatten lassen . . .«

»Dafür, Meisinger, werde ich sorgen! Sie haben lediglich weiteres Material zu beschaffen, sich in erster Linie auf ihren Otto Schmidt zu konzentrieren. Den will ich dann, wenn es endlich soweit ist, mit allerhöchster Verläßlichkeit steißschönste Arien singen hören.«

Auskünfte des ehemaligen Obergefreiten Schmiedinger –
damals Betreuer des Generalobersten von Fritsch in
Berlin, nunmehr Hausverwalter in Stuttgart.

»Wie kommen Sie denn auf so was, Mann? Ich soll, behaupten Sie, den damaligen Oberbefehlshaber des Heeres, den Generaloberst von Fritsch, genauer gekannt haben? Menschenskind, wer kannte den schon wirklich? Der war schon zu Lebzeiten sein eigenes Standbild. Ich gehörte lediglich zwei oder drei Jahre zu seiner näheren Umgebung – von 1935 bis Anfang 1938, glaube ich. Als sogenannter Offiziersbursche – verantwortlich für Stiefel, Uniformen und so was.

Doch an den persönlich war einfach nicht 'ranzukommen. Und wenn der auch stets freundlich war – viel mehr als ein paar Dutzend Worte verschwendete der in diesen drei Jahren kaum für mich. Auch machte der sein Bett selbst, und seine Stiefel putzte er nicht selten allein, manchmal auch mit mir gemeinsam. Ich erinnere mich auch nicht, den jemals ohne Uniform gesehen zu haben, also stets nur voll vorschriftsmäßig bekleidet. Wollten Sie etwa so was hören?

Bei dem schien ein präzis funktionierendes Uhrwerk eingebaut gewesen zu sein. Sein Tagesplan war exakt in Minuten eingeteilt und mußte genauestens eingehalten werden. Seine Sprache? Gewichtig, sparsam, immer höchst deutlich, niemals laut. Mir gegenüber benahm er sich wie ein stets geduldiger Vater, der zu seinem halbwegs erwachsenen Sohn spricht.

Seine Wirtschafterin war irgendeine Baronin, glaube ich. Das war eine nicht mehr ganz junge, stets wie besorgt wirkende, doch recht sympathische Person. Die meinte immer: ›Den muß man eben nehmen, wie er ist. Der ist nichts wie ein Soldat.‹ Was sich fürchterlich anhörte, aber stimmte.

Ob an dem irgendwelche Besonderheiten erkennbar waren? Da kann ich doch nur lachen! Der war ein Mensch wie aus Beton! Ob der irgend etwas oder irgend jemanden bevorzugte? Nun, vielleicht sein Reitpferd; aber auch Hunde und Katzen schienen ihn zu interessieren. Wenn er denen begegnete, war es, als versuche er mit ihnen zu reden – wie mit seinesgleichen.

Aber nun mal ganz aufrichtig: Ich habe noch niemanden so zutiefst bedauert wie diesen Mann. Der hatte wohl keine Freunde; der wußte vermutlich gar nicht, was Freunde sind. Der rauchte nicht, trank kaum, wich jeder Geselligkeit aus. Vermutlich hatte der nicht einmal eine Freundin. Doch gelegentlich besuchte er Pferderennen. Er wurde oft als ›hochmütig‹ bezeichnet, was er gewiß nicht war.

Seine Wirtschafterin, die Baronin, sagte zu mir, wohl in einem schwachen Augenblick: ›Leicht ist es mit dem wirklich nicht! Ich weiß ja nicht, was der tatsächlich verdient – doch sein Haushalt muß immer denkbar einfach sein, darauf legt er Wert.‹

Der unterstützte seine alte Mutter äußerst großzügig, dazu einige Verwandte und ehemalige Kameraden. Für sich persönlich verbrauchte er monatlich niemals mehr als fünfhundert Mark. Ein bescheidenes, ziemlich klägliches Dasein! Was ihn jedoch voll zu erfüllen schien.«

Sechster Versuch einer romanhaften Gestaltung . . .
Thema: Scheinbar bieten sich Auswege an

»Ich glaube«, sagte Eva Gruhn, nach einem ihrer glücklichsten Augenblicke sich zart an ihren Werner schmiegend, »einen brauchbaren Ausweg zu wissen – aus meiner, unserer Situation. Vor allem unseres möglicherweise kommenden Kindes wegen.«

»Zu dem ich mich, wie bereits erklärt, offiziell bekennen werde, meine liebe Eva.«

»Was aber alles, vielleicht unnötig, komplizieren könnte und erhebliche Schwierigkeiten mit sich bringen würde – für dich!« Sie zeigte sich nicht nur überaus besorgt – sie war es auch, allein seinetwegen. »Denn du bist ein Mann in hoher Stellung – darauf mußt du Rücksicht nehmen. Und du mußt mir erlauben, daß auch ich darauf Rücksicht nehme. Denn ich bin deiner, und das muß ich immer wieder sagen, einfach nicht würdig genug.«

»Ach, mein geliebter Schatz, mein schönes Mädchen – warum machst du dir deswegen Gedanken? Wir leben glücklicherweise nicht mehr im Mittelalter. Ich bin schon seit vielen Jahren Witwer, also ein völlig freier Mann. Ich kann mich verbinden, mit wem ich will – wer sollte mich daran hindern?«

»Du mußt Rücksicht nehmen!«

»Worauf denn – auf wen? Unser deutsches Reich ist

schließlich in einem revolutionären Umbruch sondergleichen begriffen – das auch in gesellschaftlicher Hinsicht. Veraltete Moralgesetze gelten nicht mehr.«

»Vergiß meine Herkunft nicht, Werner. – Ich bin nicht ›standesgemäß‹. Und da ist noch etwas, das ich dir nicht verschweigen darf: Es gibt einen Mann, der mich ziemlich bedrängt.«

»Wer – ist das?«

»Einer, der damals, als ich dich noch nicht kannte, versucht hat, mich zu vereinnahmen. Ein gewisser Herbert Heersdorf – Exportkaufmann. Und der will mich nicht aufgeben, sagt er, immer wieder. Und ich habe ihm gesagt, auch immer wieder, daß ich nichts mehr mit ihm zu tun haben will.«

Der Feldmarschall fühlte sich nun versucht zu fragen, ob der wohl wesentlich jünger sei als er – oder zumindest attraktiver. Doch er kannte Evas Antwort bereits: sie liebe ihn, allein ihn, und eben weil er so sei, wie er sei: die Erfüllung aller Träume.

Daher sagte er lediglich: »Vermutlich eine mehr oder weniger unangenehme Belästigung. Jedoch kein besonderes Problem – für uns. Was ist denn dieser Herbert Heersdorf für ein Mensch?«

»Der hat sich, wie gesagt, stets sehr um mich bemüht. Jedoch gewiß nicht mit deiner so selbstlosen, ritterlichen Zartheit, Werner. Der ist mehr robust, sehr drängend, besitzgierig. Doch auch er liebt mich – auf seine Weise.«

»Sollte es dir etwa schwerfallen, dich von ihm zu trennen?«

»Er ist es, der sich weigert, in eine Trennung einzuwilligen! Der will mich unbedingt haben. Und dafür scheint er bereit zu sein, einfach alles in Kauf zu nehmen: auch mein Verhältnis mit dir, auch jedes notwendig werdende Zugeständnis.

Der würde sogar das Kind eines anderen Mannes akzeptieren!«

Nun war er es, der sie an sich zog. Und sie begann ihn zu umklammern wie ein Kind, das Halt sucht; das nichts wie Wärme und Geborgenheit empfinden will. Er sagte:

»Die entscheidende Frage ist lediglich diese: Wenn ich dich bitte, liebe Eva, eine Entscheidung zu treffen, eine absolute, zwischen ihm und mir – wen würdest du dann wählen?«

»Dich, Werner! Allein dich! Darüber gibt es für mich nicht den geringsten Zweifel.«

»Dann, Eva, ist alles andere klar. Ich werde nunmehr unsere Heirat beschleunigen.«

Er sagte das, als wäre jetzt alles endgültig beschlossen und verkündigt. Und das war es denn auch.

In den letzten Tagen des Monats November 1937 geschah folgendes: Einer der Adjutanten des Generalfeldmarschalls von Blomberg führte ein Telefongespräch mit einem der Adjutanten des Oberbefehlshabers der Luftwaffe, Generaloberst Göring.

Der dieses Telefongespräch entgegennehmende Luftwaffenoffizier beeilte sich, seinem Chef aller Chefs unverzüglich Bericht zu erstatten. Das geschah in Karinhall, während einer überaus ausgedehnten Frühstücksstunde. Göring hatte sich in einen fellartigen, aus edelsten Materialien bestehenden Morgenmantel gehüllt.

Dieses Karinhall war ein in nordisch-germanischem Geiste erbauter Landsitz, so genannt nach Görings erster, von ihm ohne Zweifel sehr geliebten Frau Karin, die früh gestorben war. Diese Prunkhöhle befand sich in der Umgebung von Berlin, eingebettet in dunkle Wälder, angefunkelt von einem tiefblauen See. Hier waren beherrschend zu erblicken: felsen-

haftes Gestein, wetterfeste Eiche, wanddicke Holzverklei-
dungen – und Leder, Lack, Damast, Chrom und Kristall.

Görings Adjutant schritt über dicke Teppiche und baute
sich in respektvoller Entfernung vor seinem Befehlshaber auf.
Er wartete auf das Zeichen – eine knappe, einladende Bewegung der linken Hand. Sonnenhaft funkelten die Edelstein-
ringe.

»Der Herr Generalfeldmarschall«, berichtete der Adjutant, »hat anrufen lassen.« Gestrafft stand er da, dennoch
leicht vorgebeugt – wie stets bereit, seinen Kopf hinzuhalten.

»Was will denn der – ausgerechnet der! – von mir?« Göring pflegte grundsätzlich alles, was da so auf ihn zukam, vorsorglich abzuwerten, zu bezweifeln, in Frage zu stellen. Einfach alles – wenn es nicht gerade vom Führer kam. Mit dieser
Methode versuchte er seiner Umgebung zu suggerieren: Alles, wer oder was auch immer, könne doch wohl, im Vergleich
mit ihm, nur zweitrangig sein. »Schließlich habe ich wesentlich anderes zu tun, als Telefongespräche zu führen.«

»Der Herr Generalfeldmarschall«, berichtete der Adjutant
ergeben weiter, »läßt Ihnen, Herr Generaloberst, seine herz-
lichsten Grüße übermitteln.«

Hermann Göring lächelte karg. Wohl weil es in diesem
Großdeutschland nur einen Generalfeldmarschall gab – und
das war leider nicht er. Was in seinen Augen gewiß ein Schönheitsfehler war. Ihm allein hätte dieser einzigartige Dienstgrad gebührt.

»Der Herr von Blomberg«, fuhr der Adjutant fort, »ersucht um eine Unterredung. Um eine sehr persönliche, also
nicht amtliche – wenn ich richtig verstanden habe.«

Nun erst horchte Göring auf. Seine leicht schläfrig wirkende Gelassenheit war urplötzlich verschwunden. Übergangslos erhob er sich; sein Morgenmantel rauschte: Frankreichs Sonnenkönig . . .

»Persönlich – sagten Sie?«

»Jawohl, Herr Generaloberst. Persönlich und privat.«

»Nun, das hört sich ziemlich vielversprechend an!« kommentierte Göring. Damit auch sein Adjutant, einmal mehr, zu erkennen vermochte, welch eine gesuchte, bedeutende Persönlichkeit sein Chef war. »Wenn der mich also unbedingt sprechen will, dann soll er kommen. Hierher. Noch heute.«

»Da ist Hitlers Junge, Herr Generaloberst«, kündigte der Obergefreite Schmiedinger, der Bursche des Oberbefehlshabers des Heeres, munter an. »Frisch gewaschen, Haare glatt gekämmt, ziemlich saubere Fingernägel – und die Hosen vermutlich gestrichen voll.«

Der von Fritsch schüttelte mäßig amüsiert seinen Rundkopf. Dieser Schmiedinger besaß bei ihm eine Art Narrenfreiheit – das jedoch nur, wenn sie unter sich waren. Und diese Spielregel hielt der Obergefreite sorgfältig ein; doch bei Gesprächen unter vier Augen nutzte er sie freudig aus.

»Bitte, mein lieber Schmiedinger«, korrigierte ihn der Generaloberst, »achten Sie ein wenig sorgfältiger auf Begriffsbestimmungen. Das ist nicht Hitlers Junge, sondern ein Hitlerjunge. Und der hat nicht, wie Sie zu sagen beliebten, die Hosen voll, den beherrscht Respekt. Vermutlich vor meiner väterlichen Autorität.«

Dieser Angehörige der Hitlerjugend, er hieß Heinz, war einer von drei Jungen, die der Generaloberst regelmäßig betreute – einer offiziellen Anregung Hitlers entsprechend. Junggesellen von Rang waren darum ersucht worden, sich gelegentlich, aber möglichst regelmäßig, mit vaterlosen Kindern aus dem Bereich der Hitlerjugend zu beschäftigen, um diesen eine Art väterlicher Atmosphäre zu vermitteln. Von Fritsch hatte nicht gezögert, dem zu entsprechen.

»Den könnte ich Ihnen abnehmen, Herr Generaloberst«, erbot sich Schmiedinger. »Ich gehe mit ihm spazieren, lande im Zoo oder im Kino, stopfe ihn mit Kuchen voll – und die Sache ist gelaufen, und zwar bestens. Bei Ihnen, Herr Generaloberst, würde der sich garantiert nicht so glücklich fühlen.«

»Lieber Schmiedinger, es kommt hier nicht darauf an, diesem Jungen irgendwelche Vergnügungen zu bereiten. Es gilt vielmehr, an seiner Erziehung zu arbeiten, auf väterliche Weise.«

Und das geschah denn auch. Heinz, der Hitlerjunge, durfte mit dem Generaloberst speisen, also an dessen vergleichsweise bescheidener Mittagsmahlzeit teilnehmen. Dabei erfolgte eingehende Aufklärung über deutsche Tischsitten. Anschließend fanden Informationsstunden statt, mit wechselndem Thema, wie Preußische Geschichte, speziell Kriegsgeschichte, Waffenkunde, bevorzugt Heereswaffen, Geländekenntnisse und Kartenlesen.

Jedenfalls wirkte der Knabe Heinz stets leicht strapaziert, wenn er danach wieder vom Obergefreiten Schmiedinger in Empfang genommen wurde, zwecks Rücklieferung in das Heim. Dabei steckte der von Fritsch seinem Burschen stets zwei Mark zu: »Ein Bier für Sie – zwei Stück Kuchen für den Jungen.«

Auf dem Weg zum nächsten Café fragte Schmiedinger den Knaben Heinz ungeniert aus: »Na, was hat denn der Alte so alles mit dir veranstaltet?«

»Der hat mich gehauen!«

»Was du nicht sagst!« Der Obergefreite vernahm diese Behauptung nicht ohne leichte Betroffenheit. »Sollte der dir etwa den Hintern vollgehauen haben – weil du bei ihm nicht richtig gespurt hast?«

»Aber nein – nicht doch!« wehrte der Knabe Heinz geradezu empört ab – womit er wohl andeuten wollte: mit einem Hitlerjungen macht man so was nicht! »Der hat mit seinem Lineal zugeschlagen, ganz kurz nur, es tat auch gar nicht weh. Beim Kartenlesen – von wegen der Maßstäbe, die kapiere ich einfach nicht!«

»Und das war schon alles?« fragte Schmiedinger erleichtert. »Der war also wie ein Vater zu dir – was? Väter sind nun mal so, Mensch! Die hauen zu. Nur um zu zeigen, was für Kerle sie sind. Mein Alter nahm immer einen Lederriemen.«

»Tatsächlich?« Heinz schien nun sehr nachdenklich. »Da kann ich eigentlich ganz froh sein, daß ich keinen Vater habe – jedenfalls keinen auf Dauer.«

»Immerhin, mein Junge, wirst du später einmal sagen können: Ein großer Mann, ein bedeutender Soldat, hat sich stundenlang mit mir beschäftigt! Dafür solltest du ihm dankbar sein. Mach ihm keine Schande!«

Der Oberbefehlshaber der Wehrmacht und Kriegsminister des deutschen Reiches, Generalfeldmarschall Werner von Blomberg, erschien, nach den vorbereitenden Telefongesprächen der Adjutanten, noch am gleichen Tag in Karinhall. In Zivil. Dezente Grautöne, französischer Stoff, britischer Zuschnitt.

Göring schritt ihm in dem hallenartigen Saal bärenhaft tänzelnd entgegen. Er war in ein ihn behaglich weit umschlotterndes Jagdkostüm gehüllt, ein mittelalterlich-nordisch anmutendes: Wildlederweste, Seidenhemd, Trophäenkette, Pluderhosen. Er breitete, sehr weit, seine Arme aus, dann reichte er dem von Blomberg kasinohaft lässig die rechte Hand.

Denn schließlich war der es, der um diese Unterredung ersucht hatte; und er, Göring, war es, der sie ihm gewährte. Solche feinen Unterschiede waren, unter Mächtigen, stets zu beachten. Gewisse Rangordnungen bei derartigen Begegnungen ergaben sich daraus wie von selbst.

Während sie sich, einander gegenüber, in höchst geräumigen, mit Leopardenfellen bespannten Sesseln niederließen, entging Görings lauerndem Blick nicht, daß der Generalfeldmarschall leicht verlegen wirkte. Das verstärkte seine erwartungsvolle Neugier erheblich.

»Gut sehen Sie aus, Herr von Blomberg!«

»So fühle ich mich auch. Als Mensch – sozusagen. Ich glaube, ich habe jetzt eine gute, eine sehr gute Zeit. Und die würde ich mir gerne erhalten. Mit Ihrer Hilfe, Herr Göring – um ganz aufrichtig zu sein. Auf Sie hoffe ich. Sehr.«

»Da sind Sie genau an der richtigen Adresse!« tönte der Generaloberst. »Ich helfe, wo immer ich kann. Vor allem meinen Kameraden.«

Worauf er sich, ohne Blomberg aus den Augen zu lassen, weit zurücklehnte. Sein mächtiger Bauch wölbte sich und wurde, mit beiden Händen, nahezu liebevoll massiert. Er war, in jeder Hinsicht, ein gewaltiger Mann.

Und als solcher fuhr er, seinen Besucher anblinzelnd, fort: »Sie sind mir sehr lieb und wert, Herr von Blomberg. Ich habe seinerzeit Ihre Ernennung zum Generalfeldmarschall nicht nur begrüßt, sondern auch gefördert. Eine Selbstverständlichkeit – ohne jede Verpflichtung Ihrerseits. Doch habe ich, ganz offen gesagt, auch von Ihnen ein gewisses Verständnis für mich, für meine großen, besonderen Probleme erhofft. Doch bei der bedeutsamen Konferenz, die der Führer am 3. November veranstaltet hat, haben Sie, gelinde ausgedrückt, nicht gerade für mich Partei ergriffen.«

»Wenn tatsächlich dieser Eindruck entstanden sein sollte, verehrter Herr Göring, dann kann es sich nur um ein Mißverständnis, ein sehr beklagenswertes, gehandelt haben. Ich erlaube mir, Ihnen unmittelbar danach einen Brief zu schreiben – mit der Versicherung, daß ich großen Wert auf eine intensive, weitschauende, vertrauensvolle Zusammenarbeit lege. Speziell mit Ihnen.«

»Was mich auch sehr erfreut hat, Herr von Blomberg!« Der gewichtige Mann in Karinhall lächelte nun herzhaft-vertraulich. Dieses Gespräch fing gut an – sein Besucher zeigte sich ganz betont zur Zusammenarbeit bereit. Natürlich nicht ohne Grund. Der wollte was von ihm! Aber – was?

Göring beugte sich weit vor, tätschelte seinem Besucher den Arm, kumpanenhaft-kameradschaftlich. Und der wich nicht zurück, bemühte sich vielmehr um ein herzlich gedachtes Lächeln. Doch dabei atmete er ein wenig mühsam; sein verdächtig freundlicher Gesprächspartner verströmte einen verschwenderisch-süßlichen Parfümdunst. Das erinnerte den von Blomberg, wenn auch sehr entfernt, an seine Eva – und das stimmte ihn sanft.

Göring ließ sich weiter vernehmen, tönend, werbend: »Ich bin gerne bereit, mein lieber Herr von Blomberg, jenes Mißverständnis zu vergessen.«

»Das freut mich sehr!«

»Jedenfalls trage ich Ihnen nichts nach – ich würde mir dabei kleinlich vorkommen, was ich ja nicht bin. Zumal nicht jetzt, da Sie mich, falls ich das richtig verstanden habe, mit Ihrem persönlichen Vertrauen zu beehren gedenken. Also – dann legen Sie mal los! Sie werden bei mir ein geneigtes Ohr und tatkräftige Hilfe finden.«

»Was ich Ihnen nun anzuvertrauen gedenke, Herr Göring, ist sehr privater Natur. Und ich weiß nicht recht, ob ich Sie damit belasten darf.«

Der Herr von Karinhall witterte sofort das Heikle an dieser Situation, verspürte auch, wie Blomberg zögerte, alles das offen auszusprechen, was ihn bewegte. Mithin schaltete er auf verständnisvolle, ermunternde Jovialität:

»Mir kann man einfach alles anvertrauen! Unter guten Kameraden versuche ich stets der beste Kamerad zu sein. Absolute Verschwiegenheit ist dabei Ehrensache. Also – was, bitte, kann ich für Sie tun? Sollten Sie etwa in finanzielle Schwierigkeiten geraten sein? Nun, um welche Summe es sich dabei auch handeln sollte – ich werde sie Ihnen sofort und gerne zur Verfügung stellen!«

»Sehr liebenswürdig, sehr entgegenkommend – vielen Dank für Ihre Bereitschaft. Aber das – ist es nicht.«

»Irgendein unbequemer Widersacher? Oder irgendwelche besonderen Wünsche – für Verwandte, Freunde, Kameraden? Auch nicht? Was dann?«

»Ich bin, wie Sie wissen, Witwer«, bekannte der Besucher dieses großen, gewaltigen, zumindest schwergewichtigen Mannes. Blomberg war nunmehr entschlossen, ihm voll zu vertrauen; Görings vorbehaltloses Entgegenkommen verdiente das wohl. »Meine von mir sehr geliebte Frau starb vor etwa zehn Jahren. Und natürlich kann ich sie nicht vergessen – werde das wohl niemals können. Aber das Leben muß dennoch weitergehen.«

»Wem, mein lieber Herr von Blomberg, sagen Sie das! Auch mir ging es ähnlich. Ein Grund mehr, einander behilflich zu sein. Sie wollen sich also, wenn ich Sie richtig verstehe, wieder verheiraten?«

»Genau darum geht es, verehrter Herr Göring! Und Sie sind der erste, den ich dabei, sozusagen offiziell, ins Vertrauen ziehe.«

Göring witterte sofort: an dieser Geschichte war irgend etwas faul! Hier schien sich eine überaus heikle Konstellation zu ergeben, mit der sich möglicherweise einiges anfangen ließ. »Gibt es denn da irgendwelche Komplikationen?« fragte

115

er lauernd. »Sollte die Dame etwa noch verheiratet sein? Na wennschon! Dann machen wir sie eben ledig. Ist es das?«

»Keinesfalls«, sagte der von Blomberg, sichtlich beeindruckt von so viel kameradschaftlichem Entgegenkommen. »Bei der von mir erwählten Frau handelt es sich um eine sehr schlichte Person – gesellschaftlich gesehen. Sie betätigt sich derzeit in einem Restaurant – allerdings in einem ziemlich angesehenen. Dort sozusagen in nahezu leitender Stellung – ein Fräulein Eva Gruhn.«

»Na prächtig, prächtig!« bestätigte Göring, instinktiv entzückt. »Wesentlich jünger als Sie – vermutlich?«

»Fast dreißig Jahre jünger. Irritiert Sie das?«

»Respekt! Anerkennung! Gratulation!« Göring genoß diese Situation ungemein. »Das wird Ihnen von Herzen gegönnt! Jedoch nicht, ohne Sie – das unter uns Männern – zu beneiden!«

Worauf ihm dann eine Formulierung glückte, die auch in späteren Berichten immer wiederkehren sollte – allerdings auf sehr unglückliche Art und Weise. Göring sagte nämlich: »Also – ein Kind aus dem Volke!«

»So ziemlich genau das!« bestätigte Blomberg. »Aber ich muß mich wohl fragen: Wie wird der Führer darauf reagieren?«

»Dem also«, erkannte Göring prompt, »soll ich das beibringen? Warum nicht? Das mache ich gern – sozusagen mit Begeisterung! Nur keine Sorge, mein Lieber! Vertrauen Sie meiner Beredsamkeit – aber auch einem besonders glücklichen Umstand; wobei ich auch an den privatesten Bereich unseres Führers denke. Ich sage da nur, mit aller gebotenen Diskretion: Eva Braun! Also auch eine Eva!«

»Verbindlichen Dank!« Blomberg verneigte sich. Er fühlte sich überaus erleichtert, und zwar so sehr, daß er das großspurige Gehabe seines Gastgebers kaum mehr zur Kenntnis nahm.

»Aber was denn, was denn«, rief Göring, »ich habe Ihnen zu danken! Für Ihr Vertrauen – das mich ehrt und sehr hoffen läßt! Sie werden noch staunen, zu welchen Kameradendiensten ich fähig bin! Darauf sollten wir anstoßen – mit dem Allerbesten, was dieses ansonsten so fragwürdige Frankreich zu bieten hat!«

Gleich nach dem zweiten Glas dieses edlen Champagners – eines Ruinart Dom, Jahrgang 1933, in der klassischen Dickbauchflasche – entwickelte der sehr munter gewordene Hausherr ganz reale, in die Zukunft weisende Gedanken.

»Ihr verehrtes Fräulein Braut, sagten Sie, betätigt sich derzeit in einem Lokal – wenn auch in einem erstklassigen? Das mag durchaus ehrenwert sein, dagegen ist gar nichts zu sagen! Nur, mein Lieber, daß dabei, eben im Hinblick auf die Ehe mit einem Generalfeldmarschall, eine Art optischer Aufwertung durchaus angebracht wäre. Ich meine der Öffentlichkeit gegenüber, also im Hinblick auf dieses zum Großteil noch borniert konservativ denkende Offizierskorps. Da muß man wohl gewisse Konzessionen machen.«

»Und wie, bitte, Herr Göring, stellen Sie sich das vor?«

»Ich denke dabei an etwas offiziell sehr Wirksames, mein Lieber, das auch ohne sonderliche Schwierigkeiten zu bewerkstelligen ist – für einen Mann wie mich! Denn mir unterstehen schließlich zahlreiche Institutionen, Dienststellen, Büros. Und dort, irgendwo, könnte ich Ihr Fräulein Gruhn unterbringen – bis zum Tage Ihrer Hochzeit, an der ich gerne teilnehmen würde. Auf diese Weise brauchte Ihr verehrtes Fräulein Braut, dieses Kind aus dem Volke, nicht in einem Restaurant tätig zu sein – sie wäre dann vielmehr eine Reichsangestellte. Was halten Sie davon?«

Davon hielt von Blomberg viel. Seine Dankbarkeit diesem

117

gewaltigen Menschen gegenüber wuchs enorm. Er gratulierte sich im stillen dazu, den aufgesucht zu haben. – »Sollten Sie dabei schon eine bestimmte Vorstellung besitzen?«

Göring schenkte Champagner nach und trank seinem Besucher genußvoll zu. Dann setzte er zu einer längeren Erklärung an, verbreitete sich über seine Ämter und Möglichkeiten und über unbegrenzte, auf Gegenseitigkeit beruhende kameradschaftliche Hilfeleistung. Die Fülle seiner Angebote war verwirrend.

Da gab es in Görings Bereich das Reichsluftfahrtministerium, die Kanzlei des preußischen Ministerpräsidenten, eine Reichsjagd- und Forsthauptverwaltung, Entwicklungs- und Planungsbüros, ein sogenanntes Forschungsamt, ferner diverse Dienststellen in seinem neuesten Wirkungskreis als Bevollmächtigter für den Vierjahresplan – wie: Saatgutkoordinierung, Flußwasserbereinigung, Reichsbullenstelle, Butterzentrale – sowie auch das Hauptamt Eier.

»Das ist eine Neugründung von mir, auf die ich besonderen Wert lege. Ihr Leiter ist ein hochqualifizierter Mann, doch ihm fehlen, wie ich erst heute seiner Studie entnommen habe, brauchbare Mitarbeiter. Dort also könnte ich Ihr verehrtes Fräulein Gruhn bequem unterbringen. Einverstanden?«

»Durchaus – ja!« versicherte von Blomberg dankbar.

»Ist das schon alles?« fragte Göring schwungvoll ermunternd. »Oder sollten wir da noch auf anderes zu achten haben? Jedenfalls sollten Sie immer daran denken, daß wir, für unsere Öffentlichkeit, ein schönes, überzeugend harmonisches Bild liefern müssen. Darauf legt sicherlich auch der Führer erheblichen Wert. Bei dem muß möglichst alles, was immer auch geschieht, als nützlich für seinen Staat erscheinen. Geht also alles klar – oder gibt es noch irgendwelche Bedenken Ihrerseits?«

»Könnte sein.«

»Das habe ich Ihnen angesehen! Dafür habe ich einen Blick. Also worum – oder um wen – handelt es sich?«

»Vermutlich nur um eine Art Schönheitsfehler. Denn da existiert – falls ich nun sehr deutlich werden darf – ein wesentlich jüngerer, wohl ziemlich unangenehmer Mensch, der sich in mein Privatleben hineinzudrängen versucht.«

»Tatsächlich?« fragte nun Göring, hell beglückt. Er erkannte unverzüglich, daß dies ein Punkt war, auf den scharf geachtet werden mußte. Derartiges war stets verwendbar – man mußte es nur genau wissen.

»So was wie ein Nebenbuhler also? Mein Lieber – diese Sorte schräger Vögel kenne ich! Aus dem Bereich meiner zweiten, mir sehr lieben Frau Emmy. Auch die war, als Staatsschauspielerin, geradezu umwimmelt – von lüsternen und berechnenden Mimen, von Regisseuren, die sich als Halbgötter fühlten, von Presseleuten, Kritikern . . . Aber die habe ich alle zum Teufel gejagt! Und ich bin gerne bereit, ähnliches auch für Sie zu tun. Wer – also?«

»Ein gewisser Heersdorf, Herbert – angeblicher Exportkaufmann.«

»Wer oder was auch immer! Den Namen weiß ich nun. Sie brauchen mir jetzt nur seine Adresse zu nennen – den Rest erledige ich dann. Sehr taktvoll. Mit der mir eigenen Gründlichkeit. Dann werden Sie nur noch staunen, das garantiere ich Ihnen!«

4
Zufälle und Planungen

Aus dem Erich-Meller-Bericht

»Bei der Beschäftigung mit diesen Vorgängen stieß ich auf
eine Menge verblüffender, frappierender Einzelheiten.

Völlig schamlos etwa war, daß Eva Gruhn unverzüglich
von gewissen Leuten als ›Hure‹ bezeichnet wurde, und das
eben nicht nur von Hitler oder von den Kriminellen der Gestapo – selbst etliche von Blombergs ›Kameraden‹ gebrauch-
ten alsbald dieses scheußliche Wort. ›So was heiratet man
doch nicht!‹ – war deren noch zahmste Redensart. Nun gut,
so dachten diese Herren wohl, sollte der doch fallen! Er macht
dann den Weg für andere frei.

Nicht minder schamlos war auch das Verhalten eines nicht
geringen Teils der cliquenhaften Generalität angesichts der
dubiosen Beschuldigungen, die gegen Fritsch vorgebracht
wurden. Nun ja – der war alles andere als ein Nazigeneral,
vielmehr ein leiser, bescheidener Mann, dem jede Intrige
fremd war. Was dann dennoch zu Kommentaren verführte
wie: ›Der muß schließlich selber wissen, was er macht – und
was man mit ihm nicht machen kann!‹

Geradezu verblüffend kurz war die Zeitspanne, innerhalb
derer sich die Vernichtungsaktion abspielte: Kaum mehr als
11 Tage benötigten diese skrupellosen Machtstrategen mit
kriminellen Manipulationen dafür: Ende Januar bis Anfang

Februar 1938. Sie vernichteten so gut wie alles, was ihnen im Wege stand. Radikal! Und die Gelegenheiten dafür schienen denkbar günstig.«

»Sie haben gar keine andere Wahl – Sie müssen!« versicherte der Arzt des Generalobersten von Fritsch. Und zwar mit all der Entschiedenheit, die eine medizinische Kapazität aufzubieten vermag. »Ich halte es für unbedingt notwendig, daß Sie unverzüglich einen längeren Erholungsurlaub antreten. Mindestens zwei Monate! Sonst garantiere ich für nichts!«

»Ich will aber nicht!« protestierte der gründlich untersuchte Patient. »Ich kann doch nicht einfach Schluß machen. Hier werde ich dringend gebraucht. Von Tag zu Tag mehr.«

»Dann sind das eben gezählte Tage, Herr von Fritsch«, stellte der Arzt mit unüberbietbarer Deutlichkeit fest. »Und was haben Sie davon, wenn Sie aus Leichtsinn vorzeitig in die Grube fahren? Was hat Ihr Heer davon? Bei Ihrem derzeitigen beklagenswert bedenklichen Zustand gefährden Sie einfach alles: Ihre Gesundheit, Ihr Leben, Ihr Werk! Dazu noch meinen Ruf – als Ihr Arzt.«

»Derartig ermunternde Scherze, Herr Professor, können Sie sich bei mir ersparen! Denn schließlich bin ich nicht nur der Patient einer medizinischen Kapazität – ich habe auch eine Aufgabe zu erfüllen. Und der allein fühle ich mich verpflichtet.«

»Bitte, lieber Herr von Fritsch, nicht gleich so große Worte – nicht mir gegenüber! Für mich sind Sie lediglich einer meiner Patienten, dem manchmal das Atmen sehr schwerfällt. Sie leiden unter permanenten Hustenanfällen; gelegentlich erbrechen Sie sich sogar. Ihre Bronchien muten wie quallenartige Wucherungen an; eines Tages könnten Sie sogar ersticken!«

»Wann etwa – könnte das eintreten?«

»Sehr bald – möglicherweise!« Der Arzt war entschlossen, sich von diesem auf eine fast feierliche Weise widerborstigen Menschen nicht beeindrucken zu lassen. Und daher sagte er nun, geradezu befehlend:

»Sie machen Urlaub! Zwei Monate lang – mindestens. Darauf bestehe ich. Gut für Sie wäre Davos – aber wohl noch besser, in Ihrem speziellen Fall, dürfte Ägypten sein. Denn Sie benötigen, unverzüglich, wirksamste klimatische Veränderungen, damit sich Ihre in einem wahrhaft fürchterlichen Zustand befindlichen Atmungsorgane regenerieren können.«

»Und wenn ich Ihrem Ratschlag nicht folge?«

»Dann wird eben Ihr Heer sehr bald keinen Oberbefehlshaber mehr haben, der Ihren Namen trägt. Und ich einen Patienten weniger. Und zwar einen, falls Sie das interessieren sollte, Herr von Fritsch, der mir, mir persönlich, sehr viel bedeutet. Und das ist schon alles, was ich dazu zu sagen habe.«

Vermutlich am selben Tag trafen sich – angeblich nur, um genußvoll miteinander zu speisen – der Vizepolizeipräsident von Berlin, also der Graf von der Schulenburg, mit Oberst Hans Oster, der sogenannten ›rechten Hand‹ des Chefs der Abwehr, Admiral Canaris. Der Ort dieser Begegnung durfte als denkbar neutral gelten: das Luxusrestaurant Horcher am Kurfürstendamm.

»Wer zahlt denn diese Zeche?« wollte der Graf von der Schulenburg, neugierig wie immer, wissen.

»Du natürlich! Schließlich hast du mich eingeladen.«

»Ich habe dir lediglich ein Treffen vorgeschlagen – zwecks internem Informationsaustausch. Und wie du gewiß weißt, mein Lieber: Der Spesenetat meines Präsidiums ist beklagenswert begrenzt. Doch ihr von der Abwehr könnt euch noch ziemlich große, unkontrollierte Ausgaben leisten. Mithin auch so ein Abendessen – das etwa zu verbuchen wäre unter: Kontaktaufnahme mit feindlichen Elementen.«

»Freund Schulenburg«, sagte hierauf der Oberst Oster, zunächst noch sehr amüsiert, »versuche nicht immer wieder, mich im Schnellgang zu überfahren! Es ist reichlich mühsam, mich an deine Praktiken zu gewöhnen; die irritieren nicht nur mich. Worauf willst du diesmal hinaus? Helldorf hat mir lediglich einige Andeutungen gemacht. Also: Was weißt du tatsächlich?«

»Das werde ich dir erzählen – doch erst nach Hummer und Hammelbraten, auf Kosten der Abwehr.«

Das wurde akzeptiert. Nachdem sie intensiv gespeist hatten, erlaubte sich der Graf von der Schulenburg eine geradezu umwerfend direkte Frage: »Vermagst du dir etwa vorzustellen, Oster, daß der Generaloberst von Fritsch homosexuell veranlagt ist?«

Der Oberst Oster verschluckte sich, und zwar anhaltend. Entgeistert blickte er Schulenburg an: »Mein Gott – bist du verrückt geworden? Diese Frage, die du mir eben gestellt hast, geht ganz entschieden zu weit. Sie ist gefährlich – in dieser Zeit. Die muß ich mir also verbitten, Schulenburg!«

Der zeigte sich völlig unbeeindruckt; er hatte kaum eine andere Reaktion erwartet. Er fragte lediglich, leicht gedehnt: »Solltest du tatsächlich in dieser Hinsicht absolut sicher sein, Hans? Komm mir jetzt nicht damit: Man kann ja nie wissen! Ich habe vielmehr den Eindruck, daß du meine Frage entschieden verneinst. Warum?«

»Weil ich den Generaloberst kenne! Seit langen Jahren!«

»Das weiß ich. Und eben deshalb komme ich ja mit dieser Angelegenheit zu dir. Aber – glaubst du den wirklich gut genug zu kennen? Bist du absolut sicher, daß du auch sein Privatleben zu durchschauen vermagst?«

»Der hat keins – um zunächst einmal das klarzustellen!« Oberst Oster reagierte äußerst unwillig. Er drohte in diesem Restaurant der allerersten Garnitur aufsehenerregend laut zu werden. »Dieser Mann ist über einen derartigen Verdacht erhaben! Für den gibt es, nach Gott, nur noch drei Dinge in seinem Leben, für die er Gefühle zeigt: seine Mutter, sein Amt und sein Pferd.«

»Ich will gerne hoffen, daß du mit dieser Ansicht recht behältst.«

»Für den«, erklärte der Oberst Oster wie schwurbereit, »gehe ich durch jedes Feuer! Ich habe längere Zeit in seiner unmittelbaren Nähe verbringen dürfen – im Dienst wie auch während der Freizeit, also so gut wie Tag und Nacht. Was jedoch nicht sonderlich unterhaltsam gewesen ist. Aber das steht fest: ein Ehrenmann, vom Scheitel bis zur Sohle, wenn auch ein etwas langweiliger, weiß Gott, das ist er!«

»Wobei du jedoch auch dies bedenken solltest: Selbst ein noch so erklärter Ehrenmann könnte dennoch ein nach den derzeitigen Gesetzen strafbares Privatleben haben.«

Worauf nunmehr Oberst Oster vom Grafen von der Schulenburg forderte: »Ich bestehe jetzt, Fritz-Dietlof, auf einer überzeugenden Erklärung: Wie bist du zu einer derart gefährlichen Vermutung über unseren Generaloberst gekommen?«

Daraufhin betätigte sich von der Schulenburg zunächst als Schankkellner – auch sein Durst war inzwischen erheblich gestiegen. »Etliche Anfragen der Gestapo deuten unmißverständlich darauf hin. Dort scheint ein ganz erhebliches Interesse für das Privatleben dieses Mannes zu bestehen. Mit dem erkennbaren Schwerpunkt: sexuelle Gewohnheiten.«

124

»Das ist eine Schweinerei sondergleichen!«

»Durchaus, Hans. Das empfinde ich genau wie du.«

»Aber das kann auch nur so ein halbamtliches Gefummel irgendwelcher Sittenschnüffler sein! Da wollen sich einige wichtig machen.«

»Kann sein! Muß aber nicht, Hans! Und wenn nicht – was gedenkt ihr dann, also die Abwehr, dagegen zu unternehmen?«

»Das ist es also!« Der Oberst war alarmiert. »Darauf willst du hinaus, Fouché! Du versuchst uns, die Abwehr, in Konfrontation mit der Gestapo, also auch mit der SS, zu bringen!«

»Na klar, Mann! Und was kann selbstverständlicher sein für euch?« Der Graf von der Schulenburg beschäftigte sich mit dem Nachtisch – Ananasscheiben in Schwarzwälder Kirsch. »Die SS versucht doch schon seit einiger Zeit, die Tätigkeit der Abwehr einzudämmen, sie macht euch nichts wie Schwierigkeiten – um euch recht bald vereinnahmen zu können.«

»Möchten sie schon!« knurrte Oster.

»Werden sie auch! Falls ihr euch weiter so vornehm zurückhaltet und eine eurer Positionen nach der anderen untergraben laßt, mit eindeutig kriminellen Methoden. Aber ihr seid doch schließlich, Mann, auch nicht gerade ein Kegelverein!«

»Sind wir bestimmt nicht!«

»Dann macht das mal deutlich! Oder gedenkt ihr etwa, euren angeblich verehrten Oberbefehlshaber diesen Leuten einfach auszuliefern?«

»Natürlich nicht! Aber warum sollten wir gleich einen intensiven Dschungelkrieg veranstalten – nur weil sich da irgendwelche untergeordneten Gestapobullen ein bißchen mausig machen?«

»Ihr gedenkt also nichts dagegen zu unternehmen?«

»Natürlich werden wir derartige Versuche im Auge behalten, aus Routine. Es sei denn – es steckt wesentlich mehr dahinter als nur so ein gestapohafter Bürokratenseich. Etwa Spuren, die auf höheren Einfluß hinweisen – zum Beispiel auf Himmler, vielleicht sogar auf Heydrich. Kannst du das behaupten?«

»Nein«, sagte Schulenburg aufrichtig. »Das ist zwar durchaus möglich – aber eine letzte Gewißheit besteht nicht. Noch nicht.«

»Die brauchen wir aber! Versuche sie uns zu verschaffen. Etwa für den Preis des nächsten großen Abendessens!«

Begegnungen zwischen den Oberbefehlshabern der drei Wehrmachtsteile – also Heer, Luftwaffe, Marine – fanden sozusagen regelmäßig unregelmäßig statt. Außer bei den Konferenzen mit dem Führer, pflegten diese drei Generale, bei geboten erscheinendem Anlaß, auch zwischenamtliche Kontakte – von Hauptbüro zu Hauptbüro.

In diesem besonderen Falle nun suchte Hermann Göring – »Da ich gerade zufällig vorbeikomme!« – den Generaloberst von Fritsch auf. Er wurde unverzüglich empfangen, zwar nicht ausgesprochen herzlich, wohl aber mit höflichem Entgegenkommen, wie es der Erziehung sowohl als auch der Klugheit des Freiherrn entsprach. Doch diese Begegnung verlief ebenso kurz wie heftig; der Versuch einer Provokation war unverkennbar.

Der Oberbefehlshaber der Luftwaffe rauschte herein, blieb plötzlich wie abgebremst stehen, um dann auszurufen: »Sie machen nichts wie Schwierigkeiten, Herr von Fritsch!«

»Welche denn diesmal, Herr Göring? Ihrer Ansicht nach?«

»Es handelt sich um Ihren sogenannten Religionserlaß! Also um jene Verfügung, mit der Sie angeregt haben, daß Offiziere gemeinsam mit den Soldaten Gottesdienste besuchen sollen!«

»Was ich für sehr empfehlenswert halte«, bekannte von Fritsch mit würdiger Selbstbeherrschung. »Der christliche Glaube ist eine gute Basis für soldatische Verpflichtungen. Ist das stets gewesen.«

»Aber ja, ja, warum nicht!« Hermann Göring schaltete unverzüglich auf polternde Vertraulichkeit. »Schließlich kenne ich Ihre Einstellung! Dagegen ist ja auch gar nichts zu sagen! Doch ich bestehe auf möglichst klaren Verhältnissen.«

Worauf Göring damit angespielt hatte, glaubte der von Fritsch unverzüglich zu erkennen – auf seine Mutter nämlich! Denn die war eine geborene von Bodelschwingh – gehörte mithin einer der großen, weitverzweigten, immer noch bedeutenden protestantischen Familien Deutschlands an. Doch was hatte das diesen Göring anzugehen?

»Schon gut, schon gut!« schnaufte der auf. »Von mir aus können Sie Ihren Geistlichen soviel Freizügigkeit einräumen, wie Sie für angebracht halten – nur müssen Sie eben die Kirche im Dorf lassen, in Ihrem Dorf, Herr von Fritsch. Doch was geschieht? Wie angesteckt, um nicht zu sagen: wie verseucht, versuchen nun auch einige von meinen Geistlichen, also im Bereich meiner Luftwaffe, mit den von Ihnen geförderten Ideen hausieren zu gehen! Das aber ist ein unmöglicher Zustand!«

»Der vermutlich sehr leicht zu ändern wäre! Sie brauchten lediglich meinen Erlaß für Ihren Bereich zu übernehmen. Neu formuliert, doch im wesentlichen sinngemäß.«

Göring wurde nun übergangslos bösartig: »Einen feuchten Dreck werde ich, Herr! Ich bin doch nicht Ihr Befehlsempfänger! Oder gar eine Art Papst für Berufschristen in Uniform! Sie scheinen ja tatsächlich von vorgestern zu sein – in dieser Hinsicht bestimmt!«

Der Generaloberst von Fritsch stand da wie eine knorrige, wenn auch frühzeitig entlaubte Eiche, sein Gesicht wirkte rindenhaft starr. Doch seine Stimme klang nach wie vor sachlich, selbst jetzt noch nicht unverbindlich, als er sagte:

»Eine diesbezügliche Grundsatzentscheidung könnte notwendig werden. Die müßte der Reichskanzler treffen. Ich schlage also vor, wir beantragen beide, diesen Punkt auf die Tagesordnung der nächsten Konferenz zu setzen.«

»Ach, Herr, kommen Sie mir doch nicht mit solchen Hinterhältigkeiten! Wir wissen schließlich beide genau, wie der Führer darüber denkt. Realistisch! Das, was Religion genannt wird, ist nicht von heute auf morgen abzuschaffen! Ein derartiger Versuch würde doch nur böses Blut machen. Das kann doch keiner von uns wünschen!«

»Selbstverständlich nicht, Herr Göring. Doch nun muß ich mich wohl fragen, was Sie eigentlich von mir wollen. Das bitte ich mir zu sagen – so offen, wie Ihnen das möglich ist.«

»Sie machen nichts wie Schwierigkeiten!« sagte Göring. »Und neuerdings sogar mir! Glauben Sie denn, sich das leisten zu können?«

Der von Fritsch starrte seinen Besucher verwundert an, auch reichlich ratlos. Er rückte an seinem Monokel. Schweigend.

»Herr – Sie sind wirklich verbohrt!« tönte Göring unbeirrt weiter. »Da strecke ich Ihnen meine Hand entgegen – und was tun Sie? Sie weisen sie zurück!«

Darauf erhielt er keine Antwort – obwohl er einige Sekunden lang darauf wartete. Dann machte er kehrt, als habe er sich einen Befehl gegeben, und rauschte hinaus.

Als unmittelbar danach einer der Adjutanten dieses arg heimgesuchten Herrn von Fritsch herbeieilte, stand sein Oberbefehlshaber am Fenster. Er hatte es weit aufgerissen.

Wie erschöpft lehnte er sich an die Scheiben, atmete schwer, mit halb geschlossenen Augen. Das Monokel hatte er abgestreift. Sein Gesicht war kalkweiß.

Dann sagte er in die lähmende Stille, wie mit großer Mühe: »Das – war widerwärtig. Höchst widerwärtig!«

Aus dem Meller-Bericht

»Dieser Generaloberst von Fritsch wollte damals nicht wenigen als eine ›reichlich unbegreifbare Person‹ vorkommen. Und noch jetzt, Jahrzehnte später, scheint er selbst tiefschürfenden Historikern etliche Rätsel aufzugeben. Einer von ihnen, ansonsten ein exzellenter Kenner des soldatischen Widerstandes gegen Hitler, meinte: ›Im Grunde war er hilflos – wie ein Kind.‹

Aber der – ein hilfloses Kind, im Grunde? Ausgerechnet dieser Mann, der von vielen übereinstimmend als ›ein militärisches Planungsgenie von allerhöchsten Graden‹ anerkannt wurde? Selbst Hitler hatte ihn als einen Experten sondergleichen hoch geschätzt. Durchaus berechtigt.

Doch was für den Führer den ganz besonderen Wert dieses Mannes ausmachte, verriet mir Oberst Hoßbach, der dazu lediglich einen Ausspruch Hitlers zu zitieren brauchte: ›Der Generaloberst ist wahrlich kein bequemer, kein sonderlich zugänglicher Mann. Dennoch besitzt der mein volles Vertrauen. Da man sich auf ihn, letzten Endes, voll und ganz verlassen kann. Der weiß noch, was ein Befehl ist.‹

Und mir gegenüber leistete sich der Generaloberst von Fritsch bei einem gemeinsamen Ritt durch den Tiergarten die folgende, sehr aufschlußreiche Bemerkung: ›Stets vorbehaltlos dienen zu wollen, das ist gewiß die erste, selbstverständlichste und wichtigste Tugend des Soldaten.‹ Worauf er dann, kaum vernehmbar, hinzufügte: ›Dienen – aber wem?‹

Der war wahrlich kein ›im Grunde hilfloses Kind‹. Die große Tragödie, die dann seinen Namen tragen sollte, hatte wesentlich andere Ursachen: Einmal wohl sehr menschliche: Gewiß wurde er weithin respektiert, nicht selten auch vorbehaltlos verehrt – doch kaum jemand scheint ihn geliebt zu haben, außer seiner Mutter, um die er sich stets in rührend fürsorglicher Weise gekümmert hat.

Im allgemeinen wirkte der von Fritsch, ein Mann von erkennbarem Selbstbewußtsein, unzugänglich, fast abweisend, äußerst verschlossen. ›Den‹, sagte einer seiner Adjutanten, ›umgeben dicke Glaswände!‹ Und sein Bursche, der lässig-überlegene, wohl durch nichts zu beeindruckende Obergefreite Schmiedinger, erinnert sich: ›Dem konnte auf die Dauer wohl keiner was vormachen, der durchschaute alle! Nur vermochte das kaum jemand zu erkennen.‹

Er war eben, wie auch Werner von Blomberg, lediglich einer von jenen, über die sich Göring später, während der Nürnberger Kriegsverbrecherprozesse, mit dem lapidaren Satz äußern sollte: ›Der – war uns im Wege!‹ Was also hieß; der war nicht brauchbar, der störte, der mußte ausgeschaltet werden!

Dennoch wurden derartige ›Konsequenzen‹ einer skrupellosen Machtpolitik auch damals nicht von allen, die ihren brutalen Charakter erkannt hatten, widerspruchslos hingenommen. So versuchte der unermüdlich konspirativ tätige Oberst Oster Gegenkräfte zu mobilisieren. Darunter auch mich. Und das mit der unmißverständlichen Forderung:

›Wir rechnen nun mit dir, Freund Meller! Versuche endlich, alle deine Beziehungen auszuspielen. Schließlich bist du mit unserem Generaloberst so gut wie befreundet.‹

›Mit dem‹, versicherte ich, ›ist niemand befreundet – auch nicht: so gut wie!‹

›Nun gut, Meller. Wenn du an den nicht direkt herankommst – dann doch vielleicht an deinen Jugendfreund, also an Heydrich? Auch damit müßte sich einiges anfangen lassen.‹

›Der ist nicht mein Jugendfreund‹, korrigierte ich ihn höflich, auch etwas beunruhigt. ›Ich bin allenfalls seiner. Wir waren damals drei. Nachbarskinder ohne erkennbare Zukunft. Was aus dem dritten wurde, weiß ich nicht – auch Heydrich behauptet, keine Ahnung zu haben, wo der geblieben ist. Damals jedenfalls vermochte keiner vorauszusagen, daß wir eines Tages hier in Berlin zusammentreffen würden – er als Reichsamtsleiter, ich als Regierungsrat. Der dritte von uns befindet sich vermutlich bereits im KZ.‹

›Siehst du Heydrich oft?‹

›Sehr selten.‹

›Was ein Fehler ist, der schnellstens korrigiert werden sollte. Meinst du das nicht auch?‹

›Meine ich nun auch, Oster. Aber besonders gerne mache ich das nicht.‹

›Das ist aber notwendig – in dieser Situation.‹ Und dann fügte Oster noch bedächtig mahnend hinzu: ›Sei aber bei alldem verdammt vorsichtig! Doch wem sage ich das. Vermeide also in Zukunft allzuleicht nachprüfbare Kontaktaufnahmen – etwa mit mir. Sobald ein Heydrich mit im Spiel ist, wird es garantiert gefährlich.‹«

Sogar ein Reinhard Heydrich glaubte, selbst jetzt noch, seine Freunde zu haben. Nicht mehr zwei, wie einstmals, doch zumindest einen. Dieser elegante, entschlossene, machtgewaltige Chef des Reichssicherheitshauptamtes, der gerne auch Verständnis für künstlerische Belange zu erkennen gab,

131

hockte in seiner Zentrale, in der Prinz-Albrecht-Straße, wie in einer von dicken Mauern beschirmten Festung.

Dort durfte ihn derzeit nur ein einziger von den zumeist als ›unbefugt‹ geltenden Zivilisten aufsuchen, und zwar völlig ungehindert. Das war Dr. Erich Meller. Für den war hier stets ›grünes Licht‹.

»Da bist du ja endlich wieder, mein lieber Erich!« rief Heydrich dem Regierungsrat erfreut zu. »Erlaube mir die Feststellung: Du machst dich in letzter Zeit reichlich rar.«

Meller erwiderte mit einem deutschen Scherzwort: »Gehe nicht zu deinem Fürst – wenn du nicht gerufen wirst!«

Reinhard Heydrich reagierte darauf geradezu herzlich. Er reichte seinem Erich die Rechte und schlug sie ihm dann kumpanenhaft auf die Schulter. Allein dieser Freund, da war er sicher, wußte noch, was noble Zurückhaltung ist. Der drängte sich niemals auf, machte nicht die geringsten Anstalten, diese Freundschaft auszunutzen. Der verglich ihn sogar mit einem ›Fürsten‹, was gewiß ein Scherz war, doch immerhin . . .

»Setz dich, mein lieber Erich. Mach's dir bequem. Ich habe nur noch ein paar Kleinigkeiten zu erledigen – doch gleich danach stehe ich dir voll zur Verfügung.«

Der Besucher ließ sich, bereitwillig wartend, an einem Seitentisch nieder. Dort begann er lässig, völlig ungeniert, in den vor ihm liegenden Akten zu blättern. Wie um sich die Zeit zu vertreiben.

Heydrich erledigte inzwischen seine ›paar Kleinigkeiten‹. Er fühlte sich durch die Gegenwart Mellers nicht im geringsten gestört. Er zeichnete eine Verhaftungsliste ab – eine vergleichsweise kleine, sie wies lediglich achtzehn Namen auf. »Noch heute nacht zu erledigen«, befahl er, wie beiläufig, einem herbeizitierten Mitarbeiter.

Danach telefonierte er mit einem gewissen Meisinger. Dem

sagte er: »Ich habe Ihre neuesten Berichte durchgesehen. Die kommen mir aber immer noch reichlich lahmarschig vor! Offenbar gehen Sie nicht scharf und entschlossen genug an diese Sache heran! Doch dabei sollten Sie sich eins merken: Wer auch immer auf unseren Listen steht – und wär's der Papst persönlich, das ist kein Grund für Sie, sich deshalb gleich respektvoll in die Hosen zu machen! Fragwürdige Existenzen gibt es dutzendweise – warum nicht auch einen Supergeneral! Doch sobald der seinen Hintern entblößt hat, muß er sofort auf das gründlichste von uns bearbeitet werden! Kapiert?«

Mäßig erheitert horchte Heydrich, seinem Erich Meller konspirativ zublinzelnd, in den Hörer. Um dann dieses Gespräch schroff zu beenden: »Brechen Sie sich nur keine Verzierungen ab, Meisinger! Sie haben nichts wie brauchbares Beweismaterial anzuliefern. Arbeiten Sie gründlich – Zeit genug haben Sie ja; zumindest so lange, bis unser Objekt von seiner Auslandsreise zurück ist. Bis dahin können sechs bis acht Wochen vergehen. Aber dann, Meisinger, Nägel mit Köpfen!«

Nachdem auch das erledigt war, konnte sich Heydrich endlich ungestört seinem Jugendfreund Erich Meller widmen. Er setzte sich dicht neben ihn und klopfte ihm wiederum auf die Schultern. »Wie schön, daß es dich gibt! Mitten in dieser Welt von total versauten Arschkriechern – wohin man auch blickt!«

»Und mit so was gedenkt der Führer diese Welt zu beglükken?«

»Nur mit so was läßt sich das machen!« Heydrich lachte ungeniert. »Denn je größer die Ärsche, um so herrlicher die Zeiten!«

»Eine Konstellation«, meinte Erich Meller, sich behutsam vortastend, »die dir offensichtlich einiges Vergnügen bereitet.«

»Was denn wohl sonst, Mensch! Denn die Abrichtung dieser bereitwilligen Kriechtiere macht schon eine Menge Spaß. Im Grunde, Erich, habe ich längst erkannt: Wenn ich nur will, fressen die mir alle aus der Hand! Einfach alles, was ich denen vorsetze! Sogar ihre Exkremente kann ich ihnen appetitlich machen!«

»Was mich im Augenblick allein interessiert«, sagte Meller, geschickt ausweichend, »und weshalb ich gekommen bin, das ist dein Champagner, Reinhard. Den kann ich mir nicht leisten.«

»Ich könnte dir, ohne weiteres, einige Kisten davon zukommen lassen«, versicherte der Chef des Reichssicherheitshauptamtes, überaus jugendfreundschaftlich gestimmt. »Doch dann würde ich dich nur noch seltener bei mir sehen. Und mit wem sonst könnte ich mich so ungeniert unterhalten wie mit dir – etwa über unsere Jugendstreiche!«

Davon redete Heydrich immer wieder mit Vergnügen, jedoch nur Erich Meller gegenüber. Bei diesen Erinnerungen entspannte er sich, mutete er fast heiter an, nahezu ausgelassen. Was er sichtlich genoß.

Denn sie beide waren, gemeinsam mit jenem nunmehr verschollenen Dritten, etliche Jahre lang als Nachbarskinder so gut wie unzertrennlich gewesen. Es war eine Kameradschaft sondergleichen, mit all den unbekümmerten, herrlich blöden Dummheiten, wie dem Abschneiden von Mädchenzöpfen, dem planvollen Erschrecken von Kindern und Katzen, dem Blockieren von Fahrbahnen mit Feldsteinen oder der Entfremdung von Abendmahlsweinen zwecks heimlichem Besäufnis. Auch das Vermischen von Bier und Schnaps gehörte dazu. Etwa bei Veranstaltungen ihrer hochpatriotischen Väter, die dann wie die Reiher kotzten! Und so weiter und so fort.

Als besonderer Anreiz für sie erwies sich die Anwesenheit

russischer Kriegsgefangener in einem Lager ganz in der Nähe ihres Dorfes. Wobei es sich also um Gefangene jenes Weltkrieges, der später die Nummer eins erhielt, handelte. Diese Opfer der Zeit interessierten sie beide ungemein. Alsbald begannen sie ihre Sprache zu erlernen, wobei sie es sogar zu einer gewissen Fertigkeit brachten. Auch heute noch vermochten sie sich auf russisch zu verständigen.

»Was dann aber aus uns geworden ist«, sinnierte Heydrich, »hat wohl keiner von uns ahnen können.«

»Dafür«, bestätigte ihm Erich Meller, »hätte selbst die kühnste Phantasie kaum ausgereicht!«

Feldwebel Maier, der Pferdebetreuer des Generalobersten, forderte den Obergefreiten Schmiedinger auf, also den ›Burschen‹ des von Fritsch, sich mit ihm zu treffen. »Beriechen wir uns doch mal – bei einem Bier.«

Diese Begegnung fand im Restaurant Aschinger statt, beim Bahnhof Zoo. Das war ein beliebter Treffpunkt von Kleinbürgern, Arbeitern, Studenten, Nutten und Soldaten. Beliebt nicht zuletzt der Preise wegen: hier kostete eine ›Boulette‹ nur dreißig Pfennige, eine ›Karbonade‹ Reichsmark eins; und für den halben Betrag war auch ein gefüllter Teller mit dicker Erbsensuppe und Brühwurst zu erhalten. Klein gebackene Brötchen standen körbeweise da – gratis.

Hier speisten und tranken diese beiden – sehr ausgedehnt und zunächst schweigend. Doch dabei musterten sie sich gegenseitig. Sie schienen schnell Gefallen aneinander zu finden.

Nach dem zweiten Glas Bier – Marke Schultheiß-Patzenhofer – meinte der Feldwebel Maier, hörbar erleichtert: »Sie hatte ich mir wesentlich anders vorgestellt, Schmiedinger! Doch Sie wirken völlig normal.«

»Bin ich auch – in jeder erdenklichen Hinsicht. Wie Sie ja

wohl auch, Herr Feldwebel. Was ich gerne zur Kenntnis nehme.«

»Nun ja – zumal feststeht, daß uns eine gewisse gemeinsame Tätigkeit verbindet: die Betreuung unseres Generalobersten! Ich habe mich um sein Reitpferd zu kümmern.«

»Und ich kümmere mich um seine persönlichen Dinge, wie etwa Bettenbau, Stiefelputz, Schrankordnung.« Weiter führte Schmiedinger aus, dieser Generaloberst pflege, vermutlich bereits seit seiner preußischen Kadettenzeit, sein Bett selbst zu bauen. »Auch wäscht der seine Socken, auch Taschentücher und Unterhosen, zunächst einmal selber. Erst danach darf ich dieses Zeug in die Reinigung geben.«

»Ziemlich ungewöhnlich – was?«

»Absolut verständlich – wenn man diesen Mann kennt. Der versucht eben, seinen Dreck alleine zu beseitigen! Wenn Sie das als ungewöhnlich empfinden sollten – warum nicht! Gewöhnlich ist eben nichts bei dem!«

»Aber eben das«, druckste der Feldwebel Maier herum, »könnte das eigentliche Problem sein.«

»Nicht für mich! Auch nicht für ihn. Der ist ein ganz prächtiger Mensch!«

»Das sagen Sie, Schmiedinger! Sind Sie eigentlich verheiratet? Das würde, hoffe ich, einiges klären.«

Der Obergefreite reagierte unwillig. »Da peilen Sie wohl eine mögliche Veranlagung an – was? Vermutlich wollen Sie wissen, ob ich einen breiten Stutenhintern habe? Sollten Sie mich etwa für . . .«

»Um Gottes willen – nein! Das wäre doch völlig abwegig!«

Sie schwiegen eine Weile. Schmiedinger schien sehr verstimmt. Dann sagte Feldwebel Maier, während sie aufbrachen: »Ja, das ist wohl schon alles, was ich von Ihnen wissen wollte.«

»Ich kann mir gut denken, worauf Sie hinauswollten«, brummte Schmiedinger unwillig. »Nämlich auf die gleiche Sauerei, auf die auch schon einige Geheimpolizisten scharf waren. Denn die wollten wissen, ziemlich ungeniert, ob mir der Generaloberst etwa schon mal an den Unterleib gelangt hat.«

»Und? Hat er das?«

»Hat der nicht! Was für eine dämliche Frage!«

»Können Sie das schwören?«

»Kann ich! Doch warum sollte ich? Wer so was Saudummes behauptet, den kann ich doch nur auslachen. Schallend!«

»Haben Sie den Herrn Generaloberst davon unterrichtet?«

»Wie käme ich denn dazu?« Schmiedinger war ehrlich empört. »Könnten Sie denn einem so prima Vorgesetzten offen ins Gesicht sagen, daß es da welche gibt, die ihn für eine Sittensau halten? Ich kann das nicht!«

»Also auch Sie, Schmiedinger, verehren ihn«, stellte der Feldwebel fest. »Wie ja auch ich. Und eben deshalb sollten wir uns wohl beide fragen: Was könnten wir für ihn tun?«

Am Abend dieses Tages gedachte der Regierungsrat Dr. Erich Meller ›Bei Emil‹ in der Uhlandstraße zu speisen. ›Bei Emil‹ war ein sehr berlinisches Restaurant. Es besaß einige, in diesem Fall besonders günstige Eigenschaften: es war gemütlich, betont bürgerlich; ohne den geringsten Luxus. Doch eben das bewahrte ›Emil‹ vor unerwünschten Besuchern ›höheren Ranges‹ aus Partei, Wehrmacht und Staat.

Der Besitzer dieses Restaurants, Emil Labenske, legte Wert darauf, seine Gäste möglichst genau zu kennen – zu seiner eigenen Sicherheit. Denn einst war er rot gewesen, also ein Sozi; nun jedoch behauptete er von sich, nichts wie ›braun‹

zu sein, ein Nazi mithin. Das pflegte er neuerdings stets so lauttönend zu versichern, daß der Eindruck entstand, er glaube selbst daran. Und auf diesen Eindruck kam es ihm an. Seine Freunde wußten das.

Er begrüßte Erich Meller vertraut und herzlich – den kannte er seit Jahren. Und das nicht nur als Wirt, sondern auch quasi als Sanitäter. Denn diesem Meller hatte er, vor ungefähr sieben Jahren, als einem Schwerverwundeten Erste Hilfe geleistet – nach einer Saalschlacht zwischen dem ›Reichsbanner Schwarz-Rot-Gold‹ und einer Sturmabteilung der NSDAP.

»Was Besonderes diesmal?« fragte Labenske ahnungsvoll.

»Kannst du diese Nummer für mich anrufen?« Meller drückte ihm einen Zettel in die Hand.

Diese Nummer kannte Emil auswendig. »Willst du ihn sprechen? Unbedingt?«

»Möglichst sofort.«

»Wird veranlaßt.«

Worauf sich Emil Labenske zum Telefon begab, um die gewünschte Verbindung herzustellen. Prompt meldete sich das Polizeipräsidium. Der Restaurantbesitzer fragte betont höflich: »Könnte ich, bitte, den Herrn Vizepräsidenten sprechen – also den Herrn Grafen von der Schulenburg?«

Unmittelbar darauf erfolgte der übliche Absicherungsritus; auf beiden Seiten. Emil wußte: hier waren gewisse Dienstvorschriften einzuhalten. Dementsprechend wollte der Beamte im Präsidium weisungsgemäß wissen: »Wer spricht dort, bitte?«

»Der Inhaber des Restaurants ›Bei Emil‹, Uhlandstraße. Labenske ist mein Name.«

»Und in welcher Angelegenheit wünschen Sie den Herrn Vizepräsidenten zu sprechen?«

»Es handelt sich um eine Bestellung seinerseits – ein Abendessen betreffend.«

Worauf das gewünschte Gespräch zustande kam. Und das wurde, erfahrungsgemäß, mitgehört und vermutlich auch aufgezeichnet. Doch nunmehr meldete sich eine sehr munter klingende Stimme: »Hier Schulenburg. Was gibt es denn, Herr Labenske?«

»Herr Graf«, sagte der, ganz werbender Gastronom, »ich wollte Ihnen nur, Ihrer Anregung entsprechend, mitteilen, daß die von Ihnen gewünschte Spezialität meines Hauses, also Eisbein mit Sauerkraut, heute abend in meinem Restaurant serviert wird.«

»Das gedenke ich mir nicht entgehen zu lassen«, versicherte der Graf betont neutral. »Reservieren Sie mir bitte eine besonders stattliche Portion. Ich komme, sobald ich kann.«

Schon nach einer knappen halben Stunde erschien er ›Bei Emil‹. Er wurde aufs herzlichste begrüßt und unverzüglich an den hintersten Ecktisch geführt. Und hier saß bereits, wie vor sich hin sinnend, Erich Meller. Sie reichten sich nicht die Hände, sie nickten sich nur flüchtig zu; zwei Gäste, die lediglich ein Zufall an einen Tisch zusammengeführt hatte. Sie schwiegen sich an, zunächst.

Ebenso wortlos servierte Labenske sein Spezialgericht: Eisbein auf Sauerkraut, mit Erbsenpüree. Das war die wohl beeindruckendste Spezialität dieser Stadt; wie überquellend hoch auf einen großflächigen Teller getürmt. Ein Gericht, das noch so strapazierfähige Mägen bis an die Grenze ihrer Leistungsfähigkeit bringt.

Und allein darauf schienen sich nun die beiden Herren zu konzentrieren, ohne in der nächsten halben Stunde auch nur ein Wort miteinander zu wechseln. Nur gelegentlich blinzelten sie sich zu. Bis dann abermals Emil auftauchte und versicherte: »Keine Störung irgendwelcher Art erkennbar!« Nach diesem Signal zog er sich wieder zurück.

Nun kam, scheinbar sehr mühsam, eine Unterhaltung in Gang, wobei Außenstehende durchaus den Eindruck gewinnen konnten, man plaudere hier nur so dahin! Vermutlich über des Eisbeins sahnige Zartheit und den wundersam intensiven Duft dieser Fleischmassen, die wohl den Magen zu betäuben, doch nicht das Gehirn zu ermüden vermochten.

In Wirklichkeit jedoch fand hier ein Informationsgespräch statt, und das in der gebotenen Kürze und Deutlichkeit.

Schulenburg: »Warum dieses Tarnungstheater, Freund Meller! Und so was nun sogar schon zwischen uns? Halten Sie das für unbedingt notwendig?«

Meller: »Ich bin, seit längerer Zeit, wieder einmal bei meinem Jugendfreund gewesen.«

Schulenburg: »Glaube zu verstehen, was Sie damit andeuten wollen. Sie, als sein bevorzugter Besucher, müssen wohl damit rechnen, daß Sie nun automatisch überwacht werden! Gleichfalls Ihre Kontaktpersonen. Das jedoch sollten wir in Kauf nehmen; es dürfte sich lohnen. Das meinte Oster auch. Diesen Ihren Freund sollten sie also in Zukunft öfters aufsuchen. Irgend etwas Brauchbares springt dabei sicherlich raus. Vermögen Sie schon zu erkennen – was diesmal?«

»Was oder wen stellen Sie sich unter einem Supergeneral vor? Einem, der – soviel weiß ich noch – eine längere Auslandsreise anzutreten gedenkt. Sollten Sie eine Ahnung haben, um wen es sich dabei handeln könnte?«

Der Graf von der Schulenburg lächelte nachsichtig. »Sie wissen selbstverständlich ganz genau, wer das ist. Doch vermutlich wollen Sie, falls es einmal hart auf hart kommen sollte, mit gutem Gewissen behaupten können, Sie hätten mir diesen Namen niemals genannt.«

»Stimmt genau, mein Lieber!« bestätigte Meller. »Ich beabsichtige weder Sie noch mich leichtfertig einer belastenden Situation auszusetzen. Ich habe inzwischen gelernt, daß man niemals vorsichtig genug sein kann – Sie dürfen mir also mißtrauen – es würde mich nicht kränken.«

»Aber mich würde es kränken – wenn Sie annähmen, daß ich Ihnen nicht vertraue.«

Das klang ebenso einfach wie ehrlich. Denn der Graf von der Schulenburg wußte ziemlich genau, welche Beweggründe diesen Erich Meller veranlaßten, sich so bedenkenlos eindeutig gegen die Nazis zu engagieren. Wer diese Gründe kannte, mußte sein Engagement für selbstverständlich halten.

Anläßlich der Machtübernahme durch die Nationalsozialisten am 30. Januar 1933 war die Familie Meller, damals bereits in Berlin ansässig, überfallen worden. Zügellose Parteihorden erschlugen Mellers Vater, den inzwischen verwitweten Rechtsgelehrten, dazu die Frau seines Sohnes und die vierjährige Tochter, die im selben Hause wohnten. Erich überlebte nur, weil er sich auf einer Dienstreise befand.

Als Heydrich nur wenig später von diesen Vorgängen unterrichtet wurde, zeigte er sich äußerst empört. Allerdings nicht über die Geschehnisse an sich – denn die durften als ›nicht ungewöhnlich‹ gelten. Worüber jedoch dieser Mensch ehrlich entsetzt gewesen zu sein scheint, das war die ›verdammte Unfähigkeit dieser Haufen‹, also der hitlerhörigen Schlägertrupps, wirklich gute, also ›saubere‹ Arbeit leisten zu können. Derartige ›Fehlgriffe‹ waren leider nicht selten.

»Das ist in meinen Augen eine Schweinerei sondergleichen!« hatte dann Heydrich gesagt. »Diesen unfähigen Kerlen werde ich kräftig die Leviten lesen!«

Wozu es jedoch niemals kam. Denn jene militanten Gesinnungshelden waren nicht aufzufinden – angeblich. So glaubte Heydrich den ›Fall‹ mit der Bemerkung abschließen zu können:

»Tut mir verdammt leid, Erich, daß so was ausgerechnet dir passieren mußte, mein Freund! Aber wo gehobelt wird, da fallen nun mal auch Späne! Du solltest, das rate ich dir, das Ganze als einen bedauerlichen Betriebsunfall ansehen. Wofür wir dich, selbstverständlich, finanziell entschädigen werden, denkbar großzügig.«

Dazu kam es nie! Und Erich Meller hatte auch keinerlei Anstalten gemacht, irgendeine ›Vergeltung‹ dafür zu erreichen oder sie gar zu erzwingen. Fortan schwieg er über diese ›Vorgänge‹. Doch vergessen konnte er sie nicht.

Schulenburg verstand das. Doch bemühte er sich, unsentimental und sachbezogen zu bleiben. »Ich bestätige Ihnen also, Herr Meller, verbindlich, daß niemals zwischen uns ein Gespräch stattgefunden hat, bei dem der Name des Generalobersten von Fritsch genannt wurde. Vereinbaren wir aus Absicherungsgründen folgendes: Wir haben uns hier, bei Emil Labenske, ganz zufällig getroffen. Und dabei haben wir uns, ausschließlich, über die wirksamste Zubereitung von Schweinefleisch unterhalten, also über typische Berliner Kochrezepte. Und die haben wir mit ostpreußischen verglichen. Geht das klar?«

»Völlig klar. Und ich bedauere, sie unnötig hierherbemüht zu haben. Ich konnte nicht wissen, daß Sie bereits ziemlich eingehend informiert sind.«

»Informiert war ich schon, Freund Meller – aber eben nicht in diesem Ausmaß. Bisher hatten wir lediglich angenommen, daß da irgendwelche Gestapohengste fleißig herumsauen. Doch wenn da jetzt der Leithengst persönlich hineintrampelt – dann ist das alarmierend!«

142

»Was werden Sie tun?«

»Wohl ziemlich genau das, was Sie erwarten. Und nun, bitte, entschuldigen Sie mich!«

»Ich entschuldige Sie gerne, Graf. Und sagen Sie ihm, den Sie wohl nunmehr aufzusuchen gedenken: Ich hätte ihm das gerne persönlich mitgeteilt! Aber er hat recht – zu viele direkte Kontakte mit ihm scheinen jetzt tatsächlich nicht mehr ungefährlich zu sein.«

Noch in der selben Nacht suchte Fritz Dietlof Graf von der Schulenburg, Vizepolizeipräsident von Berlin, den mit ihm befreundeten Oberst Hans Oster in dessen Privatwohnung auf. Dort klopfte er heftig gegen die Tür.

Licht wurde eingeschaltet, schlürfende Schritte waren vernehmbar. Dann meldete sich hörbar unwillig eine müde Stimme: »Wer ist denn dort?«

»Polizei!« rief der Graf munter.

Unverzüglich wurde ihm geöffnet. Oster hatte Schulenburgs Stimme erkannt, er stand nun im weißblau gestreiften Schlafanzug vor ihm und sagte mürrisch: »Deine Scherze können einem manchmal wirklich auf die Nerven gehen! Komm trotzdem rein! Was willst du denn mit diesem Schrekken zu fortgeschrittener Nachtstunde bezwecken?«

Der Oberst schlürfte seinem Besucher voran und ließ sich wieder auf sein Bett fallen. Womit er wohl andeuten wollte, daß er seinen Schlaf benötige und keineswegs ein pausenlos ansprechbarer Partner für Mitverschwörer sei. »Mußte das unbedingt sein? Mitten in der Nacht!«

»Ich gedenke deine Zeit nur kurz in Anspruch zu nehmen – wobei ich allerdings nicht garantieren kann, daß du danach noch behaglich schlafen wirst.« Schulenburg setzte sich zu Oster auf das Bett.

Der Oberst schloß, wie aus übergroßer Müdigkeit, seine Augen. Dennoch mutete er hellwach an. »Neuigkeiten?«

»Mehr als nur das, Hans – endlich nahezu Gewißheit. Denn jene Angelegenheit, die dir zunächst noch so fragwürdig vorkam, scheint nun ziemlich eindeutig geklärt zu sein. Zielpunkt ist tatsächlich der Generaloberst von Fritsch.«

»Nun ja« – Oster wirkte nicht sehr überrascht. »Darauf haben wir uns ja bereits vorbereitet. Wichtig ist allein: Weiß man jetzt endlich, *wer* sich für Fritsch interessiert? Solltest du das herausbekommen haben?«

»Habe ich! Genauer gesagt: Das ist unserem Freund Meller gelungen – schöne Grüße von ihm! Der beginnt sich langsam zu fürchten; der hat einen zu großen Gönner.«

Nun richtete sich der Oberst Oster ruckartig auf: »Heydrich?«

»Ja! Und Heydrich persönlich ist jetzt in die Arena gestiegen.«

»Sollte ich mich da etwa verhört haben?« Oster massierte sein schweißiges Gesicht – von der Stirn über die Augen bis zu den Mundwinkeln. »Weißt du, was das bedeuten könnte?«

»Wäre ich sonst hier – mitten in der Nacht?«

»Heydrich also! Ausgerechnet der. Und mit ihm diese SS, die Führungsspitze gegen den Oberbefehlshaber des Heeres. Und damit zugleich, wenn auch mehr indirekt, gegen uns, die Abwehr! Wollt ihr uns das wirklich einreden, du und Meller?«

»Einreden? Hier handelt es sich um Tatsachen! Und mit denen muß irgend jemand fertig werden. Wer denn wohl sonst – wenn nicht euer Verein?«

»Einen Heydrich – und seinen SS-Haufen – als unmittelbaren Gegner?« Oster erschauerte sichtlich bei diesem Gedanken. »Ich bin ja, immerhin, auf einiges gefaßt gewesen. Aber gleich in dieser Größenordnung . . . Das Reichssicherheitshauptamt verfügt schließlich über hundertmal mehr Personal als wir, auch über ungleich größere finanzielle Mittel. Und zu allem Überfluß besitzt diese Horde auch noch das erklärte Wohlwollen des Führers! Und dagegen, Mensch, wollt ihr uns mobilisieren?«

»Nicht unbedingt. Nicht wenn ihr keinerlei Bedenken habt, euren Generaloberst in die Pfanne hauen zu lassen – ein Spiegelei mehr für die endlose Gefräßigkeit der Nazis. Wenn ihr den also getrost verbraten lassen wollt, auf dem Altar dieses Vaterlandes . . .«

»Mein Gott, Schulenburg, wo sind wir da hineingeraten!«

»Menschenskind, Oster – wenn ihr das noch immer nicht erkannt habt, du und deinesgleichen, dann könnt ihr euch schon jetzt einsargen lassen. Auf Staatskosten.«

Hermann Göring, derzeit nicht nur Inhaber von einigen Dutzend Staats- und Ehrenämtern, Generaloberst und Oberbefehlshaber der Luftwaffe und bald auch Feldmarschall, worauf er zielstrebig hinarbeitete, hatte einen sehr persönlichen Begriff von der Strategie der Machtausübung. Zumindest in seinem internen Befehlsbereich kam er sich einzigartig vor. Nicht ganz unberechtigt.

»Da hat sich«, sagte er zu einem seiner Adjutanten in Karinhall, »ein Kerl namens Heersdorf bei mir zu melden.«

»Jawohl, Herr Generaloberst – um neun Uhr vormittags.«

»Bei dem handelt es sich um ein höchst fragwürdiges Subjekt – dementsprechend ist der zu behandeln. Also unter Bewachung isolieren, ohne das geringste Zugeständnis. Das heißt: keiner quatscht mit dem, der bleibt stets unter scharfer Aufsicht, der darf nicht einmal alleine pinkeln gehen! Von mir aus kann sich dieser Kerl sogar vor Angst in die Hosen machen!«

Das waren so einige von Görings männlichen Scherzen. Seine Umgebung pflegte sie mit zustimmend-amüsiertem Gelächter zu begleiten; oft gelang ihr auch nur ein gequältes Grinsen.

Im übrigen folgte der ›Paladin des Führers‹ nur seiner bewährten Spezialmethode, die er für ebenso sachgerecht wie wirksam halten durfte: Man lasse die Betroffenen im eigenen Saft schmoren, ganz gleich, ob es sich dabei um Minister, Generäle oder Gauleiter handelt – oder eben, wie diesmal, um einen Heersdorf, Herbert.

Der war etwas über dreißig Jahre, ein recht sportlich wirkender, verdächtig gut aussehender Mann von durchaus stattlichen Körpermaßen. Einer, der wohl kaum Schwierigkeiten gehabt hätte, in die SS aufgenommen zu werden. Auch Skilehrer oder Filmstar hätte er sein können; er bewegte sich, als stehe er vor der Kamera.

Derzeit jedoch durfte sich dieser Herbert Heersdorf als durchaus erfolgreicher Exportkaufmann betrachten; der deutsch-italienische Zitronenhandel, in den er eingestiegen war, begann zu blühen. Doch darüber hinaus gab er vor, sich auch als den legitimen Verlobten einer neuerdings umschwärmten Dame betrachten zu dürfen, einer gewissen Eva Gruhn. Und auch diese Investition schien sich für ihn als durchaus gewinnversprechend zu erweisen. Denn wohl allein aus diesem Grunde, so glaubte er erkannt zu haben, war er zu Göring bestellt worden.

Er überstand die etwa dreistündige Wartezeit in Karinhall ziemlich ungetrübt. »Denn gut Ding«, sagte er sich getrost, »will eben Weile haben!« Doch was er dann erleben mußte, drohte selbst ihn, einen Geschäftsmann, der sich mit allen Abwassern gewaschen wähnte, aus der Fassung zu bringen.

»Da bist du ja – du schäbiger Saukerl!« rief der Hausherr dem Herbert Heersdorf entgegen, kaum daß der sein Arbeitszimmer, seinen Audienzsaal, betreten hatte. »Bleibe gefälligst dort bei der Tür stehen, du Wildschwein! Und versuche nicht, mich anzuatmen. Dann lasse ich dir die Luft abdrehen – ein für allemal!«

Herbert Heersdorf hatte das fatale Gefühl, ganz plötzlich gegen eine mächtige dicke Gummiwand geprallt zu sein. Wie betäubt stand er da, vermochte sich nur noch mit erheblicher Mühe zu behaupten. »Ich weiß wirklich nicht, warum . . .«

»Versuche nicht, mich anzulügen – du schäbiges Stinktier!« brüllte Göring. »So was macht man mit mir nicht – und wenn, dann nur einmal! Worauf bist du denn so wild, Menschenskind? Auf eine intensive Vernehmung bei der Gestapo? Auf gewisse Befragungsspiele mit körperlichem Nachdruck? Auf eine Bauchlandung im KZ? Das alles kann ich dir bieten! Falls du das unbedingt willst. Willst du?«

Herbert Heersdorf erkannte schnell, nun keine andere Wahl mehr zu haben, als sich mächtig beeindruckt zu fühlen. Zugleich erspürte er mit dem Talent eines erfahrenen Zitronenhändlers, daß hinter dieser bedrohlichen Polterei irgendein Angebot zum Vorschein kommen könnte. Aber welches? Doch welches auch immer – er würde es wohl, angesichts dieses übermächtigen Menschen, annehmen müssen. Wenn nicht, würde der vermutlich keine Sekunde lang zögern, ihn zu erledigen, zu beseitigen, einzusargen!

»Herr Generaloberst«, versicherte er, beharrlich bemüht, möglichst bald festen Boden unter den Füßen zu bekommen, »ich bin mir keiner Schuld bewußt – wirklich nicht! Falls Sie jedoch meinen . . . dann brauchen Sie mir nur zu sagen, was Sie von mir erwarten. Das werde ich dann tun.«

»Na also, Heersdorf, du Arschgeige! Das hört sich doch schon wesentlich brauchbarer an, geradezu menschlich.«

»Jawohl, Herr Generaloberst – das in jeder Hinsicht! Aber in welcher nun eigentlich?«

»Das, du Wurzelsau, läßt sich mit einem Satz sagen: Du hast es gewagt, dich in die zukünftige Ehe eines deutschen Generalfeldmarschalls hineinzudrängen! Und das gefällt mir, seinem erklärten Freund und Kameraden, gar nicht! Kapiert? Das gedenke ich also nicht zu dulden!«

»Pardon, Herr Generaloberst«, sagte Heersdorf und tat überrascht. »Sollte es sich dabei tatsächlich um eine angestrebte Ehe handeln – etwa zwischen Herrn von Blomberg und dieser Eva Gruhn?«

»Genau darum!« Göring bestätigte das lässig, doch mit hellwachem Instinkt. Denn er witterte, daß er nun an einem wichtigen Punkt angelangt war, jedoch er überspielte das zunächst. »Jedenfalls bist du bei dieser geplanten Vermählung im Weg!«

»Glaube zu verstehen, Herr Generaloberst, was von mir verlangt wird. Habe mich wohl zurückzuziehen?«

»Und zwar so weit wie irgend möglich, Mann! Wobei ich bereit bin, dir goldene Brücken zu bauen – aus purer Freundschaft zu Herrn von Blomberg, versteht sich. Dabei habe ich an Argentinien gedacht. Auch dorthin habe ich die allerbesten Verbindungen, durch mir unterstellte Dienste. Du brauchst dann nur von Obst- auf Fleischimport umzusteigen. Nun – Heersdorf?«

»Das könnte sich lohnen! Darf ich fragen – in welcher eventuellen Größenordnung?«

»Nun etwa – verdoppelte Einnahmen, bei halbierter Arbeitszeit. Was verbindlich zugesichert wird! Sagen wir: für die nächsten zwei, drei Jahre; auch noch für weitere, falls dann alles klappt. Interessiert dich dieses Angebot?«

»Aber ja – durchaus! Dafür lasse ich mich auf jede Bedingung ein.«

»Na also – du bist eben kein dummer Hund! Das gefällt mir. Du wirst also prima spuren – was? Das heißt: du veranstaltest bei besagter Dame keinerlei Zicken mehr! Also auch kein Abschiedstechtelmechtel, keine Rührkiste, kein letztes Händchenhalten. Du wirst gefälligst jeden Gemütsseich unterlassen – etwa von wegen: Werde ich dich nie vergessen, dir schreiben, immer an dich denken! . . . Solchen Quatsch wirst du dir schenken! Also nichts wie aus, vorbei, Schluß! Klar, Kerl?«

»Von mir aus – absolutamente finito!« Freudig brachte dieser Herbert Heersdorf einige seiner wenigen italienischen Importvokabeln an. »Totalissimo!«

Göring reagierte auf soviel Entgegenkommen instinktsicher. »Deine Bereitwilligkeit, Heersdorf, diese Dame abzuschreiben, will mir nicht unverdächtig vorkommen.« Er verhielt sich nun wie der Reichsjägermeister auf dem Hochsitz, in der Überzeugung, einen kapitalen Hirsch vor der Flinte zu haben. »Was veranlaßt dich zu einem derartigen schnellen Rückzieher?«

»Ihr großzügiges Angebot selbstverständlich, Herr Generaloberst!«

»Versuche nicht, so penetrant um den Brei herumzuquatschen, Heersdorf! Hierbei handelt es sich nicht darum, was du eventuell wert bist – sondern, möglicherweise, um den Wert dieser Dame! Verstanden?«

»Jawohl.«

»Nun werde mal ganz deutlich, Mann!« Göring erkannte erfreut, daß er hier, als passionierter Jäger, mit Sicherheit auf der richtigen Fährte war. »Mit dieser Dame ist also irgend etwas nicht in Ordnung? Und nun keinerlei Ausflüchte mehr, Kerl – wenn du dir mein erklärtes Wohlwollen für deine Zukunft nicht verscherzen willst! Also – was ist nun mit meiner Vermutung? Stimmt sie – oder habe ich recht?«

»So ungefähr – sehr gelinde ausgedrückt.« Herbert Heersdorf vermochte sehr wohl die Drohung in den lauernden

149

Augen Görings zu erkennen. So beeilte er sich hinzuzufügen: »Dabei handelt es sich um die Vergangenheit dieser Eva Gruhn. Denn die darf, mit der nun wohl gebotenen Offenheit gesagt, als nicht ganz unbedenklich gelten.«

Göring schnaufte auf. Denn schließlich hatte der von Blomberg ihm gegenüber eine ähnliche Bemerkung gemacht, die er sich prompt gemerkt hatte. Also wollte er, jetzt massiv provozierend, noch mehr wissen:

»Ach, Mensch – was ist denn schon so eine angebliche Vergangenheit! Die haben wir alle, mehr oder weniger. Also auch diese Dame, zumal sie an eine Type wie dich geraten ist. Und an wen, von mir aus, sonst noch! Oder – sollte selbst das noch nicht alles sein? Glotz mich nicht so dämlich an, Mensch; damit ist bei mir nichts zu erreichen! Spuck nun mal endlich aus, was du weißt – oder zu wissen glaubst! Ich höre!«

»Nun – gelegentlich scheint sich sogar die Polizei für diese Eva Gruhn interessiert zu haben. Die – Sittenpolizei.«

»Das«, entschied nun der instinktsichere Göring prompt, »habe ich nicht gehört! Schon gar nicht von dir! Kapiert? Du bist lediglich bei mir angetanzt, um eine Auslandsposition zu erbitten. Wobei ich mich nicht abgeneigt zeigte. Das jedoch ist schon alles, worüber wir gesprochen haben. Klar?«

»Verstehe – vollkommen!« bestätigte Heersdorf unverzüglich. »Kein anderes Wort wird jemals über meine Lippen kommen – falls Sie das nicht wünschen!«

»Dazu«, entschied Göring, »wirst du auch kaum mehr Gelegenheit erhalten. Du verschwindest von hier, und zwar unverzüglich – deinem eigenen Wunsch entsprechend direkt nach Südamerika. Und das, ohne noch irgendeinen Kontakt aufzunehmen. Einer meiner Männer wird das überwachen. Und der wird dir dann auch, bei deiner Abreise, eine später zu verrechnende Summe von zehntausend Dollar, als Startkapital, übergeben. Was einzuwenden?«

»Nein. Ich bin bereits so gut wie unterwegs. Heil Hitler, Herr Generaloberst!«

Am 9. November 1937 betrat der Generaloberst Werner Freiherr von Fritsch, Oberbefehlshaber des Heeres, die Reichskanzlei. Er trug volle Uniform, mit allen Orden und Ehrenzeichen, die Mütze hatte er unter den linken Arm geklemmt. So schritt er ein wenig steif, wie zur Parade, dem Führer entgegen: Abschiedsaudienz anläßlich der ihm vom Arzt verordneten zweimonatigen Erholungsreise.

Adolf Hitler ließ ihn mit allen erdenklichen Ehren empfangen. Bereits am Eingang hatte sich Oberst Hoßbach, der Wehrmachtsadjutant, plaziert. Die beiden Posten der Leibstandarte SS präsentierten ihre Gewehre – militärisch einwandfrei. Diener öffneten die Flügel aller zu durchschreitenden Türen einladend weit.

Der Führer stand in seinem nahezu fußballplatzgroßen offiziellen Arbeitszimmer hinter dem Schreibtisch. Dort jedoch blieb er nicht stehen. Er bewegte sich vielmehr fast tänzelnd auf den Generaloberst zu, um ihm dann, noch in einiger Entfernung, die Rechte entgegenzustrecken. Fritsch ergriff sie, kraftvoll.

Adolf Hitler, auf glasklar funkelndem Parkett, war von mehreren Adjutanten umringt; der Reichskriegsminister von Blomberg befand sich dicht neben ihm. Worauf der Führer nunmehr, kühl berechnend, zu einer ihm notwendig erscheinenden Sympathiekundgebung ansetzte! »Sie wollen uns also, verehrter Herr von Fritsch, für etwa zwei Monate verlassen.«

»Ich will nicht – doch ich muß es nun wohl, Herr Reichskanzler.«

»Jawohl – Sie müssen, Herr Generaloberst! Und das sage

ich nicht ohne Besorgnis, Ihres Gesundheitszustandes wegen. Über den habe ich mir eingehend berichten lassen. Zu meiner großen Freude habe ich jedoch vernommen, daß Ihre Krankheit keinesfalls hoffnungslos anmutet. Im Gegenteil, man sagte mir, Ihre Erholungsreise könnte zu fast völliger Gesundung führen – wozu ich Sie und mich nur beglückwünschen würde.«

»Immerhin, Herr Reichskanzler, muß ich eine erhebliche Zeit lang pausieren. Wobei ich mir selbstverständlich Gedanken darüber mache: Was wird inzwischen aus meinem Heer?«

»Aber ich bitte Sie! Dort läuft doch alles vorbildlich, voll Ihren Planungen entsprechend!« Hitlers tönende Freundlichkeit schien noch erheblich zuzunehmen. Er ließ nicht im geringsten erkennen, wie sehr ihn zwei soeben vorgebrachte Formulierungen dieses Generalobersten verstimmt hatten. Denn einmal pflegte ihn dieser Mensch beharrlich mit ›Herr Reichskanzler‹ anzureden, manchmal sogar mit ›Herr Hitler‹. Noch niemals hatte er aus seinem Munde ›mein Führer‹ gehört. Und dann hatte er es sich sogar geleistet, von ›seinem‹ Heer zu sprechen – wie von seinem Eigentum! Doch er ließ sich seinen Ärger nicht anmerken: »Wir werden schon dafür sorgen, daß Sie sich völlig ungestört erholen können.«

Das bestätigte nun auch der Generalfeldmarschall von Blomberg – nach einem kurzen ermunternden Seitenblick von Hitler. »Ihr Generalstabschef, Herr Beck, der gewiß Ihr vollstes Vertrauen besitzt, wird Sie vertreten. Aber auch ich werde mich inzwischen intensiv um unser Heer kümmern, natürlich ganz in Ihrem Sinne. Das wird Sie doch wohl beruhigen, nicht wahr?«

»Danke verbindlichst!« sagte der von Fritsch, reichlich knurrig. »Es dürfte jedoch genügen, wenn General Beck meine Arbeit weiterführt, der ja in ständiger Verbindung mit mir stehen wird. Falls jedoch irgendwelche Komplikationen eintreten sollten, würde ich, selbstverständlich, meinen Urlaub unverzüglich abbrechen.«

»Das wird bestimmt nicht notwendig sein«, versicherte von Blomberg eilfertig.

»Zumal Sie absolut sicher sein dürfen, Herr von Fritsch«, erklärte nun Hitler abschließend und nahezu feierlich, »daß während Ihrer Abwesenheit nichts geschehen wird, was Ihre Konzeption, das Heer betreffend – eine von mir voll anerkannte Konzeption –, irgendwie in Frage stellen könnte. Genau das ist es, Herr Generaloberst, was ich Ihnen zum Abschied sagen wollte. Ich hoffe, das beruhigt Sie.«

»Sehr!« bestätigte der geradlinige, gutgläubige von Fritsch. Genau das, was er zu vernehmen gehofft hatte, vernahm er nun. Das stimmte ihn zuversichtlich, sogar dankbar. »Dann kann ich beruhigt reisen.«

Wiederum reichte der Führer ihm die Hand. Und Hand in Hand standen sie einander gegenüber und sahen sich in die Augen. Und Hitler versicherte: »Wir sind im Grunde unseres Wesens soldatische Menschen; Sie als erfahrener Frontkommandeur, ich als bewährter Frontsoldat. Und das besagt doch wohl alles!«

Bis zu jenen Tagen der endgültigen und totalen Konfrontation, also bis zum 27. und 29. Januar 1938, waren es nur noch zwei Monate. Wozu Heydrich später bemerkte: »Diese Zeitspanne hatten wir nötig – doch sie verging blitzschnell. Aber wir nutzten sie – und dann flogen die Fetzen!«

Hierzu Erich Meller
»Der einzige, dem bei alldem, was sich nun ereignete, wirklich schlecht wurde, war zu meiner Überraschung mein Huber, der Kriminalist. Gewiß war dieser Huber ein Mann,

der sich in allen menschlichen Abgründen auszukennen glaubte: Sich auch den blutigsten Gewalttaten, den nacktesten Grausamkeiten entschlossen zu stellen, um ihre Urheber anzugreifen und unschädlich zu machen – das hatte er für den Sinn seines Daseins gehalten.

Doch nun mußte er erleben, daß er in eine Epoche voller Aberwitzigkeit hineingeraten war: dieses Reich glich einem Ringverein, das deutsche Volk war eine Hammelherde, das sogenannte Vaterland nichts wie ein bereitwillig ergebenes Ausbeutungsobjekt von Kriminellen! Die Stätte des Rechts, dessen Wahrung er als seine Lebensaufgabe angesehen hatte, war ein Hurenhaus! Die Gerechtigkeit, nach der er stets strebte, war nichts wie ein Schlachthof!

›In was sind wir da hineingeraten?‹ fragte er mich bestürzt in einem seiner wohl sehr seltenen schwachen Augenblicke.

›An dem, was nun, wie eine gigantische Lawine, auf uns zukommt, könnte man ersticken! So etwas habe ich niemals für möglich gehalten. Was ist das?‹

›Nennen wir es – das deutsche Schicksal‹, empfahl ich ihm. ›Und nehmen wir an, es wäre ein unverdientes, ungewolltes deutsches Schicksal – falls Sie das zu beruhigen vermag. Zumindest könnte man mit dieser wohl nicht ganz unbrauchbaren Ausrede später den Versuch unternehmen, einiges von dem zu entschuldigen, was sich in diesem Lande zugetragen hat. Falls wir dann noch leben.‹«

5
Heiterkeit und Naivität

Der letzte Monat jenes Jahres 1937 war in Berlin – laut Wetterberichten – von kühler Klarheit.

Die Temperatur: um den Gefrierpunkt herum. Kaum Schnee, wenig Regen, in den Morgenstunden leicht vereiste Straßen. Hinzu kam, wie fast zu jeder Jahreszeit in Berlin, aus den Ebenen Brandenburgs ein frischer, beständiger Luftzug, wie sanft gebadet in den zahlreichen Seen der Umgebung. Hier, hieß es, könne man noch frei atmen – falls man bereit war, allein Witterungsverhältnisse als Daseinsgrundlage zu betrachten.

Berlin war die betriebsame Hauptstadt Großdeutschlands – ein gut frisiertes Spiegelbild wohlgeordneter Reichsherrlichkeit: Arbeiter arbeiteten kräftig, Handwerker werkten fleißig, Handel und Gewerbe blühten. ›Sauberkeit‹, wohin man auch blickte – keine Bettler auf den Straßen, kaum noch Dirnen, immer weniger Juden . . .

Strahlendes Erscheinungsbild: die Wehrmacht – das straffe Heer, die flotte Luftwaffe, die gediegene Marine. Prächtige Soldaten, stolz und selbstbewußt, waffenbeherrschend – bereit zur Verteidigung des Vater- wie des Abendlandes. Große Dinge schienen ihre Schatten vorauszuwerfen. Wobei immer deutlicher sichtbar wurde, daß dieser todbringende Glanz seinen horrenden Preis gehabt haben mußte – vermutlich bereits etliche Dutzende von Milliarden Mark.

Es war imponierend in jeder Hinsicht.

In jener Zeit geschah auch folgendes:

In der Sowjetunion wurde ein Marschall Tuchatschewski hingerichtet, mit ihm andere hohe Offiziere. In Amerika veröffentlichte John Steinbeck seinen Roman ›Von Mäusen und Menschen‹; dort erschien auch der Film ›Die gute Erde‹, mit der ehemals deutschen Schauspielerin Luise Reiner, einer Jüdin. Joe Louis wurde Boxweltmeister im Schwergewicht; ›ein animalischer Neger‹, hieß es im rassebewußten Mitteleuropa.

In Deutschland ließ sich Gründgens zum Generalintendanten der Preußischen Staatstheater in Berlin ernennen. In Lakehurst wurde das Luftschiff LZ 129 durch Feuer zerstört. Hitler schien als Machtpolitiker pausieren zu wollen; er ließ sich nun gern als Baumeister, Kunstförderer und Jugenderzieher preisen.

Seine Anhänger jedoch, besonders jene in dieser Reichshauptstadt, erst einmal in nationalen, sendungsbewußten Schwung gekommen, ließen sich nun nicht mehr daran hindern, pausenlos in Aktion zu treten. Gewisse Volksgenossen schienen nunmehr an allen Straßenecken zu lauern, in Hauseingängen, Hinterhöfen, Kneipen und U-Bahnhöfen: Willige Zutreiber der Macht, beflissene Hilfsorgane von Partei und Polizei, auch der Geheimen Staatspolizei. Keineswegs waren es nur zahlreiche Haus- und Blockwarte, die sich, unterstützt von strebsamen Parteigenossen, bewähren wollten: Auch mancher brave, durchaus unbeamtete Klein- und Mittelbürger, nunmehr Volksgenosse genannt, wollte sich ›nicht lumpen‹ lassen.

Es war die Zeit der sich für äußerst ehrbar haltenden Ge-

sinnungsschnüffler, der staatsbewußten Anzeiger, der pflicht-
erfüllungsbereiten Melder – nicht etwa ›Denunzianten‹, bei
Gott nicht. Sie taten nichts wie ihre Pflicht! Mit Hilfe von
gleichgeschalteten Presse- und Rundfunkleuten waren sie
›scharf‹gemacht worden. Sie waren überzeugt, aus Überzeugung zu handeln.

Sie alle sorgten also fleißig und wirkungsvoll dafür, daß der
Staatserhaltungsapparat auf vollen Touren lief. Wobei be-
sonders die voll funktionierende Vernichtungszentrale – des
Palais der Prinz-Albrecht-Straße, das Hauptquartier des
Reichssicherheitshauptamtes – rund um die Uhr tätig war.
Und ständig überfüllt.

»Na, dann wollen wir mal wieder!« tönte Kriminalrat Meisinger, der Homosexuellen-Experte im Reichssicherheitshauptamt, ebenso einladend wie fordernd. »Versuchen wir
also weiter, unser Paradepferd aufzuzäumen. Auf wirksamste
Weise! Also nicht vom Kopf, sondern vom Schwanz aus. Bereit?«

Otto-Otto Schmidt fühlte sich geschmeichelt. »Klar – ich
bin Ihr Mann!«

»Zunächst einmal, du Arschloch – bist du dies: ein Experte! Kapiert? Ich erkläre dich zu einem solchen – also bist
du einer!«

Otto-Otto staunte nun ehrlich, wenn auch nicht anhaltend;
seine Kooperationsbereitschaft schien grenzenlos zu sein.
»Was, bitte, bin ich? Ein Experte? In welcher Hinsicht wohl
– Ihrer gewiß verbindlichen Ansicht nach?«

»Wenn wir dich hier als eine Art Kronzeugen durchschlagend wirksam aufbauen wollen, so muß das in jeder Hinsicht
überzeugend wirken. Das könnte uns gelingen, wenn du als
ein sozusagen amtlicher Experte für homosexuelle Vorgänge,

157

Verbindungen und Macharten in dieser Stadt in Erscheinung treten kannst.«

»Trete ich, Chef!«

»Dementsprechend wirst du präpariert. Ich werde dir eine Menge Material zukommen lassen, das du dann auswendig zu lernen hast. Und danach bist du ein Fachmann!«

Meisinger sonnte sich, breitbeinig dasitzend, in seiner Paraderolle als genialer Aufklärer und Verfolger. »Wir werden hier also, nach allen Regeln der Kunst, einen Hinterlader im Großformat entlarven, also überführen – und zwar juristisch voll verwendungsfähig. Durch dich – als einem amtsbekannten, sich der Gerechtigkeit stets voll zur Verfügung stellenden Experten. Verstehst du das, Mensch?«

»Ich beginne immer mehr zu verstehen.«

»Na, bestens!« rief ihm Meisinger schwungvoll zu. »Dann wollen wir mal mit den entscheidenden Lektionen anfangen!«

Der Gestapokriminalist ergriff, mit der Ungeniertheit eines versierten Illusionskünstlers, ein Bündel bereitliegender Photos. Er entfaltete sie fächerartig und hielt sie Schmidt vor die Nase. Sie alle stellten den Generaloberst von Fritsch dar – hinter seinem Schreibtisch sitzend, Waffen inspizierend, eine Parade abnehmend: fast immer puppenhaft steif wirkend, doch niemals ohne Würde.

»Kennst du den – wird man dich fragen.«

»Den kenne ich – werde ich sagen. Dem bin ich begegnet – wenn auch nicht gerade so, also nicht in voller Uniform. Damals trug der Zivil, versteht sich – von wegen dem Privatleben!«

»Nur so weiter, Schmidt! Präge dir diese Visage genau ein«, ermunterte ihn Meisinger. »Wenn du dem gegenübergestellt werden solltest, mußt du unbeirrbar, ohne auch nur im geringsten zu zögern, auf ihn zugehen und auf ihn weisen!

Kann ich mich darauf verlassen – oder solltest du inzwischen kalte Füße bekommen haben?«

»Kann ich mir doch wohl kaum leisten, was?« Otto-Otto grinste Meisinger an – um unter dessen hart-forderndem Blick schnell hinzuzufügen: »Leiste ich mir auch nicht, Chef! Wenn es dick auf dick kommt, bin ich geradezu eisern!«

»Und auch vor einem Gericht, sogar einem Kriegsgericht, würdest du unerschütterlich bei dieser Behauptung bleiben?«

»Bleibe ich!« versicherte Otto-Otto Schmidt. »Habe ich denn eine andere Wahl?«,

»Hast du nicht, Mensch! Dennoch mußt du wohl noch etliche Lektionen lernen. Aber die bringe ich dir schon bei! Bis alles hundertprozentig arrangiert ist.«

In den nächsten Tagen geschah folgendes: Heydrich rief Göring an. Er gab sich sehr zuvorkommend, schlug einen höchst vertraulichen Ton an – sie wußten schließlich beide um ihre ganz besonderen Positionen in dieser Machtgruppierung. Das machte sie vorsichtig, gebot jedoch von vornherein ein gewisses Entgegenkommen.

»Könnte sein«, sagte Heydrich, »daß mir da etwas über den Weg gelaufen ist, das Sie möglicherweise zu interessieren vermag.«

»Dann besuchen Sie mich doch, mein Lieber – so bald wie möglich.«

Die Unterredung fand gleich am nächsten Vormittag statt – in Karinhall. Die beiden begrüßten einander betont herzlich, um unmittelbar danach ein Gespräch unter vier Augen zu führen. Zunächst fanden ›Eiertänze‹ statt; also Versuche, sich gegenseitig zu überspielen, sich abzusichern und zugleich möglichst viel voneinander zu profitieren.

Dabei war für Hermann Göring, wie stets erfolgreich erprobt, der direkte Angriff die beste Verteidigung. Auch diesem Heydrich gegenüber. »Bei allem Wohlwollen, mein Lieber, das ich für Sie empfinde: diese beständigen Versuche, Ihre Finger in mein Forschungsamt hineinzustecken, bereiten mir wenig Freude.«

»Ich respektiere selbstverständlich Ihren Einflußbereich, Herr Generaloberst. Ich bemühe mich lediglich, die denkbar größte Konzentration aller Kräfte zu erstreben – im Dienste des Führers.«

»Genau darum, Heydrich, geht es mir auch!«

Dieses trotz aller Bemühungen noch immer weltweit so gut wie unbekannte ›Forschungsamt‹ war von Göring persönlich aufgebaut worden. Dabei handelte es sich um ein denkbar großzügig finanziertes Instrument zum Sammeln von Nachrichten, um eine Unterlagenbeschaffungs- und Abhörzentrale sondergleichen. Nicht weniger als eintausend Fremdsprachenspezialisten waren dort tätig. Doch eben dieses ›Forschungsamt‹ versuchte Heydrich, wie zwingend zu vermuten war, durch seine Leute zu ›unterwandern‹. Um damit an die dort nicht nur gesammelten, vielmehr geradezu gestapelten Informationen heranzukommen.

»Mein lieber Heydrich«, sagte Göring nun großspurig, mit drohender Gemütlichkeit, »ich vermag mir einfach nicht vorzustellen, daß Sie den Versuch wagen könnten, sich mit mir anzulegen.«

»Genau das Gegenteil ist beabsichtigt – und eben deshalb bin ich hier.«

»Das höre ich gerne! Doch beweisen Sie das mal.«

Dazu war Heydrich unverzüglich bereit. »Was würden Sie dazu sagen, wenn der Oberbefehlshaber des Heeres schnell und wirksam ausgeschaltet werden könnte?«

»Wodurch denn wohl?« wollte Göring begierig wissen.

»Als überführter Homosexueller!«

Der Stellvertreter des Führers schnaufte freudig auf. Doch was er sagte, klang anders: »Das, mein Lieber, will ich nicht gehört haben! Menschenskind – ausgerechnet dieser Fritsch! So was sollten Sie erst dann behaupten, wenn Sie über ein ganz einwandfrei beweiskräftiges Material verfügen.«

»Daran wird gearbeitet – mit Nachdruck! Ich könnte Ihnen schon in den nächsten Tagen – wenn Sie das wünschen . . .«

»Eilt nicht! Lassen Sie sich Zeit! Arbeiten Sie gründlich. Vielleicht komme ich auf Ihr Angebot zurück. Früher oder später – möglicherweise schon sehr bald.«

Heydrich erkannte sofort, was damit angedeutet worden war. »Ich lasse also alles vorbereiten – und Sie bestimmen den Zeitpunkt. Richtig so?«

»Falls Sie das zustande bringen können, Heydrich, dürfen Sie auch auf mein besonderes Entgegenkommen rechnen – sogar im Hinblick auf mein Forschungsamt. Nicht jedoch gleich so, mein Lieber, daß Sie dort Ihre ausgeprägte Nase in alles hineinstecken dürfen. Doch einer großzügigen Zusammenarbeit wäre ich dann nicht abgeneigt.«

»Mehr will ich auch gar nicht, Herr Generaloberst«, beeilte sich Heydrich zu versichern. »Hier ziehen wir doch sozusagen am selben Strick. Denn dieser von Fritsch ist schließlich nicht nur Ihnen im Wege, sondern auch uns, der SS! Und die Gelegenheit, den endlich fertigzumachen, scheint nun mal denkbar günstig.«

Göring lehnte sich behaglich zurück und betrachtete, fast liebevoll, seine Hände, die er über dem Bauch gefaltet hatte.

»Na fein, Heydrich! Wir verstehen uns. Und da Sie gerade so schön in Schwung sind, sollten Sie auch noch weiter an ähnlich schönen Löchern herumbohren – mit Ihrem ganzen, so verwendungsfähigen Apparat. Kennen Sie eine gewisse Eva Gruhn?«

»Nein.« Heydrich reagierte instinktiv vorsichtig; er gab sich uninformiert. »Wer, bitte, ist denn das?«

»Ein Kind aus dem Volke!« Göring lächelte nun ganz breit und sah seinen Gesprächspartner ermunternd an. »Eva Gruhn also. Eine Berlinerin – etwas über dreißig Jahre alt. Es wäre sehr schön, wenn sie nicht nur ein Kind aus dem Volke wäre, sondern auch eine richtige ›Vergangenheit‹ hätte. Am besten eine registrierte. Das würde mich noch mehr interessieren. Fragen Sie nicht, warum.«

Reinhard Heydrich, stets hellwacher Vernichtungsmensch, spielte prompt den Überraschten. Was an sich durchaus verständlich war, vom Standpunkt der Machttechnik aus. Aber daß sich da soeben dieser deutsche Gigant Göring einen fahrlässigen Fehler geleistet haben sollte, durfte kaum angenommen werden.

Schließlich war dieser Mann als preußischer Ministerpräsident auch Chef der Berliner Polizei. Und da mögliche Akten über diese Eva Gruhn zu den Objekten der dortigen ›Sitte‹ gehörten, wäre es ihm ein leichtes gewesen, diese Unterlagen direkt von dort anzufordern. Also dort gab es offensichtlich nichts. Deshalb mußte die Gestapo, also das Reichssicherheitshauptamt, mithin die SS, tätig werden. Die wollte Göring, so folgerte Heydrich, vor seinen Karren spannen! Der gedachte also die Dreckarbeit anderen zu überlassen, um dann sozusagen ›mit reinen Händen‹ dazustehen.

Womit sie sich zwar im selben Boot befanden – doch der SS überließ er das Rudern. Aber das mußte ja kein Dauerzustand sein. Heydrich reagierte entgegenkommend:

»Wird erledigt, Herr Generaloberst! Sobald das erste brauchbare Material fertig ist, melde ich mich wieder!«

Siebenter Versuch einer romanhaften
Gestaltung . . .
Thema: Gefährliches Zwischenspiel

»Eva, meine Liebe«, rief Volker Vogelsang aus, der V-Mann mit der Nummer 134. Er bewegte sich mit geöffneten Armen, leicht schwankend, auf sie zu. »Du weißt, wie sehr ich dich verehre!«

Sie wich ihm aus. »Volker«, sagte sie fast flehend, »du bist für mich – das habe ich jedenfalls geglaubt – ein guter Freund gewesen . . .«

»Das, Eva, bin ich immer noch!« versicherte er, leicht heiser. »Und jetzt erst recht, nachdem dieser Herbert Heersdorf verschwunden ist. Du brauchst mich!«

Sie wich erneut zurück. Dabei blickte sie ihn, wie um Verständnis flehend, an. »Du weißt gewiß noch, was wir neulich miteinander vereinbart hatten! Daß unsere Bekanntschaft beendet sein muß. Da ich nun ein neues Leben beginnen will. Ich werde heiraten.«

»Diesen Menschen? Und du meinst, das geht – tatsächlich? Du und er!? Er – ein Monstrum an Einfluß – du so gut wie ein Nichts!« V-Mann Vogelsang lachte überlegen. »Hast du dir da nicht ein wenig zuviel vorgenommen?«

»Ich habe mir das gründlich überlegt. Und ich habe ihn immer wieder auf meine einfache Herkunft hingewiesen. Aber er ist von einer unfaßbaren Großzügigkeit. Mit ihm will ich nun leben!«

»Ach, Mädchen, der ist ein alter Mann!«

»Du weißt nichts von ihm!«

»Ich jedenfalls bin besser. Und heiraten will ich dich auch!«

»Dafür ist es zu spät«, sagte sie mit Bestimmtheit. »Du hast mich niemals wirklich verstanden – und du wirst ihn nie verstehen können. Er gehört zu einer ganz anderen Welt.«

»Zu der du aber bestimmt nicht gehörst, Eva! Und außerdem solltest du mich nicht unterschätzen. Ich besitze neuerdings sogar Beziehungen bis hin zur Gestapo. Und dort beginnt man sich für dich zu interessieren. Ahnst du, was das bedeuten könnte?«

»Das ist mir egal. Ich habe mich entschieden! Und mein Werner hat gesagt: Was auch auf uns zukommen sollte – es kann nichts mehr ändern! Daran glaube ich.«

»Sei da nicht so sicher!« drohte ihr Vogelsang massiv. »In deiner Situation brauchst du Freunde – und ich bin einer! Ich könnte für dich sehr nützlich sein. Meinst du nicht auch?«

»Du solltest schließlich aus deiner Erfahrung mit mir wissen: Was ich nicht will, das geht nicht! Außerdem kann ich dir nur raten, dich da nicht einzumischen.«

»Was denn, Mädchen, was denn – willst du mir etwa drohen?«

»Nein. Ich will dich nur bitten, mir keine Schwierigkeiten zu machen.«

»Ach, du dummes, kleines, armes Luder! Ich und Schwierigkeiten machen! Das können andere besser. Du ahnst offenbar gar nicht, auf was du dich eingelassen hast! Dir ist nicht mehr zu helfen! Ich werde es trotzdem versuchen.«

Dieser Versuch einer angeblichen Hilfsbereitschaft endete schnell. Er machte Anstalten, sich auf sie zu werfen – sie wich ihm aus. Er taumelte ihr nach, schrie, warf eine Stehlampe um, zertrümmerte eine Fensterscheibe, brüllte herum. Weithin vernehmbar.

Aufgeschreckte Hausbewohner alarmierten die Polizei. Die erschien prompt. Die Beamten drangen in die Wohnung der Eva Gruhn ein und schleppten Volker Vogelsang ab.

Woraus dann eine routinemäßige Meldung entstand: Erregung eines öffentlichen Ärgernisses!

Dieser Vorgang wurde unverzüglich karteimäßig registriert. Routinemäßig unter dem Namen: Eva Gruhn.

Man hatte einen weiteren Ansatzpunkt.

Volker Vogelsang. V-Mann mit der Nummer 134, wurde am 24. Dezember, dem ›Heiligen Abend‹ des Jahres 1937, verhaftet und in ein Konzentrationslager überführt – unbekannt, auf wessen Weisung. Seither fehlt von ihm jede Spur.

Er konnte also nicht mehr aussagen, wie harmlos das angebliche ›Ärgernis‹ war.

Im Gestapo-Hauptquartier – Palais Prinz-Albrecht-Straße – bemühte sich zur gleichen Zeit Meisinger, der Homosexuellentreiber, seinen Otto-Otto Schmidt beharrlich weiter zu präparieren. Heydrich hatte ihm erneut eingeschärft: »Der muß absolut verläßlich spuren!«

»Dann wollen wir mal wieder bestimmten Leuten die Hosen herunterlassen!« meinte Meisinger ermunternd. »Hast du weiter gründlich darüber nachgedacht?«

»Habe ich, Chef!« Otto Schmidt machte kein Hehl daraus, daß er sich überaus wichtig vorkam. »Ich werde also gebraucht – offenbar dringend! Ich bin bereit. Aber – zahlt sich das auch aus? In welcher Größenordnung? Würde ich gern wissen, Chef.«

Meisinger bekam ganz kleine Augen, sein käsebleiches Gesicht schien sich krebsartig zu röten. Wie ein kleiner Köter bellte er auf: »Wie kommst du mir denn vor, du armseliger Knirps! Solltest du etwa versuchen, mir Bedingungen zu stellen?«

»Die Gelegenheit dazu«, meinte Otto mutwillig, »ist doch wohl ganz günstig – was, Chef? Schließlich hat jede Leistung ihren Preis! Und warum sollte ich, als erklärter Experte, billig sein?«

»Was du bist, du Ratte«, erklärte ihm nun Meisinger, »werde ich dir sehr schnell klarmachen. Du scheinst das dringend nötig zu haben!«

Worauf folgendes geschah: Meisinger drückte anhaltend auf einen der an seinem Schreibtisch installierten Klingelknöpfe, einen roten. Nach knapp zehn Sekunden erschienen zwei Mann in SS-Uniform. Mittelgroße, stämmige, durchaus gemütlich wirkende Männer mit neugierigen Kindergesichtern.

Meisinger wies gekonnt lässig mit dem Daumen der rechten Hand auf Otto Schmidt. »Kurze Abreibung. Die mittlere Tour. Eine Viertelstunde dürfte genügen.«

»Ein Mißverständnis, Herr Kriminalrat!« jaulte nun Otto-Otto in Panik auf. Denn er erkannte prompt, was ihm bevorstand. »Ich bin doch zu allem bereit – von mir kann man alles, einfach alles erwarten!«

»Deine Bereitschaft«, sagte Meisinger lässig, »wollen wir nun mal zementieren – nach unserer immer wirksamen Methode.«

Worauf Otto-Otto hinausgezerrt wurde, so flehend er auch seinen Meisinger anblickte. Der lächelte verächtlich. Dann begann er, sich mit einer Papierschere die Fingernägel zu säubern, sie hatten es nötig. Dafür ließ er sich Zeit.

Zwanzig Minuten später wurde Otto Schmidt wieder hereingeschleppt und auf einen Stuhl geworfen. Und dort hing er nun, wie völlig entkräftet, mit schweißigem Gesicht und zitternden Händen. Auf einen Wink von Meisinger entfernten sich die Transporteure, treuherzig blaublickend. Meisinger betrachtete Otto-Otto vergnügt und hoffnungsvoll.

»Womit wir nun wohl etwas sehr Wichtiges klargestellt haben, du schäbige Filzlaus! Wir sind nicht für dich – sondern du bist für uns da! Endlich erkannt?«

»Vollkommen, Herr Kriminalrat«, versicherte Otto-Otto aufstöhnend. Nun war er wieder absolut ergeben, ohne jede Forderung. Er hatte überlebt, und das stimmte ihn geradezu dankbar.

»Dann zur Sache! Du bist also bereit, zu beeiden, daß du diesen von Fritsch in voller Aktion gesehen hast. Auf dem hinteren Bahngelände. Gemeinsam mit dem Bayern-Seppl. Kannst du das?«

»Kann ich, werde ich!« versicherte Otto gepreßt. Seine Hände legten sich auf seinen Bauch, in den kräftig hineingetreten worden war. Seine Eingeweide schienen hellodernd zu brennen.

»Und du hast dir inzwischen alles genau überlegt – also zurechtgelegt? Jede Einzelheit, jede Kleinigkeit? So wie wir das immer wieder besprochen haben!«

»Jawohl, Herr Kriminalrat – das stimmt jetzt alles!«

»Und was, wenn ich nun einen ganz ausgekochten Kriminalbeamten ansetzen sollte, zwecks genauer Überprüfung deiner Angaben? Was dann?«

»Dann, Herr Rat – stößt der ins Leere! Mein Standpunkt ist nicht zu erschüttern. Garantiert! Nun nicht mehr.«

»Damit könnten wir weiterkommen«, sagte Meisinger herzlich erfreut.

Erich Meller, Heydrichs ›Jugendfreund‹, war nicht nur ein immer unruhiger werdender Wanderer zwischen mehr als nur zwei Welten, er war auch ein fatal zufälliger Zeitzeuge sondergleichen. Und diesmal wurde er erneut, wohl weitgehend ahnungslos, in weitere katastrophale Kabalen hineingedrängt.

Dazu gehörte eine zunächst äußerst harmlos erscheinende Begegnung: Dr. Meller suchte ein weibliches Wesen auf, welches seine Wohnung zu betreuen pflegte. Er betrat das Haus, in dem diese Frau wohnte, um diverse Einkäufe und Besorgungen zu besprechen.

Darüber hinaus plauderte er noch ein wenig mit ihr, freundlich und entgegenkommend. Und zwar über ganz allgemeine Dinge – über den neuen deutschen Geist etwa, oder über die spürbare Verknappung von Lebensmitteln, über das verschwenderisch große Angebot an künstlerischen Darbietungen, wie Theater, Musik und Film. Auch wollte er, freundlich anteilnehmend, wissen, ob sie sich hier, in diesem Hause, wohl fühle.

»Aber ja doch, Herr Doktor, ja! Und wenn das auch rein äußerlich nicht gleich so aussieht, so scheint das doch ein recht vornehmes Haus zu sein. Neuerdings.«

»Tatsächlich?« fragte Meller, auf ihre muntere Plauderbereitschaft eingehend. »Und warum denn das?«

»Bei uns«, berichtete sie nicht ohne Stolz, »verkehren in letzter Zeit ganz hohe Tiere, allerhöchste! Sogar ein Generalfeldmarschall! Was sagen Sie nun?«

Der Regierungsrat Dr. Meller sagte zunächst nichts. Denn er wußte: In Deutschland gab es derzeit nur einen Generalfeldmarschall; der war Witwer und liebte eine Frau. Und das spielte sich hier, in diesem Mietshaus, ab? Nun – warum nicht!

Und so meinte er, lässig abwehrend: »Wo die Liebe hinfällt . . .«

»Aber – ein so alter Mann, eine so junge Frau?«

»Ach, meine Liebe – bei wem auch immer! Wen hat das was anzugehen? Was mich im Augenblick allein interessiert, ist dies: Wann machen Sie mal wieder in meiner Wohnung gründlich sauber?«

Zwei Tage später suchte der Regierungsrat Dr. Erich Meller wiederum Reinhard Heydrich, seinen Jugendfreund, auf. Der begrüßte ihn herzlich und ließ unverzüglich Champagner, Pommery, servieren. Um dann zu sagen: »Wenn du nicht gekommen wärst, hätte ich dich zu mir gebeten.«

»Doch nicht etwa amtlich, Reinhard?«

»Wo denkst du hin!« meinte Heydrich, ungewöhnlich munter. »Schließlich bist du in meinem Amt bekannt als mein Freund – also: tabu!«

»Was willst du also von mir?«

»Dir ein paar Photos zeigen, Erich!« Der Chef des Reichssicherheitshauptamtes schien sich zu amüsieren. »Und darunter auch ein Photo von dir – ganz vorzüglich getroffen.«

Dieses Photo legte nun Heydrich seinem Jugendfreund vor. Es stellte Meller beim Verlassen eines Hauses dar – und zwar jenes Mietshauses, in dem die Frau wohnte, die seinen Haushalt betreute. »Vorgestern aufgenommen! Was sagst du nun?«

»Aufgenommen von wem – und zu welchem Zweck?«

»Reinste Routine, Erich! Wer in diesem Hause ein und aus geht, wird neuerdings automatisch photographiert – von meinen Leuten. Aber unter dessen Besuchern auch dich zu entdecken, war für mich eine Überraschung.«

»Solltest du nun etwa eine Erklärung darüber erwarten, Reinhard, warum ich dieses Haus aufgesucht habe? Und weshalb, frage ich, läßt du es überwachen?«

»Du brauchst dich keinesfalls zu genieren – schon gar nicht vor mir. Ich bin schließlich auch ein Mann. Und das scheint ein reichlich munteres Haus zu sein.« Heydrich grinste behaglich. »Doch ich würde nun gerne wissen, wen du dort besucht hast – falls dir das nicht irgendwie, als Mann, unangenehm sein sollte. In diesem Fall könntest du auf meine Verschwiegenheit bauen. Nun – mein Freund?«

»In diesem Hause«, sagte Erich Meller bedächtig, »wohnt ein gewisses Fräulein Maria Winter. Die betreut meine Wohnung, seit einigen Jahren, überaus vorbildlich. Mit ihr persönlich habe ich nichts – falls es das ist, was du gerne wissen wolltest. Die habe ich lediglich aufgesucht, um mit ihr einige Angelegenheiten, die allein meinen Haushalt betreffen, zu besprechen. Genügt dir diese Erklärung?«

»Aber ja, Erich, durchaus!« versicherte Heydrich und füllte die Gläser erneut mit Champagner. »Bist du – öfters in diesem Haus gewesen?«

»Nur zwei-, dreimal – im letzten Jahr.«

»Kennst du noch weitere Bewohner? Etwa eine gewisse Eva Gruhn? Und, wenn ja – was weißt du von der? Das würde mich interessieren. Sozusagen freundschaftlich-privat. Nun?«

»Eine Eva Gruhn – kenne ich nicht«, behauptete Meller mit großer Selbstbeherrschung. »Was geht die mich an? Hat die mich was anzugehen?«

»Hoffentlich nicht«, entschied Reinhard Heydrich, nun fast zufrieden. »Aber – falls das dennoch irgendwie der Fall sein sollte, dann kann ich dir nur empfehlen: Halte dich da heraus! Das ist eine Warnung, unter erklärten Freunden. Denn schließlich, mußt du wissen, läßt sich auch mit harmlosen Dingen Weltgeschichte machen – wenn man ein bißchen nachhilft.«

Der Generaloberst Werner Freiherr von Fritsch, Oberbefehlshaber des Heeres, genoß seinen Aufenthalt in Kairo ungemein. Mehrmals ließ er sich von seinem Hotel ›Semiramis‹ zu den Pyramiden fahren – und die Sphinx, wie wächterhaft davor hockend, erfreute sich seines besonderen Interesses. Die war wohl stark lädiert, mit abgeschossener Nase, beständiger Verwitterung preisgegeben – dennoch wirkte sie souverän und unzerstörbar, über Jahrtausende hinweg. Zu ihren Füßen saß er gern.

Weiterhin schätzte der von Fritsch, stets in dunkler, gediegener Zivilkleidung, abendliche Spaziergänge am Ufer des Nils. Doch bei einem dieser Spaziergänge tauchte, in der Nähe der Britischen Botschaft, ein junger Araber auf – in heller europäischer Kleidung, mit geschmeidigen Bewegungen, sanften Augen im märchenhaft anmutenden orientalischen Gesicht. Der sprach deutsch und fragte, überaus höflich:

»Sind Sie der Herr von Fritsch?«

»So heiße ich«, bestätigte ihm der Generaloberst mit gemessener Freundlichkeit. »Was wünschen Sie von mir, bitte?«

Doch bevor es noch dem jungen Araber gelang, auf diese Frage zu antworten, eilte, wie alarmiert, der Adjutant des Generalobersten herbei. Der hielt sich, wenn der Chef spazierenging, nie an seiner Seite, denn der Generaloberst zog es vor, möglichst allein mit sich und seinen Gedanken zu sein. Jedoch folgte ihm der Adjutant, wohin auch immer, stets in Rufnähe und dienstbereit.

Und in diese Begegnung drängte er sich geradezu hinein. Er stellte sich zwischen seinen Chef und diesen so verdächtig gefällig lächelnden Araberjüngling. »Wer sind Sie? Was wollen Sie? In wessen Auftrag halten Sie sich hier auf?«

»Muß das sein, mein Lieber?« fragte ihn der von Fritsch leicht mißbilligend. »Offenbar wünscht mich dieser Herr zu sprechen.«

»Ich bitte sehr um Verzeihung, Herr Generaloberst – aber meine Aufgabe . . .«

Worin die wirklich bestand, sagte der Adjutant nicht: Es ging um die Abschirmung seines Oberbefehlshabers vor fragwürdigen, etwa zielstrebig auf von Fritsch angesetzten Elementen! Und dieser traumhaft schöne, sanft ergebene junge Araber konnte ein solches Element sein – angesetzt von wem auch immer! Vielleicht war es kein Zufall, daß man sich in der Nähe der Britischen Botschaft befand.

Der junge Mann jedenfalls sagte, dabei allein den Generaloberst mit seinen schönen, tierhaften Braunaugen anblickend: »Wer ich bin, ist völlig unwichtig. Ich möchte den Herrn von Fritsch nur um eins bitten: Mich zu begleiten – zu einem in der Nähe gelegenen Hospital. Wobei ich lediglich dem Verlangen eines dort liegenden Patienten, Herrn Stander, entspreche.«

»Das«, warnte der Adjutant besorgt, »könnte eine wohlvorbereitete Provokation sein!«

»Ein Herr namens Stander«, sagte nun der von Fritsch unbeirrbar, »ist einer der Empfangschefs unseres Hotels. Das ist ein höchst angenehmer, sehr entgegenkommender Mensch. Handelt es sich um den?«

»Genau um den, Herr von Fritsch! Der ist in der vergangenen Nacht brutal zusammengeschlagen worden – in seinem, also in Ihrem Hotel. Und der wünscht Ihnen nun zu erklären, warum.«

»Das«, gab der besorgte Adjutant erneut zu bedenken, »könnte eine Falle sein! Denn schließlich sind wir privat, ganz privat hier. Nur keine Komplikationen!«

»Wenn Herr Stander mich unbedingt sprechen will«, entschied der Generaloberst, »dann soll er auch die Gelegenheit dazu erhalten. Suchen wir ihn also auf!«

Im zentralen Kairoer Krankenhaus angekommen, vermochte dieser junge Araber fast mühelos, als sei alles intensiv vorbereitet, etliche Hindernisse zu überwinden. Wenige Worte genügten – und der Chefarzt persönlich erschien. Alsbald betraten sie den Raum 202.

Dort lag, in dicke Verbände gehüllt, ein sichtlich stark be-

172

schädigter Mensch. Dennoch war der, wenn auch mit einiger Mühe, zu erkennen. Tatsächlich handelte es sich bei dem um Herrn oder Mister oder Monsieur Stander – einen der Empfangschefs des Hotels ›Semiramis‹.

Der von Fritsch betrachtete ihn teilnehmend. Wobei er sich, nicht nur flüchtig, an seine zahlreichen Lazarettbesuche als Frontkommandeur erinnert fühlte.

»Sie wollten mich sprechen, Herr Stander? Ich bin da. Was, bitte, wünschen Sie mir zu sagen?«

»Einiges«, keuchte der Patient. »Aber das, bitte, nur Ihnen allein – unter vier Augen.«

Der von Fritsch nickte zustimmend, worauf sich der Chefarzt, die beiden Krankenschwestern, der Adjutant und der junge Araber zu entfernen hatten. Nur sie beide blieben allein zurück.

»Also – ich höre?« sagte der von Fritsch aufmerksam entgegenkommend.

Worauf er, ohne auch nur die geringste Überraschung zu zeigen, dies zu hören bekam: »Mein Name ist Stander, meine Vornamen sind Jérome und Wilhelm. Mein Vater war Hotelier im Elsaß, meine Mutter wurde in Brandenburg geboren. Durch eine Kette von Zufällen besitze ich gewisse, wenn auch nur sehr lockere Verbindungen zur deutschen Abwehr, speziell zu Herrn Oberst Oster. Und der hat mich gebeten, Sie zu betreuen – also Sie, falls notwendig, abzuschirmen.«

»Was mich sehr fürsorglich anmutet«, meinte der Generaloberst, unbeeindruckt, »was mir aber zugleich auch als ziemlich überflüssig erscheint. Schließlich halte ich mich hier lediglich wegen meines Gesundheitszustandes auf.«

»Dennoch werden Sie überwacht!«

»Kann sein. Vorsorglich überwacht! Etwa von Ihnen – und von meinem Adjutanten! Dafür sollte ich wahrscheinlich dankbar sein.«

173

»Überwacht aber auch, Herr von Fritsch – von Agenten der Gestapo!«

Der Oberbefehlshaber des Heeres konnte da nur lächeln – andeutungsweise. »Ein Mann in meiner Position muß sich eben so manches gefallen lassen. Auch wohl derartige Schutzmaßnahmen.«

»Darum handelt es sich aber nicht, Herr Generaloberst! Diese Leute scheinen Ihnen vielmehr ganz systematisch nachzuspüren. Ihrem Privatleben!«

»Ich habe keins.«

»Aber diese Leute sind in Ihr Hotelzimmer eingedrungen, die haben dort Ihr Gepäck durchsucht, vermutlich sogar Ihre Bettwäsche beschnüffelt. Doch dabei konnte ich sie stellen! Worauf die mich prompt zusammengeschlagen haben. Krankenhausreif! So wie Sie mich hier vor sich sehen.«

»Ein überaus verabscheuungswürdiger Vorgang, Herr Stander. Und falls tatsächlich zutreffen sollte, was Sie vermuten, würde ich sofort schärfsten Protest einlegen! Doch immerhin, nicht wahr, könnte es sich dabei auch um Hoteldiebe gehandelt haben, denen Sie zufällig in die Quere gekommen sind. Oder sollten Sie etwa exakt Namen von diesen Leuten nennen können? Womöglich sogar in der Lage sein, ihre Auftraggeber namhaft zu machen?«

»Nein, das kann ich nicht.« Der Mann im Krankenbett blinzelte den von Fritsch ungläubig an. »Sie sind also nicht im geringsten beunruhigt?«

»Aber ich bitte Sie, mein Lieber! Ich weiß doch schließlich, wer ich bin – ohne daß ich meine Bedeutung überschätze. Und ich habe nichts, nicht das geringste, zu verbergen.«

Der schwerverletzte Mann ließ sich nun, völlig erschöpft, in seine Kissen zurückfallen. Denn auch er vermochte nun zu erkennen: Dies war ein höchst ehrenwerter Mensch – von einer geradezu unwahrscheinlichen Ahnungslosigkeit. Und das in dieser von Hyänen wimmelnden Zeit. Der war so gut wie verloren!

Die Sonne Kairos könnte die letzte sein, die den beschien.

In Berlin, fast genau zur gleichen Zeit, ersuchte – genauer wohl: bat der Generalfeldmarschall von Blomberg um eine Unterredung mit Generaloberst Göring. Seiner Bitte wurde unverzüglich entsprochen.

Dieses Gespräch fand im ›Haus der Flieger‹ statt, anläßlich eines gemeinsamen Mittagessens. Das war einfach, kraftvoll und stark gewürzt. Es wurde im hintersten Hinterzimmer dieses exklusiven Klubs serviert, das bevorzugt dem Oberbefehlshaber der Luftwaffe zur Verfügung stand. Dort speisten sie, nahezu schweigend, Göring sichtlich mit Genuß.

Als dann der Kaffee, ein auf italienische Weise schwer gebrannter, serviert worden war, wollte der von Blomberg, nun fast drängend, wissen: »Haben Sie bereits mit dem Führer sprechen können, verehrter Freund? Über meine wohl ein wenig heikle persönliche Situation?«

»Habe ich, mein Lieber! Selbstverständlich. Und genau in der von Ihnen gewünschten Weise.«

»Also – mit einigem Erfolg?«

»Mit dem allerbesten, Herr von Blomberg! Alles mutet nunmehr höchst vielversprechend an. Worum ich mich ja auch nach Kräften bemüht habe. Danach jedenfalls war der Führer sehr angetan, wirklich sehr angetan, von Ihrer Absicht, ein sogenanntes Kind aus dem Volke zu heiraten. Denn das, meinte der Führer, wäre sehr mutig, überaus edel, sozusagen gesellschaftlich bahnbrechend – gerade in dieser in seinem Sinne noch nicht voll ausgereiften Zeit.«

»Heißt das: Er hat zugestimmt?«

»Durchaus – im Grundprinzip durchaus!«

»Mit welchen Einwendungen – dennoch?«

Göring lächelte nun breit, auch ein wenig nachsichtig. »Er ist nun mal der Führer! Und wenn er auch durchaus bereit ist, meinen Anregungen zu entsprechen, so legt er doch Wert darauf, dazu direkt befragt zu werden – also von Ihnen persönlich.«

»Worauf er dann – zustimmen wird?« fragte der von Blomberg geradezu begierig.

»Aber ja doch, ja! Unser Hitler wird den erklärten Herzenswunsch seines hochgeschätzten Generalfeldmarschalls nicht abschlagen. Das ließ er mich wissen. Und ich habe dabei für die Dame Ihrer Wahl sozusagen meine Hand ins Feuer gelegt. Was ich gewiß niemals zu bereuen haben werde.«

»Ich danke Ihnen von Herzen!«

»Freut mich! Freut mich sehr. Sie dürfen stets meiner kameradschaftlichen Freundschaft gewiß sein. Hier läuft garantiert alles bestens. In Ihrem, in unserem Sinne.«

Im Berliner Polizeipräsidium am Alexanderplatz suchte der Vize, Graf von der Schulenburg, seinen Chef, den Grafen Helldorf, auf. Der hob bei dessen Anblick, wie sich ergebend, beide Hände. Das war ein beliebtes Spiel zwischen ihnen.

Helldorf: »Ich will nichts hören! Wir haben abgemacht, daß wir hier zweigleisig fahren! Je weniger wir von unseren gegenseitigen Maßnahmen wissen, um so größer kann unser Spielraum sein.«

Schulenburg: »Diesmal jedoch scheint diese Absicherungsregel nicht voll zu gelten, verehrter Graf. Denn nun scheint die Gestapo abermals, und ganz direkt, auf uns zuzukommen.«

»Aber ich bitte Sie, das versucht die doch immer wieder, Graf, gleichfalls verehrter! Und in Sachen von Fritsch mischt doch bereits die Abwehr mit.«

»Diesmal jedoch wird von uns eine scheinbar ganz andere, doch nicht minder gewichtige Akte angefordert. Die einer gewissen Frau Gruhn.«

»Wer ist denn das?« fragte Polizeipräsident Helldorf reichlich ahnungslos.

»Eine in unseren Karteien plötzlich registrierte Person. Keiner weiß, wie sie da reinkommt.«

»So weit gehen die schon?!« sagte Graf Helldorf entsetzt.

Wobei er möglicherweise auch an sich dachte – an sein Verhältnis mit einer Filmschauspielerin, einem wohl ungefährlichen Wesen. Denn da ging es wirklich nur ums pure Vergnügen; nicht etwa um weitzeugende Verpflichtungen. Helldorf war schließlich nicht Goebbels, der Besetzungslisten mit Beischlafkatalogen verwechselte. »Warum ist aber die Gestapo so hinter dieser Gruhn her?«

»Weil diese Person zu heiraten gedenkt«, erklärte der Graf von der Schulenburg gelassen.

»Na, wie schön! Wer ist denn der Glückliche?«

Worauf der Vizepräsident von Berlin, mäßig amüsiert, erklärte: »Bei diesem sogenannten Glücklichen handelt es sich um den Generalfeldmarschall Werner von Blomberg.«

Der Polizeipräsident von Berlin wirkte nun, völlig übergangslos, mächtig erheitert. »Ist denn, Freund Schulenburg, dieses Hintertreppenstaatstheater nicht schon umwerfend komisch genug? Wer soll denn dabei jetzt noch verschaukelt werden – irgendein armes Mädchen, ein Generalfeldmarschall oder die Gestapo?«

»Wie hätten Sie es denn gerne?«

»Ach, was auch immer! Nur nichts, was uns garantiert zum Schmorbraten dieser Machtmenschen machen könnte!«

»Dann schlage ich vor«, meinte nun der von der Schulenburg, unbekümmert vorprellend, »daß wir ganz einfach behaupten, eine derartige Akte existiere bei uns nicht! Also kann die auch nicht ausgeliefert werden – nicht an die Gestapo.«

»Das ist zu gefährlich«, glaubte Helldorf zu erkennen. »Denn falls es so eine Akte gibt, dann ist die auch bei uns mehrfach registriert worden; etliche haben daran ›gearbeitet‹. Und zwar Leute, die wir nicht kennen, die wir nur vermuten . . .«

»Akten können verschwinden – spurlos.«

»Und wir dann, möglicherweise, auch! Oder sollten Sie etwa bereit sein, wenn es hart auf hart kommt – und das wird es, wenn hier die Gestapo entschlossen mitmischt –, wegen der Liebe eines alternden Generalfeldmarschalls ins Gras zu beißen? Gemeinsam mit mir?«

»Ich habe mich ein wenig intensiver mit Eva Gruhn beschäftigt. Und was dabei zum Vorschein gekommen ist, läßt die Vermutung zu: Bei der handelt es sich nicht nur um ein sehr anständiges, sondern auch um ein recht liebenswertes Geschöpf. Sie hat keinen anderen Wunsch, als mit ihrer großen Liebe glücklich zu werden.«

»Mit – einem Generalfeldmarschall!?«

»Die Hauptsache dabei ist doch wohl dies: Sie liebt ihn – und er liebt sie! So was muß man doch respektieren – oder etwa nicht?«

»Das hört sich ja geradezu menschlich an!« meinte Graf Helldorf, mit milder Ironie. »Aber wird auch die Gestapo das respektieren?«

»Wir sollten versuchen, sie auszuschalten – wenigstens diesmal! Dazu werden Sie wohl bereit sein, Parteigenosse Polizeipräsident? Sagen wir – aufgrund persönlicher Erfahrungen.«

»Provozieren Sie mich nicht immer, Gauorganisationsleiter! Aber gut, gut – auch das noch werde ich versuchen. Auf meine Weise.«

Graf Helldorf wirkte jetzt sehr bedächtig; es war, als bemühe er sich, nunmehr sehr überlegt zu planen. »Die Gestapo will also eine Akte Gruhn unbedingt haben! Doch dabei sollten wir uns weitgehend absichern – so gründlich wie nur irgend möglich.«

»Wie denn wohl?«

»Indem wir, wieder einmal mehr, das stets wirksame Spiel von den dienstlichen Zuständigkeitsbereichen veranstalten. Und das könnte diesmal so aussehen: Wohl sind wir zur Zusammenarbeit mit der Gestapo verpflichtet! Doch unser direkter Vorgesetzter ist schließlich der preußische Innenminister; und eben der ist, in Personalunion, auch Ministerpräsident von Preußen. Und dem schieben wir nun diese Akte zu.«

»Göring also! Dazu sind Sie bereit?«

»Das scheint doch, in diesem Fall, überaus zweckmäßig zu sein! Denn an den kann die Gestapo nicht heran. Also verschanzen wir uns hinter ihm. Und damit sind wir abgesichert.«

Womit es schien, als wäre wieder einmal mehr ein Bock zum Gärtner gemacht worden. Und in diesem Falle war es sogar ein überaus prächtiger Bock. Der trat denn auch, überzeugend, in Erscheinung.

Achter Versuch einer romanhaften
Gestaltung . . .
Thema: Letzte Abgrenzungen

Ihre Liebe wollte ihnen wunderbar, überwältigend erscheinen. Es gab Stunden, in denen sie nur noch sich sahen, sich wie allein in dieser Welt wähnten. Ihr Glück schien grenzenlos zu sein.

Daraus entstanden Zeichen, Worte, Kennzahlen, die ihr innigstes Geheimnis waren, die nur sie allein zu deuten vermochten. So etwa versuchten sie, alles, was sie so erlösend miteinander erleben durften, auf ein einziges Datum zu fixieren. Auf einen Freitag, einem 13.

Denn an einem solchen Tag hatte das alles begonnen. Das war fortan ihr erklärtes Sehnsuchtssignal. So pflegte sie vielversprechend ermunternd zu ihm zu sagen, auch in aller ›Öffentlichkeit‹, wo niemand ahnen konnte, was dieses Schlüsselwort zu bedeuten hatte. »Mir ist es, als wäre heute Freitag, der 13.«

»Jeder Tag mit dir trägt dieses Datum! Wie klar, wie schön, wie selbstverständlich doch alles zwischen uns geworden ist!«

»Und du siehst keine Hindernisse mehr?«

»Keine!«

»Meine Mutter«, gestand sie ihm, »hat mich immer wieder gewarnt.«

»Das muß sie nicht, Eva – und das sollte sie auch nicht. Sie sollte sich darüber freuen, daß du glücklich bist. Denn das bist du doch, nicht wahr?«

»Ja«, sagte sie einfach und stark. Um dann vorsichtig hinzuzufügen: »Aber eben um dieses Glück ist Mutter besorgt. Sie meint: Man wird es uns nicht gönnen. Wir sollten da sehr vorsichtig sein – sie hat viele bittere Erfahrungen mit Behörden machen müssen, auch mit der Polizei.«

»Die muß mancher machen«, meinte Werner freundlich ermunternd. »Deine liebe Mutter ist gewiß eine gute Frau – aber nun bin ich ja da, um dich zu beschützen. Und sie auch.«

»Danke dir!« sagte sie, nach seiner Hand greifend. »Aber sollten wir nicht lieber alles so belassen, wie es jetzt ist? Wir lieben uns, ich bin immer für dich da, wenn du willst. Und da ich mich, was unser Kind betrifft, geirrt habe, fällt auch dieser Heiratsgrund weg.«

»Zunächst!« meinte er männlich munter. »Das kann ja alles noch kommen – und dann eben, wie es die Moral so will, im ehelichen Bereich. Denn unser Freund Göring«, verkündete er nun voller Genugtuung, »ist bereits dabei, uns alle Wege zu ebnen. Er hat mit dem Führer gesprochen. Und der ist gewillt, unseren Bund, wie man so schön sagt, zu segnen.«

»Mein Gott, Werner!« sagte sie erbebend. »Wenn das nur gutgeht . . .«

Doch er beschwichtigte sie: »Alles wird ganz nach Plan verlaufen. Am 22. Dezember findet in München eine Trauerfeier statt – für den General Ludendorff. Dabei darf ich die wichtigste Rede halten. Der Führer wird anwesend sein. Und nach der Feier ist er zu einem Gespräch mit mir, über uns, bereit.«

»Und – was dann, Werner?«

»Dann werden wir endlich heiraten! Bereits Anfang Januar 1938, denke ich. Freuen wir uns darauf!«

Aus dem Dr.-Erich-Meller-Bericht. Über sein Verhältnis zu Heydrich:
Diese sogenannte Jugendfreundschaft habe ich niemals geleugnet – warum sollte ich das auch? Sie sprach sich schnell in internen Kreisen herum. Worauf alsbald die verschieden-

artigsten Ansichten produziert wurden: Einige hielten mich, eben deshalb, für gefährlich, andere für besonders brauchbar; für wieder andere war ich wohl eine Art Miniaturausgabe des Trojanischen Pferdes.

›Immerhin‹, sagte ich zu Oberst Hans Oster, der sogenannten ›rechten Hand‹ des Abwehrchefs Canaris, ›waren wir damals wie Blutsbrüder – in den Wäldern unserer Jugend.‹

Der winkte gelassen ab. ›Da wir gerade von Brüdern sprechen, ob nun von Blutsbrüdern oder Stiefbrüdern – hast du von dem des Führers gehört? Der betätigt sich als Kneipenwirt hier in Berlin. Aber komm dem nicht mit seinem Adolf; dann sieht der rot! Auch Görings Frau Emmy ist schließlich nicht für alles verantwortlich, was ihr Hermann tut, und seiner Tochter Edda wird man niemals anlasten dürfen, durch wen sie gezeugt wurde, ganz abgesehen davon, daß Göring gewiß nicht der schlechteste Ehemann und Vater ist. Womit ich sagen will: Gewisse Bindungen oder Verbindungen bedeuten noch lange nicht heilige Schicksalsverflechtungen, nicht für alle Ewigkeit. Warum sollte also eine Jugendfreundschaft unbedingt in eine Lebensgemeinschaft ausarten? Zumal in diesen Zeiten?‹

Eine derart deutlich demonstrierte Großzügigkeit konnte, so vermutete ich, wohl nicht ganz frei von Berechnung sein. Ich dachte eben damals zwangsläufig sehr zeitbedingt. Und deshalb zögerte ich nicht, Oberst Oster zu provozieren. ›Heydrich hat mir mehrfach angeboten, zu seiner Dienststelle überzuwechseln – ich könnte dort, wie er mir versprach, ›in leitender Stellung‹ tätig werden.‹

›Doch offensichtlich hast du das abgelehnt, Erich.‹

›Offensichtlich, Hans! Das jedoch mit einer Begründung unter mehreren anderen, die ich dir nicht vorenthalten möchte. Ich habe ihm nämlich gesagt: Ich könnte, auch für ihn, unter Umständen nützlicher sein, wenn ich meinen Koordinationsposten im preußischen Innenministerium beibehalte.‹

›Sehr geschickt reagiert!‹ Und das war schon alles, was dieser stets hellwache Geheimdienstexperte, der selbst ein Meister der Konspiration war, dazu zu sagen hatte. Das hieß aber noch lange nicht, daß er damit sein vollstes Vertrauen aussprach. Denn in diesem Metier, zumal in jener Zeit, gehörte Mißtrauen zum Selbsterhaltungstrieb.

Doch nichts davon bei mir, zumindest nicht bei meinem Verhältnis zu Heydrich. Obwohl der einmal, ganz lapidar, zu mir gesagt hatte: ›Von dir, mein Lieber, erwarte und verlange ich nichts. Nur eins: Du bist mein Freund – und ich bin der deine! Das besagt doch wohl alles!‹«

Der derzeitige Polizeipräsident von Groß-Berlin, Wolf Graf von Helldorf, hatte Hermann Göring um eine Unterredung, eine sehr vertrauliche, gebeten. Der zögerte nicht, ihn zu empfangen. Das geschah in Karinhall.

»Was gedenken Sie mir denn heute zuzutreiben, mein Lieber?« fragte er erwartungsfreudig. »Und bitte nur keine falsche Scham! Mir kann man einfach alles anvertrauen. Etwas, wovor ich zurückschrecken könnte, das müßte wohl erst noch erfunden werden. Also – welche Katze gedenken Sie aus Ihrem Sack zu lassen, Graf?«

Helldorf war völlig ahnungslos über das, worauf er sich bei dieser Mission tatsächlich eingelassen hatte. Also erklärte er umweglos entgegenkommend: »Da hat die Gestapo, ganz direkt von uns, eine bestimmte Akte angefordert – die einer gewissen Eva Gruhn.«

Göring schloß seine Augen, was, glänzend gespielt, wie unendlich gelangweilt wirkte; er wollte nicht in sie hineinsehen lassen, in ihr katerhaft begieriges Blinzeln. Geruhsam ließ er sich vernehmen: »Eine von der Gestapo angeforderte Akte also, die Sie offenbar dieser Dienststelle nicht gleich ausgeliefert haben. Warum nicht?«

»Weil es so eigenartige Umstände gibt um diese Akte, Herr Ministerpräsident. Zunächst: Sie wurde – niemand kann feststellen, auf wessen Veranlassung – erst vor kurzem angelegt. Sodann gehört sie zu unserem, also zu Ihrem Zuständigkeitsbereich. Außerdem handelt es sich lediglich um internes ungeprüftes Arbeitsmaterial, ohne juristische Beweiskraft. Wir müssen also nicht liefern – schon gar nicht, wenn Sie das nicht wollen.«

»Und warum, bitte, sollte ich das nicht wollen, Helldorf?« Göring gab sich gekonnt ahnungslos. »Was macht Sie denn so besorgt – in diesem Fall?«

»Sie werden das, Herr Generaloberst, Herr Ministerpräsident, sehr schnell erkennen – falls ich Ihnen diese Akte vorlegen darf.« Das tat er. »Die wichtigsten Passagen sind von mir mit Rotstift kenntlich gemacht worden.«

Dieser Lektüre schien sich Göring nur widerwillig widmen zu wollen, dann aber machte er sich doch daran, sichtlich mit zunehmendem Entsetzen. Sein schwammiges Gesicht erstarrte gleichsam gletscherhaft. Empört, wie zutiefst angewidert, warf er die Akte auf den Tisch und schlug mit der flachen Hand darauf.

»Das darf doch nicht wahr sein!« brüllte er. »Das glaube ich nicht – das kann ich nicht glauben! Was muten Sie mir denn da zu, Menschenskind!«

Er reagierte – zum Anschein – massiv empört. Dann griff er wieder nach der Akte, zog sie an sich und sagte in düsterem Ton: »Ich gehe zunächst von der Annahme aus, daß es sich bei diesen Unterlagen um peinliche Irrtümer handelt – um eine ganze Serie davon. An denen ich mich nicht zu beteiligen gedenke!« Worauf er nahezu feierlich verkündete, wie für die Nachwelt gedacht: »Denn der Herr von Blomberg ist mein Kamerad und Freund – merken Sie sich das!«

Helldorf verstand prompt, was damit gesagt worden war: Göring distanzierte sich von dieser Aktion sozusagen offiziell, in Anwesenheit eines Zeugen. Zugleich war sein starkes Interesse unverkennbar. »Sie nehmen also diese Akte an sich, Herr Ministerpräsident?«

»Sozusagen zu treuen Händen!« versicherte Göring geradezu freudig. »Einfach nicht auszudenken, was geschehen könnte, mein lieber Helldorf, wenn derartige Unterlagen an die Falschen gerieten.«

»Damit ist diese Mission für mich erledigt?«

»Keinesfalls, Graf Helldorf! Bleiben Sie, wie man so sagt, auch weiterhin am Ball! Solch ein Schmutz muß beseitigt werden. Prüfen Sie das alles gründlich nach – oder lassen Sie es nachprüfen. Durch verläßliche Leute.« Hermann Göring war nun übergangslos sehr geschäftig geworden. »Ich lege Wert auf Widerlegungen . . .« Er machte eine Pause. ». . . oder Bestätigungen, eventuelle weitere Beweise, zusätzliche Unterlagen – ob nun negativer oder positiver Art, Hauptsache: handfeste! Aber arbeiten Sie gründlich, überstürzen Sie nichts!«

»Wird gemacht«, versprach Graf Helldorf, bereit, sich zu entfernen.

Worauf Göring abschließend, wie morgenrötlich angehaucht, erklärte: »Jedenfalls danke ich Ihnen, mein lieber Graf Helldorf, für die vertrauensvolle Zusammenarbeit. Dieser Vorgang bleibt jedoch ganz unter uns. Wir werden versuchen, das denkbar Beste daraus zu machen, unter Berücksichtigung, daß es sich hierbei um einen verdienstvollen Freund und Kameraden handelt. Doch ohne die Gerechtigkeit außer acht zu lassen!«

Der Polizeipräsident verabschiedete sich erleichtert, sogar hoffnungsvoll. Denn er war ziemlich sicher, hier an die allein richtige Adresse geraten zu sein. Was ja auch stimmte.

Denn unmittelbar nach dieser Unterredung befahl Hermann Göring einem seiner Adjutanten: »Setzen Sie sich mit Heydrich in Verbindung. Der soll unverzüglich hier antanzen. Ich glaube, das können Sie ihm andeuten, ich habe was für ihn.«

»Ihre Rede, Herr Generalfeldmarschall, war recht beeindrukkend.« Das versicherte der Führer und Reichskanzler, herzlich anerkennend, seinem Werner von Blomberg. »Ihre Gedanken waren von schöpferischer Kraft. Sie haben sich, wieder einmal mehr, um den soldatischen Geist verdient gemacht.«

In der Tat hatte Hitlers Generalfeldmarschall durch seine Formulierungen erneut bewiesen, daß er nicht nur preußisch geschult, sondern auch literarisch gebildet war. General Ludendorff, der bereits legendäre Schlachtenstratege des Weltkrieges, war seinem Generalfeldmarschall von Hindenburg stets treu ergeben gewesen, später auch einem Hitler. Denn in dem hatte er, laut offiziell verbreiteter Version, den wahren Retter und ersehnten Vater des Vaterlandes erblickt. Diese Version entsprach zwar keineswegs der Wahrheit, war jedoch äußerst brauchbar.

An diesem 22. Dezember 1937 war in München ein sogenannter ›Staatsakt‹ abgerollt worden: dickbauchige Kränze, ölstinkend lodernde Pylone, vollzählig versammelt die höchsten Vertreter von Wehrmacht, Partei, Behörden und Staat. Und viel Volk. Als Ehrengast Mathilde, die Ludendorff-Witwe, tief verschleiert, kerzensteif zur Rechten Hitlers sitzend. Daneben Göring, in leuchtender Uniform, markige Trauer demonstrierend. Überaus feierlich – das alles! Geradezu wagnerianisch!

Unmittelbar nach diesem Staatsspektakel hatte Hitler seine ›engsten Mitarbeiter‹, seine ihm ›liebsten‹, wie er ihnen versicherte, in sein Münchner Hauptquartier gebeten, also in die Parteizentrale am Königsplatz. Diese ›Liebsten‹ waren zwei. Und die saßen ihm nun unmittelbar gegenüber, in schweren Plüschsesseln, erwartungsvoll zurückgelehnt, kameradschaftliche Ergebenheit bekundend: der Generalfeldmarschall von Blomberg und der Generaloberst Göring.

Wobei sich nun Hitler, überaus ermunternd, seinem Generalfeldmarschall entgegenbeugte: »Sie haben mich, mein Lieber, um eine Unterredung gebeten, um eine vertrauliche, wie mir unser Freund Göring angekündigt hat. Also, verehrter Herr von Blomberg – ich höre.«

»Mein Führer«, bekannte der, »ich gedenke zu heiraten.«

»Und zwar, wie mir versichert worden ist, ein Kind aus dem Volke. Das habe ich sehr gerne gehört.«

»Wobei es sich um ein überaus liebenswertes Geschöpf handelt«, bestätigte Göring lautstark. »Um eine Dame von höchst erfreulicher Attraktivität, soweit ich informiert bin. Und wenn sie auch um einige wenige Jahrzehnte jünger ist als unser Generalfeldmarschall – das sollte doch kein Hindernis sein, nicht wahr, mein Führer?«

Hitler gab sich staatsmännisch bedächtig, zugleich kameradschaftlich wohlwollend. Er lächelte sonnenhaft. Um dann jedoch, wohl seiner ihm sehr eigenen Weltschau entsprechend, nunmehr folgendes vorzubringen:

»Erstens! Da muß ich mich wohl fragen: Wie könnte unser Offizierskorps auf eine derartige Heiratsabsicht reagieren?

Denn bei diesen Leuten handelt es sich, ganz gewiß zum großen Teil, um sehr bewußt konservativ denkende und an ihrer Tradition hängende Soldaten. – An sich schätze ich dies durchaus. Es ist jedoch nicht ausgeschlossen, daß ein nicht geringer Teil in engstirnigem Kastendenken befangen ist. Und das könnte eben in diesem Fall zu eventuell recht heiklen Reaktionen führen.«

Hermann Göring gab sich schwungvoll. »Ach was, mein Führer! Schließlich handelt es sich dabei um Soldaten. Die werden also gehorchen! Denn was ist schon dabei, wenn endlich einmal ein General keine Generalstochter, keine verarmte Adlige oder eine seiner in jeder Hinsicht fleißigen Vorzimmerdamen heiratet! Denken wir doch mal volkstümlich!«

Worauf der Generalfeldmarschall von Blomberg vertraulich versicherte: »In dieser Hinsicht habe ich mir bereits erlaubt, ein wenig vorzufühlen. Unter anderem bei dem wahrlich nicht gerade bequemen Generaloberst Beck. Doch gerade der Generalstabschef meinte mir gegenüber: ›So was ist doch, ich bitte Sie, ganz allein Ihre Angelegenheit! Wenn es dazu kommen sollte, werde ich der von Ihnen erwählten Dame Blumen und Ihnen ein herzliches Glückwunschtelegramm schicken!‹«

»Eine höchst erfreuliche ˈEinstellung«, versicherte der Führer. »Immerhin gebe ich zu bedenken: Unser völkisches Leben sollte keine Ähnlichkeit mit einer Feudalgesellschaft haben, sondern vielmehr eine echte Volksgemeinschaft sein. Um die müssen wir uns ganz bewußt bemühen. Ihr Fall, Herr von Blomberg, ist ein gutes Beispiel dafür.«

»Danke, mein Führer!« versicherte der Generalfeldmarschall dankbar, nahezu entzückt.

Worauf Adolf Hitler, ganz entscheidungsfreudiger Staatsmann, zusammenfaßte: »Wenn einer der höchsten Repräsentanten meines Reiches nicht zögert, ein Kind aus meinem Volke zu ehelichen – dann nenne ich das schlichtweg: Mut, Überzeugungstreue, Entschlossenheit!«

»Jawohl! Dieser Ansicht bin ich auch!« Göring gab sich ungemein begeistert. »Dennoch, mein Führer, erlaube ich mir, zu einer gewissen, sich anbietenden Absicherung zu raten. Etwa dahingehend, daß unser Herr von Blomberg zwei möglichst ranghohe, äußerst respektable Generäle als Trauzeugen bestellt. Das würde mit ziemlicher Sicherheit auch den letzten konservativen Kläffer zum Verstummen bringen.«

»Auch daran«, versicherte der vertrauensbereite Generalfeldmarschall, »habe ich bereits gedacht! Ich habe die Oberbefehlshaber des Heeres und der Marine gebeten; sie haben zugesagt.«

»Na prächtig!« rief Göring begeistert aus. »Das ist ein großartiger Einfall – damit läßt sich gewiß eine Menge anfangen!«

Er verstummte. Denn er fühlte, daß seines Führers nicht unbedrohlich scheinender Blick direkt auf ihn gerichtet war. Das beeindruckte ihn. Adolf Hitler konnte, wenn er wollte, das Gras wachsen hören!

Diesmal schien sich Adolf Hitler als wohlwollender Vater seines Vaterlandes erweisen zu wollen, als Kamerad unter Kameraden, als weitschauender Wahrer seines Reiches. Und als solcher verkündete er: »Ich darf Ihnen also, Herr Generalfeldmarschall, mitteilen, daß Sie meine volle Zustimmung zu dieser Verbindung haben. Also sozusagen meinen Segen!«

»Gratuliere, gratuliere!« rief Göring kumpanenhaft aus. Er wuchtete einen seiner schenkeldicken Arme um die Schultern des Generalfeldmarschalls und zog ihn wie besitzergreifend an sich.

Der Führer unterbrach dieses Idyll. »Versuchen Sie also, mein lieber Herr von Blomberg, das denkbar Beste aus Ihrer Situation zu machen.«

»Das wird er!« tönte Göring. »Da bin ich sicher!«

6
Leichtgläubige Idealisten

Aus dem Bericht des Dr. Erich Meller

»Was damals, in jenen Wochen, vor sich ging, kann wohl nur noch als eine eitergelbe Hintertreppenintrige bezeichnet werden, die alsbald einen enormen Gestank verbreiten sollte. Das eindeutig erkennbare Zielobjekt war die Wehrmacht! Genauer: ihre Führungsspitze!

Bei einem Glas Champagner leistete ich mir dem ›Jugendfreund‹ Heydrich gegenüber einmal die Bemerkung: ›Na – und wie wird wohl unser Adolf Hitler darauf reagieren, wenn er mit dem konfrontiert wird, was hier wirklich läuft?‹

Heydrich lachte schallend auf. Wobei es vielleicht nicht ganz uninteressant ist, zu erwähnen, daß sich sein Lachen durchaus herzlich anhörte, fast fröhlich, also keinesfalls faunisch-hinterhältig oder gar verklemmt-höhnisch, wie vielleicht vermutet werden könnte. Reinhard Heydrich war damals ein Mann in den besten Jahren; seine Beschäftigung, welche auch immer, bereitete ihm pures Vergnügen. Ihm schien in jenen Tagen einfach alles zu gelingen. Mithin fühlte er sich allen unendlich überlegen.

Sein Kommentar: ›Diesen Göring kenne ich ziemlich genau – wozu nicht allzu viel gehört. Der wird es niemals wagen, Hitler in den Rücken zu fallen – denn er weiß um dessen Gefährlichkeit. Bei solchen Vorgängen ist immer anzunehmen:

191

Hier wird im Auftrag, wenn vielleicht auch nur im indirekten Auftrag des Führers gehandelt.‹

›Der bleibt also im Hintergrund‹, sagte ich. ›Er wird das, was geschieht, offiziell gar nicht wissen wollen, zumindest jetzt noch nicht. Während sein Göring, gemeinsam mit dir, die dazugehörigen Kanalarbeiten erledigt.‹

›Dazu sind wir schließlich da‹, meinte Heydrich lapidar. ›Schon im deutschen Mittelalter hieß es: Auch der Henker gehört zum Gefolge des Königs.‹

Mehr zu diesem Thema gedachte er offenbar nicht zu sagen. Worauf ich mich beeilte, mein Desinteresse zu bekunden, was ihm sichtlich gefiel. In den restlichen Stunden versuchten wir, einander ablenkend, unsere Kenntnisse der russischen Sprache aufzufrischen, wobei Heydrich sich geradezu entzückt über Stalin äußerte: ›Seine Qualitäten, ganz spezielle, scheinen jenen unseres Führers zu entsprechen. So sind beide gleichermaßen rücksichtslos – wenn es sich um ihre Machtbereiche handelt. Ich glaube, wir werden noch höchst interessante historische Entwicklungen erleben.‹

In jenen Tagen bat ich Generalfeldmarschall von Blomberg um eine private Unterredung. Das unter dem Vorwand, ich hätte ihm ein seiner Person gewidmetes Buch von meinem Onkel, dem ›Kanonen-Meller‹, zu übergeben. Es trug den pompös-prächtigen Titel ›Die Wahrheit der Waffen‹. Der Generalfeldmarschall empfing mich herzlichst, gab mir zu Ehren ein Abendessen bei Kempinski, und zwar gemeinsam mit seiner zukünftigen Frau, also Fräulein Eva Gruhn.

Die gedachte ich mir genau anzusehen. Was ich dann jedoch, nahezu drei Stunden lang, erleben durfte, war ein überaus merkwürdiges, besser wohl höchst bemerkenswertes Paar. Beide, stets einander zugeneigt, blickten sich hingebungsvoll an: er vorbehaltlos zärtlich, sie eher dankbar-beglückt. Mein Gott, die liebten sich!

Ich bekenne, ziemlich stark beeindruckt gewesen zu sein. Und ich erkannte, daß ich es einfach nicht fertigzubringen vermochte, diesen Werner von Blomberg zu warnen. Denn eben dazu, empfand ich, besaß ich kein moralisches Recht. Eine bei mir gewiß höchst seltene Anwandlung – die ich dann auch sehr bald bereut habe. Schließlich hatten wir es mit einem Hitler zu tun.«

Neunter Versuch einer romanhaften Gestaltung . . .
Thema: Werners Entschlossenheit

»Alles«, sagte Werner von Blomberg zu seiner Eva, »sollte denkbar schlicht, aber auch äußerst würdig vor sich gehen!« Damit meinte er ihre Hochzeit. »Das bin ich meiner Stellung schuldig!«

Sie schien sich, selbst jetzt noch, gegen diese letzte Konsequenz sperren zu wollen. Das aber machte Eva in den Augen ihres Werner nur noch liebenswerter, ohne daß sie diese Wirkung etwa bewußt erstrebt hätte. Denn abermals beschwor sie ihn: »Du mußt dich nicht an mich binden; nicht offiziell. Dennoch werde ich stets für dich da sein, solange du willst. Doch vergiß dabei, bitte, nicht die Verhältnisse, aus denen ich komme!«

»Die kennt«, sagte Werner von Blomberg, »einer ziemlich genau – aufgrund seines Amtes und seiner Verbindungen: dieser Regierungsrat Dr. Meller, mit dem wir neulich gespeist haben. Und nicht zuletzt deshalb hatte ich den eingeladen. Doch eben der war, zu meiner ehrlichen Freude, sichtlich angetan, von dir, von uns beiden, von unserer Gemeinsamkeit.«

»Aber manchmal, Werner, hatte ich doch den Eindruck, er betrachte uns mit einem gewissen Mitleid.«

»Mit erkennbarer Zuneigung – wenn auch wohl nicht ganz ohne Wehmut. Denn Dr. Meller wurden, mußt du wissen, durch einen denkbar unglücklichen Zufall Frau und Kind getötet. Der lebt allein. Seit Jahren.«

»Dann ist er allerdings sehr zu bedauern. Er ist gewiß ein einfühlsamer, angenehmer Mensch – wenn auch nicht ganz unkompliziert. Das war mein Eindruck.«

»Du verfügst über eine ausgezeichnete Menschenkenntnis, meine liebe Eva. Und eben deshalb wirst du auch gemerkt haben, daß diese Begegnung entscheidend wichtig für uns gewesen ist.«

Sie saßen in ihrem Wohnzimmer und tranken Tee; von Blomberg hatte original englischen Fruchtkuchen mitgebracht. Eva griff nach seinen Händen: »Falls du unbedingt auf dieser Eheschließung bestehst, Werner – dazu bin ich jetzt bereit. Aber – nur kein Aufsehen!«

»Das will ich auch nicht, mein schöner Liebling. Aber das läßt sich wohl nicht ganz vermeiden, nicht in meiner Stellung. Ich denke trotzdem, daß alles, wie von dir und mir gewünscht, denkbar diskret vor sich gehen wird. Also im kleinsten Kreis. Dabei, außer dem Standesbeamten, nur noch die notwendigen Trauzeugen und ein Freund. Niemand von meiner Familie. Aber deine Mutter, meine ich, sollte wohl dabeisein.«

Eva reagierte nun fast heftig. »Ich bitte dich, Werner, nicht darauf zu bestehen! Gewiß liebe ich meine Mutter – aber sie ist eine einfache Frau; mit ihr möchte ich dich nicht belasten. Nicht auch noch damit!«

»Aber ich bitte dich, meine Liebe – eine Mutter ist eine Mutter! Und es würde gewiß sehr günstig vermerkt werden, wenn sie bei unserer Trauung anwesend wäre.«

»Falls du das unbedingt verlangst«, sagte Eva ergeben, »dann werde ich das veranlassen.«

»Übrigens ist durchaus anzunehmen«, fuhr Blomberg fort, »daß uns der Führer persönlich gratulieren wird; Göring bestimmt auch. Und natürlich werden alle Zeitungen eine entsprechende Meldung veröffentlichen. Mit Nennung der Trauzeugen. Und dafür habe ich bereits hervorragende Generalskameraden gewonnen.«

»Mein Gott«, gestand Eva, ebenso beeindruckt wie beunruhigt, ein, »und das alles meinetwegen, unseretwegen! Und dann noch meine Mutter dazwischen? Die wird sich völlig fehl am Platze vorkommen.«

»Ach was! Deine gute, besorgte Mutter wird unbändig stolz auf dich sein, da bin ich sicher. Denn schließlich heiratet ihre Tochter einen Generalfeldmarschall – den einzigen in Deutschland. Kann sie das gleichgültig lassen?«

»Bestimmt nicht! Wohl hat sie mich immer wieder gewarnt, mich geradezu beschworen, mich nicht auf dieses Abenteuer, wie sie das nennt, einzulassen. Deine Entschlossenheit, Werner, hat ihr ungemein imponiert. Doch immerhin – meine Mutter . . .«

Der von Blomberg schöpfte nun aus dem Born seiner Belesenheit: »Als der Reitergeneral Ziethen eine seiner überzeugenden Schlachten geschlagen hatte, gab ihm zu Ehren sein König, also Friedrich der Große, ein exzellentes Souper. Ziethen lud dazu seine Mutter ein, eine einfache Bauersfrau! Was den Monarchen entzückte und zu dem Ausspruch bewog: ›Ihre überzeugende Mutterliebe, mein General, ehrt Sie!‹

»Aber dieser Hitler«, sagte Eva vorsichtig, »ist doch wohl kein Friedrich der Große. Zumindest haben sich inzwischen die Zeiten geändert, nicht wahr?«

»Gewisse Wertbegriffe sind zeitlos, meine liebe Eva! Zumal wir uns, im Dritten Reich, endlich wieder auf diese ethischen Fundamente besinnen. Etwa auf das Germanische, das Preußische; auf Treue, Familie und Ehre. Auf die Volksgemeinschaft . . . All diese Werte erhalten in unserem neuen Staat wieder ihren gebührenden Platz.«

»Bist du davon überzeugt, Werner?«

»Ich bin immerhin recht zuversichtlich.«

Der Chef des Reichssicherheitshauptamtes war ein scharfsinniger Beobachter. Und als solcher erkannte Heydrich prompt, daß sein angekündigtes Erscheinen in Görings märkischer Luxusburg Karinhall als eine Art ›Staatsbesuch‹, wenn auch internen Charakters, gewertet wurde. Dort stand ein Adjutant bereits am Tor, der Chefadjutant wartete beim Eingang, und ein Diener riß die beiden Flügel dieser Tür weit auf.

Göring schritt seinem Besucher elefantenhaft tänzelnd entgegen. Er zog Heydrich, ihn nahezu umarmend, in sein Arbeitszimmer.

»Keine Störung, bitte!« rief er dem Chefadjutanten zu. »Mit der einzigen, selbstverständlichen Ausnahme – falls mich der Führer zu sprechen wünscht!« Das war kaum zu befürchten.

Nach einer sanft flötenden Erkundigung, ob der sehr liebe, hochgeschätzte Besucher irgendwelche Wünsche habe – er hatte keine –, kam Göring unverzüglich ›zur Sache‹: »Nun, mein Lieber – was ist denn mit dieser Eva Gruhn? Läßt sich mit der was anfangen?«

»Möglicherweise, Herr Generaloberst! Ich habe, Ihrer Anregung gemäß, etwas zusammentragen lassen. Was reichlich mühsam gewesen ist. Da gibt es eine Polizeiakte, vermutlich im Polizeipräsidium Berlin, auf die scheint jemand den

Daumen draufzuhalten. Doch wer auch immer – wir kommen vorwärts!«

»In welcher Hinsicht, Gruppenführer?«

Heydrich öffnete seine Aktentasche weit. Er lächelte vieldeutig. »An sich gibt es nichts. Aber das ließe sich machen. Bei Eva Gruhn handelt es sich offenbar um eine Person mit sogenanntem HWG.« Was im Polizeijargon, dessen diesbezügliche ›Feinheiten‹ Göring nicht ganz ungeläufig waren, bedeutete: häufig wechselnder Geschlechtsverkehr.

»Möglicherweise auch noch nachweisbar?« fragte Göring mit gekonnt erregtem Aufschnaufen. Er produzierte nahezu kindhaftes Staunen, was ihm gut gelang. »Das jagt mir einen Schauer über den Rücken – falls das tatsächlich zutreffen sollte.«

»Das, Herr Generaloberst, Sie unterschätzen die Fähigkeiten unserer Spezialisten. Auf die kann man sich nämlich verlassen. Oder legen Sie keinen Wert darauf?«

»Sie wissen genau, was ich meine«, sagte Göring, sich nur noch mühsam zusammennehmend. »Denn stellen Sie sich mal vor, daß ich mich gezwungen sehen könnte, mit diesen mir von der Gestapo zugeleiteten Unterlagen vor dem Führer zu erscheinen! Das würde mir wahrlich nicht leichtfallen. Aber dann müßte eben alles perfekt sein. Und eben deshalb, mein Lieber, dürfen wir dabei nichts überstürzen. Alles muß mit möglichster Gründlichkeit, mit mehrfacher Absicherung, mit hinhauenden Unterlagen vorbereitet werden. Sie verstehen?«

»Was vermutlich heißen soll«, erkannte Heydrich hellhörig, »daß Blomberg zunächst einmal getrost heiraten soll. Erst danach, vermutlich unmittelbar danach, gedenken Sie aufs Ganze zu gehen – mit den von uns gelieferten Unterlagen.«

Göring lächelte augenzwinkernd. »Was dagegen, mein Lieber?«

»Selbstverständlich nicht, Herr Generaloberst. Aber Sie, nehme ich an, werden gleichfalls dafür Verständnis haben, daß auch ich mich absichern muß. So werde ich kaum umhin können, den Reichsführer SS, wenn auch mit aller gebotenen Vorsicht, zu informieren. Wobei ich mir vorstellen kann, daß der mich dann fragen wird: Was springt dabei für uns, also die SS, heraus?«

»Und welche Antwort, meinen Sie, wird unser Heinrich hören wollen?«

»Vermutlich diese: Als Gegenleistung dafür, daß Sie, anstelle des damit ausgeschalteten Blomberg, Oberbefehlshaber der Wehrmacht werden, würde die SS auf die Erledigung des Generalobersten von Fritsch erheblichen Wert legen. Denn der macht uns, und damit Himmler, nichts wie Schwierigkeiten. Der spricht der SS jede Waffenfähigkeit ab, erklärt sie für nebenrangig, versucht sie abzudrängen. Der ist von uns als entschlossener Gegner erkannt worden – der muß also weg! Mit Ihrer Hilfe. Zumindest mit Ihrer Duldung. Können wir mit Ihnen rechnen?«

»Könnt ihr – durchaus!« Göring reagierte bärenhaft bedächtig. »Doch ich muß mich immer wieder fragen: Reicht denn euer Material wirklich aus, um einen derart borniertbeständigen Vollblut-Ehrenmann wie den von Fritsch aus dem Sattel zu werfen? Um das zu erreichen, müßtet ihr sehr massive Beweise vorbringen. Habt ihr die?«

»Die haben wir – jetzt!«

»Tatsächlich?« Göring schwankte zwischen Skepsis und hoffnungsglühendem Entzücken. »Und die hauen tatsächlich hin?«

»Sofern das von uns gesammelte Material entsprechend kraftvoll und überzeugend ausgespielt wird!«

»Durch – mich?«

»Herr Generaloberst – wenn einer diese höchst heikle Konstellation dem Führer überzeugend darstellen kann, dann sind Sie das, Sie allein. Denn auf Sie hört er!«

»Nur wenn es unbedingt sein müßte, würde ich das tun, und dann auch noch sehr ungern. Doch ich gedenke mich meinen Verpflichtungen nicht zu entziehen. Auf mich ist schließlich immer Verlaß. Allerbestes Material vorausgesetzt.«

Der Generaloberst Werner Freiherr von Fritsch hielt sich zu dieser Zeit immer noch, ›zwecks Gesundung‹, in Kairo auf. Dort bewohnte er im Hotel ›Semiramis‹ ein geräumiges Zimmer im fünften Stock; es war sehr gediegen eingerichtet, nach Schweizer Art. Vom Balkon aus sah er auf den träge dahinfließenden Nil und, über die zoologischen Gärten hinweg, bis zu den Pyramiden.

Dem ihn begleitenden Adjutanten war ein Zimmer im zweiten Stock des Hotels zugeteilt worden. Er hatte den Auftrag, seinen Generaloberst, der hier als Tourist galt, abzuschirmen. Er begleitete ihn also bei Spaziergängen, erledigte seine Post und hielt die telefonische Verbindung mit Berlin aufrecht. Schließlich hatte er auch noch seinem Chef bei zwei Mahlzeiten, mittags und abends, Gesellschaft zu leisten.

Der stets für den ›Herrn Fritsch aus Deutschland‹ reservierte Tisch befand sich in der hinteren rechten Ecke des großen Speisesaals und war durch eine Nebentür, von einem Seiteneingang aus, zu erreichen. Der Generaloberst, immer in betont schlichtem dunklen Anzug, hatte sich jede Anrede mit Dienstgrad oder Adelsprädikat verbeten. Auch durfte nicht über dienstliche Dinge gesprochen werden. Er unterhielt sich,

199

falls ein Gespräch unumgänglich schien, zumeist über Literatur.

Auch an diesem Abend – es war kurz vor den Weihnachtstagen des Jahres 1937 – erschien er im Hotelrestaurant mit einem Buch. Derzeit beschäftigte er sich mit den Texten der Wagneropern, um deren Verständnis er sich bemühte. Ferner las er Hölderlins Dichtungen, die er als beunruhigend verwegen empfand. Seine Vorliebe galt den Königsdramen von Shakespeare.

Während er sich setzte, nicht ohne seinem ständigen Begleiter gemessen freundlich zugenickt zu haben, bemerkte er, daß noch ein drittes Gedeck aufgelegt worden war. Fragend blickte er auf seinen Adjutanten, der gleichfalls in dunkler, doch ein wenig eleganterer Zivilkleidung erschienen war. Und der setzte sofort zu einer Erklärung an:

»Ich muß da wohl sehr um Entschuldigung bitten, Herr Generaloberst. Es handelt sich um einen Gast, den Herr Oberst Oster von der Abwehr angekündigt hatte. Ein Neffe des hiesigen deutschen Botschafters. Der ist heute nachmittag in Kairo angekommen; morgen früh reist er nach Athen weiter. Er hat Auftrag, Ihnen Bericht zu erstatten. Über – gewisse Vorgänge in Berlin.«

Der von Fritsch nickte, offensichtlich nicht gerade erfreut über diese Störung. Von diesen sogenannten internen Berichterstattungen über gewisse Vorgänge hielt er nicht sonderlich viel. Denn derlei artete oft genug in Geschwätz aus, während er selbst, seinem Wesen entsprechend, Wert legte auf knappe Formulierungen, klare Tatsachen, genaueste Zahlenangaben.

Er begrüßte daher den Nachwuchsdiplomaten mit höchster Zurückhaltung. Und dieser junge Mann erwies sich, mit einem Botschafter als Onkel im Hintergrund, als reichlich selbstbewußt; redselig war er auch. Alsbald breitete er ungehemmt und mit Wonne den albernsten Gesellschaftsklatsch aus, ohne sich durch das immer starrer werdende Gesicht des Generalobersten beeindrucken zu lassen.

So berichtete er etwa, sein Wissen über Interna und Intimitäten spürbar genießend: Dieser ›Jupp‹ – also Dr. Goebbels, der Reichspropagandaminister – habe sich schon wieder eine neue Geliebte geleistet, abermals eine aus Filmkreisen, versteht sich. Diesmal sei er an eine besonders verführerische Tschechin geraten, was einigen Staub aufgewirbelt habe. Während sich gleichzeitig ›Jupps Magda‹ – die Ehefrau des Dr. Goebbels – mit dem Staatssekretär ihres Mannes . . .

Weiter dann: Auch ›der flotte Graf‹ – gemeint war Helldorf, der Polizeipräsident von Berlin – sei nunmehr an eine Filmdame geraten, an eine blondmollige, überaus muntere Person. Die versuche ihn völlig zu vereinnahmen, und er scheine ihr auch schon so gut wie hörig zu sein!

Dann aber auch dies: Der sogenannte ›andere Werner‹ – also der Generalfeldmarschall von Blomberg – schreite nunmehr auf Freiersfüßen! Seine Auserwählte solle, wie man so sagt, ein Kind aus dem Volke sein – aber vermutlich eins mit einer gewissen Vergangenheit.

Es war nicht erkennbar, ob der von Fritsch diesem deutschen Gesellschaftsgeschwätz auch nur halbwegs aufmerksam zuhörte. Er schien völlig verstummt zu sein und sich allein seinem Kaffee widmen zu wollen, der von bester türkischer Qualität war. Der Adjutant versuchte, seine immer heftiger werdende Unruhe zu verbergen. Doch der Gast redete, redete und redete.

Beim abschließenden Kognak schien er aber dann doch zum Wesentlichen kommen zu wollen. Der Speisesaal war jetzt fast leer, das Bedienungspersonal hatte sich respektvoll zurückgezogen. Der Besucherdiplomat kam endlich auf seine eigentliche Mission zu sprechen:

»In Berlin«, berichtete er, noch immer in munterem Plauderton, »scheinen sich einige unerfreuliche Dinge anzubahnen. Und eben das soll ich Ihnen mitteilen, auf Anregung von Oberst Oster und Admiral Canaris. Denn immer intensiver werdende Aktivitäten der SS sind erkennbar und eindeutig gegen das Heer gerichtet, und damit auch gegen Ihre Person. Das soll ich Ihnen unmißverständlich klarmachen.«

»Das«, meinte der Adjutant, da sein Chef immer noch beharrlich, wenn auch wohl nicht mehr desinteressiert schwieg, »ist doch nichts Neues. Daß die SS eigene Waffenformationen aufzubauen beabsichtigt, ist bekannt. Dagegen wehrt sich das Heer, also der Herr Generaloberst, ganz entschieden! Denn schließlich ist, nach Hitlers feierlicher Zusage, in Deutschland allein die Wehrmacht der erklärte Waffenträger der Nation!«

»Ach was, Verehrtester!« widersprach der Besuchsdiplomat, »Sie glauben doch nicht etwa an alles, was dieser Hitler so von sich gibt? Und trauen Sie dieser SS etwa Loyalität zu? Diese Kerle sind doch nur scharf darauf, ihre Gegner, also auch Sie, an die Wand zu manövrieren. Die versuchen, vollendete Tatsachen zu schaffen. Und die wird Hitler nachträglich legalisieren – weil das Heer, in seinen Augen, unbequem selbstherrlich und zu wenig revolutionsbewußt im national-sozialistischen Sinne ist. Jedenfalls alles andere als führerhörig!«

»Erlauben Sie bitte«, entgegnete der Generaloberst von Fritsch, auch jetzt noch mit gelassener Würde, »Sie auf folgendes aufmerksam zu machen: Von mir wird gesagt, ich sei einer der ersten Soldaten dieses Reiches – auch wenn ich mir diese Position nicht ausgesucht habe. Doch eben als solcher fühle ich mich meinem Staatsoberhaupt gegenüber vorbehaltlos zu Treue und Gehorsam verpflichtet – und es ist doch wohl völlig gleichgültig, ob es sich dabei um Paul von Hindenburg oder um Adolf Hitler handelt!«

»Aber genau das ist es doch, Herr von Fritsch«, erregte sich der Besucher, »womit dort fast alle rechnen! Zumindest Heydrich, Himmler und Göring. Auch Hitler! Sie alle spekulieren darauf, daß Sie ein Ehrenmann sind, dessen Reaktionen sich vorausberechnen lassen. Und die werden Methoden anwenden, wie sie für Ihresgleichen nicht vorstellbar sind.«

»Sie sollten, bitte«, meinte nun der Adjutant nicht unbesorgt, »derart scheußlich extreme Formulierungen möglichst vermeiden!« Der Unwille des Generalobersten war deutlich zu spüren. »Schließlich haben wir es hier nicht mit einem kriminellen Ringverein zu tun, sondern mit der legitimen Führung unseres Reiches!«

»Sind Sie da absolut sicher?« fragte der junge Mensch unbeirrt. »Oder wollen Sie nicht endlich einsehen, daß auch Sie einem Wunschtraum erliegen?«

Worauf der Adjutant, steif abweisend, als ahme er seinen Chef nach, erklärte: »Damit ist wohl alles gesagt, was Sie zu sagen hatten. Vielen Dank und gute Nacht.«

Der Oberbefehlshaber schien völlig verstummt zu sein. Er schien getroffen, verwundet. Sein Adjutant beeilte sich, den Besucher hinauszubegleiten. Als er zurückkam, starrte der von Fritsch noch immer vor sich hin.

»Tut mir leid, Herr Generaloberst, daß es mir nicht gelungen ist, Ihnen diesen Geschichtenerzähler vom Leibe zu halten.«

»Ich hätte«, sagte der Oberbefehlshaber nach einer langen Pause, »meinen Posten in Berlin niemals verlassen dürfen.«

»Sie hatten doch gar keine andere Wahl, Herr Generaloberst – nicht bei Ihrem höchst gefährdeten Gesundheitszustand.«

»So was zählt doch nicht. Nicht, wenn es um letzte Entscheidungen gehen könnte.«

»Lassen Sie sich von solchen Schwätzern nicht irritieren!«

Worauf der von Fritsch, unbeirrbar in seiner karg sachlichen Art, folgende Anordnung traf: »Unser Aufenthalt in Kairo ist beendet. Wir reisen morgen ab. Zunächst nach Italien, wo wir uns einige Tage aufhalten werden. Und zwar in Rom. Spätestens am 2. Januar treffen wir in Berlin ein, wo ich unverzüglich meine Amtsgeschäfte wiederaufzunehmen gedenke.«

In den allerersten Tagen dieses neuen Jahres, 1938, suchte Dr. Erich Meller abermals seinen ›Jugendfreund‹ in der Prinz-Albrecht-Straße auf. Reinhard Heydrich hatte ihn zu sich gebeten. Er empfing ihn mit lebhafter Herzlichkeit.

»Da bist du ja endlich, Erich! Ein Mensch! Unter all diesen Holzköpfen, Krummrücken und Hinternhinhaltern endlich ein Mensch! Trinken wir erst mal ein Glas. Danach bist du eingeladen – zu einem ganz feinen, großen Fressen!«

»Was gedenkst du denn diesmal zu feiern?« Meller sah Heydrich verheißungsvoll grinsen. »Du bist immer voller Überraschungen. Also – worum geht's diesmal?«

»Da gibt's neuerdings, in der Friedrichstraße, ein auf russisch getrimmtes Restaurant: ›Troika‹. Ein umwerfend komischer Name; ich sage dir später, weshalb. Doch zunächst wollen wir einen Schluck aus der Champagnerpulle nehmen!«

»Du scheinst ausgezeichneter Stimmung zu sein, Reinhard.«

»Bin ich auch! Denn alles läuft bestens!« Heydrich strahlte. »Nur noch wenige Tage – und wir stecken sie alle in den Sack! Die ganze angebliche Elite dieser großkotzigen, urkonservativen Generalshengste!«

»Wen denn in Besonderheit?« fragte Meller, wie beiläufig.

»Das möchtest du wohl gerne wissen – was?«

»Ich genieße immer wieder die Möglichkeit, mich an der Quelle zu informieren.«

Heydrich zeigte sich an diesem Abend von sprudelnder Redefreude, bei höchst sprunghafter Themenwahl. So etwa verbreitete er sich über das wechselhafte Kriegsglück, auch über die Freuden der Jagd, sogar über die Schönheit einiger Violinkonzerte. Schließlich war er selbst ein zwar mittelmäßiger, aber leidenschaftlicher Amateurgeiger.

Erich Meller übte sich als aufmerksamer, geduldiger Zuhörer. Niemand kannte Heydrich so gut wie er. Und daher wußte er: den mußte man, in solchen seltenen Augenblicken der Hochstimmung, reden und reden lassen! Doch falls dabei nur eine einzige voreilige, ungeschickt gestellte Frage gewagt würde, war damit zu rechnen, daß sich dieser schon von Amts wegen mißtrauische Mensch schnell wieder in einen überall Gefahren witternden Großfuchs verwandeln könnte. Dazu kam es jedoch diesmal nicht.

Sie landeten vielmehr, so gut wie Arm in Arm, in der ›Troika‹. Dort besetzten sie eine Nische, gegenüber dem Eingang. Und hier verspeisten sie Kaviar in Mengen und tranken Wodka aus Wassergläsern. Dabei kam Heydrich – es war eins seiner Lieblingsthemen – auf einen Streich zu sprechen, den sie sich in ihrer Jugend geleistet hatten. Damals durften sie an einer Hochzeit auf dem Lande teilnehmen. Und die hatten sie dann gründlich durcheinandergebracht. »Erinnerst du dich noch daran?«

Nun ja – Meller erinnerte sich! Erinnerte sich, wie sie dem Geistlichen die Unterlagen für die Predigt als Klopapier zweckentfremdet hatten, so daß der dann nur noch reichlich ungereimtes Zeug vor sich hin stotterte. Oder an die Entwendung der Eßbestecke, worauf die freßbereiten Hochzeitsgäste wohl vor prallgefüllten Schüsseln saßen, doch ohne Löffel, Messer und Gabeln; sie mußten also mit den Händen zugreifen: Oder: Wie sie das elektrische Licht abgeschaltet und die Musiker durch die Vermischung von Bier mit hochprozentigem Alkohol besoffen gemacht hatten . . .

»Ja«, bekannte Meller, »das waren noch Zeiten! Die kommen niemals wieder.«

»Alles kommt wieder – irgendwie«, versicherte Heydrich und umarmte den ›Jugendfreund‹. »Einfach alles wiederholt sich – wenn auch in etwas anderer Form, auf anderem Niveau, in neuen Variationen. Und weißt du, Erich, warum ich mich jetzt so lebhaft an diese Hochzeit erinnere? Weil ich in diesen Tagen abermals an einer Hochzeit teilzunehmen gedenke; diesmal jedoch an einer im Hochgebirgsformat. Es ist jene des von Blomberg.«

»Der will tatsächlich in seinem Alter noch einmal heiraten? Und dich hat er dazu eingeladen, Reinhard?«

»Natürlich nicht! Einer solchen Einladung hätte ich auch nicht Folge geleistet. Kann ich mich denn leichtfertig kompromittieren lassen? Etwa indem ich einer erklärten Nutte die Hand küsse? Und dann noch riskiere, dabei photographiert zu werden! Trotzdem gedenke ich intensiv daran teilzunehmen – indirekt!«

»Sollte es sich denn bei dieser Hochzeit tatsächlich um eine beschlossene Sache handeln? Oder ist das nur so eine Idee?«

»Beschlossen und verkündet!« Heydrichs Heiterkeit nahm noch zu. »Sie wird am 12. Januar stattfinden – also in drei Tagen. Und das ist ein Vorgang, der allein schon als säuische Sensation sondergleichen bezeichnet werden kann. Aber das ist noch nicht alles.«

»Was gibt's denn wohl noch?« fragte nun Dr. Erich Meller. »Reicht dir dieses Vergnügen nicht?«

»Ach, Mensch, Erich – das Beste kommt erst!« Heydrich schlug dem Jugendfreund kräftig auf die Schulter, während er zum Eingang hinblinzelte. Dort war einer seiner verläßlichsten Abschirmer postiert; er garantierte ihm, daß die Nische, in der sie saßen, abhörfrei war.

Er hob das Wodkaglas dem ›Jugendfreund‹ entgegen. Sie lächelten sich zu und tranken. Dann sagte Heydrich: »Erinnerst du dich noch, daß ich dir vorhin gesagt habe, der Name dieses Restaurants, also ›Troika‹, komme mir umwerfend komisch vor? Willst du wissen, weshalb?«

»Wenn du willst, wirst du es mir sagen, Reinhard.«

»Ich sage es dir, Erich – von Freund zu Freund. So eine Troika, so ein Dreigespann vor einem Schlitten, braucht man nur scharf anzupeitschen. Dann rennt es unhemmbar seinem Ziel entgegen! Um etwas Ähnliches handelt es sich auch hier.« Meller schwieg – abwartend, lauernd. Es gelang ihm sogar, ein wenig müde, ja desinteressiert zu wirken. Doch zugleich blinzelte er Heydrich aufmunternd zu.

»Die Troika, die ich meine, besteht einmal aus dem Bräutigam einer Gelegenheitshure: das ist Blomberg. Dazu kommen zwei Trauzeugen, die sich gleichfalls vor diesen Schlitten spannen ließen. Und dieser Schlitten wird, das garantiere ich dir, im tiefsten Dreck landen!«

»Sollte Blomberg wirklich so dämlich sein? – Oder so naiv?« Meller schaltete, instinktsicher, auf Heydrichs Umgangssprache. »Der ist doch kein Idiot.«

Der Gruppenführer verlangte nunmehr Krimsekt! Der stand schon bereit, wurde unverzüglich entkorkt, schnell serviert. Heydrich probierte davon. »Penetrant süßlich!« stellte er fest, trotzdem schien er ihm zu schmecken. Er neigte sich dem ›Jugendfreund‹ entgegen.

»So dumm, wie es manchmal tatsächlich kommt, kann man sich's gar nicht vorstellen! Denn als Trauzeuge haben verbindlich zugesagt: einmal der Oberbefehlshaber des Heeres und, zweitens, der Oberbefehlshaber der Marine!«

Erich Meller bemühte sich, seine schockartige Überraschung nicht allzudeutlich werden zu lassen. Bedächtig trank er sein Glas leer. »Fritsch und Raeder? Und du bist sicher, Reinhard, dich nicht zu irren?«

»Ich habe die Aufstellung dieser Troika bereits schriftlich gesehen – in einer Kopie, versteht sich. Jedenfalls ist dieses Rennen in drei Tagen gelaufen – und dann haben wir diesen ganzen Supergeneralsverein im Sack! Und darauf wollen wir jetzt mal kräftig einen heben!«

Weitere Zwischenspiele

Die erste Phase:

Dr. Erich Meller versuchte unverzüglich mit dem Generaloberst von Fritsch Kontakt aufzunehmen. Wobei er, zunächst, über dessen Vorzimmer nicht hinauskam. Denn dort befand sich jener Adjutant, der seinen Oberbefehlshaber auch nach Kairo begleitet hatte. Und dieser Zerberus bedauerte:

»Herr Dr. Meller – ich weiß sehr wohl, daß Sie der Herr Generaloberst persönlich kennt und schätzt. Dennoch muß ich sehr um Verständnis dafür bitten, daß Herr von Fritsch zur Zeit nicht gestört werden darf. Er arbeitet, im Vertrauen, seit Tagen höchst intensiv mit seinem Generalstabschef und etlichen engeren Mitarbeitern an neuen, überaus wichtigen strategischen Überlegungen.«

Meller: »Ich muß trotzdem auf dieser Unterredung bestehen! Sie ist äußerst notwendig. Auch Oberst Oster von der

Abwehr ist dieser Ansicht. Bitte erkundigen Sie sich bei ihm.«

Ein Hinweis, der nicht mehr erforderlich war. Denn eine knappe Viertelstunde später erschien der Oberbefehlshaber des Heeres, gemessen höflich wie immer. Er akzeptierte das von Meller erbetene Gespräch unter vier Augen – doch zugleich auch den Einwand seines Adjutanten: »Bitte, Herr Dr. Meller, machen Sie es so kurz wie irgend möglich!«

Der sodann: »Herr Generaloberst, in der erwünschten Kürze also, stelle ich fest: Sie sind gebeten worden, bei der Hochzeit des Herrn von Blomberg als Trauzeuge zu fungieren. Davon muß ich Ihnen dringend abraten. Ich schaue noch nicht ganz durch. Die Gestapo scheint eine Akte angelegt zu haben, um zu beweisen, daß die zukünftige Frau von Blomberg eine fragwürdige Vergangenheit hat. Sie wissen ja, zu was die in der Lage sind. Nach der Hochzeit scheint man dann mit den Verleumdungen beginnen zu wollen.«

Der Generaloberst zeigte sich nicht sonderlich überrascht, doch höchst unangenehm berührt: »Ich habe bereits ähnliche Gerüchte vernommen, halte sie aber für üblen Klatsch. Warum kommen Sie damit zu mir? Warum unterrichten Sie nicht den Generalfeldmarschall persönlich?«

Dr. Meller: »Das ist bereits versucht worden – leider vergeblich. Der reagierte absolut negativ. Er lehnte es ab, und zwar entschieden, sich mit einem Dritten über die Vergangenheit seiner zukünftigen Frau zu unterhalten. Die habe keine, erklärte er.«

»Da sehen Sie es! Blomberg muß es ja wissen.«

»Aber bedenken Sie doch die Konsequenzen dieser Gestapo-Akte für Sie. Für das ganze Offizierskorps. Und meinen Sie nicht, daß manche Offiziere den Verleumdungen glauben werden, wenn man auf diese Akte verweisen kann? Bei den Ehrbegriffen der Offiziere!«

»Zu diesen Ehrbegriffen, mein lieber Herr Meller, gehört aber auch, daß man sein einmal gegebenes Wort hält. Der Herr Generalfeldmarschall hat mich gebeten, als sein Trauzeuge zu fungieren – und ich habe zugesagt.«

»Aber zumindest sollten Sie sich – bitte erlauben Sie mir diesen Ratschlag, Herr Generaloberst – mit dem anderen als Trauzeugen vorgesehenen Herrn in Verbindung setzen, also mit Admiral Raeder. Und das unverzüglich!«

Die zweite Phase:

Der Oberbefehlshaber des Heeres ersuchte – in der Tat ›unverzüglich‹ – den Oberbefehlshaber der Marine um eine Unterredung.

Raeder kam ihm mit der vertraulich geflüsterten Bemerkung entgegen: »Wenn Sie mich nicht aufgesucht hätten, wäre ich zu Ihnen gekommen. Leider vermutlich aus den gleichen Beweggründen. Es geht um die Heirat des Herrn von Blomberg, nicht wahr?«

»Genau darum! Mich hat da vorhin der Dr. Meller aufgesucht, der ja wohl auch Ihnen nicht ganz unbekannt ist – ein an sich recht verläßlicher Mann, sagt man, wenn auch mit reichlich dubiosen Beziehungen.«

»Die von Heydrich bis Canaris reichen sollen. Was jedoch noch nichts Negatives besagen muß – nicht in dieser Zeit.«

»Am liebsten hätte ich Dr. Meller nachdrücklichst gebeten, sich da nicht einzumischen. Doch inzwischen sind mir einige Bedenken gekommen. So etwa hatte am Tag zuvor einer meiner Generale versucht, mich telefonisch zu erreichen. Was ihm nicht gelang, weil ich mich in einer wichtigen Konferenz befand. Worauf der meinen Adjutanten anwies, und zwar wörtlich, mir folgendes auszurichten: ›Sagen Sie dem Herrn Generaloberst, daß der Generalfeldmarschall von Blomberg Anstalten macht, eine Hure zu heiraten!‹«

Admiral Raeder: »Glauben Sie das?«

Generaloberst von Fritsch: »Nein, ich glaube es nicht. Ich halte es für eine üble Machenschaft der Gestapo, der SS oder von sonst jemandem. Nur glaube ich, daß dies an unserem Problem nichts ändert. Bedenken Sie, wenn es wirklich diese gefälschten Beweise gibt . . . Sie wissen, wie perfekt die das machen. Und wie lange es dauern kann, zu beweisen, *daß* sie gefälscht sind! Und in der Zwischenzeit . . .«

Admiral Raeder: ». . . in der Zwischenzeit sieht es gegenüber dem Volk, gegenüber der Wehrmacht, gegenüber dem Offizierskorps so aus, als habe der Reichskriegsminister eine polizeilich registrierte Hure geheiratet . . .«

Generaloberst von Fritsch: ». . . und wir, die Repräsentanten dieser so traditionsreichen Wehrmachtsteile, hätten dabei Trauzeugen gespielt.«

Admiral Raeder: »Ich fange an zu ahnen, welche Zielrichtung die ganze Aktion hat. Wir müssen das abfangen.«

»Aber schließlich haben wir dem Generalfeldmarschall bereits unser Wort gegeben. Und überdies hat der Führer und Reichskanzler selbst, wohl nach intensiver Befürwortung von Göring, ausdrücklich seine Zustimmung zu dieser Hochzeit erteilt.«

»Und eben das, Herr von Fritsch, genau das, was Sie eben gesagt haben, will mir äußerst vielversprechend erscheinen! Denn damit haben Sie eine Möglichkeit angedeutet, die es uns erlauben würde, gerade noch im letzten Augenblick aus dieser Falle herauszukommen und den Schwarzen Peter dorthin zu schieben, wo er möglicherweise herkommt.«

»Was, bitte, habe ich Ihrer Ansicht nach angedeutet?«

»Wir rufen – jeder für sich – den Herrn von Blomberg an. Wir bedanken uns noch einmal für die gewiß äußerst ehrenhafte Aufforderung, seine Trauzeugen zu werden. Doch eben das, werden wir dann sagen, müßten wir mit Bedauern ablehnen – nach gründlicher Überlegung.

Denn diese große, besondere Ehre, werden wir weiter sagen, gebühre nicht uns, leider nicht! Dafür kämen vielmehr allein die Stifter, die Protektoren dieser Ehe, in Frage: Adolf Hitler und Hermann Göring. Diese Herren dürfen, so sollten wir deutlich zu machen versuchen, nicht übergangen werden. Zumindest lassen wir denen, respektvoll, den Vortritt. Und damit sind wir aus dem Schneider!«

Die dritte Phase:

Der Reichskriegsminister und Oberbefehlshaber der Wehrmacht, Generalfeldmarschall Werner von Blomberg, suchte abermals Hermann Göring auf. Er wurde betont herzlich empfangen. »Irgendein Problem, mein Lieber?«

»Ein sehr spezielles; es geht um meine bevorstehende Hochzeit. Dafür hatte ich, wie bereits dem Führer und Ihnen mitgeteilt, als Trauzeugen die Oberbefehlshaber des Heeres und der Marine vorgesehen. Die hatten auch zugesagt. Nunmehr jedoch . . .«

»Was denn, was denn – wollen die etwa nicht?«

»Das wohl nicht, Herr Göring. Vielmehr versicherten sie, was sich in der Tat überzeugend anhört, daß ihnen eine derartige Ehrung nicht zustehe. Für diesen Bund, so behaupten sie, kämen als Zeugen wohl allein der Führer und Sie, Herr Göring, in Frage. Eine mir aufgedrängte Konstellation, der ich selbstverständlich nur unter großen Bedenken zustimmen würde. Auf jeden Fall ist mir Ihre Ansicht dazu wichtig, wenn nicht sogar maßgeblich.«

Hermann Göring schnaufte heftig – und ließ sich Zeit. Denn nun mußte er gründlich nachdenken. Dann jedoch lachte er, geradezu katerhaft behaglich, und meinte: »Das, mein Lieber, läßt sich wohl arrangieren!«

»Also darf ich mich auch weiterhin auf Sie verlassen?«

»Dürfen Sie! In jeder erdenklichen Hinsicht! Auch das noch erledige ich prompt – und mit Wonne!«

Die vierte Phase:

Hermann Göring erschien bei Adolf Hitler in dessen Arbeitszimmer in der Reichskanzlei, um mit ihm ein Gespräch, sozusagen von Mann zu Mann, zu führen. Forsch polternd legte der Oberbefehlshaber der Luftwaffe los: »Da scheinen doch diese konservativen Paradehengste immer noch nicht über ihren Schatten springen zu können!«

Hitler reagierte instinktsicher: »Sollte es etwa Schwierigkeiten geben – bei der Heirat unseres Blomberg? Durch irgendwelche Generale?«

»Diese hoffnungslos verkalkten Typen«, wetterte Göring, »vermögen immer noch nicht zu kapieren, was das ist: revolutionärer Schwung und Volksgemeinschaft! Die pflegen nur penetrant ihre blutarme Inzucht, heiraten kein Weib ohne Adelstitel, auch wenn die noch so verfettet, verbaut und verknöchert ist, mit Reitpferdeblick und Stutenhintern! Diese Trottelkerle ahnen nicht einmal, was das sein kann: ein Kind aus dem Volke!«

»Werden Sie nun mal konkret, Göring! Was ist los?«

»Fritsch und Raeder wollen beim Blomberg nicht Trauzeugen spielen!«

»So! Mit welcher Begründung?« Hitler zeigte sich kaum neugierig. »Etwa mit fragwürdigen Ausreden?«

»Davor werden die sich hüten! Die versuchen lediglich, sich um den ihnen wohl zu dick geratenen volkstümlichen Brei herumzudrücken. Die führen feudale Eiertänze auf, behaupten, nicht würdig genug zu sein! Wohl wünschen sie ihrem verehrten Reichskriegsminister Glück und Segen. Doch die Ehre, seine Trauzeugen zu mimen, gebühre ihnen nicht.«

»Wem dann? Etwa uns, Göring? Uns beiden . . . Ist es das?«

Adolf Hitler betrachtete seinen Paladin nachsichtig, fast versonnen, wie immer, wenn er dessen klebrige Vernebelungsversuche nahezu mühelos zu durchschauen vermochte. Und als Göring seinen Führer lächeln sah, nickte er ihm heftig zu.

Und Hitler sagte: »Nun, dann werden wir wohl unserem Generalfeldmarschall beistehen müssen – was? Kameradschaftlich – wie es sich gehört. In der selbstverständlichen Hoffnung, daß unser Vertrauen nicht mißbraucht wird. Doch eben das ist dabei wohl der springende Punkt, wie?«

Die fünfte Phase:

Die Hochzeit des Generalfeldmarschalls Werner von Blomberg mit Fräulein Eva Gruhn, einer Reichsangestellten, fand am Mittag des 12. Januar 1938 statt. In schlichtem, aber würdigem Rahmen.

Der Ort: das Kriegsministerium. Vorgesehen war lediglich eine standesamtliche Trauung; keine religiöse Feier. Und alles im kleinsten Kreis.

Kein Mitglied der Familie von Blomberg war anwesend – also auch keines seiner erwachsenen Kinder. Auch der Vater seines Schwiegersohnes, der General Keitel, war nicht erschienen, dem Blomberg zu seiner stattlichen Karriere verholfen hatte. Die interne Entschließung seiner nächsten Angehörigen, also seiner Familie, hatte gelautet: Man wünsche diesen Vorgang nicht zur Kenntnis zu nehmen!

Eingefunden hatte sich jedoch, mit großer Selbstverständlichkeit, in voller Uniform und mit allen Orden, einer der ganz wenigen persönlichen Freunde Werner von Blombergs: sein ehemaliger Marineadjutant, Korvettenkapitän von Friedeburg. Und der ließ, hier fast als einziger, eine gewisse würdige Ergriffenheit erkennen. Er sah nur den Freund und bemerkte, wie glücklich der war, wenn auch verständlicherweise leicht nervös, vielleicht sogar ein wenig bedrückt. Friedeburgs Glück- una Segenswünsche waren dezent, aber von makelloser Herzlichkeit.

Der Standesbeamte stand ergeben in seiner Ecke am hintersten Fenster und betrachtete das wohl ungewöhnlichste Schauspiel seines Lebens: Der Generalfeldmarschall im gedämpften Gespräch mit seinem Freund, dem prächtigen Marineoffizier. Ein wenig seitwärts stand die durchaus dekorativ zu nennende Braut, in leicht angestrengt wirkender Haltung. Sie wurde von ihrer Mutter, Frau Gruhn, betreut; die lächelte ihre Tochter an, ordnete ihr dunkelbraunes Kostüm, straffte faltenschlagende Stellen, zupfte ein Haar von den wattierten Schultern. In Türnähe hielt sich einer der Adjutanten Blombergs auf, sprungbereit auf den großen Auftritt dieser Staatsaktion lauernd.

Der erfolgte auf die Minute genau zur angekündigten Zeit: 12 Uhr mittags. Herein schritt der Führer, mit etwas steif wirkenden Beinen und ernsten Blickes, als habe er eine Truppenparade abzunehmen. Unmittelbar hinter ihm drängte Göring freudig nach. Als einziger der nun vollzählig Anwesenden strahlte er ungetrübte Munterkeit aus. Entsprechend klang auch seine Stimme, trompetend laut inmitten dieser gedämpften Feierlichkeit.

Später sollte der Standesbeamte, immer noch maßlos beeindruckt, feststellen: »Manchmal hatte ich das Gefühl, daß er es war, also Göring, dessen Hochzeit hier stattfand! Zumindest machte der ganz den Eindruck, als handle es sich hier um ein freudiges ihn selbst betreffendes Ereignis.«

Blomberg eilte Hitler entgegen, begrüßte ihn, dankte ihm beglückt-ergeben für sein Erscheinen und versicherte, er wisse die große Ehre seiner Anwesenheit zu würdigen. Hitler er-

215

klärte, er sei gern erschienen und empfinde es seinerseits als Ehre, in dieser Stunde an der Seite seines Generalfeldmarschalls stehen zu dürfen. Dann wurden dem Führer die Teilnehmer an dieser Veranstaltung, soweit sie ihm noch nicht bekannt waren, vorgestellt.

Dabei sagte Hitler, wohlvorbereitet wirkend, zu Eva Gruhn: »Freue mich sehr, Sie kennenlernen zu dürfen. Wer zu jenen Menschen gehört, die zu mir gehören, ist mir willkommen!«

Dann wendete er sich der ›Brautmutter‹ zu. »Ihr Fräulein Tochter, nun bald Frau von Blomberg, wird fortan an der Seite eines der höchsten Repräsentanten unseres Reiches ein Leben führen müssen, das wahrlich ganz besondere Aufgaben und Ansprüche stellt. Ich hoffe sehr, daß Sie Ihrer Tochter beistehen werden.«

Schließlich sagte er, nunmehr staatsmännisch befehlend, zum Standesbeamten: »Dann walten Sie also Ihres Amtes!«

Die Amtswaltung dauerte nur wenige Minuten. Der Standesbeamte verlas seinen Standardtext. Werner sagte: »Ja.« Eva sagte: »Ja.« Dann unterschrieben sie – danach die Trauzeugen: Hitler, Adolf – Göring, Hermann. Das alles geschah wie in dringend gebotener Eile. Offenbar befand sich niemand in diesem Raum, der die Zeremonie nicht schnellstens hinter sich zu bringen wünschte.

Unmittelbar danach wurde Champagner serviert. Das erledigte eine Ordonnanz, die in diesem Kreis völlig gesichtslos wirkte; dieser Mensch war wohl auch nichts wie ein zufällig anwesender, dienstbereiter Geist. Doch auch er hatte einen Namen. Er hieß Ewald Liedtke.

Auskünfte dieses Ewald Liedtke, einige Jahrzehnte später:

»Damals mußte ich meine zwei Soldatenjahre, von wegen der Wehrpflicht, abreißen. Nach scharfer Rekrutenausbildung und sonstigen Fehlverwendungen gelangte ich dann – als gelernter Gastronom – in eine Kantine. Jedoch nicht in irgendeine, vielmehr in jene des Reichskriegsministeriums. Und von dort wurde ich dann sozusagen ausgeliehen; ich durfte also bei der Trauung unseres obersten Chefs servieren. Champagner – neun Gläser; acht für die Anwesenden, eins für mich.

Mann Gottes – das war vielleicht eine Trauerweidenversammlung! Wie in unmittelbarer Friedhofsnähe. Höchst gedämpfte Atmosphäre. Kein lautes Wort – außer von diesem Göring; der röhrte manchmal wie ein Hirsch. Die anderen jedoch standen da nur so herum – wie verstummt und versteinert. Was wohl Hitler zuzuschreiben war. Der schien sich auf einem Feldherrnhügel aufzuhalten, wie dieser Otto Gebühr in einem seiner Fridericus-Filme, genauso! Er starrte immer nur, in unnahbarer Würde, in die Weite. Und alle Anwesenden starrten ihn an.

Der Generalfeldmarschall legte, ritterlich besorgt, einen Arm um seine nunmehrige Frau Gemahlin. Sie schien zu zittern, sozusagen efeuhaft schmiegte sie sich an ihn. Und ihre Mutter bestaunte dieses Idyll, wie reichlich ungläubig.

Göring redete sie übrigens lautstark mit ›Gnädige Frau‹ an.«

»Verehrte gnädige Frau!« rief Göring tönend aus. »Wie fühlen Sie sich denn so – als die Schwiegermutter des höchsten deutschen Soldaten?«

»Meine liebe Tochter«, bekannte Frau Gruhn, »wollte schon immer ganz hoch hinaus. Und das hat sie nun tatsächlich geschafft.«

»Und höher geht es wohl nimmer!« scherzte Göring vergnügt. »Eine überaus bemerkenswerte Dame, Ihre Tochter. Was bei dieser Mutter wohl nicht verwunderlich ist! Ich hoffe,

217

wir haben bald einmal Zeit, uns ein wenig zu unterhalten. So von Mensch zu Mensch! Darauf würde ich Wert legen!«

Doch ehe noch Mutter Gruhn, vermutlich ungemein geschmeichelt, zustimmen konnte, erklärte der Führer, rauh aufbellend, daß er sich zu verabschieden wünsche. Er stellte sein fast unberührtes Champagnerglas ab, reichte seine schlappe Hand ringsherum und nickte wie mechanisch in alle Richtungen. Den Generalfeldmarschall fragte er: »Na – und wie soll es nun weitergehen, mein Lieber?«

»Meine Ehe betreffend?«

»Vermutlich werden Sie nun das veranstalten wollen, was man gemeinhin Flitterwochen nennt. Ich gönne sie Ihnen, von Herzen. Wohin soll's gehen?«

»Wir werden selbstverständlich in unserem Deutschland bleiben, mein Führer! Ich gedenke mit meiner lieben Frau in meine Heimat zu reisen, also nach Sachsen, bevorzugt nach Leipzig. Dabei werde ich, was sich von selbst versteht, ständigen Kontakt mit meinem Amt aufrechterhalten.«

»Also dann – gute Reise!« sagte Hitler, bevor er sich sehr schnell entfernte. Göring folgte ihm. Beide schritten, Schulter an Schulter, davon.

Der eine wie der andere glaubte eine entscheidende Schlacht geschlagen zu haben. Doch für einen sollte sich das als horrender Irrtum herausstellen. Nicht jedoch für Hitler.

Offiziell aufgemacht, erschien am folgenden Tag eine Zeitungsmeldung. Und zwar in dem damals in Deutschland dominierenden Blatt, dem ›Völkischen Beobachter‹. Dort stand auf der ersten Seite, wenn auch nicht sonderlich auffällig, diese Nachricht:

›Berlin, 12. Januar.

Der Reichskriegsminister, Generalfeldmarschall von Blomberg, hat sich mit Fräulein Eva Gruhn vermählt. Der

Führer und Reichskanzler und Generaloberst Göring waren Trauzeugen.

Generalfeldmarschall von Blomberg kann versichert sein, daß ihm und seiner Gemahlin das gesamte deutsche Volk von Herzen Glück wünscht.‹

Das war schon alles. Doch es genügte. Völlig! Denn alsbald sollte hier die Hölle entfesselt werden. Mit penetrantem Gestank.

In jenen Tagen schien in der Machtzentrale der SS, dem Reichssicherheitshauptamt in Berlin, ›ganz dicke Luft‹ zu herrschen. Der oberste Chef, also Gruppenführer Reinhard Heydrich, war ›außer sich‹. Denn: nichts, einfach nichts mehr, schien hier zu funktionieren!

Also versuchte Heydrich seine Abteilungsleiter reihenweise zusammenzubügeln. »Was ist denn mit euch los! Pennt ihr Kerle permanent? Geht es euch zu gut? Solltet ihr Helden etwa müde geworden sein – vielleicht sogar lebensmüde? Da hatte ich diese vielversprechende Troika endlich beisammen – doch was passiert? Diese Generalsgäule galoppierten davon! Im allerletzten Augenblick!«

»Es könnte sein«, gab einer seiner wie stets entgegenkommenden Mitarbeiter zu bedenken, »daß es hier, also bei uns, eine undichte Stelle gibt!«

»Genau das«, rief Heydrich aus, »ist auch mein Eindruck! Da scheint irgendein Sauhund aus unseren Reihen leichtfertig herumzuquatschen, vielleicht sogar auf zwei Schultern zu tragen. Es könnte sich sogar um einen eingeschleusten Spitzel handeln! Doch eben diesen Dreckskerl will ich haben – den mache ich persönlich fertig!«

Worauf Gruppenführer Heydrich in äußerst scharfem Ton anordnete: »Totale Sicherheitsüberprüfung! Jeder Schwanz in unseren Reihen ist nunmehr genau unter die Lupe zu nehmen. Das ist ein Befehl, der Vorrang hat, vor allem anderen. Krempelt das Amt um, Kerle – völlig rücksichtslos! Diese undichte Stelle muß gefunden werden!«

Unmittelbar nach dieser Abkanzelung aller Abteilungsleiter, gemeinhin ›Konferenz‹ genannt, nahm sich Heydrich, nun ganz speziell, seinen Homosexuellengreifer vor, also Meisinger. Und den behandelte er wie den ›letzten Dreck‹.

»Was haben Sie sich eigentlich dabei gedacht? Wie können Sie es wagen, mir einen derartigen Mist vorzusetzen! Das ist doch einfach idiotisch, was Sie sich da geleistet haben: an diese Akten einen Mann heranzulassen, der nun prompt mit Ihnen Schlitten fährt!«

Meisinger, bleich, fast schlotternd, war um eine Erklärung bemüht: »Das geschah nur, um uns möglichst vollkommen abzusichern – um ganz auf Nummer Sicher zu gehen . . .«

»Sie sind ja noch weit blöder, Meisinger, als ich bisher angenommen hatte!« zischte ihn Heydrich an. Er tippte mit dem Zeigefinger auf einen ihm vorliegenden Bericht. »Wie nennen Sie das? Eine Absicherung? Auf so was scheiße ich! Was ich allein sehen will, sind voll funktionsfähige Resultate!«

»Verzeihung!« versuchte sich Meisinger zu rechtfertigen. »Aber in meinem Bemühen, einfach nichts außer acht, nichts dem Zufall zu überlassen, glaubte ich, daß eine intensive interne Nachprüfung . . .«

»Ach was – Sie haben sich da leichtfertig ins Handwerk pfuschen lassen! Und das Endresultat könnte sein, daß uns nun schon wieder eine dieser Generalsfiguren glatt von der Schippe springt – durch Ihre Dämlichkeit! Können Sie denn nicht lesen, Mensch?«

Was vor Heydrich lag, war eine Art ›Überprüfungsbericht‹. Und den hatte ein Beamter der Berliner Kriminalpolizei erstellt, der neuerdings, aufgrund einer internen Empfehlung, im Reichssicherheitshauptamt gelandet war. Sein Name: Huber.

»Wer hat uns denn nur eine solch fürchterliche Laus in den Pelz gesetzt?« stöhnte Heydrich.

Aus dem Erich-Meller-Bericht

»Als damals diese heiklen Vorgänge in das Stadium direkter Gefährlichkeit gerieten, sah ich mich gezwungen, Huber zu mir zu bitten – mit der halb bedauernd, aber auch anspornend gedachten Bemerkung: ›Es ist nun soweit, mein Lieber!‹

›Wie weit denn wohl, Herr Regierungsrat?‹

›Ich habe es nunmehr für dringend notwendig gehalten, Sie wirkungsvoll hochzuloben – und zwar gleich bis in das Reichssicherheitshauptamt hinein. Dort schätzt man meine Ratschläge, wie Sie ja wissen. Sie sind also bei diesem Verein hochwillkommen.‹

›Als – was, bitte?‹

›Nun, sagen wir – als exzellenter Kriminalist! Der Sie ja sind.‹

›Und auch zu bleiben gedenke, Herr Meller!‹«

›Versuchen Sie das! Jedenfalls landen Sie nun in Heydrichs Bereich; und dort werden Sie der Abteilung Meisinger zugeteilt.‹

›Ausgerechnet diesem Schwein!‹ sagte Huber mit grimmiger Offenheit. ›Und darauf bestehen Sie? Das halten Sie für unbedingt notwendig? Ja? Nun gut – wenn es sein muß, werde ich auch das noch erledigen. Aber dieser Meisinger wird sich wundern!‹

Der wunderte sich in der Tat. Denn Meisinger erlaubte sich den Einfall, diesen Huber als fachkundig bekannten Sittenexperten auf Schmidt anzusetzen, also auf Otto-Otto. Um

221

den erneut zu durchleuchten – und um sich dadurch auf jede erdenkliche Weise abzusichern. Die Resultate waren alarmierend.

Denn innerhalb weniger Tage war es dort meinem Huber gelungen, diesen Kerlen zu suggerieren: Die Verdächtigungen gegen den Generaloberst von Fritsch muteten, in einigen Einzelheiten, recht fragwürdig an. So etwa schienen einige für wesentlich gehaltene Details nicht in allen Aussagen übereinzustimmen.

›Dann muß man die eben in Übereinstimmung bringen!‹ hatte Meisinger, lässig abwehrend, gemeint. ›Das ist doch reinste Routine, das werde ich noch einmal durcharbeiten lassen. Die Hauptsache ist doch wohl: Otto Schmidt beschwört das alles!‹

›Was aber, Herr Meisinger‹, hatte Huber freundlich zu bedenken gegeben, ›wenn da noch andere Zeugen ausfindig gemacht werden könnten? Oder etwa gar Unterlagen auftauchen sollten, mit denen sich nachweisen ließe, daß Schmidt falsche oder auch verfälschte Aussagen gemacht hat?‹

›Mann!‹ hatte Meisinger irritiert ausgerufen. ›Malen Sie mir nicht den Teufel an die Wand!‹

›Fraglich ist auch‹, hatte Huber beharrlich nachgebohrt, ›ob sich die Behauptung aufrechterhalten läßt, Otto Schmidt sei ein V-Mann der Polizei gewesen. Der war ein Erpresser; und davor sogar auch ein aktives Mitglied in Berliner Homosexuellenkreisen, soweit ich mich erinnere. Und eben daran könnten sich, bei einigem Nachdruck, oder mit Hilfe finanzieller Ermunterungen, auch noch andere erinnern. Jedenfalls habe ich für Sie eine diesbezügliche Aktennotiz angefertigt.‹

Und eben diese wurde nun Heydrich vorgelegt.«

»Menschenskind, Meisinger, was soll dieser Seich! Haben Sie Scheiße im Gehirn?« Der Gruppenführer sagte das dennoch nahezu freundlich, ermunternd. »Haben Sie eine Ahnung, was das bedeuten könnte?«

Das vermochte sich auch ein Meisinger vorzustellen. Denn dazu gehörte wohl nicht sonderlich viel Phantasie. Er blickte nun flehend, bat ergeben um weitere Richtlinien, versprach, diese sorgfältig zu beachten. »Ich bemühe mich stets, Ihr Vertrauen zu verdienen, Gruppenführer.«

»Dann strengen Sie sich auch entsprechend an! Denn im Grunde, Meisinger, ist doch alles ganz einfach. Ich mache, was der Führer will; Sie machen, was ich will; und Ihre Untergebenen machen, was Sie wollen. Und damit ist alles in bester Ordnung.«

»Jawohl!«

»Aber warum müssen Sie sich denn in Ihrer Arbeit derart irritieren lassen? Von einem gewissen Huber! Wer ist denn das?«

»Ein vor kurzem zu uns versetzter Kriminalkommissar von der Berliner Sitte, ein Fachmann! Er wurde eingestellt vom Personalreferenten des Amtes – und zwar aufgrund einer Empfehlung von Regierungsrat Meller.«

»Herrgott noch mal, Meisinger, Sie Idiot!« rief nun Heydrich wie erlöst aus. »Warum haben Sie das denn nicht gleich gesagt? Wissen Sie denn nicht, wer dieser Meller ist – und was ich für den bin! Wir sind Freunde! Auf den ist hundertprozentig Verlaß! Wenn der uns einen Experten zuspielt, dann geht das in Ordnung. Aber eben daraus müssen Sie nun das denkbar Beste machen!«

»Wird gemacht!« Meisinger schien nun endlich begriffen zu haben, was von ihm erwartet wurde. »Ich habe diesen Huber lediglich angesetzt, um von ihm letztes Absicherungsmaterial zu erhalten. Die undichten Stellen, die er dann heraus-

223

findet, werden von mir persönlich abgedeckt. So gehen wir ganz auf Nummer Sicher! Jedenfalls wird der keinerlei direkte Eingriffsmöglichkeiten erhalten – dafür sorge ich schon. Richtig so?«

Heydrich betrachtete seinen nunmehr erleichtert grinsenden Haupthomosexuellengreifer nachsichtig hoffnungsvoll. »Sie sind für alles verantwortlich, Meisinger! Bringen Sie diese Angelegenheit absolut befriedigend, also rundherum überzeugend, über die Bühne. Dann dürfen Sie mit meinem großzügigsten Wohlwollen rechnen. Aber eben – nur dann!«

Zehnter Versuch einer romanhaften
Gestaltung . . .
Thema: Versuchte Flitterwochen

»Werner«, wollte Eva, die nunmehrige Frau von Blomberg, sich eng an ihren Werner schmiegend, wissen, »bist du glücklich?«

»Ja, sehr, mein Liebling!« versicherte er zärtlich.

»Aber – du bist nicht fröhlich!« klagte sie behutsam.

»Ich bin schließlich kein unbekümmerter Jüngling mehr.«

»Sage so etwas nicht!« ermahnte sie ihn, beglückt auflachend. »Denn nicht selten, in ganz bestimmten Augenblicken, kommst du mir vor wie ein junger, ein sehr junger Mann!«

»Wie schön, das zu hören«, sagte er lächelnd. »Doch wenn das zutrifft, ist es allein dein Verdienst. Du bist eine wunderbare Geliebte.«

»Für dich bin ich es gern.«

Sie hielten sich nunmehr in Leipzig auf. Nur wenige Tage waren seit ihrer Hochzeit vergangen. Sie hatten den Zoo be-

224

sucht. Es regnete sanft. Frau von Blomberg hatte einen großen schwarzen Schirm aufgespannt, den sie über Werner und sich hielt. Sie trug einen dunkelbraunen Schlapphut und blickte zu ihm auf, sie war um einen Kopf kleiner als ihr Mann.

Als sie sich dort vor dem Affenkäfig aufhielten, wurden sie photographiert – ohne es wahrzunehmen. Dieses Foto wurde dann in der ›Berliner Illustrirten‹ veröffentlicht. Wobei niemals ganz aufgeklärt werden konnte, ob das mit Wissen oder etwa gar mit Nachhilfe des Reichspropagandaministeriums geschehen war. Doch eben dieses scheinbar herzig-harmlose Photo wirbelte dann, wie man gemeinhin sagt, einigen Staub auf.

Das vermochte der von Blomberg nicht zu ahnen. Doch entsprechende Hinweise, quälend vertrauliche, erfolgten unverzüglich. So sagte etwa der Vater seines Schwiegersohns, der General Keitel: »Mußte denn auch das noch sein?«

Auch Oberst Hoßbach, der Wehrmachtsadjutant des Führers, hatte geklagt: »Der, also unser Generalfeldmarschall, scheint uns einfach nichts ersparen zu wollen. Aber auch damit müssen wir wohl fertig werden.«

Und ein General leistete es sich, verächtlich zu kommentieren: »Freudenhausausflug!«

Hinzu kam eine überlieferte Äußerung Hitlers, eine scheinbar höchst vertraulich gedachte, die er jedoch Göring gegenüber tat, womit die Öffentlichkeit so gut wie sicher hergestellt war: »Als ich bei dieser Trauung die Mutter der Braut erblickt hatte, wußte ich, woher die kam! Die war eindeutig gezeichnet, von ihrer Vergangenheit.«

»Daß du so nachdenklich bist, bedrückt mich sehr«, sagte Eva, als sie nach einem Spaziergang durch Leipzig wieder in ihr Hotel zurückgekehrt waren. »Ich kann nur hoffen, daß ich nicht schuld daran bin.«

»Komm bitte niemals auf den Gedanken, meine liebe Eva«, mahnte ihr Werner ritterlich, »daß ich meinen Entschluß, dich geheiratet zu haben, jemals bedauern oder gar bereuen könnte! Denn immer wieder muß ich mir eingestehen: erst jetzt glaube ich wirklich zu leben!«

»Danke!« sagte sie und umarmte ihn zärtlich. »Aber warum dann diese bedrückende Nachdenklichkeit, Werner?«

»Ich wittere eine Meute – von Verfolgern!« gestand er ihr ein, schweratmend. »Denn Gegner hat jeder Tüchtige; den Erfolgreichen belauern Feinde! Einige Generale fühlen sich wohl durch mich, durch meinen Rang, meine Dienststellung übergangen. Die lauern nur auf einen Fehler von mir. Hyänen sind das!«

»Aber – das ist doch furchtbar!« stieß sie besorgt hervor. »Doch mit mir, bitte sag mir das ehrlich, hat das alles nichts zu tun?«

»Nein, mein schöner, sanfter Liebling!« beruhigte er sie. »Du bist nichts wie eine große, reine Freude! Allein du zählst für mich – nichts sonst!«

»Wenn das so ist, Werner – bin ich sehr glücklich.«

»So ist es, Eva!« bekannte er, sie heftig umarmend. »Mit diesen Raubtieren werde ich schon fertig werden! Sobald wir von unserer Hochzeitsreise zurück sind, räume ich auf! Und zwar gründlich!«

In jenen Tagen, also zu Beginn dieses Jahres 1938, geschah auch folgendes:

Das Nansen-Hilfskomitee erhielt den Friedensnobelpreis. Der Literaturnobelpreis ging an Pearl S. Buck, USA. Die ›Negersängerin‹ Marian Anderson, geboren 1908, wurde zum Ehrendoktor der Harvard-Universität ernannt.

In Italien starb Gabriele d'Annunzio – ein nationaler Dichter, intimer Freund der Duse, bekennender Bewunderer des Duce. Zu den Toten jener Tage gehörte auch Ernst Barlach – der wohl innigste, zugleich ursprünglichste aller Expressionisten. Er wurde sang- und klanglos unter die Erde gebracht; keine Zeitung in Deutschland veröffentlichte auch nur eine Zeile über ihn.

Zugleich erschien von George Bernanos, dem wohl kämpferischsten unter Frankreichs katholischen Autoren: ›Die großen Friedhöfe unter dem Mond‹. Oskar Kokoschka versuchte die britische Staatsangehörigkeit zu erwerben. Ernst Ludwig Kirchner, ein deutscher Expressionist, Gestalter aufglühender Abstraktionen, entschloß sich zum Freitod.

Bartók komponierte ein weiteres seiner Klavierkonzerte; mit ihm zugleich bemühte sich der Maler und Bildhauer Hans Arp, in der Schweiz zu überleben. Was beiden gelang. Denn Bürger von Basel, an deren Spitze ein Professor Dr. Müller und dessen Frau, organisierten seine und auch anderer finanzielle Unabhängigkeit.

Zugleich versuchte Joseph Roth, ein einzigartiger Romancier, sein Emigrantenunglück in Paris durch Alkohol zu betäuben, woran er starb. Die Brüder Mann, Heinrich ebenso wie Thomas, schienen nunmehr jede Hoffnung auf ihr Deutschland aufgegeben zu haben. Sie verwandelten alsbald traurige Klage in entschlossene Anklage.

Währenddessen unternahm Hitler einen kurzen Besuch in Rom. In England meldeten sich Politiker zu Wort, die da behaupteten: man müsse wohl alles, was in jenem Dritten Reich geschehe, möglichst realistisch sehen, also ohne gefühlsbetonte Vorurteile. Zugleich wurde in Paris eine weitere Weltausstellung vorbereitet – mit einem höchst repräsentativ gedachten, kolossal-klobigen deutschen Pavillon, entworfen von Speer, dem bereitwilligen Baumeister seines Führers.

Der Obergefreite Schmiedinger, persönlicher Betreuer des Generalobersten von Fritsch, war ein Mann von freudiger Unbekümmertheit – das gelegentlich auch seinem Oberbefehlshaber gegenüber. Was den oftmals sichtlich schockierte, aber doch hingenommen wurde. Nach dem Grundprinzip dieses Freiherrn: Einem Mann wie mir muß man stets mit letzter Offenheit begegnen können.

Und genau das stand dem nun bevor. Das geschah, nachdem Schmiedinger seine Stiefel und Schuhe auf Hochglanz gebracht hatte, auch die Alltagsuniformen fleckenfrei und gut gebügelt vorweisen konnte. »Darf ich mir nun mal eine sehr persönliche Bemerkung erlauben, Herr Generaloberst?«

»Warum fragen Sie, Schmiedinger? Sie benötigen doch nicht erst meine Erlaubnis, wenn Sie mir etwas beizubringen gedenken, oder, um Ihren Jargon zu benutzen: mir etwas unterjubeln zu wollen. Nur zu!«

»Erinnern Sie sich noch, Herr Generaloberst, an einen gewissen Obergefreiten Freiberg?«

»Überflüssige Frage, Schmiedinger!« Der von Fritsch lächelte karg. »Ich pflege niemanden zu vergessen, der jemals zu meinem Bereich gehört hat.«

Dieser Obergefreite Freiberg war einer der Vorgänger seines derzeitigen Betreuers Schmiedinger gewesen – ein äußerst dezenter, angenehm zurückhaltend wirkender Mann. Der befand sich jetzt wohl in irgendeinem Kasino, offenbar in maßgeblicher Position. Denn tüchtig war er auch.

»Ein sozusagen ganz prima Kamerad!« versicherte Schmiedinger. »Also einer, auf den man sich verlassen kann – nicht wahr?«

»Durchaus!« bestätigte der Generaloberst bereitwillig. »Oder sollten Sie anderer Ansicht sein?«

»Von Zeit zu Zeit treffe ich mich mit dem – sagen wir:

zwecks Erfahrungsaustausch! Erst gestern nahmen wir wieder diverse Schnäpse und Biere zur Brust. Doch diesmal wollte der mir gar nicht gefallen! Wünschen Sie zu wissen, warum nicht?«

»Sagen Sie es, Schmiedinger! Da Sie offenbar darauf bestehen.«

»Nun gut, Herr Generaloberst! Dann also ohne Umschweife: Unser Kamerad Freiberg ist in die Hände der Gestapo gefallen! Und diese Kerle haben den intensiv bearbeitet; also ihn nach allen Regeln ihrer Kunst fix und fertig gemacht! Der ist jetzt ein denkbar armes Schwein! Eins mehr – in dieser Zeit! Doch weshalb das Ganze, werden Sie nun wohl wissen wollen? Ihretwegen!«

Der von Fritsch lehnte sich in seinen Schreibtischsessel zurück und schüttelte langsam den Kopf. »Unvorstellbar!«

Worauf nun Schmiedinger ungehemmt deutlich wurde: »Diese entfesselten Gestapohengste haben versucht, und zwar mit Gewalt, von unserem Freiberg zu erfahren, ob er jemals, in Ihrem Bereich, unsittlichen Annäherungen ausgesetzt worden sei? Und wenn ja – wie sich das abgespielt habe. Sie verstehen hoffentlich, was damit gemeint ist?«

Der Generaloberst von Fritsch hatte sich erhoben, steif gereckt stand er nun da – entschlossen, abweisend. »So was, Schmiedinger, ist einfach ekelerregend! Das hätten Sie mir, da Sie mich kennen, niemals zumuten dürfen!«

»Aber ich, Herr Generaloberst, bin es doch gar nicht, der Ihnen etwas Derartiges zumutet – oder gar zutraut!« Der Obergefreite blickte besorgt seinen Oberbefehlshaber an. »Aber die Gestapo – die versucht das! Verstehen Sie?«

»Was, Schmiedinger, hat uns das anzugehen! Diese Leute können von mir aus unternehmen, was auch immer – ich gedenke mich niemals auf deren Ebene zu begeben!«

»Was denen aber scheißegal ist! Die kochen ihre Suppen
– ganz gleich, wer die dann auslöffeln muß.«

»Alles in mir sträubt sich dagegen, so etwas auch nur zur
Kenntnis zu nehmen.«

»Verstehe«, versicherte der Obergefreite Schmiedinger,
durchaus beeindruckt von so viel Souveränität, doch ohne
sich sonderlich beirren zu lassen. Er entwickelte sehr eigene
Gedanken – wie dazu verurteilt.

Denn was dieser Schmiedinger nunmehr erkannt zu haben
glaubte, und was dann tatsächlich auch zutraf, war dies: Sein
Generaloberst vermochte ganz einfach nicht zu begreifen, was
um ihn und mit ihm gespielt wurde! Und sosehr dieser Fritsch
es auch für möglich gehalten hatte, daß die Gestapo den Generalfeldmarschall von Blomberg auf die hinterhältigste
Weise durch gefälschte Dokumente vernichten könnte – jetzt,
wo es ihn selber betraf, erwies er sich, geradezu selbstmörde-
risch, als absolut ahnungslos. Durchaus möglich, daß ihn das
ehrte! Doch sicher war es eben diese Ahnungslosigkeit, welche die sich nun auf ihn zuwälzende Schmutzflut so überaus
gefährlich machte.

Die Stunden dieses Mannes, das meinte Schmiedinger zu
erspüren, waren wohl gezählt. Er versuchte seine Traurigkeit
mit fürchterlichen, heimlich ausgestoßenen Flüchen zu überwinden. Vergeblich. Er mußte sich wohl nach einem anderen
Job umsehen – um aus dieser lebensgefährlichen Zwickmühle
möglichst unversehrt herauszukommen.

Elfter Versuch einer romanhaften
Gestaltung . . .
Thema: Der Tod einer Mutter

»Die Sonne geht auf«, rief Werner seiner Eva zu. Wobei er, wohl unabsichtlich, einen der gängigen Schlagertitel jener Jahre gebrauchte. Immer wieder bemühte er sich, zu demonstrieren, wie überaus glücklich er war, sie zu sehen. »Sobald du auf mich zukommst, habe ich das wunderbare Gefühl: diese Welt ist schön!«

Hastig schloß sie die Tür ihres gemeinsamen Hotelzimmers in Leipzig. Sie lehnte sich, wie entkräftet, dagegen. Sie sagte: »Ich habe dir eine sehr traurige Nachricht zu überbringen.«

»Doch wohl nichts, was irgendwie uns beide betreffen könnte? Da ist doch alles bestens geregelt! Da wir uns fest vorgenommen haben, daß uns nichts auch nur im geringsten zu beeindrucken vermag!« Doch er erkannte ihre wuchernde Unruhe, ihre schwere Besorgnis. Ihr Gesicht verriet Hilflosigkeit. »Sollte es dir etwa nicht gutgehen, meine liebe Eva? Was ist denn geschehen?«

»Für dich«, sagte sie fast tonlos, »ist ein Telegramm eingetroffen.« Sie zeigte es ihm. Dabei sah er nur sie an – ihr weißes Gesicht leuchtete im einflutenden Licht der Abendsonne auf. »Ein Telegramm von deiner Familie – unterzeichnet von einem deiner Söhne.«

»Was glaubt denn der mir mitteilen zu müssen?«

»Den Tod deiner Mutter.«

Der von Blomberg erhob sich schwer atmend zu seiner vollen Größe; nahezu taumelnd stand er da.

Er wendete sich ab, um seine tiefe Betroffenheit, seine ungehemmt hervorquellenden Tränen nicht zu zeigen. Selbst noch in diesem Augenblick war es, als befehle er sich, zu demonstrieren: ein deutscher Generalfeldmarschall weint nicht – niemals! Er begab sich in das Bad.

Als er – viele Minuten später – wieder in das Hotelzimmer zurückkam, schien er voll soldatischer Gelassenheit und Würde. Er nickte seiner Eva ernst zu und verkündete ihr: »Nichts in diesem Leben ist so unvermeidlich wie der Tod! Das hat auch meine liebe, überaus verehrte Mutter mehrmals, in der ihr eigenen Heiterkeit, festgestellt. Ich werde dir noch viel von ihr erzählen! Das hätte ich schon längst tun sollen. Auch hätte ich nicht zögern dürfen, dich ihr vorzustellen. Sie würde dann erkannt haben, daß ich durch dich wahrhaft glücklich geworden bin. Und das hätte auch sie glücklich gemacht und uns vieles erleichtert. Doch nun bleibt uns wohl nur noch übrig, ein Glas zu ihrem Gedächtnis zu trinken.«

Seine Mutter, erzählte er, sich an sie lehnend, habe in den letzten Jahren erlesenen französischen Rotwein bevorzugt – Château Rothschild. Noch zu ihrem letzten Geburtstag konnte er ihr ein Kistchen 1933er besorgen, ein Jahrgang von ganz besonderer Köstlichkeit.

Er rief die Rezeption des Hotels an. Von dort erhielt er nach wenigen Minuten die Auskunft: jawohl, ein Château Rothschild, 1933, befinde sich im Weinkeller des Hauses – jedoch nur noch zwei Flaschen. Um diese bat er.

Er füllte ihr Glas, dann auch das seine. Er hob den purpurroten Wein gegen das Licht der elektrischen Lampen – er funkelte dennoch wie Feuer. Nebeneinander auf ihrem Doppelbett sitzend, tranken sie. Eva betrachtete ihn mit verhaltener Aufmerksamkeit, während Werner mit feierlicher Geste wortlos zwei, drei Gläser leerte.

Danach begann er zu sprechen, zu meditieren, könnte man sagen – wie in tiefer Nachdenklichkeit. Obwohl er sich an Eva lehnte, war es, als spreche er nunmehr allein mit sich. In sich hinein.

»Mein Gott – so eine Mutter! Bei ihr habe ich mich stets geborgen gefühlt! Denn sie konnte einfach alles verstehen, was mich bewegte. Es gab nichts, was ich ihr nicht anvertrauen konnte. Seit meiner Kindheit! Als ich noch ein Knabe war, von fürchterlichen Zweifeln gequält, nahm sie mich in ihre Arme – und alles war gut. Später dann, als ich Soldat wurde, Offizier, reichte sie mir nur ihre Hand, sobald sie bei mir Bedrückung oder Unsicherheit spürte. Und ich fühlte mich verstanden! Sie brauchte mich bloß anzusehen – und die Harmonie zwischen uns war vollkommen.

Unvergeßlich ist mir, wie ich sie nach meiner Ernennung zum Generalfeldmarschall aufsuchte – unmittelbar nach der Vorstellung beim Führer. Ich erschien damals bei ihr in voller Uniform, mit allen Orden und Ehrenzeichen, streckte meine Rechte mit dem Marschallstab grüßend aus. Und was tat sie?

Meine Mutter lächelte mich nur an – und das mit einer Zärtlichkeit, die allein ihr gegeben war – dich kannte ich ja noch nicht, Eva, mein Liebling. Und was sagte sie? ›Werner, mein Junge, deine Uniform wirkt reichlich eng! Doch immerhin hast du nun eine Position erreicht, bei der es für dich gar nicht mehr nötig ist, irgendwelchen Eitelkeiten nachzugeben. Jetzt kannst du endlich sein, wie du bist. Wie du sein willst.‹ So war sie.

Als ich meine Mutter zum letztenmal sah, lag sie im Bett. Sie war von einer schweren Grippe gezeichnet, keuchte nur noch mühsam – dennoch lächelte sie, mit schweißüberströmtem Gesicht, sie lächelte mir zu. Ich habe zu ihr gesagt: ›Dein Zustand, Mutter, gefällt mir nicht. Ich bleibe bei dir, wenn du willst – obwohl ich zum Führer befohlen worden bin.‹

Was das heißen sollte, und was sie auch verstand, war dies: Du, Mutter, bist mir unendlich wichtiger! Doch sie sagte: ›Werner, mein Junge‹ – immer noch, nach fast sechzig Jahren,

233

nannte sie mich ›mein Junge‹ –, ›ich will nicht, daß du irgendwelche Rücksichten auf mich nimmst! Wenn du nur zufrieden bist – dann bin ich glücklich.‹«

In dieser Nacht saßen Eva und Werner stundenlang beieinander; nahezu andächtig leerten sie beide Flaschen. Sie war verstummt, vermochte nicht einmal mehr dies zu sagen: »Wenn deine Mutter so überaus wunderbar gewesen ist, dann hätte sie vielleicht sogar auch mich akzeptiert.« Doch dafür war es nun zu spät.

»Selbstverständlich«, erklärte Werner, »werde ich beim Begräbnis meiner Mutter anwesend sein – mit dir. Denn du sollst wissen: Nachdem meine Mutter nicht mehr ist, habe ich nur noch dich!«

Der General des Heeres, der sich nunmehr bei seinem Oberbefehlshaber von Fritsch melden ließ, war ein Divisionskommandeur aus dem Raum Königsberg/Ostpreußen. Ein militärischer Mensch von großem Selbstbewußtsein. Mithin ein erklärt entschlossener Bewahrer preußischer Offizierstradition.

Den empfing der von Fritsch höchst reserviert. Allein schon dessen forsch-fordernde Direktheit bewog ihn dazu. Er ersuchte ihn erst gar nicht, Platz zu nehmen. Er verlangte, wie sein Besucher gereckt dastehend, zu wissen: »Was, bitte, führt Sie zu mir?«

Der General entgegnete, ohne das geringste Zögern, und in militärischer Kürze: »Es handelt sich um diese höchst fragwürdige Ehe, auf die sich ein Generalfeldmarschall eingelassen hat!«

»Was, bitte«, fragte der von Fritsch, noch vergleichsweise höflich, »hat uns das Privatleben unserer Mitmenschen anzugehen?«

»Ein deutscher Generalfeldmarschall ist keine Privatperson. Er ist eine Symbolfigur des Soldatischen schlechthin.«

»Das jedoch kaum als Ehemann! Als solcher kann er doch wohl lassen oder tun, was er für richtig hält.«

»Gewisse, genau bestimmbare Grenzen, Herr Generaloberst, gibt es aber auch dabei! Unser Ehrenkodex schreibt sie zwingend vor. Schließlich darf sich niemand aus unseren Kreisen mit einer fragwürdigen Person verbinden – etwa gar mit einer Hure, um ganz deutlich zu werden.«

»Das ist eine ungeheuerliche Anschuldigung! Sind Sie sich darüber im klaren? Haben Sie sich das ganz genau überlegt?«

»Wohlüberlegt! Und ich sage das mit voller Berechtigung, zumal ich nicht für mich allein spreche, sondern vielmehr im Auftrag zahlreicher Offiziers- und Generalskameraden. Diese aber fordern, durch mich: Der Herr von Blomberg muß abtreten! Und Sie, Herr Generaloberst, müssen ihn dazu zwingen. Es geht um die Ehre der Nation!«

»Worunter Sie vermutlich, Herr General, nicht das gleiche verstehen wie ich!« Der von Fritsch lächelte mit der ihm eigenen Kargheit. »Allein Herrn von Blombergs langjährige Verdienste zählen, nicht sein Privatleben.«

»Vermögen Sie denn nicht, Herr Generaloberst, die wesentlichsten, ganz zwangsläufigen Konsequenzen aus diesen Vorgängen zu erkennen? Der Generalfeldmarschall hat sich, durch seine denkbar leichtfertige Ehe, selbst gerichtet. Er ist also erledigt! Für ihn muß ein Nachfolger bestimmt werden. Und dafür kommt, nach Ansicht großer Teile des Offizierskorps und der Generalität, in deren Namen ich hier spreche, nur ein einziger in Frage: Sie!«

»Das«, sagte der von Fritsch nun schlicht, »nehme ich nicht zur Kenntnis. Vielmehr verbitte ich mir derartige Spekulatio-

235

nen in meinem Offizierskorps. Ganz energisch! Ich bin nichts wie ein Soldat – und das genügt!«

Das Begräbnis der Mutter des Werner von Blomberg fand im Januar 1938 in Berlin statt. Das war eine höchst einfache, dennoch würdige Zeremonie. Auch der Geistliche hatte Weisung, sich auf das Notwendigste zu beschränken. Evangelische Kargheit mithin, die der vielverehrten Mutter des Feldmarschalls angemessen war.

Das Wetter war zeitgemäß: Temperatur knapp über dem Gefrierpunkt. Bedeckter Himmel, weder Schnee noch Regen. Und die Erde, in welche nun der schlichte Eichensarg gesenkt werden sollte, war sattbraun und schwer.

Anwesend waren – außer dem Pfarrer, den Sargträgern, den abschirmenden Friedhofswärtern – nahezu sämtliche Mitglieder der Familie von Blomberg: die Söhne und ihre Frauen, die Töchter mit ihren Männern. Unter diesen auch der General Keitel, der besonders tief trauernd zu Boden blickte. Das aber wohl nur, um seinem Schwiegervater, falls der tatsächlich erscheinen sollte, nicht in die Augen sehen zu müssen. Denn für den, obgleich der sein Förderer, Vorgesetzter und Verwandter war, glaubte er sich schämen zu müssen.

Er zuckte leicht zusammen, als Werner von Blomberg den Friedhof erreichte. Er erschien im letzten Augenblick und vermied es, erfreulicherweise, sich in den Vordergrund zu drängen. Eine tief verschleierte Frau begleitete ihn, das war also wohl seine Gattin.

Diese beiden – von niemandem begrüßt, keinen grüßend – standen unbeweglich, wortlos, mit starrem Gesicht, am Rande des Grabes. So verharrten sie auch, als der Sarg der geliebten Mutter in die Grube glitt und geworfene Erde ihn zu bedecken begann. »Asche zu Asche – Staub zu Staub!«

Worauf sie beide als erste den Friedhof verließen – von

aufmerksamen Beobachtern registriert. Arm in Arm eilten sie davon. Es soll wie nach einer Flucht ausgesehen haben.

Als sie jedoch das Tor des Friedhofsgeländes erreichten, prallten sie auf einen der Adjutanten Hitlers. Der salutierte exakt, um dann zu verkünden: »Ich habe den ehrenvollen Auftrag, Ihnen, Herr Generalfeldmarschall, das persönliche, sehr tiefe Mitgefühl unseres Führers zu Ihrem gewiß sehr schweren Verlust zu übermitteln.«

»Danke«, sagte Werner von Blomberg, nicht unbewegt von dieser ihm überaus herzlich erscheinenden Geste. »Übermitteln Sie, bitte, dem Führer meine ergebene Dankbarkeit.«

»Wird übermittelt, Herr Generalfeldmarschall! Habe darüber hinaus Auftrag, Ihnen mitzuteilen, daß der Herr Reichskanzler Sie bittet, noch einige Tage in Berlin zu verweilen. Wegen eventueller sehr wichtiger Besprechungen.«

»Selbstverständlich stehe ich dem Führer jederzeit zur Verfügung«, bestätigte Blomberg.

Er hob den rechten Arm, wie um ihn an den Helm zu führen. Doch er war in Zivil. Also legte er ihn, wie beschützend, um die Schultern seiner Ehefrau. Eva zitterte.

7
Die ganz große Staatsaktion

Aus dem Bericht des Dr. Erich Meller
Bei dem, was sich nun abspielte, handelte es sich keinesfalls
um aus der Geschichte bekannte Methoden der Machtpolitik. Es war nichts als ein mieses Spiel von Trickbetrügern.
Aber, wie wohl stets; auch diese Vernichtung besaß ihr Gelächter.

Daß Hitler bereits seit etlichen Monaten jenes peinliche
›Fritsch-Dossier‹ bekannt war, ließ sich nachweisen. Daß er
auch Kenntnis von der Gruhn-Akte hatte, konnte angenommen werden. Wenn er sich dennoch, gemeinsam mit Göring,
als Trauzeuge zur Verfügung gestellt hatte, so wahrscheinlich,
weil er das für einen besonders genialen Schachzug hielt. Er
war ein Schicksalsregisseur. Und deshalb konnte nun die
tönende Götterdämmerung der Generale aufgeführt werden, im Richard-Wagner-Format. Übermenschen gegen
Zwerge!

Der Führer und Reichskanzler hatte, drei Tage vor jenem
später als historisch entscheidend erkannten Datum – dem
26. Januar 1938 –, seinen täglichen Terminkalender umstel-
len lassen. Diesmal gab er seinem Göring den Vorrang, was
den sichtlich entzückte, wenngleich er sich diesmal auch be-

mühte, höchst betrübt, geradezu traurig auszusehen. Wie dazu gezwungen, an einem ihn tiefbewegenden Staatsbegräbnis teilzunehmen.

Und das war ein Anblick, den Hitler zu genießen schien. Wobei er es nicht versäumte, seinem Wehrmachtsadjutanten Oberst Hoßbach zuzublinzeln. Den hatte er zu dieser Unterredung – ›einer wohl höchst vertraulichen‹ – hinzugebeten. Offenbar gedachte er ihn zu einer Art ›Zeugen‹ zu machen: zu seinem Zeugen. Denn der hatte bei diesem Vorgang, der nun über die Bühne gehen sollte, das in Hitlers Augen wohl Wichtigste zu registrieren: Wer der Überbringer und wer der Empfänger dieser Botschaft war! Darüber hinaus war auch die persönliche Reaktion von Hoßbach vermutlich hochinteressant.

Paladin Göring versicherte zunächst, daß er es zutiefst beklage, Überbringer denkbar düsterer Nachrichten sein zu müssen. Doch leider, leider handle es sich dabei um unerschütterliche Tatsachen. Diese zu präsentieren, falle ihm gewiß nicht leicht – doch schließlich sei er schon immer von denkbar aufrichtiger Offenheit gewesen.

›Geschenkt, mein lieber Göring!‹ rief ihm Hitler zu, der seine Erwartungsfreude kaum noch verleugnen konnte. Er blickte Oberst Hoßbach an und erkannte dessen schnell steigende Unruhe, worauf er unverzüglich auf Sachlichkeit schaltete. ›Sie können sich und uns, also Oberst Hoßbach und mir, jede gutgemeinte Umschreibung ersparen. Wir sind nicht so leicht aus der Fassung zu bringen. Also – lassen Sie Ihre Tatsachen sprechen!‹

Und das geschah dann auch. Der Generaloberst entnahm seiner Tasche ein nicht sonderlich umfangreiches Bündel Akten, die er vor Hitler hinlegte. Der jedoch griff nicht danach. Er erwartete offenbar, auch im Hinblick auf seinen Wehrmachtsadjutanten, Görings kurzgefaßte Erklärung –

also den Inhalt der überbrachten Botschaft. Was prompt erfolgte:

›Vorgelegte Akte eins. Beinhaltend diverse Details über die höchst fragwürdig zu nennende Ehe des Herrn von Blomberg, vollzogen mit einer Person, die mit den Sittengesetzen in Konflikt gekommen ist, und zwar mehrfach. Sodann Akte zwo. Diese enthält Einzelheiten bezüglich höchst bedenklicher sexueller Verirrungen; und zwar im homosexuellen Bereich. Der Betroffene: kein anderer, kein Geringerer als Generaloberst von Fritsch!‹

Und nun schien es, als halte Adolf Hitler überwältigt den Atem an. Er zeigte sich zutiefst erschüttert. Das war ein Zustand, den er längere Zeit durchzuhalten vermochte. Es war, als fehlten selbst ihm, dem wortgewaltigsten Deuter und Ausdeuter seiner Epoche, die rechten Worte. Fast hilfesuchend blickte er seinen Wehrmachtsadjutanten an – der sehr bestürzt und wohl auch reichlich ratlos wirkte, durchaus erwartungsgemäß.

›So etwas‹, stieß Hitler endlich hervor, ›kann, darf man uns doch nicht zumuten! Das ist – ungeheuerlich. Das – vermag ich einfach nicht zu glauben.‹ Oberst Hoßbach neigte den Kopf, was Hitler als ergriffene Zustimmung deutete. Laut klagend rief er aus: ›Offenbar bleibt mir nichts, aber auch gar nichts erspart!‹

Adolf Hitler war ein Staatsschauspieler von hohen Graden; er beherrschte eine erhebliche Anzahl theaterwirksamer Effekte und spielte sie gerne und zumeist überzeugend aus. Selbst Reichsleiter Alfred Rosenberg, ein besonders kulturbeflissener Gefolgsmann seines Führers, hatte in einem hellwachen Augenblick erkannt: ›Der ist sein eigener Shakespeare!‹

Und hinzu kam dann noch, lauttönend und aktionsfreudig, der Staatsschauspieler Göring. Diese beiden lieferten sich

240

nun, geradezu professionell gekonnt, gegenseitig Stichworte für das wohl ganz groß gedachte Spektakel. Als Publikum und Zeugen hatten sie ja Oberst Hoßbach.

Hitler: ›Alles, einfach alles in mir sträubt sich dagegen, so etwas überhaupt für möglich zu halten! Aber das muß ich nun wohl. Denn ich nehme an, Göring, daß die mir von Ihnen vorgelegten Akten hundertprozentig stimmen.‹

Der Generaloberst gefiel sich spürbar in seiner Rolle als freudiger Unglücksbote; und zugleich bemühte er sich, als ergebener Schildträger seines Führers in Erscheinung zu treten. ›Dem ist so – und das müssen wir jetzt wohl durchstehen!‹

Wozu der Führer denn auch bereit zu sein schien – nicht, ohne zu versichern: ›Mit größtem Bedauern, mit blutendem Herzen.‹ Eine Bemerkung, die wohl in erster Linie für seinen Wehrmachtsadjutanten gedacht war. Und an den wendete sich Hitler nun direkt, wobei es schien, als suche er dringlich dessen Rat. ›Was sagen denn Sie dazu, Oberst Hoßbach?‹

›Da bleibt Ihnen wohl die Spucke weg – was?‹ scherzte Göring grimmig-männlich, wohl auch frontsoldatenhaft gedacht.

Oberst Hoßbach, stets um große Aufrichtigkeit bemüht, wirkte nunmehr fast erstarrt, er war ebenso betrübt wie besorgt. ›Nun ja – ich muß bekennen, daß ich diese Eheschließung des Herrn Generalfeldmarschalls auch nicht gerade für sonderlich glücklich halte. Dennoch könnte dieser Vorgang, durchaus, bei einigem Entgegenkommen, als ein höchst privates Ereignis betrachtet werden. Und eben deshalb, empfehle ich, sollten wir möglichst schweigend zur Tagesordnung übergehen.‹

›Genau das, mein lieber Hoßbach‹, versicherte Adolf Hitler wie spontan, ›ist auch meine Ansicht! Aber, so muß ich mich doch fragen: Ist denn eine solche Situation überhaupt noch hinzunehmen, also zu verantworten? Etwa vor unserem

Offizierskorps, der Öffentlichkeit gegenüber, vor der Geschichte?‹

›Und was, Oberst Hoßbach‹, wollte Göring, schnell nachdrängend, wissen, ›ist denn Ihre Ansicht im Falle des Herrn von Fritsch?‹

›Noch wesentlich einfacher, Herr Generaloberst. Denn was gegen den vorgebracht wird, ist einfach absurd! Um nicht zu sagen: völliger Blödsinn!‹

›Übersehen Sie denn die vorliegenden Akten, die beweiskräftigen Zeugenaussagen, das vorhandene, überzeugende Material?‹

›Möglicherweise könnte hier etwas ganz anderes mitspielen.‹ Der Oberst verhielt sich unbeirrt ablehnend. ›Denn, wie wir wissen, ist der Herr Generaloberst von Fritsch alles andere als ein erklärter Freund der Gestapo. Und nicht zuletzt deshalb könnte er für diese Leute der Mann sein, den sie nur allzu gern zu belasten versuchen. Womit auch immer! Jedenfalls sollte unverzüglich ein klärendes Gespräch mit Herrn von Fritsch erfolgen. Dazu wäre ich bereit.‹

Göring stieß nun zu, wie alarmiert: ›Was, bitte, soll denn das heißen, Herr Oberst? Sollten Sie etwa beabsichtigen, dem Herrn von Fritsch eine massive Warnung zukommen zu lassen? Damit der sich absichern kann? Also Zeit bekommt, in die Defensive zu gehen! Um dann diverse Hilfskräfte mobilisieren zu können? Damit würden hier nur Schwierigkeiten über Schwierigkeiten auftauchen! Höchst bedenkliche – staatsgefährdende! Wollen Sie das?‹

›Soweit ich unseren Herrn Oberst Hoßbach kenne‹, sagte nunmehr der Führer suggestiv zuversichtlich, ›ist der schließlich stets um Ausgleich bemüht gewesen, um einen möglichst sinnvollen Kompromiß. Und das gilt gewiß auch für diesmal – nicht wahr?‹

›Durchaus, mein Führer! Und eben deshalb bitte ich Sie,

mir zu erlauben, den Generaloberst von Fritsch ganz direkt mit diesen doch wohl ungeheuer fragwürdig erscheinenden Vorgängen zu konfrontieren. Ich bin sicher, daß dann alles sehr schnell aufgeklärt werden könnte.‹

Der Führer schwieg, bedächtig, wie es schien. Dann blickte er seinen Göring fordernd an.

Und der prellte vor: ›Offenbar sind Sie reichlich ahnungslos, lieber Mann! Wissen Sie denn nicht, daß diese Homosexuellen geborene Lügner sind, notorische Sittenverderber, potentiell kriminelle Elemente? Sie können einfach nicht erwarten, daß einer von dieser Sorte seine scheußlichen Verirrungen offen zugeben wird!‹

›Ich darf wohl annehmen, Herr Generaloberst‹, sagte hierauf Hoßbach mit bemühter Würde, ›daß Ihre Bemerkungen lediglich allgemeiner Natur gewesen sind. Die haben sich also nicht auf eine bestimmte Persönlichkeit bezogen?‹

›Selbstverständlich nicht!‹ beeilte sich nunmehr Hitler zu versichern. Denn er wußte, daß dieser Wehrmachtsadjutant alles andere als ein lässiger Lakaientyp war, mit dem man muntere Kasernenhofspiele veranstalten konnte. ›Doch auch Sie müssen versuchen, die berechtigten Sorgen unseres Generalobersten Göring zu verstehen!‹

›Versuche ich! Doch um so wichtiger will es mir erscheinen, den Herrn Generaloberst von Fritsch unverzüglich zu einer Stellungnahme zu bewegen.‹

›Ich glaube nicht, daß Sie das tun werden‹, sagte Hitler überraschend direkt. ›Zumal dann nicht, wenn ich es Ihnen ausdrücklich verbiete.‹

›Herr Hoßbach wird sich gewiß keinerlei Eigenmächtigkeiten erlauben‹, stieß Göring schnell nach. ›Denn hier hat es sich um eine höchst vertrauliche Unterredung gehandelt, an der wir den Herrn Oberst, auf seine Loyalität bauend, teilnehmen ließen.‹

Der blieb dennoch unbeirrt. ›Diese meiner Ansicht nach voreiligen, fragwürdigen, unbewiesenen Anschuldigungen bedürfen dringend einer Klärung. Diese zu versuchen, bin ich bereit – das bitte ich mir zu erlauben!‹

›Nein‹, beharrte der Führer. ›Nicht jetzt – noch nicht! Also nicht, bevor diese Vorgänge denkbar gründlich überprüft worden sind. Und zwar durch mich persönlich! Haben Sie mich verstanden, Herr Oberst Hoßbach?‹

›Jawohl‹, sagte der gedehnt. ›Diese Anregung nehme ich zur Kenntnis.‹

›Und die werden Sie hoffentlich auch befolgen!‹ rief ihm Göring bedrohlich ermunternd zu. ›Denn wir schätzen Sie, Hoßbach! Sie sind ein Mann, dem hohe und höchste Ämter offenstehen – worauf Sie gewiß Wert legen werden? Mann, versuchen Sie vernünftig zu sein – wir brauchen Sie!‹

Nachdem sich Oberst Hoßbach entfernt hatte, blieben der Führer und sein Paladin zurück. In großer Nachdenklichkeit. Sie schwiegen minutenlang.

Dann meinte der Oberbefehlshaber der Luftwaffe voller Bedenken: ›Wenn dieser Fritsch vorzeitig davon erfahren sollte, könnte er durchdrehen!‹

›Der nicht‹, stellte Hitler überzeugt fest.

›Immerhin könnten dann aber einige seiner Generalskumpane die günstige Gelegenheit ergreifen und versuchen, uns an den Karren zu pinkeln. Ich kenne etliche von dieser Sorte, die nur auf so was warten, um eine Palastrevolte zu entfesseln.‹

›Sie kennen die nicht, mein Lieber – nicht genau.‹ Hitler blieb unbeirrt. Er leistete sich sogar einen Scherz, über den er dann selber lachte: ›Schließlich bin ich auch ein Hundekenner! Und als solcher weiß ich: wer viel bellt, beißt selten.‹

Nun lachte auch Göring kumpanenhaft; unverzüglich

zeigte er sich kämpferisch – wie man das in heiklen, gefährlichen Situationen stets von ihm erwarten durfte. ›Wir werden also auch das noch hinbügeln – was?‹

›Müssen wir nun wohl‹, bestätigte Hitler souverän. ›Wenn auch die Reaktion von Hoßbach unmißverständlich gewesen ist. Doch dieser Zug ist jetzt so gut wie abgefahren – und er wird, er muß das von uns vorbestimmte Ziel erreichen. Schnellstens. Das nicht zuletzt, weil ich mich auf Sie verlassen kann – also auf Ihre Unterlagen, nicht wahr?‹

›Voll und ganz!‹ versicherte Göring. ›Nach dem Motto: Wer nicht für uns ist, der ist gegen uns! Wozu nun wohl auch dieser Wehrmachtsadjutant gehört; der muß abgelöst werden! Nachfolger für den – und nicht nur für den – gibt es viele. Die stehen Schlange!‹«

Unmittelbar nach Verlassen der Reichskanzlei ließ sich Oberst Hoßbach, ohne auch nur im geringsten zu zögern, zum Tirpitzufer fahren. Dort befand sich die Dienststelle des Oberbefehlshabers des Heeres: verblassend rote Ziegel, fahlgrauer Zement, strapazierte Gänge.

Und dort hockte, hinter seinem blitzblanken, stets sorgfältig aufgeräumt wirkenden Schreibtisch, unerschütterlich souverän wie immer, wenn auch absolut unzugänglich erscheinend, der Generaloberst von Fritsch. Doch sein Blick, offen auf den eintretenden Besucher gerichtet, war väterlich-gütig. Denn dieser Mann kam aus seiner Schule, gehörte zu seiner Welt, war ihm jederzeit willkommen.

»Was, bitte, führt Sie zu mir, mein lieber Hoßbach?«

»Eine äußerst heikle Angelegenheit.«

»Ach, ich bitte Sie, mein Lieber – es kann doch einfach nichts geben, worauf ich in dieser Zeit nicht gefaßt wäre!«

»Ich weiß, Herr Generaloberst, daß ich Ihnen gegenüber

völlig aufrichtig sein darf. Was mir aber diesmal sehr schwerfällt. Es handelt sich um eine Angelegenheit von erheblicher
Peinlichkeit.«

»Peinlich – für wen?« Der von Fritsch verlor nichts von
seiner Gelassenheit. »Bitte – klären Sie mich auf.«

Das versuchte Oberst Hoßbach denn auch, was ihm allerdings gar nicht leichtfiel. Noch einmal ausweichend, sagte er:
»Da scheint man zu wagen, Ihnen, Herr Generaloberst, eine
besondere Art von Vergehen vorzuwerfen. Diesbezüglich
sollen angeblich Zeugenaussagen existieren, kriminalpolizei-
liche Ermittlungen, im Reichssicherheitshauptamt erstellte
Akten.«

»Betreffend – was? Bitte möglichst exakt!«

»Nun – eine Art geschlechtlicher Verirrung, und zwar im
Bereich der Homosexualität. Ich bitte sehr um Entschuldigung, Herr Generaloberst, daß ich Ihnen ein derartiges Gespräch zumuten muß – aber irgend jemand mußte das wohl
tun.«

»Sie sehen mich dennoch weder sonderlich überrascht,
mein lieber Hoßbach, noch irgendwie beeindruckt. Denn in
dieser Hinsicht sind mir schon seit längerer Zeit eine ganze
Menge Andeutungen zugetragen worden.«

»Das erleichtert meine Mission erheblich, Herr Generaloberst. Denn es hätte mich überaus bedrückt, wenn ich der erste gewesen wäre, der Ihnen etwas Derartiges hätte mitteilen
müssen. Darf ich nun eine diesbezügliche Stellungnahme von
Ihnen erwarten?«

»Nein, mein lieber Hoßbach, das dürfen Sie nicht«, erklärte der von Fritsch mit ablehnender Würde. »Denn solche
Verdächtigungen gehören einfach nicht zu meiner Welt, zu
meinem Leben. Auch wünsche ich nicht, mein lieber Hoßbach, daß Sie mit in solche Vorgänge hineingezogen werden.
Die sollten Sie nichts angehen.«

Der Oberst reagierte nun geradezu bestürzt: »Wie, bitte, habe ich das zu verstehen? Mißtrauen Sie mir etwa? Halten Sie mich nicht für verläßlich?«

»Aber doch nicht so was, lieber Hoßbach! Nur eben: Sie sind schließlich nicht mein Beichtvater, vielmehr eine Art Sohn – ein mir sehr lieber, offen gesagt. Doch eben von Söhnen erwarten Väter Vertrauen. Gedenken Sie mir das zu entziehen?«

»Das ganz gewiß nicht! Doch bedenken Sie bitte dies, Herr Generaloberst: Derartig fürchterliche Anschuldigungen kommen nun ganz direkt auf Sie zu. Und eben dagegen müssen Sie sich wehren – bevor es zu spät ist!«

»Falls es jemals dazu kommen sollte«, erklärte der Generaloberst mit einer gewissen Feierlichkeit, »dann wird ein Wort ausreichen. Und zwar mein Ehrenwort! Das gebe ich dem Führer – und damit dürfte alles geklärt sein.«

»Und das glauben Sie – tatsächlich?« Oberst Hoßbach war zutiefst bestürzt. »Vermögen Sie denn diesen Hitler immer noch nicht zu durchschauen? Der geht, wenn es sein muß, über Leichen! Also auch über die Ihre!«

»Ach, Hoßbach, mein Lieber!« versuchte der von Fritsch mit lächelnder Nachsicht zu erklären. »Auch ich war in Ihrem Alter ziemlich entschlossen veränderungswütig – was man auch als revolutionär bezeichnen könnte. Doch inzwischen gründet sich mein Leben auf einer Fülle von Erfahrungen. Und eine dieser Erkenntnisse besagt: Nichts, einfach niemand ist vollkommen; kein Kaiser, keine Republik, kein Führer!«

»Sie – resignieren also?«

»Nein, Hoßbach! Ich versuche lediglich aus allem, was da nun so auf mich zukommt, das Beste zu machen!«

»Und das auch im Hinblick auf einen Hitler?«

»Der ist uns nun einmal gegeben – mit dem müssen wir also leben! Das jedoch nicht ohne Hoffnung, daß wir das Leben mit ihm in der uns gemäßen Weise bestehen können, also in Anstand und Pflichterfüllung.«

»Und wenn das nicht gelingt? Was dann?«

»Nun, Hoßbach – ich meine: Man sollte wohl niemanden voreilig in Frage stellen, den die Vorsehung offenbar dazu bestimmt hat, sein Vaterland zu führen! Zumal ich immer wieder erlebt habe, daß es Männern von einigermaßen historischem Format gelang, mit der Größe der ihnen gestellten Aufgaben über sich hinauszuwachsen. Oft weit darüber hinaus! Und daß dieser Hitler ganz enorme Qualitäten besitzt, darf doch wohl als unbestritten gelten.«

»Nun ja, die besitzt er. Fragt sich nur, welche?«

Aus dem Erich-Meller-Bericht
Die nächste dieser letzten Phasen einer zangenartig funktionierenden Vernichtungsstrategie begann am 25. Januar des Jahres 1938 – und zwar genau um 10 Uhr vormittags. Diese Feuerwerksveranstaltungen sollten dann etliche Tage so gut wie pausenlos andauern und dabei zu einer Reihe von ›Höhepunkten‹ führen, deren Hinterhältigkeit selbst im ›Dritten Reich‹ noch Seltenheitswert besaß.

Dazu gehörte auch jene sogenannte ›Stabsbesprechung‹ im ›erweiterten Kreis‹. Das bedeutete: Kein internes Spezialthema, vielmehr allgemeine Deutung der Lage, ohne vorher festgelegte Tagungsordnungspunkte; diese wurden sowieso zumeist von Hitler wohlberechnet willkürlich bestimmt, beziehungsweise abgeändert. Und diesmal schien noch alles weit unklarer, also auch vieldeutiger zu sein als gewöhnlich.

Schon die Anwesenheitsliste gab einige Rätsel auf und schuf erwartungsvolle Unruhe: Nicht nur Hitlers persönliche Referenten hatten sich einzufinden, auch mehrere Staatssekretäre und sogar der Reichsminister der Justiz. Darüber hinaus erschienen dann noch, und zwar gemeinsam, mit visierhaft verschlossenen Gesichtern, Göring und Heydrich. Womit das Tribunal, einschließlich Statisten, so gut wie komplett war.

Als letzter betrat Hitler den Konferenzraum. Er wirkte sorgenvoll, schritt leicht gebückt seinem Platz zu, wobei er eine wie segnende Bewegung machte – das war seine Art, den ›Deutschen Gruß‹ auszuführen.

Hierzu, wenige Stunden später, Heydrich mit jugendfreundschaftlicher Offenheit: ›Nicht wenigen, Meller, schien dabei der Arsch auf Grundeis zu gehen. Die Stimmung des Führers signalisierte ein Unwetter von erheblicher Größenordnung. Das war gekonnt! Es fehlte nicht viel, und er hätte Tränen vergossen!‹

Hitler verkündete nunmehr den Versammelten seine ›tiefe Bewegung‹, seine ›große, anhaltende Sorge‹. Denn: Da habe es Vorgänge gegeben, die sich wohl bereits herumgesprochen hätten. ›Und ich frage mich, unentwegt, wie die sich wohl am besten bereinigen ließen. Also ohne das Ansehen des Reiches oder das unserer Wehrmacht zu gefährden.‹

Er klagte also nicht an; er beklagte und bedauerte nur und gab sich ehrlich besorgt. Die dabei eingeplante offen brutale Tour überließ er getrost dem verläßlichen Göring. Und der sprach prompt von ›Sauerei‹, vom ›Verrat an der Gesinnung unseres Führers‹, und schließlich sprach er sogar von einem ›endlich auszumistenden Schweinestall‹.

Eine Bemerkung, die Hitler jedoch rügte – seiner Rolle durchaus gemäß. ›Was in meiner Macht steht, um mein Volk vor Unheil zu bewahren, das muß und werde ich auch tun. Wobei ich Ihrer verständnisvollen Zustimmung, meine Mitarbeiter und Weggefährten, gewiß sein darf.‹

Ein Resümee, das dann Heydrich mir gegenüber so kommentierte: ›Damit hatte er sie alle in seinem Sack! Denn selbstverständlich rührte sich kein Schwanz – niemand erlaubte sich irgendwelche Einwände oder gar die Andeutung eines Protestes.‹

›Worauf also sozusagen eine Art Öffentlichkeit hergestellt worden ist?‹

›Genau das ist es, Erich! Damit ist der Führer voll in die Arena gestiegen. Und von dort kann er nun nicht mehr heraus – nicht bevor er seine Stiere abgestochen hat. Vermutlich drei.‹«

Bereits in den Nachmittagsstunden jenes 25. Januar 1938 bat der aktionsbewußte Göring den Generalfeldmarschall von Blomberg um ›eine wohl nur kurze, doch höchst vertrauliche, überdies sehr persönliche Aussprache‹. Werner von Blomberg war gern dazu bereit.

Göring bedankte sich, überaus munter. »Dann darf ich Sie also bitten, Herr Generalfeldmarschall, mich aufzusuchen? Eine Anregung, die ich mir bestimmter Akten wegen erlaube, die Ihnen nun wohl zugänglich gemacht werden müssen – die aber über meinen Schreibtisch lieber nicht hinauskommen sollten.«

Der Generalfeldmarschall erschien unverzüglich, und zwar in Zivil, im Reichsluftfahrtministerium. Das war eine klotzige Burg aus Beton und Glas. Dort empfing ihn Göring in seinem hallenartigen Arbeitszimmer; es war nicht unähnlich jenem, in dem sein Führer residierte.

»Ich gedenke Ihre Zeit, Herr von Blomberg, wie schon angedeutet, nur kurz in Anspruch zu nehmen.« Für diese Unterredung hatte er in der Tat lediglich fünfzehn Minuten vorgesehen. Das Thema war eindeutig heikel; es durfte also nicht zerredet werden. »Ich beabsichtige, Sie vertraulich im voraus zu informieren – und zwar über einen Punkt, der bei Ihrer nächsten Unterredung mit dem Führer, vermutlich gleich morgen, unvermeidlich zur Sprache kommen wird. Erlauben Sie?«

»Ich bitte darum!« Der Generalfeldmarschall nahm, noch völlig ahnungslos, Platz und lächelte Göring vertraulich an. Doch schon die nächsten Worte ließen ihn beunruhigt aufhorchen.

Denn der sagte nun, betrübt blickend, mit einem Trauerton in der vollfett klingenden Stimme: »Herr von Blomberg« – er redete ihn also nicht, wie sonst, mit ›Generalfeldmarschall‹ an – »erlauben Sie mir, zunächst einmal dies festzustellen: Sie haben mich, und dann sogar auch noch den Führer, dazu veranlaßt, bei Ihrer Heirat als Trauzeuge aufzutreten.«

»Nicht veranlaßt, Herr Göring – ich habe nicht einmal darum zu bitten gewagt. Doch Ihre und des Führers Bereitschaft habe ich als überaus ehrenvoll empfunden. Dafür werde ich stets dankbar sein.«

»Wir haben das ja auch sehr gerne getan, Herr von Blomberg, voll guten Glaubens, sozusagen aus selbstverständlicher Kameradschaft. Doch leider stellt sich nunmehr heraus, und es ist mir sehr peinlich, das sagen zu müssen, daß hier eine beklagenswerte Irreführung, wenn nicht gar ein täuschender Mißbrauch vorliegt. Und zwar, was die Person des Führers betrifft – von mir will ich dabei gar nicht reden. Aber dem Führer, ich bitte Sie, Herr von Blomberg, hätten Sie so was niemals zumuten dürfen!«

»Ich vermag nicht zu erkennen, wovon Sie sprechen!« versicherte der Generalfeldmarschall erregt und sichtlich um Haltung bemüht.

»Von Ihrer Eheschließung – mit dieser Person.«

»Den Ausdruck ›Person‹ muß ich entschieden beanstanden! Es handelt sich um einen von mir geliebten Menschen – um meine Frau!«

»Pardon!« röhrte Göring. »Aber ich bitte Sie, meine Erregung zu verstehen – eben im Hinblick auf die Vergangenheit Ihrer Frau.«

»Auf diese sogenannte Vergangenheit, die Herkunft meiner Frau aus einfachen Verhältnissen, habe ich Sie vorsorglich aufmerksam gemacht, Herr Göring – und zwar als ich Sie bat, sich für mich, für uns, beim Führer einzusetzen. Was Sie dann auch getan haben und wofür ich Ihnen dankbar bin. Ich habe durchaus zugestanden, daß diese Ehe, nach den konventionellen Ehrbegriffen des Offizierskorps, wohl kaum überzeugend als ›standesgemäß‹ bezeichnet werden könnte. Dennoch waren wir beide, Herr Göring, der Ansicht, daß nunmehr eine Zeit gekommen ist, in der endlich wahrhaft volkstümlich gedacht werden kann.«

»Durchaus, Herr von Blomberg, durchaus! Doch selbst dabei sollten gewisse Grenzen erkannt und berücksichtigt werden.«

»Ich weiß nicht, worauf Sie hinauswollen?«

»Nun, es kann doch wohl kaum als ›volkstümlich‹ bezeichnet werden, daß Ihre Frau in den Akten der Sittenpolizei registriert worden ist.«

»Ausgeschlossen!« Der Generalfeldmarschall schwankte zwischen Entsetzen und Empörung über das, was ihm da zugemutet wurde. »Falls tatsächlich diesbezügliche Aufzeichnungen existieren sollten, müssen sie von falschen Informationen ausgehen! Nicht ausgeschlossen sogar, daß sie zielstrebig gefälscht worden sind.«

»Immerhin handelt es sich um amtliche Akten; die liegen hier vor, stehen also zu Ihrer Verfügung.«

»Ich gedenke sie nicht zur Kenntnis zu nehmen!«

»Doch eben das sollten Sie, ich empfehle es Ihnen dringend! Damit Sie morgen dem Führer wohlinformiert begegnen können.«

»Dem vertraue ich! Voll und ganz! Und der vertraut mir!«

Göring nickte nachsichtig. Er hatte nun diesen Blomberg als notorischen Verlierer erkannt. Er kam ihm jetzt vor wie ein zerstörter Wurzelzwerg, trotz seiner Größe von fast 1,90 m. Der war bereits so gut wie erledigt.

Dem würde Hitler mühelos den Rest geben.

Der Generaloberst Freiherr von Fritsch wurde nicht selten für eine höchst komplizierte, hintergründig-eigenwillige Gestalt, manchmal aber auch für nahezu kindhaft ahnungslos gehalten. Als er in die entscheidendste Krise seines Daseins hineingeriet, schien er sich in seine Arbeit flüchten zu wollen. Das hatte zur Folge, daß in jenen Tagen in der näheren Umgebung des Oberbefehlshabers eine bedrückende, gespannte Atmosphäre herrschte.

Das Arbeitspensum des Generalobersten betrug bis zu zwölf Stunden täglich. »Es war«, berichtet einer seiner Adjutanten, »als sei er wie versessen darauf, seine letzten großen Organisationspläne fertigzustellen.« Ein anderer Adjutant glaubte, »eine nunmehr völlig unzugängliche Verschlossenheit« registrieren zu können! »Der war kaum noch ansprechbar!« Doch General Beck, der Generalstabschef des Heeres, meinte lapidar: »Der war wie immer.«

Die Wirtschafterin des Werner von Fritsch, eine Baronin, offiziell als ›Hausdame‹ bezeichnet, glaubte berichten zu können: »Er war einfach nicht mehr zu betreuen! Karg war ja sein Frühstück schon immer gewesen, doch neuerdings nahm er kaum noch ein Mittagessen ein, auch nicht im Kasino – danach habe ich mich erkundigt. Und an den Abenden konnte ich ihm vorsetzen was auch immer, er rührte es kaum an. Nicht einmal die Lieblingsspeisen seiner Mutter, für die ich Rezepte besaß.«

Möglicherweise war es hier wohl allein Schmiedinger, der den Generaloberst betreuende Obergefreite, der ihn einigermaßen zu durchschauen vermochte – und sich auch immer wieder darum bemühte. Das vor allem nach der alarmierenden Nachricht des Feldwebelkameraden Maier, welche lautete: von Fritsch reite kaum noch aus. Der vernachlässigte also sein Pferd! Und das war ein sicheres Zeichen von enormer Verstörtheit.

Ein Vorgang, zu dem sich dann Schmiedinger, Jahre später, äußerte – mit der einleitenden Bemerkung: »Was war ich denn schließlich damals? Doch wohl nichts wie ein Rindvieh mehr in diesem Machtzirkus. Solange ich dort auf den mir zugewiesenen Weiden graste, mußte ich nicht gleich damit rechnen, zum Schlachtvieh erklärt zu werden. Nun gut – ich kam mir vor wie ein blöder Ochse! Aber wissen Sie, wie der Generaloberst mir damals vorkommen wollte? Wie sein eigenes Standbild – in sargdunklem Marmor.«

Hitler empfing von Blomberg mit betonter Höflichkeit, freilich auch mit deutlich demonstrierter Besorgnis. Göring hielt sich dabei im Hintergrund, zunächst noch. Er grinste wohlwollend.

Adolf Hitler bat von Blomberg, ganz dicht neben ihm Platz zu nehmen. In diesen wenigen Sekunden sah alles nach Harmonie und Vertrauen aus. Dann sagte Hitler mit sanfter Stimme: »Von allen Menschen, denen ich jemals begegnet bin, und die zu meiner Welt gehören, denen ich viel verdanke, denen ich mich tief verbunden fühle, sind Sie, lieber Herr von Blomberg, einer der wichtigsten!«

»Danke«, sagte der Generalfeldmarschall beglückt und ergeben. »Eine Feststellung, mein Führer, die auf Gegenseitigkeit beruht.«

Worauf sich Göring, den Hitler nur kurz anzusehen brauchte, zu Wort meldete: »Das jedoch, was sich nunmehr sozusagen amtlich herausgestellt hat, muß als äußerst schwerwiegend bezeichnet werden – leider, leider!«

»Es kann sich nur um Mißverständnisse handeln, um Fehlinformationen.«

Hitler schaute seinen Generalfeldmarschall nachdenklich an, um dann, wie entgegenkommend, zu einem politischen Exkurs anzusetzen: »Vielleicht sollte man das so sehen: Da existierte also ein sehr junges, höchst attraktives, lebenshungriges Wesen, aufgewachsen im Sumpf der Weimarer Republik, in dieser damals noch schwer verseuchten Stadt Berlin! Mithin war auch sie nichts wie ein Zufallsopfer jener verwilderten Sittlichkeit, einer enthemmten, von Juden propagierten sexuellen Freiheit.«

»Danke, mein Führer!« sagte von Blomberg, sich verneigend. Es schien ihm, als gedenke Hitler mit seinen Ausführungen den nun einmal vorhandenen Akteninhalt herunterzuspielen.

»Tut mir sehr leid«, widersprach Göring, seiner Rolle entsprechend mit vorzüglich gemimtem Bedauern, »aber so war es leider nicht.« Worauf er prompt auf Anklage schaltete. »In Akten nachgewiesen wird, daß tatsächlich gewisse Preise, also Zahlungen, für Gunstbeweise besagter Dame entrichtet worden sind. Auch existieren diverse recht heikle Photographien – darunter sogar einige peinlich pornographische. Mit fürchterlich ordinären Einzelheiten.«

»Das«, rief der Generalfeldmarschall, ehrlich erschüttert über diese Behauptung, »ist völlig unvorstellbar!« Fast flehend blickte er seinen Führer an.

»Sie müssen sich irren, Göring«, rief der bereitwillig aus. »Oder etwa nicht?«

»Nein«, sagte der hart. »Das vorhandene Material ist einwandfrei amtlich, absolut durchschlagend. Wird die Vorlage von Einzelheiten gewünscht?«

Der Führer erhob sich schroff abwehrend, wie aufgestört. Er begann, als bewegten ihn tief beunruhigende Gedankengänge, in der Nähe seines Schreibtisches hin und her zu wandern. Bleich starrte der Generalfeldmarschall ihn an – doch selbst jetzt noch hoffnungsvoll. Göring zog es vor, wie ein frisch zementiertes Standbild zu wirken.

»Etwas Derartiges überhaupt für möglich zu halten, sträubt sich einfach alles in mir!« behauptete Adolf Hitler mit bebender Stimme. Worauf er seine Wanderung unterbrach, wie angewurzelt stehenblieb und seinen Generalfeldmarschall suggestiv anblickte. »Denn so etwas, mein lieber Herr von Blomberg, hätten Sie gewiß nicht verdient! Sie nicht – und ich wohl auch nicht! Jedenfalls sind und bleiben Sie in meinen Augen ein Ehrenmann! Falls jedoch derartig widerliche, doch immerhin amtliche Behauptungen tatsächlich zutreffen sollten, dann muß ich mich wohl fragen: Wie könnten wir, wie könnte ich unseren. Generalfeldmarschall vor derartigen Fragwürdigkeiten bewahren?«

Während von Blomberg vorübergehend verstummt war, trat Göring um so aktiver in Erscheinung. »Möglicherweise könnte eine schnelle Scheidung dieser Ehe noch einiges retten. Etwa durch Erwirkung einer amtlichen Nichtigkeitserklärung – aufgrund grober Täuschungen, wegen bewußt berechnenden Verschweigens wichtiger Einzelheiten aus der Vergangenheit. Also so etwas wie eine feierliche Lossagung . . .«

»Nichts dergleichen!« entschied Blomberg mit schnell wiedergewonnener Entschlossenheit. Denn nun erkannte er, worauf Göring hinauswollte: der wollte ihn als einen Menschen ohne Ehrgefühl und bar jeder Verpflichtungsbereitschaft abstempeln. Dagegen wehrte er sich. »Sie ist – meine Frau! Und das bleibt sie auch.«

»Nun ja«, sagte Göring, »immerhin könnte diese Dame selbst nach einer Scheidung immer noch mit dem Namen unseres Generalfeldmarschalls herumlaufen. Für den Rest ihres Lebens! Und wie stehen wir dann da?«

»Bedrückend, sich das vorzustellen!« rief Hitler aus. Wie überaus gequält von dieser Möglichkeit, blickte er Blomberg an. »Wir wollen dennoch nichts unversucht lassen, diese Angelegenheit sinnvoll zu bereinigen – das bin ich Ihnen schuldig!«

Und der Generalfeldmarschall glaubte zu erkennen, in welchem geradezu unwahrscheinlichen Ausmaß sein Führer um ihn besorgt war. Das rührte ihn ungemein. Diesem Manne gegenüber empfand er eine vorbehaltlose Bewunderung und Dankbarkeit. Der wußte noch, was wahre Kameradschaft bedeutet! Und nun sagte er sogar:

»Göring, Sie dürfen sich entfernen! Denn was nun unvermeidlich zu geschehen hat – das gedenke ich mit meinem Generalfeldmarschall unter vier Augen auszumachen.«

Am Abend dieses Tages war es nicht, wie üblich, Schmiedinger, der Obergefreite und Betreuer des Generalobersten von Fritsch, der ihm das schlaffördernde Glas Milch brachte, sondern dessen Wirtschafterin, die ›Hausdame‹. Sie erlaubte sich, seit vielen Jahren zum erstenmal, sein Schlafzimmer zu betreten, während er sich darin befand.

Werner von Fritsch starrte sie geradezu entgeistert an. »Darf ich Sie bitten, verehrte gnädige Frau, die Regeln dieses Hauses unter allen Umständen zu beachten! Und ich sage das allein Ihretwegen.«

»Was jedoch nicht ausschließt, Herr Generaloberst, daß gelegentliche Ausnahmen gegeben sein könnten.«

Bei dieser Baronin, die den Generaloberst betreute, handelte es sich keinesfalls, wie oft verbreitet, um ein Wesen im bereits ›biblischen‹ Alter, sondern um die frühverwitwete Tochter eines im Weltkrieg gefallenen Regimentskameraden; sie war dem von Fritsch sozusagen anvertraut worden. Nun bereits etwas über vierzig Jahre alt, wirkte sie doch keinesfalls unattraktiv. Man konnte sie sogar eine blühende Schönheit nennen, leicht slawischen Typs. Sie besaß einen schmalen, dennoch voll wirkenden Mund, eine leicht hochgestülpte Nase, deren Flügel oft leicht vibrierten. Diese Frau strahlte für viele Männer ohne Zweifel eine träg verhaltene Sinnlichkeit aus – nicht jedoch für diesen Mann.

Zu dem sagte sie nun, durchaus nicht ergeben, eher fordernd: »Irgendwie gehöre ich zu Ihrem Leben. Und ich empfinde nicht nur Dankbarkeit für Sie, sondern auch Zuneigung, Verehrung! Das sollten Sie vielleicht nutzen – falls Sie es einmal nötig haben sollten. Und mir scheint, Sie haben es nun nötig.«

»Meine liebe, sehr verehrte gnädige Frau!« rief der Herr von Fritsch entsetzt aus, wobei er sich in seinem Bett aufrichtete, nicht ohne darauf bedacht zu sein, sich keine Blöße zu geben, was jedoch kaum Schwierigkeiten machte, denn er pflegte dicht gewebte, sehr lange, vom Hals bis zu den Füßen reichende Nachthemden zu tragen. Ausschließlich schneeweiße.

Und mit der ihm eigenen nachsichtigen Väterlichkeit, auch ihr gegenüber, versicherte er nun: »Sie müssen wissen, verehrte Frau Baronin, daß ich Sie stets sehr gerne sehe – aber eben nicht hier, in meinem Schlafzimmer. Sie bedeuten mir sehr viel, als Mensch. Doch ich darf wohl, glaube ich, als einigermaßen abgeklärt gelten – oder eben als weise, wie man auch sagen kann. Die mir verbliebene Kraft gehört allein meinem Amt – und allein dafür reicht sie noch aus.«

»Nichts anderes habe ich von Ihnen erwartet«, sagte sie.

»Es geht mir auch nur um eine mögliche Absicherung, Ihre Person betreffend. Wobei wir, wenn Sie nur wollen, den gleichen Effekt erzielen könnten, der sich bereits in München, auf Initiative einer Freundin von mir, als recht wirksam erwiesen hat.«

»Was, bitte, meinen Sie denn damit?« fragte der von Fritsch, der in diesen Tagen aus dem Staunen kaum noch herauskam.

Das erklärte sie ihm: »In München gelang es meiner Freundin, gemeinsam mit einigen anderen Damen, sich sehr wirkungsvoll einzusetzen, mit recht unkonventionellen Methoden – und zwar für gefährdete, durch bestimmte Gesetze bedrohte Freunde. Für die haben sie systematisch Entlastungsmaterial produziert, und zwar in Form von Liebesbriefen. In denen konnte man nachlesen, daß man hingebungsvolle Zuneigung empfinde, dankbar an genossene Stunden zurückdenke und auf abermalige Erfüllung hoffe. Und so weiter. Woraus sich dann eine Art Beweismaterial ergab, an dem sogar die Gestapo nicht vorbeikonnte. So wurde manchem geholfen.«

»Was, bitte, gnädige Frau, gedenken Sie denn damit anzudeuten?« fragte der Generaloberst. »Für was halten Sie mich denn?«

»Für bedroht! Denn offenbar kommen da ganz massive Anschuldigungen auf Sie zu. Selbstverständlich sind Sie davon nicht betroffen! Doch Sie müssen sich absichern. Und dabei möchte ich Ihnen gerne behilflich sein – in jeder erdenklichen Hinsicht. Darf ich?«

»Das, Frau Baronin, dürfen Sie nicht!« erklärte der Generaloberst starr abwehrend. »So etwas würde ich niemandem zumuten – Ihnen schon gar nicht. Und ich bitte Sie, zur Kenntnis zu nehmen: Ich bin kein Homosexueller! Mithin kann ich auch niemals in den begründeten Verdacht geraten,

ein solcher zu sein! Ich danke Ihnen jedenfalls für Ihre Hilfsbereitschaft, die ich aber, selbstverständlich, ablehnen muß.
Bitte vertrauen Sie mir: Ich fühle mich nicht gefährdet! Was
auch immer auf mich zukommen sollte – damit werde ich fertig. Allein.«

Nachdem der Führer Adolf Hitler, zutiefst besorgt erscheinend, Hermann Göring hinausgebeten hatte, blieb er mit
Werner von Blomberg in seinem Arbeitszimmer zurück. Sie
betrachteten sich anhaltend. Beide schienen nicht ohne Zu-
versicht.

Schließlich, nach einigem Zögern, bekannte der Generalfeldmarschall: »Erlauben Sie mir, bitte, eine Bemerkung,
mein Führer, ganz im Vertrauen. Die Reaktionen des Herrn
Göring mir gegenüber begreife ich nicht. Denn den habe ich
stets für meinen Freund gehalten – zumindest für einen verläßlichen Kameraden.«

»Das ist er ja auch – allerdings auf seine sehr spezielle
Weise«, erklärte der Führer. »Doch Sie müssen wissen, er hält
sich auch für einen politischen Menschen – mit einem durchaus ausgeprägten Instinkt für die Möglichkeiten der Macht.
Das sollten Sie bei dem stets einkalkulieren.«

»Worauf aber will er hinaus?« fragte nun Werner von
Blomberg ziemlich ratlos. »Beabsichtigt er etwa, mein Nachfolger zu werden?«

Das jedoch war eine Vermutung, die Hitler mit ganz großer Geste abwehrte. »Überschätzen Sie den nicht – und unterschätzen Sie mich nicht! Warum sollte ich dazu bereit sein,
ausgerechnet ihm das wichtigste Instrument unseres Reiches
anzuvertrauen – die Wehrmacht? Göring fehlt es an Geduld
und Fleiß, an Ausdauer und schöpferischer Weitsicht. Er mag
sich wohl, manchmal recht eindrucksvoll, als Gallionsfigur

einsetzen lassen, zeitweise auch als brauchbare Planierraupe. Doch mehr ist bei dem nicht drin!«

Das waren Auslassungen, die der von Blomberg, da er sich von Göring hintergangen fühlte, nicht ungern hörte – zumal sie ihn hoffen ließen. Dennoch wandte er ein: »Immerhin haben Sie Göring zu Ihrem offiziellen Stellvertreter ernannt.«

»Wohlüberlegt! Denn damit ist er eben eindeutig als zweiter Mann eingestuft worden, wenn Sie wollen: als ein Zweitklassiger! Meine mir wichtigsten Mitarbeiter jedoch, wozu auch Sie, als Oberbefehlshaber der Wehrmacht, mit Vorrang gehören, müssen absolut erstklassig sein! Was Sie stets waren, Herr von Blomberg – bis zu dieser fürchterlich peinlichen Affäre.«

»Das ist keine Affäre, mein Führer, es ist ein Mißverständnis!«

»Wie immer Sie das nennen wollen, mein lieber Blomberg – es ist aus der Welt zu schaffen!«

»Aber wie?«

»Nun, etwa indem Sie erklären, sich von dieser Frau trennen zu wollen. Aber das haben Sie ja bereits entschieden abgelehnt. Ein Verhalten, das Sie durchaus ehrt, als Mensch, das ich jedoch als Staatsoberhaupt bedauern muß! Denn nun, da ich diese Akte ja nicht einfach beseitigen kann, bleibt mir wohl nichts anderes übrig, als mich auf unvermeidliche, uns beide absichernde Konsequenzen einzustellen. Niemand beklagt das so sehr wie ich!«

Der Generalfeldmarschall von Blomberg brauchte lange Sekunden, bis ihm bewußt wurde, was da soeben für ein Urteil über ihn gefällt worden war. Wohl hatte er das für möglich gehalten, jedoch nicht befürchtet, daß es ihn so schnell überrennen würde. Nun, das hatte er wohl hinzunehmen – mit soldatischer Ergebenheit.

»Ich habe also meinen Rücktritt zu erklären«, stellte er tonlos fest.

»Formulieren wir das ein wenig anders«, korrigierte ihn sein Führer mitfühlend. »Etwa so: Sie stellen vorübergehend Ihr Amt zur Verfügung – legen es also in meine Hände zurück. Worauf ich sie bis auf weiteres als beurlaubt betrachte. Damit erhalten Sie Gelegenheit, gemeinsam mit Ihrer lieben Frau eine längere Auslandsreise anzutreten, die ich persönlich, bitte erlauben Sie mir das, finanzieren werde. Ansonsten jedoch bleiben Sie selbstverständlich unser Generalfeldmarschall – mit vollen Bezügen und allen Extrazulagen, versteht sich. Wobei allein dies wichtig ist: Sie müssen beschleunigt aus dem Schußbereich Ihrer standesdünkelhaften, erzkonservativen Verfolgungsmeute verschwinden. Für alles andere, wie gesagt, sorge ich!«

»Ich danke Ihnen, mein Führer – für Ihr so überaus großherziges, verständnisvolles Entgegenkommen.«

»Nicht der Rede wert, Herr von Blomberg! Schließlich kann ich es mir gar nicht leisten, auf einen Mann von Ihren Qualitäten zu verzichten. Ich brauche Sie! Als Ratgeber. Als Generalfeldmarschall. Als einen mir befreundeten Kameraden. Nicht zuletzt, wenn es, wie wohl unvermeidlich, zum Kriege kommen sollte.«

»Wobei mir dann, hoffe ich doch sehr, ein Frontkommando zuteil werden wird?«

»Selbstverständlich! Ich werde Sie dann um Ihren Einsatz bitten. Und Ihr Befehlsbereich wird, ohne jeden Zweifel, von großer, entscheidender strategischer Bedeutung sein.«

Der von Blomberg blickte erleichtert und dankbar auf seinen Führer. Mein Gott, auf den war Verlaß! Der würde alles regeln: sein Ansehen retten, seine Ehre erhalten, seine Ehe nicht antasten. »Danke«, sagte er schlicht, fast innig.

»Helfen Sie mir, bitte, gleich weiter!« Hitler erkannte

262

prompt, daß dieser komplizierte und wahrlich nicht unriskante Teil seines Plans gelungen war. Worauf er seinen Erfolg, mit dem ihm eigenen Sinn für Realität, unverzüglich weiter ausbaute. »Wir haben nunmehr folgendes zu bedenken: Für Ihre Ämter muß ein bevollmächtigter Stellvertreter ernannt werden – von mir. Jedoch entsprechend Ihrem Vorschlag. Nun?«

Der von Blomberg konzentrierte sich sofort auf diese Anregung seines Führers. Der schätzte ihn, der brauchte ihn! Der legte Wert auf seinen Rat. »Als mein Stellvertreter, bis zur endgültig erfolgten Klärung, kommt eigentlich rangordnungsmäßig nur einer in Frage: der Oberbefehlshaber des Heeres, also der Generaloberst von Fritsch.«

»Den schätze ich auch – ungemein!« versicherte Hitler unverzüglich. »Der ist, nach Ihnen, gewiß der beste meiner Generale. Ich würde Ihrem Vorschlag sofort zustimmen – wenn ich das verantworten könnte.«

»Und warum glauben Sie das nicht zu können?«

»Weil ich da einiges zur Kenntnis nehmen mußte, was ich niemals für möglich gehalten hätte. Es handelt sich dabei um einen unglaublich schwerwiegenden Vorwurf! Er betrifft ein mehrfaches Vergehen des Generalobersten gegen bestehende Gesetze – Sittengesetze.«

»Davon habe ich auch bereits gehört, intern! Habe das jedoch niemals für möglich gehalten. Falls so was dennoch zutreffen sollte, würde es mir außerordentlich leid tun. Man sollte, meine ich, alles Erdenkliche unternehmen, um den Generaloberst vor peinlichen Zugriffen zu bewahren.«

»Genau dieser Ansicht bin ich auch! Wir werden dies intensiv nachprüfen; doch ich fürchte, daß wir nun mit allem rechnen müssen. Was uns nicht der Sorge enthebt, für Sie einen Ihrer würdigen Stellvertreter zu finden.« Er sagte nicht ›Nachfolger‹. »Göring kann das nicht sein. Der von

263

Fritsch kommt dafür zur Zeit nicht in Frage. Wer also sonst?«

Worauf nun dieser vielfach geforderte Generalfeldmarschall, der sich von beutehungrigen Hyänen umstellt sah, einen Einfall produzierte, der sich als Volltreffer sondergleichen erweisen sollte. »Warum, mein Führer, übernehmen Sie dieses Amt nicht selbst? Sie persönlich. Das ergäbe doch eine überzeugende Personalunion: der Führer – der Reichskanzler – der Oberbefehlshaber der Wehrmacht! Alles vereint, alles in einer Hand!«

»Eine mich überaus bedrückende Vorstellung«, behauptete Adolf Hitler. Scheinbar zutiefst beunruhigt erhob er sich und wandte sich ab; er wollte sich nicht in die Augen sehen lassen, sie hätten seinen Triumph verraten können. Dieser Blomberg hatte die Weiche genau so gestellt, wie Hitler es erhofft hatte. Er unterbrach seine kurze Wanderung, stellte sich vor Blomberg auf und versicherte:

»Alles in mir sträubt sich dagegen, auch noch diese Verantwortung übernehmen zu müssen. Doch wenn Sie mir einen derartigen Rat geben, muß ich den wohl bedenken. Zumal sich damit auch die Möglichkeit böte, dieses Amt gleichsam zu neutralisieren – bis Sie es dann wieder übernehmen. Sobald über die Ihnen und Ihrer Frau angelastete Affäre Gras gewachsen ist. Wofür ich sorgen werde.«

»Das wäre bis dahin gewiß die beste Lösung, mein Führer«, bekräftigte der Generalfeldmarschall, weiterhin ahnungslos.

Am späten Nachmittag des 26. Januar 1938 hatten sich in der Reichskanzlei, auf Anordnung Hitlers, mehrere Personen einzufinden:

Dabei der Oberbefehlshaber des Heeres, Generaloberst

Freiherr von Fritsch. Der war von Oberst Hoßbach verständigt worden und wurde auch von ihm am Haupteingang empfangen, respektvoll und höchst besorgt. »Vorsicht – höchste Vorsicht!« flüsterte er ihm zu.

Zugleich erschien, durch einen Nebeneingang hereingeschleust, ein gewisser Schmidt, also Otto-Otto, in seiner Eigenschaft als sorgsam getrimmter Hauptbelastungszeuge. Er wurde von zwei gleichgültig wirkenden Gestapobeamten begleitet. Die jedoch führte, da Homochef Meisinger verreist war, ein Kriminalbeamter namens Huber an – und der war überaus neugierig auf das, was da auf ihn zukam.

Im Bibliothekszimmer der Reichskanzlei empfing Hitler, Göring dicht neben sich, den Generaloberst. Das geschah mit einer wohlabgemessenen Verbeugung. Fritsch grüßte militärisch korrekt.

Göring machte sich unverzüglich kumpanenhaft an ihn heran: »Na, scheußlich, das Ganze – was?«

»Allerdings«, bestätigte der von Fritsch steif.

Hitler, obgleich unendlich betrübt blickend, ließ sich nun, nicht ohne einen drohenden Unterton in der Stimme, vernehmen: »Ich beklage es sehr, Ihnen, mein lieber Herr von Fritsch, eine derartige Begegnung zumuten zu müssen. Doch ich bin sicher, daß sie absolut negativ verlaufen wird – für die Gestapo. Womit dann alles erledigt wäre! Darf ich das hoffen?«

»Dafür gebe ich Ihnen mein Ehrenwort!« versicherte der Generaloberst gemessen. »Denn mit derartigen Verdächtigungen habe ich nicht das geringste zu tun!«

»Was ich Ihnen auch glaube, unbedenklich, Herr von Fritsch!« versicherte Hitler eilig. »Doch auf mich kommt es dabei nun nicht mehr an. Hier sind sozusagen amtliche, aktenkundig gemachte Vorgänge aus der Welt zu schaffen.«

»Bringen wir das endlich hinter uns!« rief Göring mit vernichtender Munterkeit aus. »Das sollte sich in wenigen Minuten schaffen lassen! Sind Sie dazu bereit, Herr von Fritsch?«

»Jawohl«, bestätigte der Generaloberst. »Wenn das unbedingt für notwendig gehalten wird – dann ja.«

Worauf folgendes geschah: Göring eilte geschäftig voran – und zwar zu der Tür, die zum Treppenhaus führte. Er öffnete sie einladend weit. Hitler ersuchte den von Fritsch höflich, ihm vorauszugehen.

Das Treppenhaus war grell erleuchtet, jede Einzelheit war überdeutlich erkennbar: funkelnder Marmor, blutrote Läufer, Lichtgirlanden wie aus Gold und Kristall. Am untersten Treppenabsatz hielten sich vier Mann auf: Huber, der Kriminalist, die beiden Gestapobeamten – und zwischen diesen: Otto Schmidt.

Alle vier erwiesen den Deutschen Gruß – und das zweimal: zunächst als sie Göring erblickten, dann als der Führer erschien. Ergeben starrten sie aufwärts. Otto-Otto war ergriffen. Wohl hatte er seine große Stunde kommen sehen – doch gleich derartig groß hatte er sie sich kaum vorgestellt. Fieberhafte Erregung überfiel ihn.

Dabei war doch alles, so redete er sich ein, ganz einfach. Er hatte sich nur so zu verhalten, wie das Dutzende Male mit Meisinger anhand von zahlreichen Photos durchgesprochen worden war. Auch hatte er inzwischen schon zweimal dieses Objekt, auf das es hier ankam, ›in natura‹ gesehen. Wenn auch in einiger Entfernung, so doch deutlich erkennbar, und zwar im Tiergarten. Dort war dieser Mensch auf einem Pferd zu erblicken gewesen; zwei Gestapobeamte hatten auf ihn hingewiesen.

Die Frage, auf die es hier nun allein ankam, stellte der Führer persönlich – und zwar an Huber: »Fragen Sie den von Ihnen antransportierten Mann, ob er irgendeinen der hier Anwesenden persönlich kennt – und wenn ja, wen und woher?«

Huber sagte lediglich: »Nun – Schmidt?«

»Aber ja, ja – den einen Herrn kenne ich!« rief Otto-Otto mit sich überschlagender Stimme. »Den erkenne ich wieder – der ist es gewesen!« Er trat einen Schritt vor, streckte die rechte Hand weit aus und zeigte eindeutig auf den Generaloberst. »Der – kein anderer! Der hat damals im Wannsee-Bahnhof . . .«

Nun wieder der Führer, ganz sachlich, unerschütterlich souverän, abermals zu Huber: »Fragen Sie den von Ihnen vorgeführten Mann, ob er auch ganz sicher ist, sich nicht zu irren.«

»Nun – Schmidt?«

»Nein, ich irre mich nicht! Dafür lege ich meine Hand ins Feuer – sogar, wenn es sein muß, alle beide! Ich kann beschwören, was ich bezeugt habe!«

Göring lehnte sich schwer aufschnaufend zurück. Hitler blickte wie entgeistert um sich. Der von Fritsch zuckte nur verächtlich mit den Schultern, wie automatisch, um dann, kaum vernehmbar, zu sagen: »Einfach – absurd!«

»Allein schon an diesem Achselzucken erkenne ich den wieder – das ist irgendwie typisch für ihn!« rief Otto Schmidt. Die beiden Gestapotransporteure musterten ihn anerkennend, während Huber zu Boden blickte. »Der allein ist es gewesen! Da bin ich ganz sicher!« wiederholte Otto-Otto.

Göring schien seine Empörung nicht mehr zügeln zu können: »Das«, rief er mit allen Anzeichen des Entsetzens aus, »reicht doch wohl!«

Und das schien denn auch der Fall zu sein.

Aus dem Dr.-Erich-Meller-Bericht

Diese ›Gegenüberstellung‹ wurde von nicht wenigen für äußerst gewagt gehalten. Sie war jedoch, im Grunde, kaum mehr als das Ergebnis einer sorgfältigen Bewertung gewisser Verhaltensweisen dieses Generals, die man zuvor gründlich studiert hatte. Denn dieser verheerend ahnungslose von Fritsch war tatsächlich in seinen Reaktionen, zumal von einem so instinktsicheren Menschenkenner wie Hitler, ziemlich mühelos zu durchschauen.

Vorstellbar durchaus, daß ein anderer in dieser fürchterlichen Situation – die nicht die einzige ihrer Art bleiben sollte – seine helle Empörung hinausgebrüllt hätte. Wenn auch vielleicht nicht gleich gegen den Führer, so doch gegen Göring. Bestimmt aber würde ein gelernter Draufgängergeneral versucht haben, diesen fragwürdigen ›Zeugen‹ im bewährten Kasino- und Kasernenhofstil ›zur Sau zu machen‹.

Vorstellen können hätte man sich aber auch die Reaktion eines gediegen selbstbewußten Generals vom Schlage des Generalstabschefs Beck. Der wäre vermutlich in äußerste Ablehnung verfallen, hätte sich wortlos entfernt, seinem Führer und diesem Göring verächtlich den Rücken gekehrt. Doch nichts dergleichen bei Fritsch.

Über den Anblick, den dabei der Generaloberst bot, berichtete mir Huber: ›Der stand zunächst wie erstarrt da, gleichsam denkmalhaft. Der wich also nicht aus, der stellte sich! Aber wem? Nun – vielleicht seinem Schicksal, könnte man sagen; vielleicht auch seiner unbeirrbaren Überzeugung, als Soldat. Wobei selbst er noch nicht zu erkennen vermochte, daß er hier einer kriminellen Vereinigung gegenüberstand.‹

Georg Huber, ein guter, geschulter, überaus sachlicher Beobachter, war nun offenbar am richtigen Platz gelandet. ›Diese Angelegenheit‹, sagte ich, ›ist also eindeutig kriminell! Davon sind nun auch Sie überzeugt.‹

›Bin ich!‹ bestätigte mein Huber. ›Doch Überzeugung und Beweisführung sind zwei Paar Schuhe. Vermutlich liegen jedoch irgendwo im Reichssicherheitshauptamt diverse zurückgehaltene Materialien, mit denen sich gewiß einiges anfangen ließe. Aber an die komme ich nicht heran, noch nicht. Vielleicht könnten Sie da ein wenig nachhelfen, Herr Dr. Meller – über Ihren Freund Heydrich?‹

Das zu versuchen, versprach ich – nicht ganz ohne reale Hoffnung. Denn falls diese Hintertreppendarbietung tatsächlich so fragwürdig war, wie es den Anschein hatte, dann konnte sie wohl kaum auf die Dauer fortgesetzt werden. Das war dann nicht einmal mit einem von Fritsch zu machen! Und ein klug kalkulierender Mann wie Heydrich könnte das möglicherweise erkennen.

Das war zumindest dann zu erwarten, wenn diese Vorgänge in den sogenannten Rechtsweg hineingerieten und dort weiterbehandelt werden mußten. Dann nämlich würde dem Generaloberst ein juristischer Beistand, ein Verteidiger, zur Seite gestellt werden; möglichst einer von unseren Leuten. Und der könnte dann für ihn sprechen, an dessen Stelle all das vorbringen, was der von Fritsch selbst nicht sagen wollte, seinem Wesen gemäß vielleicht auch gar nicht auszusprechen vermochte.

Doch zunächst leistete sich Göring, der eine seiner ganz großen Stunden zu erkennen glaubte, eine dröhnend bedrohliche Staatstheaterszene:

Unmittelbar nachdem Otto-Otto Schmidt im Treppenflur sein »Der ist es!« und Göring sein »Das reicht!« ausgerufen hatte, stürzte Hitlers Stellvertreter elefantenhaft vom Treppenflur in die Bibliothek. Um dort, atemlos und schweißtriefend, jedem zu verkünden, der es hören wollte, hören sollte – Adjutanten, Bediensteten, Sachbearbeitern und dem Oberst Hoßbach:

»Er war es! Er war es!«

Dann warf sich Hermann Göring auf das nächste Sofa, das erstaunlicherweise unter dieser Last nicht zusammenbrach. Und nach übereinstimmenden Äußerungen von Zeitzeugen ›jaulte‹ er nun vor sich hin, wie ›in höchster Seelenpein‹. Dabei preßte er die Hände aufs Gesicht, um ein drittes Mal, nahezu aufschluchzend, auszurufen:

»Er war es!«

Bei dieser durchaus gekonnten Solodarbietung wurde Göring anhaltend bestaunt, vielleicht auch nicht ohne Mitgefühl betrachtet. Diese dem Führer ergebenen Reichskanzleimenschen muteten überaus ergriffen an. Doch auch jetzt fiel dieser Oberst Hoßbach, einmal mehr, unangenehm auf. Denn der leistete sich, geradezu herausfordernd, diese Bemerkung:

»Wem hat man denn wohl, frage ich, mehr zu glauben: einem Ganoven oder einem General?«

Göring richtete sich, wie schnell wachgerüttelt, auf. Er ließ die Hände sinken, noch immer wirkte er leidend; doch seine bedrohliche Entschlossenheit war nun unverkennbar. »Achten Sie bitte auf dies: Der Führer schätzt diesen General. Ungemein. Und eben das tue ich auch, Herr Oberst!«

»Darauf, Herr Generaloberst, achte ich; gerne. Doch wie äußert sich diese Achtung in der Praxis? In Ihrer?«

Göring wuchtete seine kolossalen Fleischmassen hoch. Zu dieser Zeit wog er bereits über zwei Zentner. In derartigen ›Krisenzeiten‹ pflegte er ungeheuer viel zu sich zu nehmen. Da war, auch in den Nächten, kein Speiseschrank in Karinhall vor ihm sicher.

»Es gibt doch einfach nichts«, stöhnte er, wie um Verständnis werbend, den Oberst Hoßbach an, »was ich nicht zu tun bereit wäre – für den Führer, das Reich, die Wehrmacht; also auch für Ihren, unseren Herrn von Fritsch. Und den herauszuhauen, will ich nun versuchen, mit geballter Kraft. Drücken Sie mir beide Daumen!«

Adolf Hitler hatte sich inzwischen mit dem Oberbefehlshaber des Heeres in sein Arbeitszimmer zurückgezogen. Hier angekommen, ließ er sich, wie entkräftet, in einen der in Fensternähe stehenden Ledersessel fallen.

Mit einer ermattet wirkenden Handbewegung ersuchte er den von Fritsch, Platz zu nehmen – in seiner unmittelbaren Nähe.

»Eine denkbar scheußliche Situation!« Es war, als starre Hitler in dichteste Nebelfelder hinein. »Wie, frage ich mich, kommen wir da heraus?«

»Bei diesem Vorgang, Herr Reichskanzler, handelt es sich nicht nur um eine Zumutung sondergleichen, sondern möglicherweise sogar um eine äußerst hinterhältige Intrige gegen das Heer, konzentriert auf meine Person. Eine Feststellung, die mir nicht leichtfällt.«

»Dennoch«, stellte Hitler fest, »wirken Sie nicht sonderlich beeindruckt von alldem, was Ihnen da zugemutet wird. Sie wollen mir vielmehr geradezu gelassen erscheinen. Wie kommt das?«

»Das hat zwei Gründe! Der erste: Diese Vorgänge gehen mich nicht das geringste an. Der zweite Grund: Ich vertraue Ihnen.«

»Das dürfen Sie auch.«

Das konnte Hitler unbedenklich zusichern. Auch Urgestein wie dieser Fritsch zerbröckelt einmal, zerfällt und löst sich in Staub auf. Und ein derartiger Prozeß läßt sich erfahrungsgemäß beschleunigen – durch entsprechende Nachhilfe.

Das schien sich prompt zu bestätigen, als Hermann Göring eintraf – mit der ihm eigenen, ihn wie fahnenhaft umrauschenden Geschäftigkeit. Und der verkündete nun mit dunklen Posaunentönen: »Allgemeines Entsetzen! Tiefste Besorgnis! Selbstverständlich habe ich versucht, diese voreilig beängstigten Leute zu beruhigen! Mit dem Hinweis: Der Führer wird das schon machen! Richtig so?«

»Richtig so!« bestätigte Hitler – wobei er allein den von Fritsch ansah. »Bitte denken Sie nicht etwa, Herr Generaloberst, daß ich Ihnen jemals etwas Derartiges zutrauen würde – das ganz gewiß nicht! Dennoch müssen wir nun versuchen, mit den sich aus dieser peinlichen Situation ergebenden, gewiß recht unangenehmen Schwierigkeiten fertig zu werden. Aber wie? Das frage ich mich – das frage ich Sie.«

»Das scheint sich ziemlich einfach lösen zu lassen«, behauptete Göring freudig, wie es sein Führer erwartet hatte. »Der Herr von Fritsch zieht sich zurück – er legt sein Amt nieder; fürs erste einmal. Womit er sich weiteren peinlichen Befragungen und Verfolgungen entziehen kann und garantiert so gut wie unbelästigt bleibt. Wäre das nicht eine brauchbare Lösung, mein Führer?«

Das bestätigte Adolf Hitler unverzüglich. »Möglicherweise ja. Wobei ich allerdings vorschlagen würde: Wir verkünden, offiziell, lediglich die Beurlaubung des Herrn von Fritsch – auf unbestimmte Zeit. Etwa aus Gesundheitsgründen. Denn daß Sie, Herr Generaloberst, als sehr krank gelten dürfen, hat sich bereits herumgesprochen. Und eine derartige Erklärung würde alles sehr vereinfachen. Nur kein Aufsehen! Das kann sich jetzt keiner von uns leisten!«

Göring stieß zielbewußt nach: »Ganz richtig. Man muß Gras darüber wachsen lassen – erst dann kann man weitersehen. Die Hauptsache jedoch, Herr von Fritsch, sollte für Sie diese Erkenntnis sein: Der Führer legt ganz entschieden Wert darauf, daß Sie ihm erhalten bleiben.«

»So ist es!« bestätigte Hitler unverzüglich, nicht ohne Feierlichkeit. »Wobei ich folgende Möglichkeiten in Betracht ziehe. Erstens: Wenn es uns gelingt, was ich glaube, eine schnelle und gründliche Bereinigung dieser Vorgänge zu erreichen, könnten Sie alsbald wieder Ihr Amt übernehmen. Zweitens dann, Herr von Fritsch, würde ich Sie bitten, die Nachfolge des Herrn von Blomberg anzutreten.«

»Was ich weder will noch wünsche, Herr Reichskanzler!«

»Wir sollten dennoch keine Möglichkeit außer Betracht lassen. Denn wer mir, wie Sie, so vorbehaltlos dient, der verdient es auch, entsprechend honoriert zu werden.«

»In welcher Hinsicht, bitte?«

»Verehrter Herr von Fritsch, nehmen Sie bitte zur Kenntnis: Wenn Sie, nach der angestrebten Bereinigung dieser Vorgänge, wieder als Oberbefehlshaber des Heeres zu fungieren wünschen – bitte! Falls Sie aber darüber hinaus bereit wären, wie von mir gewünscht, den Oberbefehl über die Wehrmacht zu übernehmen – ich würde mich freuen! Es wäre aber noch eine dritte Lösung denkbar.«

»Welche, bitte?«

Hitler lächelte ihn an, kameradschaftlich, staatsmännisch werbend. »Ich würde Sie bitten, Herr von Fritsch, als unser Botschafter nach Moskau zu gehen. Es wird Ihnen klar sein, daß dies ein Vertrauensbeweis ohnegleichen ist. Denn diese Sowjetrussen müssen als die schicksalhafte Bedrohung unseres Volkes, des ganzen Abendlandes, angesehen werden. Mithin benötige ich dort einen äußerst verläßlichen Mann, der soldatisch denken kann. Einen von Ihrem Format.«

»Gratuliere!« rief Hermann Göring. »Der Führer baut Ihnen goldene Brücken! Was wollen Sie mehr?«

»Ich will nur eines«, versicherte der Generaloberst von Fritsch mit großer Schlichtheit. »Und zwar die völlige Wiederherstellung meiner verletzten Ehre!«

»Aber wie denn«, röhrte Göring unwillig, »ohne dem Reich zu schaden?«

»Der wahre Wert unseres Reiches beruht wohl nicht zuletzt auf der erwiesenen Würdigkeit seiner maßgeblichen Persönlichkeiten!« Davon war Fritsch, selbst jetzt noch, überzeugt. »Also darf kein Makel, keine Fragwürdigkeit an einem Mann meiner Position haftenbleiben. Und deshalb erlaube ich mir, die Einsetzung eines Ehrengerichtes zu beantragen – dem ich mich dann stellen werde.«

Und mehr dazu war denn wohl auch – aus der Sicht dieses Mannes – nicht zu sagen. Steifbeinig stand er da, sein Monokel blitzte, zuckte auf wie ein Warnlicht. Dann grüßte er militärisch, um sich, mit leicht schleppenden Schritten, zu entfernen.

Als er die Reichskanzlei verließ, von Oberst Hoßbach wortlos begleitet, empfing ihn eine unverhofft frostklare Winternacht. Er nahm seine Kopfbedeckung ab und atmete tief ein und aus. Dann schien er sogar geringfügig zu lächeln – unklar weshalb. Vielleicht über sich. Doch immerhin, er lächelte.

Auszug aus dem Meller-Bericht
»Damit waren die letzten Weichen gestellt. Wie alle Eingeweihten erraten konnten, hatte sich der von Fritsch geweigert, eine der ihm angeblich aufgebauten ›goldenen Brücken‹ zu betreten. Irgendeine Art von Kuhhandel war mit dem nicht zu machen.

Unmittelbar nach diesen Vorgängen verriet er, bei einem Gespräch mit Oberst Oster und mir, einige der dabei von ihm gewonnenen Eindrücke: Er hatte, sagte er, zumeist Formulierungen vernommen, wie: falls – wenn – sofern – dann würden – alles versuchen – sich bemühen. – Wortgebilde mithin, die wegen mangelnder Klarheit nicht zu meinem Sprachgebrauch gehören. Ich vermißte Geradlinigkeit, Eindeutigkeit, Direktheit.

›Sehr richtig erkannt!‹ pflichtete ihm Oberst Oster bei.

›Diese Leute‹ – er meinte Hitler und Göring – ›sind zutiefst unaufrichtig, hinterhältig und verlogen! Daraus, Herr Generaloberst, sollten Sie endlich Konsequenzen ziehen. Lassen Sie sich das nicht bieten, gehen Sie dagegen an – und sehr viele werden sich hinter Sie stellen!‹

Was ich, ohne Zögern, bestätigte. Sogar mit einigem Eifer. Auch ich hatte eben meine leichtfertigen Augenblicke. Doch der von Fritsch blickte uns überaus streng an. ›Ich bin ein Soldat, meine Herren – kein Rebell! Die allein für mich in Frage kommende Konsequenz habe ich bereits gezogen, indem ich auf der Wahrung meiner Ehre bestanden habe, die in meinen Augen auch jene des Heeres ist.‹«

8
Die Kapitulation der Generale

Bereits am 26. Januar 1938 – gegen 16 Uhr – erschien befehlsgemäß erstmals bei Hitler in der Reichskanzlei ein Mann, der sich alsbald als einer seiner verläßlichsten Getreuen entpuppen sollte. Und es auch bis zum bitteren Ende blieb. Das war ein General namens Keitel.

Bei diesem Wilhelm Keitel handelte es sich um den Chef des Wehrmachtsamtes. Dort, im engeren Bereich des Generalfeldmarschalls von Blomberg, amtierte er seit 1935. Das gewiß nicht zuletzt, weil er inzwischen auch zum Verwandten seines Oberbefehlshabers geworden war. Denn kurz vor dem Ausbruch jener Affäre hatte Karl-Heinz, Keitels Sohn, die Tochter Dorothee des Generalfeldmarschalls geheiratet.

Darüber war Hitler selbstverständlich informiert. Die entsprechenden Unterlagen hatte er durchgesehen und mit der ihm eigenen Auffassungsgabe das Wesentlichste prompt erfaßt: dieser Keitel, übrigens ein stattlicher Mann, war offenbar das, was man gemeinhin als ›bequemer Untergebener‹ zu bezeichnen pflegte; in Generalskreisen galt er als ›angenehmer Mitarbeiter‹. So gab sich der Führer ihm gegenüber erwartungsvoll höflich.

»Diese fürchterlichen Vorgänge, mein lieber Herr Keitel«, sagte er, sich instinktsicher vortastend, »gehen mir sehr nahe. Daß ausgerechnet mein verehrter, stets hochgeschätzter Generalfeldmarschall in eine derartige Situation geraten mußte, tut mir weh, wie ja gewiß auch Ihnen, als sein Freund, Verwandter und Frontkamerad. Im Weltkrieg gehörten Sie beide dem gleichen Regiment an, nicht wahr?«

»Wir kommandierten Infanterie-Einheiten, in benachbarten Frontabschnitten. Ein großartiger Soldat – hochgebildet, auch von einzigartig kameradschaftlicher Herzlichkeit. Doch nun – das!«

»Niemand, Herr Keitel«, versicherte Hitler mit großer Geste, »darf unseren Herrn von Blomberg voreilig verurteilen! Dennoch müssen wir nun mit offenbar vollendeten, äußerst betrüblichen Tatsachen rechnen. Wie, bitte, stehen Sie dazu?«

»Auch ich«, bekannte General Keitel, »erkenne, wie peinlich diese Angelegenheit ist. Und auch ich mache mir meine Gedanken über die sich wohl unvermeidlich daraus ergebenden Folgerungen. Ich habe intensiv auf ihn eingeredet, mich sogar nicht gescheut, seine derzeitige Frau als möglicherweise fragwürdiges Element zu bezeichnen und eine Scheidung dieser absolut unstandesgemäßen Ehe für dringend geboten erklärt.«

»Natürlich vergeblich«, vermutete Hitler hoffnungsvoll. »Was sehr für ihn spricht – als Mensch! Doch ich bin der Führer und Kanzler dieses Reiches! Vermögen Sie zu erkennen, lieber Herr Keitel, welche Konsequenzen *ich* zu ziehen habe?«

»Durchaus, mein Führer!« bestätigte der General. »Denn in einer solch heiklen Situation darf es einfach keine Kompromisse geben. Die Ehrbegriffe des deutschen Offizierskorps zu mißachten, wäre schädlich, wenn nicht gar staatsgefährdend. Das habe ich denn auch Werner, ich meine dem Generalfeldmarschall, immer wieder gesagt. Und auch in der hier gebotenen Deutlichkeit – zuletzt erst gestern abend!«

»Und wie hat er – lassen Sie mich das, bitte, wissen – darauf reagiert?«

»Er wies erneut mein ›Ansinnen‹ entschieden von sich; er sprach von einer reinen Liebesheirat. Ja, er behauptete sogar: Er würde sich lieber eine Kugel in den Kopf schießen, als dieser Frau zu entsagen. Und dabei hatte er Tränen in den Augen!«

»Na – wie tragisch!« stellte Hitler fest und gab sich wirkungsvoll bewegt. »Und wie bedauerlich! Für uns alle! Wir können also wohl nicht mehr mit ihm rechnen – auf vermutlich unbestimmte Zeit. Dennoch muß hier alles weitergehen! Und wenn man auch gerne behauptet, daß so gut wie jeder zu ersetzen sei – auf meinen Blomberg trifft das nicht zu. Dennoch muß es wohl versucht werden! Und ich frage mich – aber nun auch Sie, lieber Herr Keitel –, wer wohl als Nachfolger in Frage kommen könnte?«

»Normalerweise der Generaloberst von Fritsch, würde ich sagen. Doch der fällt nun wohl auch aus – bis auf weiteres.«

»Leider!« bestätigte Hitler bereitwillig.

»Weiter Generaloberst Göring – den Sie jedoch, mein Führer, wie ich gehört habe, mit dieser Aufgabe nicht zu betrauen gedenken.«

»Stimmt«, bestätigte Hitler.

»Dann bleibt wohl nur eine Lösung übrig: Sie selbst, als der Führer und Reichskanzler, übernehmen auch noch dieses Amt.«

»Nun – vermutlich wissen Sie, daß auch der Generalfeldmarschall von Blomberg mich ersucht hat – und zwar mit sehr verpflichtenden Worten –, den Oberbefehl über die Wehrmacht nunmehr persönlich zu übernehmen.«

»Das«, stimmte der General Keitel unverzüglich zu, »wäre gewiß die denkbar beste Lösung!«

»Eine Vorstellung, die mich zögern, wenn nicht gar schaudern läßt. Aber ich muß es wohl tun. Dabei wünschte ich mir jedoch einen Mann an meiner Seite, dem ich voll vertrauen, auf den ich mich absolut verlassen kann. Sie! Das wäre gewiß auch im Sinne des Generalfeldmarschalls. Wären Sie bereit, Herr Keitel, sich weiterhin als Chef des Wehrmachtsamtes zu betätigen – nunmehr jedoch mit wesentlich vergrößertem Bereich, erhöhten Machtbefugnissen, einer entsprechend aufgewerteten Stellung? Das auch in finanzieller Hinsicht, versteht sich. Und: in direkter Zusammenarbeit mit mir. – Nun?«

»Jawohl, mein Führer!« sagte General Keitel überwältigt und ergeben. »Dazu wäre ich bereit.«

»Ich danke Ihnen! Machen Sie sich diesbezüglich konstruktive Gedanken. Und vertrauen Sie mir baldmöglichst Ihre Ergebnisse an. Sagen wir: gleich morgen – um 13.00 Uhr. Ich setze große Hoffnungen auf Sie!«

In den folgenden Nächten wurde Werner Freiherr von Fritsch, der Oberbefehlshaber des Heeres, von würgender Schlaflosigkeit heimgesucht. Auch wenn er, bevor er zu Bett ging, ein Glas Milch mit Kognak oder sogar eine Flasche Frankenwein trank, um seine bohrenden Gedanken zu betäuben – er blieb dennoch stundenlang wach, von zumeist dunklen, sich quallenartig verändernden Schreckbildern gequält.

Steif auf dem Rücken liegend, starrte er, die Arme eng an den Körper gepreßt, zur Decke seines Schlafzimmers. Oft, wenn es schon lange nach Mitternacht war und die winterlich kalte Dunkelheit ihn bedrängte, glaubte er, im fahlen Glanz, filmhaft flimmernd, Stationen seines Lebens vor sich entstehen zu sehen:

Er, als Kind, damals schon überaus ernst. Neben ihm die Mutter, gütig auf ihn herabblickend, doch auch sie ohne jedes

Lächeln. An ihren warmen Körper wagte er sich nicht anzuschmiegen.

Dann er – als Soldat im Weltkrieg. Damals fast noch ein Jüngling, doch schon Offizier und als solcher bereits eine Art Vater für seine Männer, von denen er niemals mehr forderte, als er nicht auch sich selbst abverlangte. Er duldete keine Bevorzugung seiner Person; er teilte das Essen mit seinen Soldaten, schlief mit ihnen im gleichen Unterstand, stürmte ihnen voran.

Schließlich er als General. Unermüdlich tage- und nächtelang für den Wiederaufbau seines Vaterlandes tätig, wie er fest glaubte. An nichts anderes denkend als an die Wiederherstellung der deutschen soldatischen Ehre, an die Erneuerung der Nation. »Der ist wie Preußen persönlich!« wurde von ihm gesagt.

Das, was gemeinhin, natürlich auch bei Soldaten, als Privatleben gilt, existierte für ihn nicht: weder lärmende Kasinofestlichkeiten noch lukullische Freuden, keine heiteren Gespräche im Freundeskreis. Auch keine Frauen. Er war ein Mann, der sich selbst ›in die Pflicht genommen‹ hatte. Seine Lebensparole lautete: Dienen! Sie allein bestimmte sein immer karger werdendes Dasein.

Was ihn persönlich überaus schmerzte, was er einfach nicht zu begreifen vermochte, worüber er nicht nur in schlaflosen Nächten stundenlang grübelte, war das Verhalten dieses Reichskanzlers. Ihm gegenüber. Also erwog er in diesem Stadium seiner ehrenwerten Zerrissenheit, an Adolf Hitler einen Brief zu schreiben.

Das tat er auch. Darin dankte er ihm, spürbar bewegt, für das ihm bisher entgegengebrachte Vertrauen – ›außer in diesem Fall‹! Dennoch hoffe er zuversichtlich auch weiterhin auf das Verständnis seines Staatsoberhauptes. Er vermochte Hitlers Rolle in diesem Spiel gegen ihn immer noch nicht zu erkennen – nicht einmal jene Hermann Görings, auch nicht die einiger Generale.

»Mein Gott«, sagte der Obergefreite Schmiedinger, »der ist ja völlig fertig! Der kommt mir vor wie ein erlegtes Stück Wild! Wie konnte man ausgerechnet ihm, diesem feinen Mann, so etwas antun?«

Und der diesem Generaloberst befreundete Arzt, Professor Dr. Karl Nissen, stellte in jenen Tagen sachlich fest, der Herr von Fritsch sei nahe am Kollaps – akute seelische Erschöpfung wäre anzunehmen, eine tiefe Depression. »Sogar Selbstmordgedanken sind nicht auszuschließen.«

Die Herren seiner engeren Umgebung, vor allem seine Adjutanten, waren erkennbar voller Mitgefühl – aber auch reichlich ratlos. Denn ihr Oberbefehlshaber – dieser überaus feinfühlige, empfindsame, verschlossene Mann, der neuerdings von einigen als nicht ungefährlich ›introvertiert‹ bezeichnet wurde – schien von einer fast schon wie eine Sucht anmutenden Ergebenheit zu sein. Und das ausgerechnet jenem Menschen Hitler gegenüber, den er offenbar als sein ›Schicksal‹ empfand.

Dieses fatale Gefühl schien ihn auch dann noch zu beherrschen, als ihn sein Vorgänger im Amt aufsuchte. Das war ein General von Hammerstein, ein stabiler, entschlossener Mann. Für den war Hitler ein ›Brechmittel‹, was er bereitwillig jedem verkündete, der es eventuell hören wollte. Der stellte sich nun vor Fritsch auf und fragte ihn, mit grimmiger Besorgnis: »Menschenskind, Kamerad! Sie werden sich doch nicht etwa von diesen Leuten verschaukeln lassen?«

»Mein lieber Kamerad Hammerstein«, sagte der Generaloberst dumpf, »auch wenn der Anschein bestehen könnte, daß diese Leute versuchen, mir die Ehre abzuschneiden – darüber bin ich erhaben!«

»Das ist doch wohl reichlich vornehm gedacht!« polterte

der von Hammerstein heraus. »Mein verehrter Herr Generaloberst – wir haben es hier doch lediglich mit Schweinen zu tun, die nichts wie fressen und herumsauen wollen – und auch gar nichts anderes können! Sollten Sie sich denn noch niemals diesen Göring genauer angesehen haben?«

Das waren Formulierungen, die diesem kultivierten Werner von Fritsch überaus unangenehm waren. Allerdings war ihm bekannt, daß der General von Hammerstein zu den ›Eisenfressern‹ gehörte und stets entschlossen darauf Wert legte, seine eigene patriotische Politik zu betreiben. Seine vielfach erklärte Geringschätzung dieses angeblichen ›Scharlatans‹ Hitler drohte geradezu skandalöse Ausmaße anzunehmen. Ein erklärter Pflichtmensch jedenfalls, wie Werner von Fritsch, gehörte in eine wesentlich andere, in eine allein vom soldatischen Gehorsam geprägte Welt.

Und eben deshalb reagierte er bestürzt, ablehnend, unwillig. Das erst recht, als der von Hammerstein nun noch weit deutlicher wurde: »Herr Generaloberst – Sie sind der Oberbefehlshaber des Heeres. Als solcher brauchen Sie nur zu befehlen! Und zwar das, was nun wie unumgänglich geboten erscheint. Wir warten darauf!«

Der von Fritsch wehrte dieses Ansinnen besorgt ab: »Herr von Hammerstein, ich bin sehr bereit dazu, Sie nicht zu verstehen.«

Worauf der nun überdeutlich wurde: »Ich bin hier, Herr Generaloberst, um Sie, auch im Namen etlicher Kameraden, wissen zu lassen, daß wir mit unseren Truppen sozusagen Gewehr bei Fuß stehen. Ein Befehl von Ihnen genügt – und wir marschieren! Wohin und auf wen zu Sie immer wollen.«

»Das«, erklärte der von Fritsch, sich schroff erhebend, »habe ich nicht gehört!«

»Sie werden aber darüber nachdenken«, empfahl dieser grimmige Besucher ungekränkt. »Doch dafür sollten Sie sich nicht allzu lange Zeit lassen. Die haben Sie nämlich nicht mehr.«

Fast unmittelbar nach dieser krassen Konfrontation erschien bei seinem Oberbefehlshaber der Generalstabschef des Heeres, Ludwig Beck. Und der war wesentlich anders geartet als jener eisenharte Haudegen. Beck wurde, übereinstimmend, als ein feinsinniger Denker bezeichnet; auch ohne Adelsprädikat ein Ehren- und Edelmann. Der war wie prädestiniert dafür, einst in einem Buch ›Große deutsche Gestalten‹ mit Vorrang in Erscheinung zu treten. Was dann auch geschah.

Dieser Ludwig Beck sollte sich bald nach jenen Ereignissen unmißverständlich gegen die immer klarer erkennbaren Kriegspläne Hitlers auflehnen; worauf er ›in die Wüste geschickt‹, also entlassen wurde. Das jedoch mit vollem Gehalt, gewissermaßen ›in allen Ehren‹. So was hielt der Führer grundsätzlich für wirkungsvoll. Nach dem 20. Juli 1944, dem Tage des Attentats auf Hitler, wurde auch dieser General Beck ›total erledigt‹.

Derzeit jedoch vermochten auch er, wie sein Freund und Kamerad von Fritsch, diese Vorgänge ›nicht zu begreifen‹. – »Ich vermag es einfach nicht zu glauben«, gestand er ziemlich ratlos, doch mit Würde ein, »daß hier mit einer so beispiellosen Skrupellosigkeit operiert worden sein soll. Das traue ich selbst einem Hitler nicht zu.«

»Ich auch nicht«, bestätigte ihm der von Fritsch überzeugt. »Doch das alles wird sich alsbald klären lassen. Zumal mich der Herr Reichskanzler wissen ließ, eine bereinigende Besprechung mit jener Dienststelle, bei der diese dubiosen Akten liegen, könnte sehr ratsam sein.«

»Doch nicht bei der Gestapo? Gedenken Sie etwa, sich mit diesen fragwürdigen Leuten einzulassen – sich denen auszuliefern?« fragte Beck aufhorchend.

»Ich gedenke niemandem auszuweichen, wenn es um eine endgültige Bereinigung geht. Zumal mir das der Reichskanzler selber empfohlen hat. Warum sollte ich da zögern?«

Der Generalstabschef des Heeres zeigte sich erheblich alarmiert. »Darf ich Sie bitten, mir zu erlauben, auf folgenden Sachverhalt aufmerksam zu machen: Für unseren Bereich, also den des Heeres und den der gesamten Wehrmacht, ist allein unsere eigene Gerichtsbarkeit zuständig. Mithin besitzt keine sonstige Justizbehörde dieses Reiches, schon gar nicht eine SS-Sonderformation, irgendeinen Rechtsanspruch, bei uns einzugreifen. Eine Regelung, auf der Sie selbst stets bestanden – und die Sie auch erreicht haben.«

»Für unsere Soldaten – keinesfalls für mich persönlich! Warum sollte ich mich denn nicht, da ich doch nichts zu verbergen habe, zu einer derartigen Besprechung bereit erklären?«

»Sie nennen das eine ›Besprechung‹. Doch diese Besprechung könnte, im Bereich dieser völlig skrupellosen Leute, sehr schnell zu einem Verhör ausarten – mit allen Folgen einer solchen Vernehmung. Und was dann?«

»Mein Gewissen«, versicherte der von Fritsch ungetrübt hoffnungsvoll, »ist absolut rein.«

Am 27. Januar 1938 – nur einen Tag nach seiner ersten Begegnung mit Adolf Hitler, erhielt der General Wilhelm Keitel ausreichend Gelegenheit, seinen Führer zu erfreuen. Die Besprechung begann gegen 13.00 Uhr. Sie dauerte nahezu drei Stunden und drohte außerordentlich harmonisch zu verlaufen.

Hitler, wiederum sehr herzlich, bekundete: »Ihr Kamerad und Waffengefährte, der Herr von Blomberg, ist und bleibt der erste Generalfeldmarschall unseres Reiches. Doch zunächst sollte er einen längeren Urlaub bewilligt bekommen. Ab sofort. Etwa ein Jahr lang, möglichst außerhalb von Deutschland.«

General Keitel erkannte sofort, daß nun eine Art Zustimmung von ihm erwartet wurde. »Das, mein Führer«, sagte er, »ist eine äußerst wirkungsvolle, auch absolut überzeugende Entscheidung!«

»Ich persönlich werde dafür, also aus meiner Privatschatulle, mindestens fünfzigtausend Mark zur Verfügung stellen. Ich werde der Reichsbank Anweisung geben, diesen Betrag in jeder gewünschten ausländischen Währung, bei günstigster Kursberechnung, auszuzahlen. Halten Sie das für angemessen, Herr Keitel?«

»Nicht nur das, mein Führer – es ist denkbar großzügig!«

»Großzügig zu sein, um Ihre Formulierung aufzunehmen, versuche ich immer – falls mir das nur irgendwie vertretbar erscheint. Und meinen Freunden gegenüber bin ich gerne besonders großzügig. Doch immerhin habe ich Gegner, auch Feinde – ein Mann in meiner Position muß stets mit ihnen rechnen. Um so wichtiger sind für mich Mitarbeiter, auf die ich mich absolut verlassen kann. Und ich würde mich sehr freuen, wenn ich nun auch Sie, lieber Keitel, dazu zählen dürfte.«

»Das dürfen Sie; voll und ganz, mein Führer! Verfügen Sie über mich.«

Womit ein weitreichender Pakt geschlossen war. Denn endlich hatte dieser Führer einen General gefunden, der ein einzigartig zuverlässiger Befehlsempfänger und Befehlsübermittler werden sollte. Als Hitler dies erkannt hatte, wurde er fast übergangslos deutlich.

»Diese für unsere Wehrmacht sehr peinliche Angelegenheit, erzeugt durch die Ehe des Herrn von Blomberg, werden wir nun also mit vereinten Kräften aus der Welt zu schaffen suchen. Das sollte uns um so eher gelingen, als auch der Generalfeldmarschall selbst, was zu seiner Ehre gesagt werden muß, alles zu vermeiden trachtet, was dem Reich schaden könnte. Doch danach bleibt immer noch der Fall von Fritsch zu bereinigen.«

»Sie halten ihn für schuldig?«

»Das tue ich nicht! Ich habe diesen Mann stets ungemein geschätzt – und ihm, mit großen berechtigten Hoffnungen, unser Heer anvertraut. Das können Sie jedem sagen, der dafür Interesse zeigt. Zu dieser Äußerung stehe ich! Doch nunmehr muß auch ich mich wohl den Gegebenheiten beugen.«

Keitel war ein aufmerksamer Zuhörer. Sein Einfühlungsvermögen, vor allem diesem Mann gegenüber, erwies sich bald als besonders stark ausgeprägt, und sieben Jahre lang sollte es sich nahezu ungetrübt bewähren. »Könnte man nicht«, schlug er behutsam vor, »mit Fritsch ein ähnliches Arrangement treffen wie mit Blomberg?«

»Genau das, mein lieber Keitel, habe ich bereits versucht – mehrfach. Wie Sie wohl wissen, ist seine Gesundheit stark angegriffen. Ich habe ihm also einen längeren Erholungsurlaub angeboten, mit jeder erdenklichen Vergünstigung, jedem nur möglichen Entgegenkommen! Jedoch – der will nicht! Der besteht, mit gefährlicher Hartnäckigkeit, auf einer absoluten Klärung der gegen ihn erhobenen Anschuldigungen.«

»Er verlangt tatsächlich eine Art Gerichtsverfahren, mein Führer?« Keitel vermochte bereits mit Hitler mitzudenken. Sein Talent, dessen Sache bereitwilligst zu der seinen zu machen, erwies sich schon jetzt als hervorragend. »Das ist aber nicht ungefährlich – für ihn!«

Adolf Hitler nickte zustimmend. Dann übergab er seinem neuen Gefolgsmann ein Dokument, bei dem es sich um ein

Schreiben, eine Art Gutachten handelte, das der derzeitige Justizminister Gürtner mit der von ihm erwarteten Zuverlässigkeit erstellt hatte. Darin stand, den ›Fall Fritsch‹ betreffend, sozusagen als Fazit, der folgende Satz:

›So wie diese Akten vor mir liegen, könnten sie immerhin dem Staatsanwalt Veranlassung geben, Anklage zu erheben.‹

Damit hatte sogar der höchste Justizbeamte dieses Reiches ein gerichtliches Vorgehen gegen von Fritsch eindeutig ›als rechtens‹ bezeichnet. Womit diese Angelegenheit zwischen den beiden schnell Vertrauten zunächst erledigt war. Hitler drängte unverzüglich einem weiteren Punkt entgegen.

»Was, mein lieber Keitel, halten Sie eigentlich von Oberst Hoßbach?«

Das, erkannte der General sofort, war eine Frage, auf die eine ganz bestimmte Antwort erwartet wurde. Unverzüglich reagierte er: »Oberst Hoßbach ist gewiß ein ehrenwerter Mann. Allerdings darf er wohl kaum als ein Offizier von wahrhaft nationalsozialistischem Geiste bezeichnet werden. Ich glaube mich auch daran zu erinnern, daß ihn Blomberg, sehr vertraulich, als äußerst schwierig und höchst unbequem bezeichnet hat.«

»Das, Keitel, entspricht genau meiner Ansicht! Zumal Hoßbach diesen Fritsch, und zwar vorzeitig, voreilig, über die gegen ihn schwebenden Anschuldigungen unterrichtet hat. Und das, was Sie kaum glauben werden, Keitel, gegen meine ausdrückliche Anordnung, dergleichen zu unterlassen. Was sagen Sie dazu?«

»Das ist ein empörendes, leichtfertiges, eines deutschen Offiziers absolut unwürdiges Verhalten!« Keitel teilte seines Führers Unwillen bereitwillig. »Einfach nicht auszudenken, was da alles hätte geschehen können, wenn etwa an Stelle des soliden, beherrschten von Fritsch ein Draufgänger und Heißsporn in Erscheinung getreten wäre! Hoßbach darf also wohl nicht mehr länger als geeigneter Mitarbeiter für uns gelten.«

»Sie sagen es, Keitel!« Hitler nickte mehrmals, überaus anerkennend. »Mithin wird es eine Ihrer ersten Aufgaben sein, für Hoßbach einen geeigneten Nachfolger zu finden. Schnellstens. Ohne jedes Aufsehen. Bereit dazu, Keitel?«

»Selbstverständlich, mein Führer! Oberst Hoßbach hat, wie ich vernommen habe, wiederholt sein Verlangen nach einem Truppenkommando geäußert. Diesen Wunsch sollten wir ihm unverzüglich erfüllen. Am besten wäre wohl ein Regimentskommando, möglichst weit weg von Berlin, vielleicht in Ostpreußen.«

»Gut so, Keitel – sehr gut so! Arbeiten Sie entsprechende Vorschläge aus. Auch solche, die den Nachfolger des Oberbefehlshabers des Heeres betreffen. Denn speziell auf den will ich mich hundertprozentig verlassen können. Werden Sie das arrangieren?«

»Jawohl, mein Führer!«

Beiden war es, als hätten sie sich gesucht und endlich gefunden. Und in der Tat vermochten dann auch diese beiden weltweite Entscheidungen anzubahnen. An denen dann ein Reich zerbrechen, ein Volk untergehen sollte – und so an die einhundert Millionen Menschen in Europa noch dazu.

»Das ist also«, verkündete Hitler, »eine beschlossene Sache, mein lieber General Keitel! Ich zögere nun nicht länger, persönlich den Oberbefehl über unsere Wehrmacht zu übernehmen. Das zunächst noch intern, also ohne offizielle Bekanntmachung, die aber nicht allzu lange auf sich warten lassen wird. Sie sind nun zu einem meiner wichtigsten Vertrauten und Berater geworden. Ab sofort haben Sie jederzeit, auch ohne vorherige Anmeldung, Zutritt zu mir – wo immer ich mich auch befinde. Ich ernenne Sie hiermit zu meinem Chef des Oberkommandos der Wehrmacht!«

Keitel glaubte, tief beeindruckt, zu erkennen, daß er nun so gut wie ›unentbehrlich‹ geworden war, was ja auch zutraf. Worauf er ein Versprechen abgab, das er in den nächsten, den letzten sieben bis acht Jahren seines Lebens, auch gehalten hat: »Ich werde stets bemüht sein, mein Führer, das in mich gesetzte Vertrauen niemals zu enttäuschen.«

Gleichfalls an diesem 27. Januar – und zwar bereits in den frühen Vormittagsstunden – herrschte in der Prinz-Albrecht-Straße 8, also im Reichssicherheitshauptamt, erhebliche Unruhe.

Gruppenführer Heydrich bewegte sich wie ein Spürhund durch seine Amtsräume. Die zischenden Töne, die er dabei hervorstieß, verrieten geballte Erregung. Dieser immer noch ›Palais‹ genannte Steinkasten wirkte, außerhalb von Heydrichs Zimmer, zerwohnt und reichlich verwahrlost. Das kam von der hier Tag und Nacht herrschenden Betriebsamkeit; die Folterkammern im Keller waren fast immer voll belegt.

Doch auch in diesem Gebäude gab es noch einen Raum, der vergleichsweise gepflegt anmutete, wenn auch seine protzige Ausstattung fast peinlich wirkte. Dieser Raum wurde intern, meist mit leichtem Grinsen, ›Salon‹ genannt, auch ›Empfangszimmer‹. Dabei handelte es sich um den ›Vernehmungsraum Nummer Eins‹. Und der war stets reserviert für ›ganz besondere Kunden‹. Und ein solcher wurde hier nun erwartet.

In dieser Prunkhöhle aus Plüsch und Eiche hockten wortlos, fast gluckenhaft wartend, zwei Männer: ein gewisser Dr. Werner Best, der selbst jetzt noch als ein vergleichsweise angesehener Rechtsexperte gelten konnte; neben ihm ein Kriminalbeamter namens Huber, der auf Empfehlung von Dr.

Meller in diesem Stall gelandet war. Vor beiden lag ein daumendicker Aktenordner von blutroter Farbe.

Bei ihnen erschien Heydrich. Er musterte beide mit fischkalten Augen; man nannte das seinen ›Amtsblick‹. – »Glaubt ihr, daß er kommen wird?« Er sprach von Generaloberst von Fritsch.

»Warum sollte der kommen?« fragte Huber, sich lässig zurücklehnend. »Schließlich besitzt die Gestapo keinerlei Gerichtsbarkeit über die Wehrmacht. Und das weiß der vermutlich! Zumindest ist anzunehmen, daß er von Kameraden darauf hingewiesen wurde.«

»Er hat aber zugesagt«, stellte Heydrich fest. »Und zwar auf Empfehlung des Führers.«

»Das mag gestern oder vorgestern der Fall gewesen sein«, erklärte Huber mit dezenter Provokation. »Doch inzwischen ist durchaus einiges vorstellbar, das ihn veranlaßt haben könnte, seine Zusage wieder rückgängig zu machen. Ich jedenfalls, wenn ich an seiner Stelle wäre . . .«

Heydrich nickte, nicht ohne Anerkennung, diesem Kriminalbeamten zu. Der Mann gefiel ihm! Das war kein fleißiger Jawohlsager, der machte sich eigene Gedanken, und die sprach er auch aus. Freund Meller hatte ihm also alles andere als eine anschmiegsame Alltagstype zugespielt. Vielmehr wohl einen hellwachen Jagdhund. So was konnte er gebrauchen, schließlich war er ein souveräner Mann.

Doch nun blickte er fragend Dr. Werner Best an, den verläßlichen Rechtsexperten der Gestapo. Der schien sich, zunächst, gezwungen zu sehen, die Ansichten des Kriminalbeamten Huber zu bestätigen – um sie dann jedoch, seiner Denkweise entsprechend, zu ergänzen. Er sagte:

»Nun ja – gewiß. Zwingen kann man ihn nicht! Doch immerhin ist der von Fritsch, soweit ich das zu erkennen vermag, ein Mann von strengem Pflichtgefühl. Es ist also anzunehmen, daß der ein einmal gegebenes Versprechen auch halten wird.« Er sah auf seine Armbanduhr, ein vorzüglich schweizerisches Präzisionsprodukt. »Noch haben wir drei Minuten Zeit. Ich rechne mit der Pünktlichkeit des Generalobersten. Auch die gilt als absolut verläßlich.«

Er behielt recht. Werner Freiherr von Fritsch erschien im Gestapo-Hauptquartier auf die Minute genau zur vereinbarten Zeit: 10.00 Uhr. Er trug einen dunkelgrauen Anzug, kam also als Zivilperson.

Weisungsgemäß wurde er am Eingang des Gestapo-Hauptquartiers von einem jüngeren, stramm salutierenden SS-Offizier in Empfang genommen und respektvoll geleitet: zunächst durch die geräumige, verwahrloste Innenhalle des Hauses. Dort hielten sich, ihm vorsichtig ausweichend, sich wie gegen die Wände drückend, dennoch ihn anstarrend, etwa ein, zwei Dutzend Gestalten auf, alle männlichen Geschlechts. Das waren scheinbar völlig verschiedenartige Typen. Darunter fragwürdige, unendlich schäbig wirkende Kerle; ungepflegt, mit zerknitterten Gesichtern und glanzlosen Augen. Aber auch wesentlich andere, von fast weiblicher Schönheit, einer pfauenhaft anmutenden Gespreiztheit. Dazu kamen aber auch prachtvolle ›Mannsbilder‹; Muskelpakete, Kompaktfiguren, Preisringertypen. Sie alle durchweg mit gläsern-gleichgültigem Musterungsblick: also Homosexuelle, vermischt mit Gestapobullen – hier versammelt zwecks Betrachtung des Herrn von Fritsch.

Dabei handelte es sich um eine Art ›umgekehrte Parade‹. So wurde eine solche Ansammlung möglicher ›Zeugen‹, die auf einen einzelnen ›Verdächtigen‹ angesetzt wurde, im Polizeijargon genannt. Die meisten waren professionelle Spitzel diverser Spielarten. Und ihnen allen waren, bei positiven ›Erkenntnissen‹, ›Erfolgsprämien‹ garantiert, oft auch weitere ›Vergünstigungen‹ in Aussicht gestellt worden.

Der Generaloberst schritt steif-stolz durch diese dubiose Ansammlung möglicher Belastungszeugen hindurch. Die existierten für ihn nicht! Zumal er ja wohl auch deren Bedeutung nicht im geringsten zu erkennen vermochte. Wie stets unbeirrbar geradeausstrebend, bewegte er sich auch hier vorwärts.

Er landete dann, von seinem SS-Offiziersbegleiter höflich eingewiesen, im ›Salon‹, also im Vernehmungsraum Eins. Den hatte Heydrich – nach der telefonischen Benachrichtigung »Er ist da!« – erfreut verlassen, nicht ohne die ermunternde Aufforderung an Best und Huber: »Nun zeigt mal, Kerle, was ihr könnt!«

Darum war Dr. Best bemüht. Er beeilte sich, den Generaloberst von Fritsch höflich zu begrüßen. »Ich danke Ihnen für Ihr Erscheinen. Gleich einleitend darf ich Ihnen versichern, daß ich Weisung habe, sozusagen von höchster Stelle, Sie nicht nur mit größtmöglichem Entgegenkommen zu behandeln, sondern darüber hinaus alles nur Erdenkliche zu tun, was zu Ihrer völligen Entlastung beitragen könnte.«

»Freut mich sehr, das zu vernehmen«, versicherte der immer noch reichlich ahnungslose Fritsch. »Und warum, bitte, sollte ich mich Ihnen auch nicht anvertrauen? Sie sind eine Amtsperson – und ich bin mir keinerlei Schuld bewußt! Und wünsche nichts so sehr, wie diese unhaltbaren Verdächtigungen endlich hinter mich zu bringen.«

»Wobei ich Ihnen bereitwilligst behilflich sein werde«, versicherte Dr. Best. »Denn das wünscht der Führer ebenso, wie es auch Göring und Himmler wünschen. Das haben sie mich wissen lassen. Sie alle sind auf Ihrer Seite – und das bin ich selbstverständlich auch.«

Um dann jedoch hinzuzufügen: »Dennoch kann die von uns allen erhoffte positive Klärung dieser Vorgänge nur durch eine grundlegende Untersuchung erfolgen. Dafür bitte ich Sie um Verständnis, Geduld und Nachsicht. Zumal dabei auch einige unbequeme, möglicherweise sogar überaus peinliche Details Gegenstand dieser Besprechung werden könnten. Sie sind da, so will mir scheinen, in einen Sumpf hineingeraten, sicherlich unschuldig. Doch durch den müssen wir nun hindurch! Darf ich annehmen, Ihre verständnisvolle Zustimmung dafür zu haben?«

»Alles, was in dieser Hinsicht für unbedingt notwendig gehalten wird, auch vom Reichskanzler, soll geschehen.«

Huber, der vorzügliche Kriminalist, schob seinen Stuhl an dem langen Konferenztisch zurück, bis zur Wand. Er vermied es, den Generaloberst anzusehen. Dessen erkennbar bedenkenlose Ergebenheit bereitete ihm, dem Kenner aller Vernehmungstaktiken, erhebliches Unbehagen.

Fast suggestiv starrte Huber – indem er versuchte, auch die Blicke des von Fritsch darauf zu lenken, auf die reichlich plump eingebauten Mikrophone des Konferenztisches. Deren Leitungen liefen in einen Nebenraum, wo ein Aufnahmegerät stand. Dort befand sich auch ein Lautsprecher – vor dem mit ausdruckslosem Fettgesicht ein Stenograph hockte, tief geduckt; seine rechte Hand bewegte sich fieberhaft. So fiel in diesem sogenannten ›Salon‹ kein Wort, das nicht unverzüglich, und zwar gleich zweimal, amtlich registriert wurde. Doch davon vermochte der von Fritsch nicht das geringste zu bemerken.

»Ich bitte Sie, mir nunmehr zu erlauben, Herr Generaloberst«, sagte jetzt Dr. Best, wohlklingend freundlich, »Sie erneut mit Ihrem angeblichen Hauptbelastungszeugen zu konfrontieren – also mit diesem Otto Schmidt! Wobei ich sehr wohl weiß, was ich Ihnen damit zumute, das bitte ich mir zu glauben. Denn auch ich, ganz im Vertrauen, verabscheue diesen Menschen aus vollem Herzen. Doch zu übergehen ist er leider nicht, nun nicht mehr.«

»Der soll nur kommen!« rief der von Fritsch grimmig bereitwillig aus. Er war seiner Sache immer noch sehr sicher.

Und Otto-Otto erschien – wie auf Stichwort in diesen Raum hineingestoßen. In der Nähe der Tür blieb er stehen, leicht breitbeinig, späherhaft vorgebeugt, mit glattem Gesicht und unruhigen Augen. Seine rauhe Stimme klang laut, zuschnappend, als bleibe ihm keine andere Wahl, als sich in seine Argumente zu verbeißen.

»Schmidt«, sagte nun Dr. Best, halb warnend, halb ermunternd, »achten Sie auf jedes Ihrer Worte! Was Sie vorbringen, muß absolut einwandfrei sein! Falls das nicht zutreffen sollte, werden prompt Sie es sein, der hier angeklagt wird. Und zwar wegen Beleidigung, Verleumdung, falscher Aussage und sonstiger Delikte!«

Dann wandte sich Dr. Best an Fritsch, in fast herzlichem Ton: »Hören Sie sich, bitte, alles an, was dieser Mensch vorbringt. Selbst wenn dabei Ihre Geduld und Nachsicht noch so strapaziert werden sollten. Versuchen Sie das dennoch gelassen über sich ergehen zu lassen. Gehen Sie, das empfehle ich Ihnen, auf seine Behauptungen ein, damit der Mann Gelegenheit bekommt, sich zu korrigieren, zu Ihren Gunsten. Sind Sie bereit dazu?«

Der von Fritsch bejahte diese Frage. Er bemerkte jedoch nicht das leicht entsetzte Kopfschütteln des unruhig mit seinem Stuhl schaukelnden Kriminalbeamten Huber.

Nun war Otto Schmidt an der Reihe. Der behauptete, gut präpariert und ungetrübt selbstbewußt, nicht die geringste Veranlassung zu haben, von seinen bisherigen Aussagen abzuweichen. Er versicherte wiederum: Dieser von Fritsch sei es gewesen! »Ich kann bezeugen, daß der, mit dem Bayern-Seppl, im Bereich des Wannsee-Bahnhofs . . .«

»Sind Sie da wirklich sicher, Schmidt?« fragte hierauf Dr.

Best, der wie der Generaloberst und der Generalfeldmarschall mit Vornamen Werner hieß. Er gab sich äußerst ungläubig, mit wirksam entsetzten Untertönen. »Überlegen Sie sich das! Noch einmal! Gründlich. Ihre Behauptung ist äußerst schwerwiegend. Könnte da nicht eine Verwechslung vorliegen?«

»Da ist keine Verwechslung möglich, Herr Doktor.«

»Eine gewisse Ähnlichkeit – vielleicht nur . . .«

»Nichts dergleichen. Der ist es gewesen, den erkenne ich wieder! Diesen Herrn! Ohne jeden Zweifel.«

Während nun alles ringsherum, äußerst peinlich berührt, verstummte, wartete Otto Schmidt mit weiteren Details auf: Er habe damals diesen Herrn gestellt, unmittelbar nach einem eindeutig unsittlichen Vorgang – und das in seiner Eigenschaft als diesbezüglich vielfach bewährter Vertrauensmann der Polizei. Worauf ihm dann eine Art Schweigegeld angeboten worden sei. Also ein Bestechungsversuch . . .

»Dabei hat es sich zunächst um eine Summe von Reichsmark fünfhundert gehandelt – nach welcher mir dann noch eine zusätzliche Zahlung von zweitausend Reichsmark offeriert wurde.«

»Tatsächlich, Schmidt – Sie haben Geld genommen?« bohrte Dr. Best nach, obgleich er die Antwort bereits aus den Akten kannte. »Und darauf ließen Sie sich ein?«

»Nur zum Schein.« Wohl habe er kassiert, und zwar unter Zeugen in einer Bahnhofsgaststätte; dann jedoch habe er diesen Vorgang unverzüglich weitergemeldet, und zwar jenem Beamten der Polizei, mit dem speziell er damals vertrauensvoll zusammengearbeitet habe.

»Und der hat das akzeptiert?«

»Nicht offiziell, Herr Doktor! Wohl aber registriert, also eine ausführliche Aktennotiz darüber angefertigt, mit allen Einzelheiten: Datum, Uhrzeit, Tatbestand, Personalbeschreibung, Zahlungsweise – und so weiter und so fort! Diesbezügliche Unterlagen müssen bei den Akten liegen.«

»Das reicht, Schmidt, vollkommen!« rief nun der Gestapo-Rechtsexperte Best scheinbar tief beunruhigt aus. »Darf ich Sie nun bitten, Herr Generaloberst, zu diesen Behauptungen Stellung zu nehmen?«

Jetzt aber meldete sich, zu aller Verwunderung, erstmals der Kriminalist Huber zu Wort: »Das muß Herr von Fritsch nicht! Er hat vielmehr das Recht, jede Aussage zu verweigern.«

»Aber ja – durchaus!« stimmte Werner Best zu, wobei es ihm schwerfiel, seine Überraschung über diesen unerwarteten, unangenehmen Zwischenfall zu verbergen. Mit kaum verhohlener Empörung musterte er Huber. Der jedoch saß völlig unbeeindruckt mit dem Rücken zur Wand.

»Mit dem, was unser Mitarbeiter da soeben andeutete«, fuhr Dr. Best bedächtig fort, »ist eine Art Zeugnisverweigerung gemeint, eine juristisch einwandfreie. Sie kommt in Frage, wenn der Beschuldigte den zwingenden Eindruck gewinnen sollte, sich fortan durch seine Aussagen selbst belasten zu müssen. Aber eben das ist doch hier wohl kaum der Fall, Herr Generaloberst. Oder?«

»Natürlich nicht! Ich erstrebe allein die völlige Offenheit!«

»Dann darf ich also nochmals um eine möglichst eingehende Stellungnahme bitten, Herr von Fritsch. Was sagen Sie zu den Behauptungen des Schmidt?«

Huber räusperte sich stark – eindeutig warnend. Doch von Fritsch beachtete diese allein ihm geltende Demonstration nicht. Er ließ sich dazu verlocken, auf die Ebene dieses mit ihm konfrontierten notorischen Kriminellen hinabzusteigen.

Seine Gegenargumente, auf die er sich nun allein zu konzentrieren versuchte, sahen, in den wesentlichen Punkten, folgendermaßen aus:

Erstens: »Da müssen Sie sich irren, Herr Schmidt! Denn ich kenne Sie nicht! Ich bin Ihnen, vor jener Gegenüberstellung in der Reichskanzlei, niemals begegnet. Und wer das auch immer in jenem Bahnhof gewesen sein mag – um meine Person hat es sich dabei bestimmt nicht gehandelt.«

Zweitens: »Wenn es immerhin noch möglich wäre, daß ich etwa fünfhundert Mark, in bar, wie Sie behaupten, aufgebracht haben könnte – griffbereit hätte ich eine derartige Summe bestimmt nicht gehabt. Mein monatliches Gehalt ist ziemlich genau eingeteilt; seit Jahren pflege ich jede meiner Ausgaben exakt aufzuschreiben. Entsprechende Aufzeichnungen stehen zu Ihrer Verfügung, Herr Dr. Best. Die Verwendung eines Betrages von zweitausend Mark ließe sich auf jeden Fall einwandfrei nachweisen.«

Otto Schmidt war nicht zu beirren: »Schließlich könnten Sie sich diese Summe auch geliehen haben. Durchaus möglich, daß ein Kamerad sie Ihnen zur Verfügung gestellt hat.«

Best hierzu, demonstrativ scharf: »Beschränken Sie sich gefälligst auf die von Ihnen verlangten Aussagen, Schmidt! Damit zusammenhängende Vermutungen aufzustellen, können Sie getrost uns überlassen. Bitte weiter, Herr von Fritsch!«

Der nun, drittens: »Es fällt mir wahrlich nicht leicht, muß aber wohl sein, nun auch noch dies anzuführen: Ich bin ein Mann in einem Alter, das gewisse Verirrungen so gut wie ausschließt. Mein Leben ist, besonders im Hinblick auf das Körperliche, Leibliche – Sie verstehen, was ich damit sagen will, nicht wahr? –, sehr einfach, geradezu spartanisch verlaufen. Befragen Sie alle Menschen, die jemals zu meiner Umgebung gehört haben. Sie werden Ihnen das bestätigen.«

Schmidt, Otto-Otto, blickte verächtlich und lachte laut

heraus. Er war mit sich zufrieden, denn alles verlief weisungsgemäß gut. Dieser von Fritsch war hoffnungslos ausgeliefert – genau wie geplant.

»Sie können sich entfernen!« rief Werner Best diesem Schmidt zu.

Der trat ab. Das jedoch nicht, ohne vor dem Generaloberst eine ziemlich tiefe Verbeugung zu machen. Ein Vorgang, den dieser mit starrem Staunen quittierte.

»Ein überaus scheußliches Subjekt«, rief Dr. Best voller Verachtung. »Aber da haben wir nun den Salat! Aussage steht gegen Aussage! Ich weiß sehr wohl, Herr von Fritsch, was Sie jetzt sagen wollen: Immerhin handelt es sich einmal um die Aussage eines gelegentlichen Mitarbeiters der Polizei, und zum anderen um die einer der höchsten Führerpersönlichkeiten unseres Reiches.«

»Was ich in der Tat zu bedenken gebe – jawohl!«

»Verstehe ich durchaus – als Mensch. Doch es handelt sich hier um einen juristischen Vorgang, der auf kriminalpolizeilichen Ermittlungen basiert. Was gewiß auch Herr Huber bestätigen wird. Oder sollten Sie etwa der Ansicht sein, daß es irgendwelche Widersprüche geben könnte zwischen den gesammelten Unterlagen und den Aussagen dieses Schmidt?«

»Keine direkt erkennbaren«, bestätigte Huber karg.

»Was soll das heißen: nicht direkt? Ja – kommt Ihnen denn irgend etwas zweifelhaft vor?« wollte Dr. Best wissen.

»Ich denke dabei zunächst lediglich an das, was gemeinhin Glaubwürdigkeit genannt wird.«

Der Generaloberst nickte bestätigend. Er rückte sein Monokel zurecht, um diesen Kriminalbeamten ein wenig näher zu betrachten – nicht ohne Wohlwollen. Dann saß er wieder starr da, lächelte jedoch ein wenig, wohl in der Erkenntnis: Auch hier gab es noch Menschen, die ihn verstanden.

»Auch für mich«, stimmte Dr. Werner Best zu, »ist

298

Glaubwürdigkeit von entscheidender Bedeutung – und in dieser Hinsicht halte ich auch eindeutig zu Ihnen, Herr Generaloberst! Doch immerhin bin ich den Rechtsbegriffen, den derzeitigen Gesetzen, verpflichtet. Oder, wenn Sie wollen, ihnen ausgeliefert.«

»Und was, bitte, verstehen Sie unter den derzeitigen Rechtsbegriffen – in meinem Fall?«

»Diesbezüglich, Herr von Fritsch, muß ich leider sagen: ein Zeuge ist nun mal ein Zeuge! Sein Beruf oder Rang spielt keine Rolle. Und wenn dieser Kerl, wie leider anzunehmen ist, unerschütterlich bei seiner Aussage bleibt, muß sich daraus ganz zwangsläufig eine äußerst heikle Situation ergeben! Wie werden wir, so frage ich mich, damit fertig?«

Worauf er – wie um den Generaloberst überaus besorgt – ein Gespräch ›unter vier Augen‹ vorschlug.

Weitere Zwischenspiele

Die erste Station:

Der Vernehmungsraum Eins im Reichssicherheitshauptamt. Dort saß nunmehr der Generaloberst von Fritsch, er allein, dem Rechtsexperten Dr. Werner Best gegenüber. Man hatte sich auf ein ›vertrauliches Gespräch‹ geeinigt.

Allerdings waren die installierten Mikrophone nicht abgeschaltet worden, der Stenograph im Nebenraum blieb tätig, es wurde also jedes Wort dieses ›vertraulichen Gespräches unter vier Augen‹ aufgezeichnet. Ein übles, freilich zeitgemäßes Betrugsmanöver – nur eins unter anderen.

Werner Best versicherte: »Wir können nunmehr, Herr von Fritsch, einen Gedankenaustausch in aller Offenheit führen – ganz unter uns, sozusagen völlig privat.«

Von Fritsch: »Ich meine, das wäre nicht unbedingt notwendig gewesen.«

Werner Best: »Sagen Sie das nicht! Denn schließlich vermögen Sie nicht, wie ich, die Fallgruben dieser Justiz, jeder Justiz, zu erkennen. Lassen Sie mich Ihnen als behilflich sein. Ich tue das sehr gerne; nicht zuletzt, weil der Führer mich wissen ließ, ich sollte nichts unversucht lassen, um seinen Oberbefehlshaber zu entlasten – unter allen Umständen, mit allen möglichen Mitteln. Sie werden gewiß ahnen, was das bedeutet.«

Von Fritsch: »Nein.«

Werner Best: »Der Führer will, daß Sie ihm und seiner Wehrmacht erhalten bleiben! Und eben deshalb sollten wir nun, um aus diesem Desastre endlich herauszukommen, selbst letzte Offenheit nicht scheuen. Wobei ich im voraus um Pardon bitte, wenn ich nun, ganz unvermeidlich, sehr deutlich werden muß.«

»War denn das alles noch nicht deutlich genug?«

»Versuchen wir, bitte, möglichst beherrscht auf diese Vorgänge zu reagieren, Herr Generaloberst! Erlauben Sie mir, bitte, diese Frage: Besteht, auch nur andeutungsweise, die Möglichkeit, daß es irgendwann einmal, in Ihrem persönlichen Bereich, zu sogenannten homosexuellen Vorgängen gekommen sein könnte?«

Von Fritsch: »Nein.«

Werner Best: »Ich bitte Sie dabei folgendes zu bedenken: Derartige Vorgänge könnten sich manchmal mit unvermeidbarer Zwangsläufigkeit ergeben, sie entspringen dem Zufall, entsprechen einem Mißverständnis, stellen sich unerwartet plötzlich ein. So was kann jedem passieren, ist ja auch nicht weiter schlimm. Nur eben – man muß es wissen, um sich gegen gewisse Verdächtigungen absichern zu können. Nun?«

Von Fritsch: »Nein! Nichts Derartiges.«

Werner Best: »Nun gut, gut – dann versuchen wir mal, schlage ich vor, gewissermaßen andersherum vorzugehen. Etwa so: Ließe sich diese so notorisch hartnäckig vorgebrachte Behauptung, Sie könnten homosexuell veranlagt und auch tätig gewesen sein, möglicherweise wirksam widerlegen? Etwa dadurch, daß Beweise erbracht werden könnten, die Sie als eindeutig sexuell normal erscheinen lassen?«

Von Fritsch: »Was soll denn das heißen – ich verstehe Sie nicht.«

Werner Best: »Ich meine damit: Wäre der Nachweis möglich, daß in Ihrem Leben weibliche Wesen existieren oder existiert haben, solche, mit denen Sie in einen eindeutigen Kontakt gekommen sind. Läßt sich das überzeugend beweisen? Ganz direkt! Wären Sie bereit, entsprechende Adressen zu nennen?«

Von Fritsch: »Nein! Wofür halten Sie mich denn! Das wären ja höchst ehrenrührige Indiskretionen, die ich entschieden ablehne!«

Zweite Station:

Der abhörtechnisch nach neuesten amerikanischen Errungenschaften ausgestattete Nebenraum des Vernehmungszimmers Eins in der Prinz-Albrecht-Straße. Dort befand sich im Hintergrund ein überaus gelangweilt wirkender SS-Führer. Die intensiv stenographierende Schildkröte arbeitete – grau, faltenreich, fast unbeweglich. Dazu standen zwei weitere ähnlich reaktionslos erscheinende Teilnehmer an diesem ›vertraulichen Gespräch unter vier Augen‹ herum. Hinter diesen, mithörend, hielt sich auch Huber auf, der Kriminalist. Und der leistete sich bald, ganz ungehemmt, einige Anmerkungen:

»Das ist ja kaum noch auszuhalten!.Warum läßt sich denn dieser Fritsch auf einen derart fürchterlichen Vernehmungszirkus ein! Ist der naiv oder blöd, oder eben nichts wie ein ehrenwerter Soldat? Diese Sorte kann ja geradezu gemeingefährlich ahnungslos sein!«

Der Stenograph: »Bitte, etwas leiser, Herr Huber – ich bekomme sonst nicht alles mit.«

Huber: »Warum sagt der denn nicht: Ich verbitte mir derartige Zumutungen? Warum feuert der nicht, sozusagen symbolisch, seinen Säbel auf den Tisch und schreit: Leckt mich doch alle am Arsch! Oder so was Ähnliches! Warum mobilisiert der nicht seine Leute? Schließlich ist er der Chef des Heeres! Ich jedenfalls, an seiner Stelle, würde die Puppen tanzen lassen – aber mich doch nicht auf derart penetrante Unterleibsverhöre einlassen!«

Der Stenograph: »Herr Kollege Huber – ich muß doch sehr bitten! Nun habe ich tatsächlich zwei Wörter nicht mitbekommen!«

Huber: »Mann, das ist doch scheißegal, was dort gequatscht wird! Dabei handelt es sich um nichts wie eine heimtückische Anseichung!«

Worauf der im Hintergrund hockende SS-Führer nachsichtig meinte: »Warum regst du dich eigentlich auf, Huber?«

»Mich regt eben einfach jeder auf, der sich so mühelos verarschen läßt! Ich wünsche mir scharfe, gescheite Gegner, mit denen ich mich auseinandersetzen kann. Alles andere macht doch keinen Spaß!«

»Ach, Mensch, Huber – von wegen Spaß! Diese Scheißhaustypen sind doch bei uns die Regel!« erklärte der Sturmführer unbeeindruckt. »Und wenn sie's nicht von Natur sind – dann werden sie eben dazu gemacht! Früher oder später gelingt das immer – meist früher als vermutet.«

»Bei – jedem?«

»Mit diesen notorischen Arschlöchern«, bestätigte der

Sturmführer lapidar, »kann man einfach alles machen! Bei der Gestapo kotzt garantiert jeder Knochen – ob er nun General, Genosse oder Generaldirektor ist. Menschenskind, Huber – so was ist hier doch Alltag! Daran solltest du dich schleunigst gewöhnen!«

»Bitte mir Ruhe aus!« rief der Stenograph empört. »Schon wieder sind mir einige Worte entgangen. Das kann ich nicht dulden! Ich lege Wert auf ungestörte Arbeitsverrichtung!«

Dritte Station:

›Lagebericht‹ – unmittelbar nach der ›Vernehmung‹ des Generalobersten von Fritsch durch die Gestapo, erstellt von Dr. Werner Best. Von ihm unverzüglich weitergegeben an Heydrich, der Himmler unterrichtete, sodann auch Göring. Göring berichtete dem Führer. Das hörte sich so an:

»Schmidt, Otto, bleibt so gut wie unerschütterlich bei seiner brauchbar belastenden Aussage. Das selbst nach nunmehr zweimaliger direkter Konfrontation mit dem Beschuldigten. Die Haltung dieses Hauptbelastungszeugen darf als verläßlich gelten.

Wohl leugnete der Verdächtigte weiterhin beharrlich, irgend etwas mit der Sache zu tun zu haben. Er vermochte jedoch keine überzeugenden Gegenargumente vorzubringen. Mithin kann er auch nicht als juristisch einwandfrei entlastet bezeichnet werden.

Vielmehr ist seine Passivität verdächtig. Denn er wehrt sich nicht wirksam genug gegen derartige Anschuldigungen. Woraus nahezu zwingend geschlossen werden muß, daß er schuldig geworden ist.«

Hierzu Hitler: »Das ist ja überaus scheußlich! Unfaßbar, was dieser Mann uns alles zumutet! Der muß endlich zur Vernunft gebracht werden. Mit allen Mitteln.«

Vierte Station:

Details aus dem Dr.-Meller-Bericht

»Noch am gleichen Abend suchte mich mein Freund Huber auf – und zur gleichen Verabredung fand sich auch, auf meinen Vorschlag, Oberst Oster ein. Wir trafen uns an einem für unverdächtig gehaltenen Ort; in der Wohnung eines verreisten Bekannten, Uhlandstraße 24. Der war nicht nur ein verläßlicher Gesinnungsgenosse – er besaß auch einen stattlichen, qualitativ hochstehenden Getränkevorrat. Für Wohnung und Spirituosenschränke besaß ich Schlüssel.

Oberst Oster traf unmittelbar nach mir ein – er verlangte nach einem Glas trockenen Sherrys. Er war, wie auch ich, von erheblicher Spannung erfüllt. Wir brauchten nicht lang zu warten, bis Huber erschien. Der wirkte aggressiv, fast herausfordernd böse – so hatte ich ihn bisher noch nicht erlebt. Er begrüßte uns kaum; um so intensiver musterte er die Wohnung.

›Scheißfeiner Laden – diese Absteige! Was muß man wohl sein, werden oder tun, um sich so etwas leisten zu können? Wo man auch hinblickt – diese Welt ist versaut! Aber das ist sie wohl immer. Nur: So deutlich wie jetzt hat man das noch nie erkennen können!‹

Auf seine fast feindselig vorgebrachten Bemerkungen reagierte ich ungehalten. Doch Oberst Oster legte seine Gemütsverfassung instinktiv richtig aus: ›Sie sind offenbar sehr verstimmt, Herr Huber. Ist irgend etwas schiefgelaufen?‹

›Gelinde ausgedrückt!‹ Huber warf seinen dünnen Mantel und seinen verknautschten Hut in einen Sessel. Dann stand er breitbeinig in seinem schäbigen, strapazierten Anzug da und verlangte einen Kognak – ›aber in einem Wasserglas!‹ Doch bevor er noch sein Getränk erhielt, rief er, überaus empört: ›Was hat man da dem Fritsch – und damit auch mir! – zugemutet! Man kann den doch nicht, wenn es dickste

Scheiße regnet, ohne jeden Regenschirm spazieren schikken!‹

Damit war alles klar: Die Gestapo schien den Generaloberst ›in den Griff‹ bekommen zu haben. Doch das allein konnte Hubers nahezu bösartige Aggression nicht voll erklären. Er nahm das mit Kognak gefüllte Wasserglas entgegen, trank aber nicht. Vielmehr blickte er uns, Oster und mich, geradezu anklagend an.

›Wie konnten Sie das geschehen lassen! Da habe ich gedacht, daß Sie erprobte Taktiker, Planer, Organisatoren sind! Doch Sie ließen den Fritsch ins offene Messer rennen – ohne ihn vorbereitet, aufgeklärt, instruiert zu haben! Mein Gott – der war wie ein Opferlamm, das zur Schlachtbank geführt wurde!‹

›War es tatsächlich so schlimm, Herr Huber?‹ fragte Oberst Oster, nun spürbar besorgt. Ich war bemüht, unseres Freundes Huber Unwillen zu besänftigen, wobei ich mir jedoch, ganz spontan reagierend, eine Provokation leistete: ›Schließlich haben wir Sie, mein Lieber, in diesen Stall hineingesetzt! Und das in der Hoffnung, daß Sie dort zielstrebig und wirksam eingreifen würden.‹

›Aber das ist doch purer Mist, Meller!‹ polterte Huber ungeniert los. Um sogleich näher zu begründen, warum das ›Mist‹ war. Was ihm ziemlich überzeugend gelang, wie ich gestehen muß. Und Oberst Oster schien das auch zu finden.

Huber: ›Gehen wir von der Praxis aus! Da sind also ziemlich sorgfältig ausgearbeitete Endunterlagen in meine Hände gelangt. An die mußte ich mich zunächst halten. Wenn ich das nicht getan haben würde, dann hätte die Gestapo, bestimmt aber Heydrich, sehr schnell erkannt, daß mit mir irgend etwas nicht stimmt. Womit prompt die Fragen aufgekommen wären: Was kocht denn der für eine Suppe – wer hat uns den zugemutet?‹

305

›Und dann wäre es dir an den Kragen gegangen, Meller – durchaus logisch‹, sagte Oberst Oster. ›Zumindest wärst du für diese Brüder zu einer fragwürdigen Person geworden. Und dabei hätten wir alle badengehen können.‹

Um mit dieser Erklärung fertig zu werden, brauchte ich, offen gestanden, längere Zeit. Oster blickte mich erwartungsvoll an. Worauf ich, immer noch ausweichend, zugeben mußte:

›Das scheint allerdings eine verdammt heikle Situation zu sein!‹

Huber betrachtete mich fast höhnisch, zugleich forschend-fragend; auch Oster musterte mich sehr kritisch. Und dabei fiel mir dieser Ausweg ein:

›Du, Freund Oster, solltest nun wohl unverzüglich dafür sorgen, daß dem Generaloberst ein erstklassiger Rechtsbeistand zugeteilt wird, den der akzeptieren kann. Einverstanden?‹

›Mache ich! Ich werde versuchen, den besten Mann dafür aufzutreiben. Was weiter?‹

›Das ist zunächst schon alles – für dich. Ich aber werde unverzüglich meinen Jugendfreund Heydrich aufsuchen. Und dem werde ich dann, sehr behutsam, aber zugleich recht eindringlich, erklären: Diese von der Gestapo forcierte Anklage gegen Fritsch scheint auf tönernen Füßen zu stehen. Davon, werde ich ihm weiter sagen, sind das Oberkommando, die Abwehr, zahlreiche Generale und Offiziere überzeugt – und etliche Fachleute von der Polizei sind es auch.‹

Oster nickte zustimmend, nicht ohne Anerkennung, wie mir schien. ›So könnte es tatsächlich gehen. Heydrich ist kein Dummkopf; auf leichtfertige Unterstellungen wird der sich kaum einlassen.‹

›Und eben deshalb werde ich ihm zu suggerieren versuchen, daß es ratsam ist, sich aus der Schußlinie zu halten! Um das jedoch wirklich überzeugend zu können, müßte ich in der Lage sein, ihm gewisse Einzelheiten anzubieten, die ihn beeindrucken.‹

›Und eben das‹, fragte nun Huber hellhörig, ›mit meiner Hilfe? Nun gut, ich werde auch das noch versuchen – auf Ihre Verantwortung. Ahnen Sie übrigens, Freund Meller, auf was Sie sich da einlassen?‹

Das behauptete ich zu wissen. Auf was ich mich tatsächlich einließ, war freilich damals noch nicht zu erkennen. Hubers Ende gehörte dazu.«

Fünfte Station:

Büroräume im Reichssicherheitshauptamt – in der Nacht nach diesem Tage. Überladene Schreibtische, prallgefüllte Regale, doch kaum noch ein Beamter. Denn auch diese Hauptverwaltung des Todes hatte ihre geregelten Arbeitszeiten. Zusätzliche nächtliche Aktionen von Spezialeinheiten fanden zumeist unterhalb der ›Empfangshalle‹ statt, also in den Kellergewölben.

In dieser Nacht hielt sich Huber in den oberen Büroräumen auf, in der Abteilung Meisinger – Homosexuellenbekämpfung. Dort schaltete er die Hauptbeleuchtung ein, um den nunmehr wie verlassen wirkenden Behördenstall zielstrebig zu durchforschen. Er wußte genau, was er hier suchte – und wo er es zu suchen hatte.

Denn Huber war ein kriminalistischer Praktiker von hohen Graden, unbeirrbar kaltblütig und von bemerkenswertem Sachverstand. Er hatte prompt erkannt: Diese den Vernehmungen des von Fritsch zugrundeliegende Akte war nichts wie eine fleißige ›Zubereitung‹. Vermutlich arrangiert von dafür zuständig gemachten Beamten, unter der Anleitung von Meisinger. Der weilte übrigens zur Zeit im fernen Ausland, ›Kraft durch Freude‹ schöpfend.

Doch eben bei ihm oder bei einem seiner engsten Mitarbeiter mußte das dabei zurückgehaltene Material liegen – also in dem Raum, in dem sich Huber nunmehr befand. Hier nun ging er ganz systematisch vor. Er bewegte sich dabei wie ein lauernder Tiger, dicht am Rande seines Machtbereiches.

Zunächst durchforschte er, fast traumhaft sicher, die linken unteren Schubladen der Schreibtische diverser Sachbearbeiter. Dort schließlich entdeckte er ein Aktenstück, das etwa doppelt so dick war wie jenes, das offiziell als ›Dossier Fritsch‹ bezeichnet und ihm zugänglich gemacht worden war. Bei diesem ›Fund‹ jedoch handelte es sich um eine Art Ergänzung dazu, um ein Sammelsurium recherchierter, aber nicht verwerteter Unterlagen. Und offensichtlich deshalb nicht verwertet, weil sie für den zu erreichenden Zweck keinesfalls brauchbar waren.

Diese bestürzend erfreulichen Akten blätterte Huber durch, wofür er sich Zeit ließ. Dabei machte er, sehr sorgfältig, zahlreiche Notizen. Und immer wieder mußte er dabei den Kopf schütteln – wie schon oft in diesen Tagen.

»Das wär's denn wohl!« sagte er schließlich.

Dann legte er dieses Aktenstück wieder zurück; auf den Millimeter genau an jenen Platz, wo er es gefunden hatte. Kein Zugriff war erkennbar – wurde auch niemals vermutet. Und alsbald lag das Büro wieder verlassen da.

Sechste Station:

Das Berliner Polizeipräsidium. Arbeitszimmer des Vizepräsidenten, Fritz-Dietlof Graf von der Schulenburg.

Das war ein Raum von irritierender Unaufgeräumtheit: Zeitungen und Zeitschriften lagen auf Tischen, Stühlen, Fensterbrettern; dazwischen stapelten sich Bücher, auch auf dem Fußboden. Und hier hatte sich Huber eingefunden, nahezu eine Stunde nach Mitternacht.

»Welch eine Überraschung!« rief der von der Schulenburg mit milder Ironie seinem Besucher zu. »Unser erklärtes Paradepferd, das wir an die Gestapo abgeben mußten! Doch wie ich Sie kenne, sind Sie leider nicht hier, um alte Stalluft zu schnuppern . . .«

»Eine ziemlich heikle Angelegenheit, Herr Graf.«

»Nicht doch, nicht doch, mein lieber Herr Huber!« meinte der munter scherzend. »Wollen Sie mich etwa verhaften?«

»Das werden vermutlich, früher oder später, andere tun – ich gewiß nicht! Mir jedenfalls stinkt es bereits so stark, daß mir manchmal schlecht wird.«

Der Graf von der Schulenburg musterte diesen Kriminalisten aufmerksam. »Falls Sie etwa zu uns zurückkommen wollen – ich würde das begrüßen. Und auch alles tun, um das zu bewirken.«

»Das ist es nicht, Herr Graf. Ich kann jetzt wohl gar nicht mehr zurück – in keiner Hinsicht. Ich möchte Ihnen lediglich eine Information zukommen lassen. Und eine Bitte aussprechen.«

»Ich höre – und ich hoffe, Sie machen es kurz, lieber Huber.« Der Graf von der Schulenburg wies, lächelnd, auf seine überfüllten Ablegeplätze. »Wie Sie sehen, bin ich gerade dabei, Ordnung zu schaffen. Denn morgen früh beabsichtige ich mit meiner Familie in Urlaub zu fahren – in die Berge: Skilaufen, Wandern, Rodeln! Um endlich wieder einmal reine Luft zu atmen! Sie werden doch nicht etwa versuchen wollen, mich daran zu hindern?«

»Keinesfalls, Herr Graf! Das gönne ich Ihnen, und so ziemlich genau das gleiche würde ich mir auch wünschen. Zur Zeit jedoch kann ich mir das nicht leisten. Ich bin mit dem sogenannten Fall von Fritsch beschäftigt.«

»Von dem ich gehört habe und zunächst annahm: Das sei

309

so eine Art Behördenwitz, über den ich allerdings nicht zu lachen vermochte. Doch nun kreuzen sogar Sie damit auf – ausgerechnet bei mir! Warum?«

»Weil ich, zu diesem Fall, sehr verschiedenartige Unterlagen kenne, die jedoch alle nicht voll beweiskräftig anmuten. Denn es handelt sich dabei zumeist um Aktenauszüge, um Abschriften – also kaum jemals um Originale. Die aber benötige ich, die muß ich haben! Und eben diese müßten hier vorzufinden sein, Herr Graf – in den Akten des Berliner Polizeipräsidiums. Kann ich damit rechnen, daß Sie mir auf der Suche danach behilflich sind?«

»Worauf wollen Sie hinaus? Gedenken Sie etwa unser gesamtes Material zu vereinnahmen?«

»So ungefähr. Was allerdings in der Praxis lediglich so aussehen würde. Ich lege Wert auf alle Unterlagen des Dezernates Sitte. Diese müßten blockiert, also jedem unmittelbaren Zugriff der Gestapo entzogen werden – für die nächsten zwei, drei Wochen. In dieser Zeit werde ich versuchen, dieses Material zu sichten und das mir wichtig Erscheinende sicherzustellen. Können Sie mir dafür freie Hand geben?«

»Falls das unbedingt sein muß – ja«, bestätigte der Graf von der Schulenburg, wenn auch leicht unwillig. »Aber das wird auch das letzte sein, was ich in diesem Stall noch unternehme, bevor ich endlich Urlaub mache. Ich werde also diese Unterlagen so deponieren lassen, daß sie während der Dauer meiner Abwesenheit, die so ziemlich genau der von Ihnen gewünschten Bearbeitungszeit entspricht, nicht erreichbar sind. Für niemand, also auch nicht für die Gestapo. Außer für Sie! Richtig so?«

»Danke, Herr Graf. Damit müßte sich einiges anfangen lassen.«

»Dann kann ich mich also von dieser neudeutschen Spanferkelbraterei getrost entfernen?«

»Ich erlaube mir, Ihnen eine gute Reise zu wünschen.«

Der von der Schulenburg lächelte erleichtert. »Vielleicht kommen Sie mich in den Bergen besuchen – ganz offiziell, etwa zwecks Berichterstattung oder auch Befragung auf Staatskosten. Sie werden mir in jedem Fall willkommen sein, mein lieber Herr Huber.«

»Gar nicht ausgeschlossen, daß auch ich nun bald einem längeren, einem vermutlich sogar sehr langen Urlaub entgegensehen darf. Doch den gedenke ich mir zu verdienen, um ihn dann genießen zu können. Hoffentlich. Leben Sie wohl!«

Siebente Station:

Nächster Vormittag. Reichssicherheitshauptamt. Büro Gruppenführer Heydrich. Vor ihm stehend der Kriminalbeamte Huber. Huber selbst hatte nicht um diese Unterredung gebeten, Heydrich hatte ihn zu sich befohlen. Wobei er sich überaus freundlich gab.

»Ich habe da«, sagte er zu Huber, vertraulich, »in der vergangenen Nacht ein recht interessantes Gespräch mit meinem verehrten Jugendfreund Meller geführt. Und der meinte: Sie wären in der Lage, recht heikle Mißverständnisse, vielleicht gerade noch rechtzeitig, aufzuklären. Machen Sie das mal, schießen Sie los – ich höre.«

Worauf Huber, nun ganz direkt vorstoßend, erklärte: »Ich habe begründeten Anlaß zu der Annahme, Gruppenführer, daß die Anschuldigungen gegen den Generaloberst von Fritsch vermutlich nicht voll aufrechtzuhalten sind.«

Heydrich reagierte nahezu bestürzt: »Sie wollen doch nicht etwa behaupten, daß ein möglicherweise benutzbares Gegenmaterial existiert?«

»Davon, Gruppenführer, bin ich sogar überzeugt. Ich habe, auftragsgemäß, zur Absicherung unseres Amtes etliche

Nachforschungen angestellt, wobei sich ergab: Nicht der Generaloberst von Fritsch, sondern ein anderer Mensch mit ähnlich klingendem Namen scheint damals von diesem Otto Schmidt beobachtet und dann erpreßt worden zu sein.«

Heydrich reagierte sichtlich ungläubig. »Sind Sie sicher? Absolut? Ja? Nun gut – warum sollte ich das bezweifeln? Sie sind schließlich, in ihrem Bereich, ein anerkannt erstklassiger Mann, dazu auch noch von meinem Freund Meller mit Nachdruck empfohlen, was mir viel bedeutet. Wo befinden sich denn diese Unterlagen?«

»Sie existieren offenbar gleich in zweifacher Ausfertigung. Einmal, jedoch wohl nur in Form von Auszügen, von Kopien, bei uns im Amt – in der Abteilung H-II. Dann aber auch, und dort vermutlich im Original, in der Aktensammlung der Berliner Kriminalpolizei, im Präsidium gelagert.«

Heydrich reagierte, wie stets, schnell und sicher. »Herr Huber«, sagte er befehlsgewohnt, »ich weiß Ihre Arbeit sehr zu würdigen. Wobei ich jedoch nicht extra zu betonen brauche, daß ich in einem derartig heiklen Fall mit Ihrer amtlichen Schweigepflicht rechne. Ich danke Ihnen – Sie hören bald wieder von mir.«

Unmittelbar nachdem sich Huber entfernt hatte, ließ Heydrich seinen hellwach gewordenen Jagdhundinstinkten freien Lauf. Er telefonierte zunächst mit Generaloberst Göring. »Da scheint es Komplikationen zu geben – im Fall von Fritsch.«

Hermann Göring reagierte, wie erwartet, überaus unwillig. »So was, Mann, hat es nicht zu geben!« schnaubte er. »Dafür haben Sie zu sorgen, vereinbarungsgemäß. Haben Sie ja bisher auch gesorgt, was ich anerkenne. Dieser Fritsch sitzt in der Falle! Lassen Sie den unter keinen Umständen entkommen! Der muß derartig unter Druck gesetzt werden, daß er einfach alles zugibt. Das ist Ihre Aufgabe. Oder wollen Sie mich mit aller Gewalt enttäuschen?«

»Nein«, sagte Heydrich.

»Das, mein Lieber, würde ich Ihnen auch nicht raten! Es ist nun so, wie der Führer selbst gesagt hat: Dieser Zug ist abgefahren! Also nicht mehr aufzuhalten. Oder gedenken etwa ausgerechnet Sie, sich als Bremser zu betätigen? Nein? Mann – dann sorgen Sie für völlig freie Fahrt! Überzeugend, schnell und gründlich. Kapiert?«

Das kapierte der. Worauf er unverzüglich zwei seiner engsten, verläßlichsten Mitarbeiter zu sich befahl. Die stets auf seinen Wink lauerten. Gleich Bluthunden trotteten sie in sein Zimmer.

Und denen sagte er: »Der Polizeipräsident, Graf Helldorf, hat sich hier unverzüglich einzufinden. Der uns neuerdings zugeteilte Kriminalbeamte Huber darf, da offensichtlich erheblich überlastet, einen längeren Urlaub antreten. Zugleich ist dessen Versetzung vorzubereiten – zu einer möglichst entfernten Außenstelle, ohne jedes Aufsehen. Und dann soll Meisinger antanzen – auf den bin ich scharf! Dessen Kragenweite wird hier dringend benötigt.«

»Der«, wurde vorsichtig festgestellt, »befindet sich auf einer Urlaubsreise.«

»Mir scheißegal. Der ist unverzüglich einzufliegen. Was Göring mit seiner Luftwaffe veranlassen wird, wie ich den kenne. Ich jedenfalls will nun endlich absolut unerschütterliche Resultate sehen – koste es, was es wolle. Dafür ist mir kein Preis zu hoch!«

Zwölfter Versuch einer romanhaften
Gestaltung . . .
Thema: Eine italienische Reise

Die Tage, die Werner von Blomberg mit seiner geliebten Frau
Eva in Italien verbringen durfte, wollten ihm, zunächst, völlig
ungetrübt erscheinen. Die Sonne über Capri war winterlich
gläsern. Sie zeichnete, überdeutlich, die Konturen der dekorativ schroffen Felsen über dem weißen Strand, der Pinien, die
niemals entlaubt wurden, der hell glänzenden Häuser und der
vielfarbigen Fischerboote weit draußen auf dem Meer.

Hier auf Capri wurden die Blombergs mit ausgesuchter
Höflichkeit behandelt, zumindest vom Hotelpersonal. Werner hatte darum gebeten, die Anrede ›Generalfeldmarschall‹
möglichst zu vermeiden. »Darf ich Sie bitten, mich lediglich
Blomberg zu nennen. Denn ich befinde mich hier mit meiner
Frau auf einer Urlaubsreise. Und die wünschen wir beide,
möglichst ganz privat, zu genießen.«

Er wurde dennoch mit ›Herr Generalfeldmarschall‹ angeredet. Das etwa, wenn der Hoteldirektor, beglückt servil, herbeieilte, um melden zu können: »Ein Blitzgespräch, Herr Generalfeldmarschall, Berlin am Apparat. Das Reichskriegsministerium.«

Dort also, glaubte der von Blomberg feststellen zu können,
wurde er immer noch gebraucht. Keitel, wohl vom Führer
dazu angeregt, war die Höflichkeit in Person; der bat ihn er-
gebenst um Auskünfte, Hinweise, Anregungen. Nur zu gern
ging Werner von Blomberg darauf ein.

»Na, mein lieber Keitel, wie läuft denn dort alles? Gut?
Tatsächlich? Also genauso, wie es der Führer geplant hat? Im
Einvernehmen mit mir. Das freut mich.«

Auch schrieben ihm einige Generalskameraden nahezu
betont herzliche, auch peinlich unverbindliche Briefe. Das

wohl nur, vermutete Blomberg bereitwillig, um der deutschen, sehr fleißigen Postzensur keinen Anlaß zu geben, derartige Schreiben zurückzuhalten oder sie etwa bei Polizei und Gestapo kreisen zu lassen. Dennoch waren auch diese Briefe wohltuend eindeutig adressiert: An den Herrn Generalfeldmarschall Werner von Blomberg, zur Zeit Grandhotel, Capri, Italia.

Und dort hing im Kleiderschrank, neben einigen sorgfältig geschneiderten englischen Zivilanzügen in den Farben Silbergrau bis Nachtblau, auch seine Extrauniform. Die leuchtete verlockend: blutrot funkelnde Kragenspiegel mit goldener Eichenlaubstickerei, dazu eine imponierend breite Ordensspange. Darunter lag sein Marschallstab in einem Sammetfutteral, stets griffbereit. Und beglückt stellte er fest, daß seine geliebte Eva Wert darauf legte, diese Prachtuniform persönlich zu betreuen.

»Ich kann nur hoffen«, sagte sie, während seine zärtlichen Blicke auf ihr ruhten, »daß du bald wieder Gelegenheit erhalten wirst, dieses wunderschöne Kleidungsstück anzulegen.«

»Das, meine Liebe«, versicherte ihr Werner überzeugt, »wird bestimmt früher oder später der Fall sein. Denn der Führer braucht mich, das hat er mir mehrmals versichert. Sobald über diese Akten, die von einigen Ehrgeizlingen und Neidern zusammengeschmiert wurden, endlich Gras gewachsen ist, wird auch meine Stunde wieder kommen.«

»Und werde ich dann immer noch deine Frau sein?«

»Keine dunklen Gedanken, bitte, meine zärtliche Schöne! Versprich mir das!«

Er legte seine Arme um sie; sie schmiegte sich an ihn. »Du bist der einzige Mensch, der meinem Wesen voll entspricht«, bekannte er.

Eva war ihm unendlich dankbar. Und wie sehr sie das war,

bewies sie ihm immer wieder, durch ihre uneingeschränkte hingebungsvolle Zärtlichkeit. Bei ihr durfte er sich vorkommen – und das mit sechzig Jahren! – wie ein Mann in der Hochblüte seines Lebens.

Ihre gemeinsamen Tage auf Capri verbrachten sie in lässig genießender Heiterkeit, beglückt entspannt, in seliger Trägheit. Für die vorzüglichen Mahlzeiten ließen sie sich Zeit. Dabei tranken sie erlesene weiße Weine, bevorzugt Frascati und Orvieto; ›trockene‹, ›secco‹ genannte Produkte aus der römischen Provinz, die behutsam gekühlt, keinesfalls eiskalt, genossen wurden. »Welch ein wunderschönes Land, welch eine herrliche Zeit!« bekannte Eva immer wieder.

»Und das ist erst der Anfang!« versicherte er.

Sie pflegten nicht viel miteinander zu reden, wenn sie am Vormittag ihre Spaziergänge machten. Hand in Hand, aneinandergeschmiegt, schritten sie wie jugendliche Liebende durch die Gassen, über die Felsen hinweg, in die Pinienwälder hinein.

Die wundersam leuchtenden Sonnenuntergänge betrachteten sie zumeist vom Balkon aus, stumm, glücklich, wie verzaubert. Nun hatte ihre Liebe ein Stadium erreicht, in dem das Schweigen zur Sprache geworden war. Eng aneinandergelehnt, blinzelten sie auf das seidenblaue, sanftglänzende Meer hinaus. Noch nie zuvor waren sie sich so nahe gekommen. Und so weit, so unendlich weit entfernt, war ihnen ihr Deutschland bisher nicht erschienen.

»Ich könnte schreien vor Glück!« bekannte sie.

»Ja«, bestätigte er, »wir haben unser Glück gefunden. Nichts sonst zählt!«

Doch an einem dieser so erfüllt anmutenden Tage erschien auf Capri ein ernster Mann im straff sitzenden dunklen Anzug. Er trug eine schwergewichtige Aktentasche mit sich. Die ließ er keinen Augenblick aus den Händen, womit er wohl demonstrieren wollte, daß er in dienstlicher Mission gekommen war.

Dieser Mann war ein Oberst, der zum Stab der Wehrmachtführung gehörte. Den hatte sich Blomberg seinerzeit selbst ausgesucht, ihn gefördert, mit wichtigen Aufgaben betraut, ihn sogar in seine privaten Kreise einbezogen, wofür der sich auch sehr dankbar gezeigt hatte. Und als eine seiner letzten Amtshandlungen hatte der Generalfeldmarschall diesen Oberst dem Führer zur Beförderung zum Generalmajor vorgeschlagen.

Doch als nun dieser Mann, hier auf Capri, dem Ehepaar Blomberg gegenüberstand, mutete er ausschließlich wie ein ganz und gar militärisches Wesen an. Korrekt bis auf die Knochen. Konventionell distanziert.

Der Oberst verbeugte sich. Zunächst vor Blomberg, durchaus respektvoll: »Herr Generalfeldmarschall!« Dann erfolgte, doch lediglich andeutungsweise, eine weitere Verbeugung in Richtung seiner Gattin. »Frau Blomberg!« murmelte er.

Der Generalfeldmarschall begrüßte ihn dennoch sehr herzlich, mit kraftvollem Handschlag. »Freue mich sehr, Sie zu sehen, mein lieber Oberst. Was führt Sie zu mir?«

»Ich habe Ihnen, Herr Generalfeldmarschall, einige Akten des Reichskriegsministeriums auszuhändigen. Deren Inhalt kenne ich nicht – ich bin lediglich als Kurier hier. Ich habe Sie zu bitten, diese Unterlagen durchzusehen und Ihre Bemerkungen dazu zu machen. Worauf es dabei im einzelnen ankommen könnte, hat Herr General Keitel, im Auftrag unseres Führers – und von beiden soll ich Sie grüßen – auf einliegenden Notizzetteln vermerkt.«

»Wird erledigt – sofort!« versicherte der von Blomberg. Er war sichtlich hoch erfreut darüber, nach wie vor um seine Stellungnahme gebeten zu werden. Denn sicherlich handelte es sich um staatspolitisch bedeutsame Vorgänge, zumal ihm diese Unterlagen von einem Sonderkurier von erheblichem Rang zugestellt wurden. Er nahm daher die ihm überreichte Aktenmappe dankbar an sich. »Ich werde mich damit in einen Nebenraum begeben, um ungestört arbeiten zu können. Inzwischen darf ich dich, meine liebe Eva, bitten, unseren verehrten Gast zu betreuen.«

Darum bemühte sich denn auch die Frau von Blomberg. Das geschah in geradezu rührender Weise, was jedoch dieser Oberst nicht zu bemerken schien; vermutlich wollte er es auch nicht bemerken. Als er aufgefordert wurde, sich zu setzen, ließ er sich auf einem Stuhl nieder, der in einiger Entfernung von ihr stand. Und den setzte er dann noch weiter zurück.

Eva von Blomberg fragte entgegenkommend, ob ihm ein Espresso angenehm wäre; er lehnte ab. Dann bot sie ihm Wein an, auch Mineralwasser, Campari. »Ein sehr zu empfehlendes Getränk, Herr Oberst – es paßt irgendwie in diese Landschaft. Oder bevorzugen Sie Champagner?«

»Danke – weder noch!« lehnte der Oberst ab. Dabei musterte er sie ziemlich ungeniert, als habe er eine Art vielversprechendes Fabeltier vor sich. Immerhin hatte er, in gewissen ›Beweismaterialien‹, diverse Photos dieser ›Generalfeldmarschallin‹ erblicken müssen.

Dennoch, dennoch, mußte er sich nun eingestehen: Diese Person war weit weniger unsympathisch, als er sie sich vorgestellt hatte. Vielmehr handelte es sich bei der, ganz offenbar, um ein weibliches Wesen von beachtlichen Qualitäten! Aber so etwas heiraten? Nie! Nicht als Oberst! Schon gar nicht als Generalfeldmarschall . . .

Eva gab sich erhebliche Mühe, die lauernde Reserviertheit dieses Gastes zu überwinden. Das fiel ihr wahrlich nicht leicht. Zumal sie feststellen mußte: Der redete sie nicht mit ›gnädige Frau‹ an – der sagte lediglich, wenn er sie überhaupt ansprach: »Frau Blomberg.« Ohne das ihr gebührende Adelsprädikat.

Das kränkte sie. Ungemein. Doch sie bemühte sich, das dennoch zu überspielen. Aber je herzlicher sie sich gebärdete, um so mehr verriet sich ihre Unsicherheit. So etwa, als sie wie werbend sagte: »Wenn wir wieder in Berlin sind, Werner und ich, dann hoffe ich sehr, Sie bei uns begrüßen zu können. Mein Mann, das weiß ich, schätzt sie außerordentlich, Herr Oberst. Wir könnten manche schöne Stunde gemeinsam verbringen.«

»Überaus vielversprechend, Frau Blomberg«, versicherte dieser Oberst unerschütterlich reserviert, mit leicht schnarrenden Untertönen. »Sehr interessant!«

»Damit wäre wohl alles erledigt«, verkündete der Generalfeldmarschall, aus dem Nebenraum kommend. »Der Führer dürfte zufrieden sein, unser Keitel auch. Speisen Sie heute abend mit uns, Herr Oberst?«

»Bedaure sehr! Doch mir wurde bedeutet, meine Mission sei ebenso wichtig wie eilig. Ich habe mich also unverzüglich wieder nach Berlin zurückzubegeben.« Worauf er sich wie bei seiner Ankunft verbeugte: »Herr Generalfeldmarschall – Frau Blomberg!« Um sich dann schnellstens zu entfernen.

»Nun, meine Liebe, hast du dich gut mit ihm unterhalten?« fragte Werner.

»Das habe ich versucht«, sagte sie, ihn fast verstört ansehend. »Doch das scheint mir leider nicht gelungen zu sein. Nicht überzeugend.«

»Mach dir nichts daraus, meine Liebe! Schließlich mußt du dich erst noch an meine Welt gewöhnen, was dir jedoch nicht schwerfallen wird; du bist wunderbar anpassungsfähig! Du mußt natürlich wissen, daß es in dieser Welt auch Machtkämpfe gibt, die manchmal zu reichlich kuriosen Komplikationen führen können. Da muß man lernen zu differenzieren.

Dieser Oberst ist gewiß kein schlechter Kerl, doch der weiß wohl nicht, wohin er sich orientieren, für wen er sich entscheiden soll.«

Doch als dieser Oberst wieder in Berlin eintraf, verkündete er ungeniert jedem, der es hören wollte: »Diese Dame scheint reichlich kokett zu sein!«

Wie sich Hitler einen neuen Oberbefehlshaber des Heeres anschaffte.

Die Anbahnung:

»Meine Herren«, sprach Adolf Hitler. »wir müssen nunmehr wohl von der Voraussetzung ausgehen, daß wir es kaum noch verhindern können, unseren Herrn von Fritsch zu verlieren. Also haben wir uns, notgedrungen, um einen Nachfolger für ihn zu bemühen.«

Der Führer hatte die neuen Männer seines erklärten Vertrauens zu sich gebeten: einmal den in Kürze nun auch offiziell zum ›Chef des Wehrmachtsamtes‹ zu ernennenden General Keitel. Dann aber auch den als Nachfolger von Oberst Hoßbach hier bereits amtierenden Wehrmachtsadjutanten Major Schmundt. Auch der war wohl, wie Keitel, ein ›guter Griff‹; auch er besaß ein fabelhaftes Einfühlungsvermögen.

Hitler bat nunmehr um konstruktive Vorschläge. Worauf ihm unverzüglich eine Liste vorgelegt wurde, die nicht sonderlich lang war, mit Namen von Persönlichkeiten, die für die Nachfolge des von Fritsch in Frage kamen. Hitlers neue Wehrmachtsberater erlaubten sich dazu die ihnen notwendig erscheinenden Kurzkommentare, aus denen sich folgendes ergab:

Die erste, scheinbar am nächsten liegende Möglichkeit:

Beck, der Generalstabschef des Heeres. Der war mit den bedeutsamen Organisationsplänen des von Fritsch voll vertraut; überdies handelte es sich bei dem um einen Organisator und Theoretiker von hohen Graden. Jedoch könnte sich seine große Eigenwilligkeit, in militärpolitischer Hinsicht, als nicht ungefährlich, zumindest als unbequem erweisen.

Weiter: General von Rundstedt. Ein hervorragender Truppenführer, ein ausgezeichneter Soldat. Aber doch wohl, für dieses nervenaufreibende Amt fünf, wenn nicht gar zehn Jahre zu alt. Sodann: General von Witzleben. Ein überaus begabter Stratege, von Offizieren und Soldaten gleichermaßen respektiert, aber in seinen politischen Ansichten undurchschaubar. Ähnliches sei wohl auch von General Stülpnagel zu sagen; den müßte man sogar, etlicher höchst bedenklicher Auslassungen wegen, geradezu als ›unloyal‹ bezeichnen.

»Wen aber dann?«

»Nun – vielleicht General von Reichenau!«

Die Ausbalancierung:

»Reichenau!« Adolf Hitler horchte auf und nickte seinen Ratgebern zu. Genau diesen Namen hatte er zu hören erwartet, freilich auch noch einen anderen dazu. »Dies ist eine ganz ausgezeichnete Anregung, die jedoch gründlich durchdacht werden sollte. Ich bitte also um Ihre Argumente und Gegenargumente, mit äußerster Freimütigkeit.«

General Walter von Reichenau war für die nicht wenigen altgedienten, in der Wehrmacht immer noch dominierenden, betont konservativen Militärs ein ›rotes Tuch‹ – genauer wohl: ein sattbraun schimmerndes! Dieser sportliche, fußballspielende General wurde gemeinhin für einen überzeugten Nazi gehalten – zeitweilig sogar für Hitlers erklärten Liebling. Er hatte den fragwürdigen ›Eid‹ der Wehrmacht nach Hindenburgs Tod entworfen – diese allein auf Hitler persönlich ausgerichtete Schwurformel.

Dennoch wollte gar nicht wenigen – und Hitler schließlich auch – dieser Mann als reichlich dubios und schillernd erscheinen. Denn auch er war, ähnlich wie der von Blomberg, so eine Art Weltmann. Einst hatte er seinen Vater bis nach Südamerika begleitet, als der Krupp-Kanonen, Zubehörteile und Munition erfolgreich verkaufte. Er hatte die USA bereist, den Nahen Osten, ganz Mitteleuropa. Er beherrschte mehrere Sprachen; sein Englisch galt als ausgezeichnet.

Und eben in dieser Sprache hatte er zu seiner Frau gesagt, ganz unbekümmert inmitten einer stattlichen Gesellschaft: »I hate these swastikamen!« – also: »Ich hasse diese Hakenkreuzler!« Ein Ausspruch, der Hitler prompt hinterbracht wurde; den dieser jedoch allzu bereitwillig – was vielen verdächtig vorkam – als hinterhältige Verleumdung abzutun schien.

»Reichenau also! Was halten Sie von dem, Keitel?«

»Sehr viel, mein Führer! Das jedoch nicht ohne Einschränkungen! Ich glaube Reichenau einigermaßen zu kennen; er hat längere Zeit im Reichskriegsministerium sehr eng mit Blomberg zusammengearbeitet. Doch dann gab es zwischen beiden einige nicht unerhebliche Unstimmigkeiten.«

»Welche denn, Keitel?«

»Nun – Reichenau machte vordergründige, doch sehr hartnäckige Versuche, die soldatischen Umgangsformen radikal zu verändern. So wollte er schon damals die Anrede in der dritten Person abschaffen; er machte sich sogar Gedanken darüber, ob man auf Rangabzeichen verzichten könne. Alles Dinge, die sich im militärischen Bereich nicht durchführen lassen, ohne die Substanz zu gefährden. Zu allem Überfluß nahm Reichenau sogar, in Königsberg in Ostpreußen, an einem Festessen des jüdischen Frontkämpferverbandes teil –

322

zum Glück nicht in Uniform; das konnte ihm, gerade noch rechtzeitig, ausgeredet werden.«

»Vielleicht nichts wie Schönheitsfehler«, meinte Hitler mit lässiger Überlegenheit. »Der soll trotzdem kommen – dem werden wir auf den Zahn fühlen.« Dabei blickte er aufmerksam auf Schmundt. »Sie scheinen offenbar noch einen ganz anderen Vorschlag zu haben?« ermunterte er den Adjutanten. »Lassen Sie hören!«

Major Schmundt hierauf: »Was wir, mein Führer, in dieser Situation, die ja gewissermaßen eine Übergangssituation ist, benötigen, wäre eine Persönlichkeit, die die Fähigkeit zum Ausgleich besitzt.« Und dann fiel endlich jener Name, auf den Hitler die ganze Zeit gewartet hatte. »Ich erlaube mir«, sagte der neue Wehrmachtsadjutant, »den General von Brauchitsch ins Gespräch zu bringen.«

»Ein recht bemerkenswerter Vorschlag! Und dieser Ansicht sind Sie gewiß auch, Keitel? Ja? Gut – dann soll auch der kommen! Mal sehen, welche Lösung sich anbietet.«

Die Vorauswahl:

Gleich am nächsten Tag, in den Vormittagsstunden, erschien General Keitel abermals bei seinem Führer. Er hatte einen Abend und eine Nacht lang Material gesammelt – beziehungsweise sammeln lassen. Ein großartiges Material, wie er glaubte. Und das gedachte er nun hier abzuladen.

Keitel: »Der General von Reichenau und der General von Brauchitsch befinden sich bereits auf der Anreise nach Berlin. Für den einen habe ich ein Zimmer im Hotel Esplanade reservieren lassen; für den anderen eins im Continental. Beide werden sich unmittelbar nach ihrer Ankunft bei mir melden.«

»Kompliment, Keitel – das nenne ich Organisation!« rief ihm der Führer anerkennend zu. »Doch nun lassen Sie mich wissen, wie weit Sie mit Ihren Recherchen gekommen sind. Wobei mich nicht so sehr der Reichenau interessiert – von dem weiß ich genug. Aber was ist mit Brauchitsch?«

Keitel, mit Eifer referierend: »Walther von Brauchitsch, General der Infanterie, hat eine vorbildliche soldatische Laufbahn hinter sich. Als Knabe gehörte er dem Potsdamer Kadettenkorps an, dann wurde er Page bei der Kaiserin Auguste Viktoria. Vorzeitig zum Offizier befördert. Sodann hervorragende Frontbewährung, hochdekoriert. Schließlich Reichswehroffizier ohne jeden Tadel. Stets als verläßlich, als vielseitig verwendbar bezeichnet – das auch jetzt noch. Darüber hinaus ein Mann von eleganter Erscheinung, ritterlicher Denkart und wirksamem Auftreten.«

»Das hört sich recht brauchbar an«, stellte Hitler fest. »Dennoch scheint es so was wie einen Pferdefuß zu geben?«

»So könnte man sagen, mein Führer. Brauchitsch hatte nämlich, Anfang Oktober 1935, seinen Rücktritt eingereicht. Und zwar bei seinem direkten Vorgesetzten, also bei Herrn von Fritsch. Aus sehr persönlichen Gründen.«

Hitler: »Erklären Sie mir das näher, Keitel.«

Der gab sich Mühe, ziemlich betrübt auszusehen, da er nun folgendes glaubte berichten zu können: »Vor etwa zwölf Jahren hatte Brauchitsch in Breslau eine gewisse Charlotte Rüffer näher kennengelernt, die Gattin eines Offizierskameraden, von dem sie sich dann scheiden ließ. Sie heiratete jedoch bald danach wieder, ohne allerdings ihre wohl als eng zu bezeichnende Verbindung zu Brauchitsch aufzugeben. Bei ihrem zweiten Mann handelte es sich um einen Bankdirektor namens Schmidt, der in einer Badewanne ertrank. Worauf Brauchitsch sich nicht gescheut haben soll, schon bald danach mit dieser Frau Rüffer-Schmidt zusammen zu leben. Der ist bereit, sie zu heiraten – doch eben das kann er nicht. Denn er selbst ist nach wie vor verheiratet.«

»Was ist das für eine Frau, diese Rüffer?«

»Eine überaus repräsentative Person – durchaus als Dame zu bezeichnen! Außerdem eine überzeugte Nationalsozialistin. Diese Dame verehrt Sie, mein Führer, ungemein; das hat sie wiederholt öffentlich bekundet. Brauchitsch und sie wären also ein ideales deutsches Paar! Doch Frau von Brauchitsch scheint sich nicht scheiden lassen zu wollen, obwohl sie seit Jahren getrennt von ihm lebt.«

»Und warum verweigert sie die Scheidung?«

»Vermutlich aus Versorgungsgründen; sie scheint eine ziemlich hohe Abfindung zu fordern. Aber eben diese kann Brauchitsch nicht zahlen, so gerne er das auch möchte. Er scheint finanziell ziemlich am Ende zu sein.«

»Von diesem fatalen Zwang«, sagte nun Hitler nahezu versonnen, »könnten wir ihn erlösen.«

Dieser Vorschlag mußte, falls er realisiert werden konnte, den General von Brauchitsch natürlich überaus verpflichten. Keitel wurde beauftragt, sich um diesen Fall zu kümmern.

Die Bereinigung:

Am 31. Januar begab sich einer der Brauchitsch-Söhne, und zwar Bernd, ein späterer Oberst, zu seiner Mutter nach Leipzig. Mit ihm hatte Keitel, der geschickte Verhandler, vorher eingehend gesprochen, ihn um vertrauliche Mithilfe gebeten und ihm versichert: Die Angelegenheit könnte würdig und großzügig bereinigt werden. Das wäre sogar der besondere Wunsch des Führers!

Dabei könnte man wie folgt argumentieren: Herr und Frau von Brauchitsch hätten sich, bedauerlicherweise, auseinandergelebt – ein Zustand, der gewiß nicht mehr reparabel war. Zwar sei die Weigerung der Frau von Brauchitsch, diese Ehe mit der Verpflichtung ihres Mannes zu nur geringen monatlichen Unterhaltszahlungen zu beenden, durchaus verständlich. Doch andererseits benötige der Führer, dringend, die Dienste des Generals. Mithin werde also um das Einverständnis seiner Frau gebeten, zumal es sich für sie auszahlen würde.

Frau von Brauchitsch reagierte mit großer Selbstbeherrschung. Sie hatte diese letzten zwölf eheunwürdigen Jahre mit einiger Haltung durchgestanden; sie verriet keinerlei Verbitterung, auch nicht ihrem Sohn gegenüber. Eine Lösung konnte ihr nur recht sein – auf annehmbarer Basis. »Und wie sähe die aus?«

»Eine Abfindung, Mutter. Etwa in Höhe von achtzigtausend Reichsmark! In jeder gewünschten Weise auszahlbar. Dazu noch eine monatliche Zuwendung von eintausend Mark, und zwar auf Lebenszeit – von Hitler persönlich garantiert.«

Und das war ein Vorschlag, der nicht abgelehnt wurde.

Der Ankauf:

Nun brauchte der General Walther von Brauchitsch nicht mehr länger im Hotel Continental auf eine Entscheidung zu warten. Der Führer und Reichskanzler ließ ihn zu sich bitten und empfing ihn mit glänzend gespielter Herzlichkeit. Keitel, daneben stehend, lächelte gewinnend:

»Sie, Herr General, sind ein Mann meines Vertrauens, waren es schon immer. Ich vermag mir niemanden vorzustellen, den ich für geeigneter halten könnte, den Oberbefehl unseres Heeres zu übernehmen. Wären Sie dazu bereit?«

»Dazu, mein Führer, wäre ich selbstverständlich bereit, zumal Sie das wünschen. Leider muß ich jedoch darauf aufmerksam machen, daß meine persönlichen Verhältnisse . . .«

»Ihr Einwand, Herr von Brauchitsch, ehrt Sie. Ich schätze Ihre Offenheit, Aufrichtigkeit, Klarheit! Doch in diesem Fall

326

brauchen wir keine Komplikationen mehr zu befürchten – nicht wahr, Keitel?«

General Keitel: »Falls der Führer Ihrer Zustimmung sicher sein darf, würde Ihre Gattin eine denkbar großzügige Abfindung erhalten; sie ist darüber unterrichtet und hat sich auch bereit erklärt, in die Scheidung einzuwilligen. Und danach könnten Sie dann endlich Frau Rüffer-Schmidt heiraten. Was sagen Sie nun?«

Der General von Brauchitsch sagte zunächst nichts; er war sprachlos. Doch nach dem ersten Gefühl der Erleichterung und Beglückung überkam ihn Besorgnis und Unruhe. Denn nun hatte er sich wohl zu fragen, welch ein Preis für so viel Entgegenkommen zu bezahlen war. Doch immerhin: Nun stand er vor dem unerwarteten Höhepunkt seiner Karriere. Und das geschah ihm, nachdem er schon geglaubt hatte, auf dem Tiefpunkt seines Lebens angelangt zu sein.

»Und welche Bedingungen habe ich dann, Ihrer Ansicht nach, zu erfüllen, mein Führer?«

Hitler ging auf diese berechtigte Frage nicht ein. Er sagte, ausweichend, man müsse sich Zeit lassen, alles eingehend überlegen, erst dann könne man seine Vorstellungen präzisieren, auch schriftlich fixieren. »In zwei, drei Tagen etwa, meine ich, könnte uns das gelingen – nicht wahr, Keitel?«

»Zwei Tage dürften dafür ausreichen«, meinte der General beflissen.

Und diese Zeitspanne genügte tatsächlich. Der von Brauchitsch wurde nahezu pausenlos bearbeitet; am intensivsten von Keitel, aber auch von Hitler, der sich überaus kameradschaftlich gab. Sogar Göring zeigte sich auf Anregung des Führers beglückt und ließ das auch Brauchitsch erkennen. Während der nunmehrige Wehrmachtsadjutant, Major Schmundt, den kommenden Oberbefehlshaber des Heeres mit dicken Aktenstößen versorgte, nicht ohne hinzuzufügen:

»Sie, Herr General, wären für uns der beste Mann! Von allgemeinem Vertrauen getragen!«

Erst danach kamen Hitlers wichtigste Forderungen zum Vorschein, auf denen er alsbald mit erheblichem Nachdruck bestand: Durchdringung des Heeres mit nationalsozialistischem Geiste; Eindämmung des konservativen Generalstabs; entsprechende Umbesetzung des Personalamtes; bewußte Förderung einer neuen Offiziersgeneration. Sodann: eine weitaus schnellere Ausbildung und Aufrüstung des Heeres für den Kriegsfall. Seine Forderung rundete er ab mit den Worten: »Sie werden engstens mit mir zusammenarbeiten.«

Walther von Brauchitsch erkannte prompt, was das in der Praxis zu bedeuten hatte: die totale Ausrichtung des Heeres auf Adolf Hitler. Und damit die völlige Abhängigkeit der gesamten Wehrmacht von diesem Führer und Reichskanzler.

In der Tat zögerte der General erheblich, auf alle diese Forderungen einzugehen. »Darf ich um Bedenkzeit bitten?« Doch das war eine Bitte, die unverzüglich und sehr deutlich abgelehnt wurde.

Vielmehr wurde nun von ihm verlangt, sich sofort zu entscheiden: ja oder nein!

Was im Endeffekt hieß: Er könne entweder der Erste Soldat des deutschen Heeres werden, mit größter materieller Unabhängigkeit – oder eben nichts wie ein verabschiedeter General, ein vorzeitig pensionierter; und das noch mit zwei Frauen am Hals.

Der sagte: »Jawohl, mein Führer!«

Und damit war er eingekauft.

Die machtpolitisch dringend notwendig erscheinende Isolierung des Generalfeldmarschalls von Blomberg erfolgte nunmehr mit bestürzender Schnelligkeit. Alle Kontakte zu ihm schienen plötzlich abzureißen. Kein amtlicher Besucher meldete sich fortan mehr bei ihm, auch private Visiten fanden nur noch höchst selten statt.

Das geschah, nachdem ein geheimes Rundschreiben, von Hitler veranlaßt, von Keitel entworfen und unterzeichnet, den Sektionschefs, den Planungs-, Verwaltungs- und Abteilungsleitern des Oberkommandos der Wehrmacht zugestellt worden war. Dessen Inhalt wurde bald Kasinogespräch.

Dieses weitverbreitete ›Geheimschreiben‹ besagte: Der Generalfeldmarschall von Blomberg übe seine Ämter nicht mehr aus. Er sei also nicht mehr befugt, Dokumente, Berichte oder Auskünfte anzufordern und entgegenzunehmen. Auch hätten fortan amtliche Unterrichtungen oder dienstliche Gespräche mit ihm nicht mehr stattzufinden – nicht ohne ausdrückliche Genehmigung des Führers, die über General Keitel einzuholen sei. Weiterhin müsse dringend angeraten werden, den privaten Verkehr mit Herrn von Blomberg, ›Generalfeldmarschall außer Dienst‹, weitgehend einzuschränken; zumindest so lange, bis eine endgültige Klärung aller ihn betreffenden Vorgänge erfolgt sei.

Diese wohlgeplant hinterhältige Anordnung löste die verschiedenartigsten Reaktionen aus. Die meisten davon waren, bemerkenswerterweise, im Hinblick auf den Betroffenen verächtlich negativ. Denn dieser von Blomberg erfreute sich, seiner angeblich provozierend pronazistischen Einstellung wegen, keiner sonderlichen Beliebtheit im konservativen Offizierskorps. Die meisten dachten: Das hat er nun davon. Geschieht ihm recht!

Andere, jedoch nicht allzu viele, vermochten durchaus die möglichen fatalen Auswirkungen dieses Vorgangs zu erahnen. Die sagten sich: Wenn Hitler sogar mit seinem General-

feldmarschall derartig umspringen kann – was mag danach
noch alles kommen? Und sie fragten sich irritiert: »Dagegen
müßten wir uns wohl wehren – aber wie?«

Dreizehnter Versuch einer romanhaften
Gestaltung . . .
Thema: Der Absturz

Eva von Blomberg bemerkte von alldem nichts. Selbst dann
noch nicht, als bei ihrem Mann in Rom – die Blombergs waren inzwischen von Capri nach dort weitergereist – ein Marineoffizier in voller Uniform ›aufkreuzte‹: ein Fregattenkapitän.

Dessen Name soll, der Peinlichkeit seines Auftritts wegen,
gerne verschwiegen werden.

Blomberg logierte mit seiner Frau, weiterhin auf Kosten
Hitlers, in einem Nobelhotel dicht neben der Trinità dei
Monti, ›Villa Medici‹ genannt. Von dort aus gesehen, lag ihnen Rom gleichsam zu Füßen. Werner von Blomberg fühlte
sich an der Seite seiner Eva nach wie vor unendlich glücklich.

Mit großer Herzlichkeit empfing er diesen Fregattenkapitän; er hielt ihn für einen engeren Mitarbeiter des Admirals
Raeder und glaubte, er werde nun endlich wieder einmal
›konsultiert‹.

»Willkommen, mein Lieber«, rief er, zu einer vertraulichen
Unterredung nur allzu bereit. »Was kann ich für Sie tun?«

»Für mich – nichts!« Der Offizier war in Türnähe stehen-
geblieben. »Was mich zu dieser Unterredung bewegt, ist die
Hoffnung auf Ihre Bereitschaft, sich voll und ganz mit letzter,
doch gebotener Konsequenz für die Ehre unseres Offizierskorps einzusetzen.«

Der von Blomberg war sichtlich überrascht von dem geradezu dumm-verwegenen Ton, den dieser Fregattenkapitän anschlug. Dennoch verlor er nichts von seiner Höflichkeit. »Wollen Sie mir, bitte, erklären, wie Sie das meinen?«

»Herr von Blomberg, ich stehe hier im Auftrag zahlreicher Offiziere – nicht nur der Marine.«

»Und – was wünschen die von mir?«

»Sie fordern eine überzeugende Reaktion Ihrerseits. Und zwar die jetzt allein noch mögliche. Um damit Ihre Ehre, die zugleich auch die unsere ist, zu retten. Wie es unter Soldaten, zumal deutschen, stets üblich war.«

Der von Blomberg lächelte selbst jetzt noch, geradezu nachsichtig. Was jedoch in diesem Fall ein Fehler war, ein ziemlich schwerwiegender. »Und was, bitte, stellen Sie sich darunter vor?«

Worauf der Fregattenkapitän sich auf den Generalfeldmarschall zu bewegte und seine Dienstpistole zog. Die knallte er mitten auf den Tisch. Es handelte sich vermutlich um eine Mauser 7,65. »Das!« sagte er hart.

Er wurde geradezu mitleidig betrachtet. »Was soll denn das, mein Lieber? Was glauben Sie damit veranstalten zu können? Offenbar verkennen Sie Ursachen und Wirkungen.«

»Ich erkenne lediglich das, was geschehen ist: die durch eine würdelose Eheschließung erfolgte Entehrung unseres Ersten Soldaten! Und das ist ein Vorgang, der uns alle entehrt! Nur noch durch eine letzte, entscheidende Demonstration absoluter Konsequenz aus der Welt zu schaffen!«

»Mein junger Kamerad«, sagte nun der von Blomberg mit mühsam bewahrter Würde. »Sie sind mir lieb und wert – wie alle selbst noch im Irrtum strebend bemühten Offiziere.« Danach schob er, mit einer leicht nervös wirkenden Bewegung, die Pistole von sich seinem Besucher wieder zu. »Aber Sie vermögen offenbar nicht zu ahnen, in welchen Formen sich Staatsräson bekunden kann. Der füge ich mich, der bringe ich bereitwillig Opfer; Opfer, von deren Schwere Sie und Ihre Kameraden wohl wenig ahnen. Ein Selbstmord jedoch, junger Mann, gehört nicht dazu.«

»Herr Blomberg«, rief der Korvettenkapitän empört, »ich verachte Sie!«

»Ich jedoch vermag Sie lediglich zu bemitleiden. Und nun darf ich Sie wohl ersuchen, sich zu entfernen. Vergessen Sie Ihr Schießeisen nicht.«

Unmittelbar nach diesem Vorgang suchte Werner von Blomberg seine Frau Eva auf. Sie saß im Café Goya, das sich gleich unterhalb der Spanischen Treppe befand. Dort wartete sie auf ihn. Sie ergriff seine Hände, als er sich neben sie setzte.

»Du siehst sehr müde aus«, sagte sie. »Aber nicht unglücklich oder gar bedrückt. Was hast du erlebt?«

»Etwas reichlich Fürchterliches, Eva«, sagte er, sie zärtlich anblickend, »was mich jedoch auch irgendwie heiter gestimmt hat, wie es uns wohl immer ergeht, wenn man glaubt, eine neue, endgültige Erkenntnis gewonnen zu haben.«

»Und das«, vermutete sie, »wieder einmal mehr – meinetwegen?«

»Unseretwegen, Eva!« sagte er, sie anlächelnd. »Denn nunmehr ist mir ganz deutlich geworden, was in diesem Dasein wirklich zählt: die durch nichts mehr zu beeinflussende, unzerstörbare, also untrennbar gewordene Gemeinschaft zweier Menschen! Alles andere, was auch immer, ist, damit verglichen, nur zweitrangig, wenn nicht gar völlig nebensächlich. Und mehr ist dazu nicht zu sagen.«

Eine Erkenntnis, die Geltung hatte – bis zum Ende seines Lebens.

Immerhin sah der Generalfeldmarschall Veranlassung, sich über diesen peinlichen Vorfall zu beschweren. Das geschah keinesfalls in sonderlich empörtem Ton. Von den anläßlich dieses Vorfalls aufgesetzten Briefen erreichte einer auch Hermann Göring.

Der fühlte sich bereits als Erster Mann der Wehrmacht, ohne noch zu erkennen, daß sich Hitler selbst für dieses Amt vorgesehen hatte. Jedenfalls stieg Göring nun voll in die Arena. Er inszenierte einen seiner grandiosen Wutausbrüche: »Was glauben sich diese vorsintflutlichen Schlachtrösser eigentlich noch leisten zu können! Mein Gott – ein toter Generalfeldmarschall! Das hätte uns in dieser verdammt scheußlichen Situation gerade noch gefehlt! Solch einen aufdringlich konservativen Scheißkerl wie diesen Fregattenkapitän sollte man erschießen!«

Worauf er unverzüglich mit Hitler telefonierte. Der schien vorübergehend verstummt. Doch dann sagte er lediglich: »Eine Schweinerei sondergleichen!« Das genügte. Göring setzte sich unverzüglich mit Heydrich in Verbindung:

»Nun ist wohl keine Zeit mehr zu verlieren! Wir müssen endlich aufs Ganze gehen, wenn wir nicht riskieren wollen, daß da womöglich noch so ein paar Halbirre auftauchen, die unser schönes Konzept versauen. Nun nichts wie ran an den erkannten Feind!«

9
Hemmungslose Treibjagd

Aus dem Bericht des Regierungsrates im preußischen
Innenministerium Dr. Erich Meller

Es war nun so, wie der Oberst Oster das ausdrückte – bemüht, seine Empörung zu überspielen: ›Da haben wir den
Salat! Eine Pleite auf der ganzen Linie!‹ Das hörte sich wie
ein Vorwurf an – und zwar mir gegenüber.

›Ich entsinne mich nicht‹, entgegnete ich ihm, ›damit beauftragt gewesen zu sein, den Generaloberst Fritsch zu beraten.
Das war deine Angelegenheit. Und allein dessen passives
Verhalten, offenbar aufgrund unzulänglicher Aufklärung
über seine Situation, hat diese Vorgänge derartig heikel werden lassen.‹

›Was versuchst du mir da anzulasten, Freund Meller‹,
fragte Oster nicht ohne Schärfe. ›Sollte ich etwa nicht mehr
dein Vertrauen besitzen?‹

Ich erkannte endlich, worauf wir uns da einzulassen im Begriff waren. Das war in unseren Reihen der fürchterlichste
Fehler, dem wir immer wieder verfielen: Wir betrachteten den
anderen niemals ganz ohne Mißtrauen. Die permanente Be-
lastung, die immer intensiver werdende Bedrohung unseres
Lebens ließen derart gefährliche Anwandlungen entstehen.

Auch Oberst Oster schien das einzusehen. Er lachte kurz
auf und produzierte eine Geste des Bedauerns. ›Nun ja – du

wirst verstehen, mein Lieber, daß ich mich nicht sonderlich wohl bei diesen Vorgängen fühle! Geht dir ja genauso. Eigentlich sollte ich mich wohl wundern, daß du überhaupt noch existierst – nachdem dein Schützling Huber, diese Laus im Pelz von Heydrich, offenbar badengegangen ist.‹

Über diesen Punkt konnte ich ihn, halbwegs beruhigend, aufklären: Heydrich hatte mich zu sich gebeten. Dabei war ich auf höchst Unangenehmes gefaßt gewesen; dennoch hatte ich ihn unentwegt jugendfreundschaftlich gestimmt vorgefunden. Er hatte lediglich seine etwas zu groß geratenen Ohren geschüttelt und gemeint: ›Wen hast du mir denn da untergejubelt, Mensch! Bei jedem anderen wäre ich glatt mißtrauisch geworden – doch bei dir will ich mir das nicht leisten.‹

›Ich gedachte dir einen exzellenten Fachmann zukommen zu lassen, Reinhard – und der ist einer!‹

›Zugegeben, Erich! Der ist nicht nur gut, der ist sogar zu gut – für unsere alltägliche Praxis, die der wohl nur schwer zu begreifen scheint. Der soll also zunächst einmal, das habe ich angeordnet, spazierengehen und nachdenken. Bei letzterem könntest du ihm möglicherweise behilflich sein.‹

Nach diesem Bericht reagierte Oberst Oster spontan kameradschaftlich. ›Damit bist du also zunächst aus der Schußlinie. Gut für dich, zugleich auch gut für uns. Wenn auch dein Huber damit leider ausfällt.‹

›Eben nicht, Oster! Denn nun kann der unbehindert weiter seine Materialsammlung betreiben, um den Generaloberst von Fritsch wirksam zu entlasten. Und alles, was er dabei herausfinden sollte, wird dann über mich zu dir gelangen. Und damit an denjenigen, der den Oberbefehlshaber in einem nun wohl unvermeidlich gewordenen Kriegsgerichtsverfahren zu verteidigen hat.‹

Oster nickte bedächtig. ›Du weißt vermutlich, daß inzwischen die Gestapo – ganz offiziell und mit betont höflichen

Formulierungen – von unserem Generaloberst ein weiteres ›Gespräch‹ verlangt, also ›darum gebeten‹ hat?‹

›Weiß ich, wobei dann aber, an Stelle von Huber, dieser Meisinger in Aktion treten wird.‹

›Ein ganz scharfer Hund, soweit ich orientiert bin.‹

›Aber auch ein selten dummer Hund! Wir befinden uns in einer Situation, in der wir einfach mit allem zu rechnen haben. Aber was, das frage ich dich, machen inzwischen unsere Generale?‹

Oster hob abwehrend beide Hände. ›Die warten ab! Auf das, was sich dabei entwickeln könnte. Generale sind schließlich auch nur Menschen – mit Privatleben, Sicherheitsbedürfnis, Geltungsdrang. Für wen, für was, fragen die sich, sollten sie womöglich ihren Rang, ihre nächste Beförderung aufs Spiel setzen?‹

›Und so denken alle?‹

›Glücklicherweise nicht! Doch die wenigen, die anders denken, sind eben die Ausnahme, die eine immer verbindlicher werdende Regel zu bestätigen scheint. Bei den jüngeren Offizieren ist das nicht viel anders. Doch bei denen gibt es einige, die sich noch ihre jugendlich ehrliche Unbekümmertheit bewahrt haben. Und die sind offenbar entschlossen dazu, sich zu Wort zu melden. Darauf müssen wir achten.‹«

Kriminalrat Meisinger hatte seine schöne ›Kraft-durch-Freude-Reise‹ vorzeitig abbrechen müssen. Mithin war er überaus mürrisch und gereizt; also nur zu bereit, über jene herzufallen, die ihm diesen Urlaub ›versaut‹ hatten! Auch wenn das ein Generaloberst war.

Hinzu kam, daß ihn Heydrich persönlich intensiv ›anheizte‹, wie es im Fachjargon hieß. Der ›bügelte‹ ihn, wieder einmal mehr, vorsorglich zusammen: »Nun hören Sie mir mal gut zu, Menschenskind – vielleicht zum letzten Mal! Falls Sie auch jetzt wieder versagen sollten, dürfen Sie sich als endgültig abgemeldet betrachten – dann erledige ich Sie persönlich, klar?«

»Jawohl, Gruppenführer«, bestätigte der Kriminalrat. »Aber diesmal wird es hinhauen.«

»Muß, Meisinger! Schalten Sie alle möglichen Fehlerquellen aus – ganz rigoros! Damit dieser Fritsch wie eine Zitrone ausgepreßt werden kann. Der muß damit aufhören, uns noch länger für dumm verkaufen zu wollen. Machen Sie den endlich fertig, Mann – wenn Sie nicht fertiggemacht werden wollen!«

»Der wird kalte Füße bekommen – dafür garantiere ich. Den präpariere ich, für den Prozeß!«

»Herrgott, Meisinger, sind Sie bekloppt!« Heydrich blickte ihn nahezu entgeistert an. Dann schüttelte er den Kopf. »Haben Sie denn immer noch nicht kapiert, was hier gespielt werden muß? Haben Sie das nicht einmal jetzt begriffen, nachdem es diesem Huber fast gelungen war, Ihnen das ganze Konzept zu versauen? Wir können doch kaum mehr einen Prozeß mit allen seinen möglichen Fallstricken riskieren.«

»Verstehe, Gruppenführer!« Meisinger schaltete schnell, wie geboten, den Rückwärtsgang ein. »Es kommt jetzt also darauf an, diesen Fritsch derart fertigzumachen, daß der sich zurückzieht – also aufgibt. Ist es das?«

»Das ist es! Aber eben nicht nur das, Meisinger. Für den Fall, daß der dennoch ein öffentliches Spektakel riskieren sollte, müssen Sie alle seine schwachen Stellen abgetastet haben – und zugleich unsere Position noch erheblich stärken! Das erwarte ich von Ihnen. Wagen Sie nicht, mich zu enttäuschen.«

Diese Unterredung mit seinem Gruppenführer war für

337

Meisinger Ansporn genug. Nun war das allein sein Fall, sein ganz großer! Noch einmal präparierte er, weisungsgemäß, seine beiden ›Staatsopernsänger‹, wie er die ihm zur Verfügung stehenden Hauptbelastungszeugen nannte: Schmidt und Weingartner. Die lieferte er erneut schärfsten Vernehmungsspezialisten aus, woran er persönlich intensiv Anteil nahm. Diese ›Bereinigungsverhöre‹ dauerten einige Nächte lang.

Wie erwartet, durchstand Otto Schmidt die höllenartigen Belastungen in der ›Schreckenskammer‹ der Gestapo mit Bravour. Schließlich kannte er die Methoden derzeitiger Machtausüber; er blieb also eisern bei seinen Aussagen. Meisinger hätte ihn danach beinahe umarmt.

Ganz anders jedoch verhielt sich dieser Weingartner, der sogenannte ›Bayern-Seppl‹. Der war solchen Gewaltmethoden einfach nicht gewachsen. Der brach alsbald zusammen und wimmerte nur noch vor sich hin, um schließlich keuchend zu bekennen; »Ja – ich gestehe! Dieser Generaloberst ist es nicht gewesen. Den habe ich damals im Wannsee-Bahnhof nicht bedient. Den nicht!«

Meisinger schnaufte verächtlich auf. Dann versetzte er dem vor ihm liegenden ›Bayern-Seppl‹ einen Fußtritt, gezielt in den Hintern. »Du bist eine total verkommene Arschgeige! Zu nichts zu gebrauchen!«

Damit schied Weingartner, der ›Bayern-Seppl‹, aus dem Kreis dieser ehrenwerten Belastungszeugen aus. Unmittelbar danach gelangte er in ein Konzentrationslager. Und seither hat man nie wieder etwas von ihm gehört.

Bevor sich der von Fritsch zu einem weiteren, von ihm akzeptierten Gespräch mit der Gestapo begab, erschien bei ihm Oberst Oster. Und der erklärte:»Sie müssen sich einem derartigen Verhör nicht ausliefern. Das kann man Ihnen keinesfalls aufzwingen . . .«

»Mein lieber Oster«, sagte der Generaloberst, wobei er wiederum seine schon fast peinlich wirkende Vertrauensseligkeit zu erkennen gab, »ich erstrebe nichts als eine schnelle, endgültige Klärung!«

»Deshalb aber sollten Sie sich diesen Leuten doch nicht ausliefern!« forderte Oster. »Wenn die was von Ihnen wollen, dann haben sie bei Ihnen anzutreten. Zumindest sollten Sie auf einem möglichst neutralen Ort bestehen – wo wir Sie absichern könnten.«

Der von Fritsch schüttelte seinen quadratischen Soldatenschädel höchst unwillig, wobei ihm sein Monokel entglitt. Er sagte: »Mein Leben basiert auf Vertrauen! Zu den Menschen meiner nächsten Umgebung. In steter Hoffnung auf Gegenseitigkeit.«

»Nun gut, Herr Generaloberst, ich nehme an, Sie rechnen mich dazu.«

Das wurde unverzüglich bestätigt.

Worauf mehrere Telefongespräche geführt wurden. Und zwar zwischen dem Oberkommando des Heeres und der Gestapozentrale des Reichssicherheitshauptamtes. Dabei kam es zu einem Kompromiß, den Heydrich vorschlug, Oster ablehnte, den von Fritsch jedoch annahm: ein Treffen in einer unbewohnten Villa am Wannsee.

Oberst Oster war äußerst besorgt. Schließlich glaubte er die Macharten der Gestapo hinreichend zu kennen. Und die Wahl dieses angeblich neutralen Ortes, dieser sehr abseits gelegenen Villa, ließ alle erdenklichen Möglichkeiten offen.

Dabei konnte man, zum Beispiel, behaupten, der Generaloberst habe seine Vernehmer mit der Waffe bedroht – womit sich der Tod des angeblichen Angreifers dann ohne weiteres als Folge eines Notwehraktes hinstellen ließ. Auch ein geschickt inszenierter ›Selbstmord‹ kam in Frage. Als Begründung bot sich an: Der Befragte habe unter der Last der gegen ihn vorgetragenen Beweise zur Pistole gegriffen, diese dann gegen sich gerichtet . . .

»Blanker Unsinn, Oster«, stellte der von Fritsch bei derartigen Überlegungen fest. »Ich pflege keine Waffe mit mir herumzutragen.«

»Aber – man könnte Ihnen eine solche zuschieben!«

»Wo glauben Sie denn zu leben, Oster?«

»Im Deutschland eines Hitler, Göring und Himmler – um von diesem Schakal Heydrich erst gar nicht zu reden! Und eben darauf sollten Sie sich endlich einstellen! Es geht hierbei doch gar nicht mehr nur um Ihr eigenes Leben, sondern um eine Schicksalsentscheidung unserer Nation. Vermögen sie das nicht zu erkennen?«

»Das, Oster«, sagte der von Fritsch schlicht, »mag Ihre Ansicht sein. Ich jedoch habe lediglich eine denkbar lächerliche Anklage ad absurdum zu führen. Und das ist für mich schon alles! Was Sie dabei sonst noch für wichtig halten sollten, ist allein Ihre Angelegenheit. Ich will nur hoffen, daß Sie die Folgerungen, die Sie daraus ziehen werden, auch verantworten können.«

»Das muß ich nun wohl!« sagte Oster.

Worauf Oberst Oster nunmehr bemüht war, alle erdenklichen Maßnahmen zur Absicherung dieses ›Gespräches am neutralen Ort‹ zu treffen. Er ließ jene Villa am Wannsee gründlich ›auskundschaften‹; einige seiner Spezialagenten versuchten zu beweisen, daß sie allerhand von Karl May gelernt hatten.

In ihren Berichten hieß es, es handle sich um einen abgelegen wirkenden Ort. Der sei schwer einzusehen, da von Mauern umgeben; zusätzlich abgeschirmt durch alte, hohe Kastanienbäume. Das Haus selbst: ein schloßartiger Kasten,

340

ziemlich verwahrlost, keine großen Fenster, einige vergittert. Jedoch: der Anfahrtsweg dorthin sei überschaubar, sowohl bis zum Tor als auch von dort bis zum Haupteingang.

Dementsprechend organisierte Oberst Oster, wobei er die Zustimmung des Generalobersten stillschweigend voraussetzte, dessen Hin- und Rückfahrt in einem Mercedes-Dienstwagen, der von der Abwehr gestellt wurde: ein völlig abgeschlossenes, sargschwarzes, mit dicker Stahlkarosserie und kugelsicheren Scheiben versehenes Transportmittel.

Als Fahrer dieser monströsen Staatskarosse war ein Obergefreiter namens Benniken vorgesehen. Der galt als allen erdenklichen Verkehrssituationen gewachsen, da auch als Geländefahrer ausgebildet. Unmittelbar neben ihm würde der Generaloberst sitzen – diesmal in voller Uniform. Und auf den Rücksitzen hatten zwei äußerst sorgfältig ausgesuchte Heeresoffiziere als Begleiter Platz zu nehmen: ein für Stoßtruppunternehmen ausgebildeter Mann namens Kant, und dazu ein juristisch geschulter Beamter, der Siewert hieß.

»Sie sollten entschieden Wert darauf legen, Herr Generaloberst, daß Siewert Sie überallhin begleiten darf. Also auch bei Ihrem Verhör, diesem sogenannten Gespräch. Bestehen Sie stets auf seiner Anwesenheit! Der sollte wie Ihr Schatten sein! Siewert ist absolut vertrauenswürdig. Überdies hat er Order, sich unter keinen Umständen direkt einzumischen – es sei denn, Sie würden ihn dazu auffordern. Der ist, damit dürfen Sie rechnen, mit allen diesbezüglichen gesetzlichen, auch den militärischen Bestimmungen voll vertraut.«

Der von Fritsch akzeptierte das, wenn auch dumpf schweigend, also wohl nicht ohne Protest. Immerhin fühlte sich Oster dadurch ermutigt, seine Vorsichtsmaßnahmen noch weiter auszubauen. Er befahl den Kraftfahrer Benniken sowie den stoßtrupperfahrenen Leutnant Kant zu sich.

Und die instruierte er eindeutig: »Jeder von Ihnen erhält

zwei Pistolen 08 ausgehändigt. Dazu zwei gefüllte Ersatzmagazine. Nach den mir vorliegenden Unterlagen sind Sie mit dieser Waffe gründlich ausgebildet worden. Falls es dennoch notwendig sein sollte, könnten sofort ergänzende Schießübungen stattfinden. Unnötig? Um so besser!«

»Gegen wen eventuell anzuwenden?« fragte der Leutnant.

»Entsprechend den üblichen Methoden der Gestapo, werden sich dort im Gelände und beim Haus etliche Leute aufhalten – vermutlich in voller SS-Uniform. Auf die ist sorgsam zu achten. Falls es im Bereich dieser erprobten Vernichtungstypen zum Schlimmsten kommen sollte, wenn die euch also zu stellen versuchen, eventuell sogar das Feuer auf euch eröffnen, dann solltet ihr versuchen, möglichst viele von diesen schwarzuniformierten Halunken auszuschalten.«

Leutnant Kant nickte lediglich. Der Obergefreite Benniken jedoch schien weitaus praktischer zu denken: »Aber uns dabei einfach umlegen lassen – das müssen wir wohl nicht? Sonst müßte ich vorher mein Testament machen.«

Oster überhörte das. »Das Entscheidende dabei ist dies«, fuhr er fort. »Euer Fahrzeug muß durch das Tor fahren, darauf habt ihr zu bestehen – dann weiter, bis unmittelbar zum Haupteingang hin. Und dabei dient euch dieses Auto als nahezu kugelsichere Deckung.«

»Nun gut! Nehmen wir also an: Wir müssen uns freischießen! Wobei wir hinter unserem mit Panzerplatten gesicherten Fahrzeug Stellung beziehen. Doch wie, Herr Oberst, soll es dann weitergehen?«

»Sobald dort erste Schüsse fallen sollten«, erklärte er ihnen, »die in der unmittelbaren Umgebung vernehmbar sind, werdet ihr unverzüglich massive Unterstützung erhalten. Und das sozusagen aus vollen Rohren. Auch dafür ist gesorgt.«

Oberst Oster hatte zu diesem Zweck bereits einen Hauptmann namens Both veranlaßt, sich zu einem von ihm bestimmten Zeitpunkt bei jener Villa am Wannsee mit seiner Einheit in Bereitschaftsstellung zu begeben. Bei diesem Hauptmann handelte es sich um einen erklärt nationalen Mann, einen ehemaligen direkten Untergebenen des von ihm überaus verehrten von Fritsch. Bei der Abwehr war er bereits seit längerer Zeit als ›höchst verläßlich und stets einsatzbereit‹ registriert. Die von ihm befehligte Einheit bestand aus schweren Panzern.

»Sie werden also, lieber Both«, hatte ihm Oster gesagt, »eine Art Übung veranstalten – und zwar in unmittelbarer Umgebung jener Wannsee-Villa. Einige meiner Leute, die dieses Gelände erkundet haben, werden Sie einweisen und Ihnen dann als Verbindungsmänner zur Verfügung stehen. Dabei: Alarmstufe eins. Scharfe Munition! Der Sinn Ihres Einsatzes: vorsorgliche Abschreckung. Wobei Sie sich mit Ihrer Einheit ziemlich offen zeigen können – wenn auch in einiger Entfernung. Jedenfalls dürfen diese Saukerle, mit denen wir uns hier abgeben müssen, erst gar nicht auf den Gedanken kommen, nunmehr freies Feld zu haben. Derartige Hoffnungen werden wir denen, von Anfang an, gründlich vermasseln!«

Damit waren wohl nun alle Weichen gestellt – und gewiß von beiden Seiten. Das Endspiel konnte beginnen. Und es begann, auf die Minute genau, zur vereinbarten Zeit. Darauf legte der von Fritsch, selbst bei diesem Anlaß, entschieden Wert.

Sein Fahrzeug bewegte sich, plangemäß, bis zum weitgeöffneten Tor hin, an dem zwei SS-Männer standen; dann durch dieses hindurch, bis dicht vor den Haupteingang der Villa. Hier stieg der Generaloberst aus – trotz seiner nur mittleren Größe wirkte er ansehnlich. Leutnant Kant und der Obergefreite Benniken bezogen hinter dem Fahrzeug Stellung. Siewert, der Offiziersjurist in der Uniform eines Oberleutnants des Heeres, hielt sich unmittelbar an der Seite seines Befehlshabers auf.

Am Hauseingang wurden Fritsch und sein Begleiter von Dr. Werner Best empfangen, wiederum mit betonter Höflichkeit. Dort stand jedoch auch, ein wenig im Hintergrund, Meisinger; er wurde als ›Kriminalrat und spezieller Sachbearbeiter‹ vorgestellt. Nur mühsam vermochte der seine Erregung zu unterdrücken. Er wußte, daß er sich nun wohl dem entscheidenden Höhepunkt seiner Laufbahn näherte. Diese große Aufgabe galt es zu meistern. Aber wie?

Alles, was sich hier abspielte, schien allein durch ein großzügiges Entgegenkommen beider Seiten möglich. Die Begleitung des Generalobersten durch Oberleutnant Siewert blieb unbeanstandet, ebenso wurde die Funktion Meisingers akzeptiert. Gemeinsam begaben sie sich dann, Best links von Fritsch, Meisinger und Siewert unmittelbar hinter beiden, in die verlassene Villa hinein. Dort durchschritten sie zunächst eine Halle, in der zwei SS-Männer stocksteif herumstanden. Dann erreichten sie ein sehr klein wirkendes Nebenzimmer. In dem waren lediglich zu erblicken: ein schwerer, klobiger Eichentisch, etliche Stühle, massig und zierlich zugleich: preußisches Barock, wie von Schlüter entworfen, wohl in einer Periode äußerster Langeweile. Zwei Stühle waren hinter dem Tisch plaziert – zwei davor. Dort ließ man sich nieder.

»Erlauben Sie mir zunächst eine Erklärung, Herr Generaloberst«, versicherte nun Werner Best mit verbindlicher Verbeugung. »Ich bin heute lediglich eine Art Beobachter, übe also nur eine Funktion ganz am Rande aus. Das eigentliche und hoffentlich klärende Gespräch mit Ihnen wird Herr

Kriminalrat Meisinger führen – ein anerkannter Experte. Ich darf Ihnen raten, sich ihm voll anzuvertrauen.«

Damit wähnte sich Dr. Werner Best, zumindest vorübergehend, ›außer Obligo‹. Er hatte seine Pflicht und Schuldigkeit getan, sich erkennbar bemüht und wohl auch weitgehend abgesichert. Die restliche, die Dreckarbeit hatte nun Meisinger zu erledigen, der geradezu ideal dafür geeignet schien – falls er sich nicht täuschte. Er täuschte sich nicht.

Meisinger begann dieses immer noch als ›Informationsgespräch‹ getarnte Verhör geradezu devot. Der Anblick eines der maßgeblichsten Repräsentanten des Deutschen Reiches – ein Generaloberst und Oberbefehlshaber in voller Uniform – bereitete ihm leicht hemmende Verlegenheit. Und er fragte sich: Wie war dem wohl wirksam beizukommen? Wie ließ der sich am sichersten erledigen?

»Die Ihnen bekanntgemachten Behauptungen des Otto Schmidt streiten Sie also nach wie vor ab?«

»Ganz entschieden!«

»Sie glauben also, sich keiner Schuld in dieser Hinsicht bewußt zu sein?«

»Nicht der geringsten, Herr Meisinger!«

Der redete ihn sogar mit ›Herr‹ Meisinger an, stellte der Kriminalrat befriedigt fest. Das durfte erfahrungsgemäß als Zeichen eines nicht sauberen Gewissens ausgelegt werden. Diese Sache ließ sich vielversprechend an.

Meisinger unternahm nun einige weitere Versuche, den Beschuldigten zu irritieren; er stellte intensive, wenngleich ziemlich sachliche und höfliche Fragen; doch er bekam nichts als ein beharrliches ›Nein‹ zur Antwort. Damit, so erkannte er bald, kam er nicht wirksam weiter. Er mußte also deutlicher, massiver, sogar provozierend werden, um diesen Fritsch aus seiner Reserve zu locken. Er blickte kurz zu Werner Best hinüber – der schien lächelnd-ermunternd zu nicken.

Worauf nun Meisinger loslegte. Er handelte jetzt nach dem bewährten Gestapogrundsatz: Verdacht genügt – Vorladung ist gleich Anklage – Verhöre haben zu Urteilen zu führen! »Nun müssen wir wohl, Herr von Fritsch, endlich Fraktur reden – einer Formulierung des Führers entsprechend.«

»Was Sie auch immer darunter verstehen sollten – tun Sie es!«

Meisinger begann nun in seinen Akten herumzublättern, was gewiß unnötig war. Dabei schüttelte er den Kopf und stieß zischende Laute aus, die bald belustigt, bald verächtlich, auch bedrohlich klangen. Dann aber bellte er auf:

»Nun gut – der Vorgang Wannsee-Bahnhof wird von Ihnen abgestritten, obgleich dafür unerschütterliche Zeugen existieren; zumindest einer. Was für eine Anklage ausreichen würde. Doch das ist ja nicht alles. Noch lange nicht alles!«

»Was denn – noch?« fragte der von Fritsch. Und wie übergangslos wirkte er nun gequält, verstört, sekundenlang wie unendlich hilflos. »Muß denn das alles sein?« fragte er.

»Beabsichtigen Sie, dem auszuweichen?«

»Niemals! Ich stelle mich allen Behauptungen, welche auch immer das sein mögen, um sie zu entkräften!«

Sein Begleiter, Oberleutnant Siewert, beugte sich seinem Oberbefehlshaber entgegen und starrte ihn nahezu fassungslos an. Was er dabei dachte, war auf seinem Gesicht deutlich abzulesen: Warum verbittet der sich nicht derartige Frechheiten? Warum steht der nicht entschlossen protestierend auf, um sich zu entfernen? Siewert hatte erhebliche Mühe, seinen Auftrag, sich hier unter keinen Umständen einzumischen, zu erfüllen.

Und weiter stieß Meisinger zu: »Da Sie nunmehr, Herr von Fritsch, darauf bestehen, mit weiteren Beweisen konfrontiert zu werden – damit kann ich dienen! Und zwar gleich dreifach. Zunächst handelt es sich da um jene von ihnen angeblich so

346

selbstlos betreuten Hitlerjungen – drei verschiedene. Von einem dieser Knaben, Heinz, liegt eine Aussage vor, die Sie aufs peinlichste belastet. Danach haben Sie diesen Jungen zu betasten versucht – und nicht nur seinen Hinterkopf und seine Schultern, sondern auch wesentlich weiter unten.«

»Aber – das ist doch – einfach schmutzig!« rief der von Fritsch aus, zutiefst peinlich berührt. Er meinte diese ›Zeugenaussage‹; nicht etwa die Tatsache, daß man sich ihm gegenüber erlaubte, derartig Haarsträubendes vorzubringen.

»Ferner«, fuhr Meisinger mit gleicher Schärfe fort, »existiert eine Aussage, eine gleichfalls eindeutig belastende; und zwar die eines gewissen Krause, Konstantin. Bei dem handelt es sich um einen Ihrer ehemaligen Stallburschen – als Sie noch Regimentskommandeur waren. Und der ist bereit zu bezeugen, daß Sie ihm höchst eindeutige, also geschlechtlich abwegige Angebote gemacht haben.«

»Absurd«, würgte von Fritsch hervor. Seine Gesichtshaut rötete sich stark, er preßte die Hände erregt ineinander. »So was hat es niemals gegeben!«

»Drittens, schließlich«, tönte Meisinger, geierhaft zustoßend, »liegt die Aussage eines ehemaligen Leutnants Kern vor. Bei dem handelt es sich um einen Ihrer Ordonnanzoffiziere, der dann jedoch seinen Dienst quittieren mußte – auf Ihre Veranlassung. Worauf er zur Partei überwechselte. Er ist nunmehr SA-Brigadeführer in Pommern. Wissen Sie noch, warum er damals geschaßt wurde?«

»Er wurde nicht ›geschaßt‹, wie Sie sich zu formulieren erlauben. Er wurde verurteilt und entlassen. Wegen schwerer, wiederholter finanzieller Veruntreuungen – so weit ich mich erinnere.«

»Das meinen Sie! Doch der gibt zu Protokoll, Sie hätten ihm unsittliche Anträge gemacht, die er entschieden abgelehnt habe. Allein deshalb mußte er damals verschwinden, weil er Ihnen nicht hörig genug war! So, nur so ist es gewesen, Fritsch!«

Der Generaloberst streckte jetzt beide Hände weit abwehrend aus. Sein Gesicht war von bestürzender Leere. Selbst Dr. Werner Best wirkte geradezu mitleidsvoll besorgt. Meisinger glaubte endlich triumphieren zu können.

Nunmehr jedoch mischte sich Oberleutnant Siewert ein, unhaltbar erregt, seinen Auftrag als schweigender Beobachter vergessend: »Ich protestiere ganz entschieden gegen derartige Methoden! Jedem Beschuldigten steht ein Rechtsberater zu! Beschuldigungen, gleich welcher Art, müssen überprüft werden können. Volle Einsicht in die Vernehmungsunterlagen ist zu gewähren!«

»Schon gut, schon gut, mein Lieber«, beschwichtigte Dr. Best, nicht unbesorgt. »Ich glaube Sie zu verstehen – durchaus! Doch Sie sollten begreifen, daß wir hier lediglich versuchen, ein klärendes Gespräch zu führen, Herr Siewert!«

»Dabei sollten Sie jedoch nicht vergessen, mit wem Sie es zu tun haben: mit dem Oberbefehlshaber des Heeres! Es mutet einfach ungeheuerlich an, wenn der Herr Generaloberst Freiherr von Fritsch auf hinterhältig verletzende Weise mit ›Fritsch‹ angeredet wird! Das verbitten wir uns!«

»Sie!« rief nun Meisinger angriffswütig. »Wer sind Sie denn? Was berechtigt Sie dazu, sich hier einzumischen, junger Mensch! Wie kommen Sie mir vor?«

»Das reicht!« meinte nun Dr. Best; diesmal energisch. »Ich erlaube mir, nunmehr ein Gespräch unter vier Augen vorzuschlagen – zwischen Herrn von Fritsch und mir. Zwecks letzter Klärungen. Darf ich gefälligst darum bitten!«

Bei dieser abermaligen Unterredung ›unter vier Augen‹ gab es erneut einen Zeugen: den Oberleutnant Siewert. Der bestand beharrlich darauf, sich nicht von seinem Generaloberst trennen zu lassen; was endlich akzeptiert wurde. Mit einer einzigen Einschränkung: Er habe sich möglichst weit im Hintergrund aufzuhalten.

»Wahrhaft scheußlich, das alles, Herr Generaloberst«, versicherte dann Dr. Werner Best, der Rechtsexperte des Reichssicherheitshauptamtes, mit wohlklingendem Bedauern. »Aber damit müssen wir wohl fertig werden – und zwar positiv, dem Verlangen des Führers entsprechend.«

»Ich vermag einfach nicht zu begreifen, wie man mir so etwas überhaupt zumuten konnte?« stöhnte von Fritsch. »Ausgerechnet mir!«

»Es handelt sich hier, Herr Generaloberst«, beruhigte Dr. Best, »lediglich um das, was man Polizeiroutine nennt. Diese Leute leiden offenbar unter einem beständigen Verfolgungszwang; sie vermögen einfach nicht zu begreifen, daß es selbst dabei feinere Unterschiede geben könnte, die unbedingt berücksichtigt werden müssen. Nicht zuletzt, wenn es sich dabei um das Ansehen unseres Reiches handelt – um die Staatsräson.«

»Um meine Ehre!«

»Ganz gewiß, Herr Generaloberst! Um die Ehre eines Mannes, der eins der höchsten Staatsämter bekleidet. Sie und das deutsche Heer sind nicht nur in der Öffentlichkeit eine Einheit. Mithin ist Ihre Ehre zugleich jene der Armee! Dürfen wir das leichtfertig gefährden? Das bitte ich zu bedenken!«

Der von Fritsch schwieg bedrückt. Sein sonst so väterlichwürdig wirkendes Gesicht erschien jetzt bleich und schlaff. Der Kopf mit der hohen Stirn, den straff seitwärts gekämmten Haaren mit dem scharfen Mittelscheitel war tief gesenkt; man konnte sich des Eindrucks kaum erwehren, dieser Mann beuge nun ergeben, erledigt, sein Haupt.

Werner Best stieß nach: »Dabei darf es, Herr von Fritsch, unter keinen Umständen zu einem öffentlichen Prozeß kommen! Den will niemand, schon gar nicht der Führer.«

»Aber ich bestehe darauf!« sagte der Generaloberst – leise, aber überaus deutlich. »Ich verlange eine endgültige, einwandfreie Klärung.«

»Das sollten Sie sich ganz genau überlegen!« rief Dr. Best in geradezu beschwörendem Ton; seine Besorgnis war spürbar ehrlich. »Ein derartiges Gerichtsverfahren könnte die fürchterlichsten Folgen zeitigen – und zwar für Sie, für das Ansehen des Heeres, für uns alle!«

»Nicht jedoch, wenn es in diesem Lande noch Gerechtigkeit gibt – woran ich glaube. Glauben will!«

»Bravo!« rief Oberleutnant Siewert gedämpft aus dem Hintergrund.

»Mischen Sie sich da gefälligst nicht ein, Herr Oberleutnant«, rief Dr. Best ihm zu. »Sie vermögen ja gar nicht zu ahnen, worum es hier letzten Endes geht!« Dann wandte er sich wieder an den Generaloberst, um ihn weiter zu beschwören: »Sehen Sie doch endlich ein, Herr von Fritsch, welch fatale Situationen sich bei einer Ehrengerichtsverhandlung, angesichts dieser Unterlagen, ergeben könnten! Der Führer will das nicht – er verehrt Sie sehr. Und für uns alle, die wir uns nichts anderes als ein sauberes, angesehenes, unbeflecktes Deutschland wünschen, sind Sie eine Symbolfigur. Die wir uns, möglichst unversehrt, erhalten wollen!«

Aber den Generaloberst beherrschte nun äußerste, wie triebhaft erscheinende Entschlossenheit, die sich jedoch keineswegs in erhöhter Lautstärke oder mit erkennbarer Forschheit äußerte. Er stellte lediglich fest: »Ich wünsche keine interne Bereinigung dieser Vorgänge. Ich verlange vielmehr die absolute Klarheit, die offizielle Feststellung der Wahrheit. Das gebietet mir mein Ehrbegriff.«

»Womit Sie etwas heraufbeschwören, Herr Generaloberst, wozu Ihnen niemand mit gutem Gewissen raten kann. Denn sobald Sie beharrlich weiter auf einer derartigen Klärung bestehen, muß eine offizielle Anklage erhoben werden; völlig unvermeidlich. Sofern Sie auf einer derartigen Klärung bestehen, müßten Sie auch alle Ihre Ämter niederlegen. Bedenken Sie das gut!«

»Da gibt es nichts mehr zu bedenken«, erklärte der Oberbefehlshaber des Heeres. »Ich bestehe auf einem Ehrengerichtsverfahren. Ich fordere ein Urteil!«

Aus dem Erich-Meller-Bericht
»Nunmehr auf jede tarnende Absicherung verzichtend, traf ich mich noch am gleichen Abend mit Oberst Oster. Wir speisten bei Horcher am Kurfürstendamm. ›Diesmal‹, versicherte der Oberst, offenkundig heiter gestimmt, ›sollte uns einfach nichts zu teuer sein, das denkbar Beste ist also gerade noch gut genug.‹

›Was glaubst du wohl feiern zu können, Oster?‹ wollte ich wissen.

›Vermutlich nichts Geringeres als die Wiederauferstehung jener Legende vom letzten Preußen!‹ Er verlangte Champagner, gewissermaßen als Aperitif. ›Der Generaloberst von Fritsch hat sich endlich als das erwiesen, was wir immer in ihm sehen wollten: als ein Fels in der Brandung!‹

›Sollte der sich tatsächlich auf eine Gerichtsverhandlung eingelassen haben?‹

›Unbeirrbar! Der ist ganz groß gewesen – geradezu eisern!‹

›Und das gegen ihn gesammelte Material – hat ihn das nicht beeindruckt?‹

Oster winkte ab, die Speisekarte schwenkend. ›Dessen mögliche Tragweite scheint der gar nicht erkannt zu haben.‹

›Aber das könnte doch unter Umständen sehr schlimm für ihn werden.‹

›Nicht unbedingt! Schließlich bin ich bereits dabei, für ihn, im Einvernehmen mit General Beck und dem engeren Stab des Oberbefehlshabers, den denkbar besten Rechtsbeistand zu mobilisieren; einen Mann von Rang, Ansehen und Gewicht.‹

Da konnte ich eigentlich nur noch staunen, und zwar über Osters Optimismus. ›Und das alles glaubst du dir leisten zu können? Solltest du etwa der Ansicht sein, daß derartige Unternehmungen deinem Chef, Admiral Canaris, verborgen bleiben? Schließlich gilt der immer noch als einer der maßgeblichsten Berater Hitlers. Der soll ihn, innerhalb der letzten neun Monate, achtzehnmal zu intensiven Gesprächen empfangen haben.‹

›Einundzwanzigmal! Doch du kennst Canaris nicht. Intrigen gehören untrennbar zu seinem Metier; Absicherungen, nach möglichst allen Seiten, auch. Klar weiß der, was ich da so treibe – doch offiziell will er es nicht wissen, auch nicht andeutungsweise. Geht alles in Ordnung – nun gut! Geht was schief – dann wird eben gegen die sogenannten Verantwortlichen rücksichtslos vorgegangen.‹

›Also gegen dich! Trotzdem willst du mir sehr zuversichtlich vorkommen. Warum?‹

›Nicht zuletzt, Freund Meller, weil ich die größten Hoffnungen auf die von dir angesetzte Geheimwaffe Nummer eins setze – auf deinen Huber! Und mit dem ist doch, wie du angekündigt hast, voll zu rechnen – wie?‹

›Mit dem ist zu rechnen‹, sagte ich – nicht ohne Bedenken.

Denn unmittelbar bevor ich an diesem späten Abend mit Oberst Oster zum Essen gegangen war, hatte ich eine Begegnung mit Huber gehabt. Und die hatte mich keinesfalls beglückt, vielmehr mit wuchernder Besorgnis erfüllt. Denn der glaubte mir erklären zu müssen:

›Sie sollten sich nun wohl darauf einstellen, Herr Dr. Meller, mich nur höchst flüchtig gekannt zu haben – ich werde das jederzeit bestätigen. Ich habe also, Ihrer Anforderung entsprechend, auf Weisung des Berliner Polizeipräsidiums, amtliche Unterlagen in Ihrem Büro abgeliefert. Dabei sind wir uns nur einige wenige Male begegnet. Ich wußte nicht, nicht genau, wer Sie waren; Sie wußten nicht, wer ich war. Und schon gar nicht vermochten Sie zu erkennen, was mir möglicherweise zuzutrauen wäre!‹

›Was soll denn das, mein Lieber?‹

›Bemühen Sie sich um alle erdenklichen Absicherungen! Falls bei Ihnen ein Terminkalender existieren sollte, in dem mein Name steht – vernichten Sie den! Reißen Sie die Seite mit meiner Telefonnummer aus Ihrem Notizbuch! Sofern bei Ihnen zu Hause oder in Ihrem Sekretariat Aufzeichnungen über mich vorhanden sind – nichts wie weg damit! Das könnte Sie einigermaßen absichern, gegen Ihren Jugendfreund Heydrich. Und Sie dann, hoffentlich, überleben lassen.‹

›Mann Gottes, Huber, lieber Freund – was muten Sie mir da zu?‹

›Das ist keine Zumutung, wenn wir nun darauf hinzuarbeiten haben, daß hier nicht gleich zwei Männer krepieren – sondern, wenn's denn sein muß, nur einer. Das müssen wir mit allen dieser Zeit entsprechenden Mitteln erreichen. So werde ich versichern, Ihnen stets mißtraut, Sie für einen Ehrgeizling und Opportunisten gehalten zu haben. Während Sie etwa behaupten können: Irgendwie überspannt fachidiotisch sei ich Ihnen schon immer vorgekommen; doch für derart schleichend negativ eingestellt hätten Sie mich nicht gehalten!‹

Als Huber diese ungeheuerlich erscheinenden Erklärungen

abgab, wirkte er überaus gelassen, freilich ein wenig erschöpft, fast krankhaft bleich; er hatte die Augen nahezu geschlossen. Dann sagte er: ›Ich will hier nun nicht mehr unbedenklich mitmachen. Ich will lediglich noch dies versuchen: einem erbarmungswürdig guten Mann zu seinem Recht zu verhelfen. Falls mir das gelingt, würde mir mein Leben, auch wenn ich es verlieren sollte, dennoch sinnvoll erscheinen.‹

Worauf mich eine Erkenntnis überkam, die mich niederdrückte: Wenn einer zum wahren Opfer des Sumpfes dieser Blomberg-Fritsch-Affäre geworden war – dann er! Ein kleiner namenloser Beamter – jedoch mit einem wahrhaft imponierenden Verantwortungsbewußtsein ausgestattet.

›Überstürzen wir nichts!‹ riet ich ihm – selbstverständlich vergeblich. ›Hier scheint, selbst jetzt noch, so gut wie alles offen zu sein. Rechnen Sie damit, daß es auch noch ein anderes Deutschland gibt.‹

Er lächelte – mit Nachsicht.«

In diesen Tagen hatte Adolf Hitler prompt bestätigt erhalten, was er erhofft und erwartet hatte: Generale streiken nicht! Deutsche schon gar nicht. Sie maulten und murrten lediglich, was gewiß zu verkraften war.

Und wenn es sich hierbei auch, seit dem sogenannten ›Röhmputsch‹ im Jahre 1934, um die vielleicht gefährlichste Krise in seinem Machtbereich handelte – auch sie schien sich nun zu lösen. Noch dazu auf vielversprechende Weise. Diese Generale jedenfalls waren kein sonderliches Problem. Sie ließen sich fast mühelos auseinanderdividieren!

Wohl versuchte Hitlers neuer Oberbefehlshaber des Heeres, also der General von Brauchitsch, beharrlich weiter für sich die eine oder andere Position auszuhandeln – doch das war zu erwarten gewesen, ließ sich bereinigen: Entgegenkommen löst Entgegenkommen aus. So etwa wurde Hitlers Forderungen zugestimmt: Der eine oder andere Wehrkreischef müsse weg, da seine Gesinnung nicht überzeugend sei. Brauchitsch legte Wert auf das Verbleiben des Generals von Rundstedt im Amt. Das wurde ihm zugestanden. Nachdem er sich bereit gezeigt hatte, auf den General von Leeb zu verzichten.

Dieser Kuhhandel mit Generalen funktionierte denkbar perfekt. Hitler genoß diesen Zustand sehr. Immer ungenierter stellte er seine Forderungen.

»Da wir hier nun gerade dabei sind, mein lieber Brauchitsch, ein großes, unbedingt notwendiges Aufwaschen zu betreiben, sollten wir auch unseren Göring nicht vergessen. Denn der hat sich bei diesen Vorgängen, auch für Sie, ziemlich wacker geschlagen. Und eben dafür sollte er belohnt werden; meinen Sie das nicht auch?«

»Durchaus, mein Führer!« versicherte der von Brauchitsch, wobei er jedoch nicht ganz unbesorgt blickte. »Gedenken Sie ihn etwa zum Oberbefehlshaber der Wehrmacht zu ernennen?«

»Bitte, mein Lieber, verkennen Sie mich nicht! Meinem Göring gedenke ich lediglich ein freundliches Zugeständnis zu machen, eine offizielle Ernennung, die in der Praxis nicht allzuviel bedeutet, ihn aber beruhigt und ehrt. Ich hatte zunächst die Absicht, ihm den Rang eines Luftmarschalls zu verleihen. Es wurde jedoch eingewendet, Luftmarschälle gebe es bereits einige – und zwar in Großbritannien. Was gewiß zu berücksichtigen ist. Mithin beabsichtige ich, unseren Göring zum Generalfeldmarschall zu ernennen. Was dagegen?«

»Warum sollte ich, mein Führer! Zumal dann nicht, wenn es sich dabei, falls ich Sie richtig verstanden habe, lediglich um eine Art Ehrung handelt.«

»Um nichts weiter!« bestätigte Hitler. »Göring wird also

355

diesen Rang erhalten, bleibt aber weiter lediglich Oberbefehlshaber der Luftwaffe. Und da wir nun mal schon dabei sind, dafür zu sorgen, daß hier endlich am richtigen Ende des Strickes gezogen wird – was halten Sie von unserem derzeitigen Außenminister?«

»Der Herr von Neurath? Der ist doch wohl, soweit ich das übersehen kann, ein höchst ehrenwerter Mann, mein Führer.«

»Gewiß, ganz gewiß! Überaus ehrenwert – durchaus. Aber doch wohl, leider, nicht mehr jung, also nicht dynamisch genug – für all das, was nun sehr schnell auf uns zukommen wird. Wir werden ihn also ablösen lassen – und zwar durch Herrn von Ribbentrop. Worauf jedoch Herr von Neurath, sozusagen zum Ausgleich, die Treppe hinauffallen wird. Ich gedenke ihn zum Leiter meines Geheimen Kabinettsrates zu ernennen.«

Was man sich darunter vorzustellen hatte, wußte der von Brauchitsch nicht. Das wußte wohl niemand. Mochte sich die Bezeichnung ›Geheimer Kabinettsrat‹ auch noch so eindrucksvoll anhören – sie besaß nicht die geringste politische Bedeutung. Die Einführung dieser Institution war nichts wie ein Vernebelungsversuch mehr – in dieser Welt voll kleiner Götterdämmerungen.

Hitler gedachte nun tatsächlich ganze Arbeit zu leisten. Wobei es seine erprobt wirksame Taktik war, seine Ansichten stets von anderen bestätigen zu lassen – sie also mitverantwortlich zu machen. So hatte er, zugleich mit der Erledigung seines Außenministers, die Ablösung etlicher Botschafter beschlossen. Zu denen gehörte auch Ulrich von Hassell in Rom; der war unschwer als nicht zuverlässig genug zu erkennen.

Auch wollte dem Führer der ihm immer unbequemer werdende Finanzminister Hjalmar Schacht nun endlich als entbehrlich erscheinen. Anstelle dieses angeblichen Geldgenies gedachte er einen gewissen Funk mit dessen Ministeramt zu betrauen. Und wenn auch dieser Funk angeblich eine halbweltweit bekannter Männerfreund war – seine Ernennung erfolgte fast genau im gleichen Augenblick, als die Anklageschrift gegen von Fritsch zusammengestellt wurde.

Am 4. Februar 1938 hatten sich, wie angeordnet worden war, die leitenden Generale der Wehrmachtsführung, der Wehrbezirke 1 bis 6, Ostpreußen bis Bayern, in Berlin zu versammeln. Zu dieser Veranstaltung waren etwa drei Dutzend gehorsam angereist. Sie fanden sich um 14 Uhr im Reichskriegsministerium ein.

Die Stimmung durfte wohl als recht gedämpft bezeichnet werden, jedoch nicht als hoffnungslos, keinesfalls als aggressiv. Einige kleinere, sich dabei bildende Gesprächsgruppen wirkten sogar mäßig amüsiert. Das auch dann noch, als die Oberbefehlshaber der drei Wehrmachtsteile einmarschierten. Das geschah in dieser stets eingehaltenen Reihenfolge: erst das Heer, also von Brauchitsch – dann die Luftwaffe, Göring – schließlich die Marine, immer noch Raeder. Diese Repräsentanten stellten sich stocksteif in Position.

Unmittelbar danach erschien der Führer und Reichskanzler. Hitler wurde begleitet von General Keitel und seinem Wehrmachtsadjutanten, Major Schmundt. Der Führer schien bedrückt. Er hielt den Kopf leicht geneigt, sein Gesicht schien wie von schwer auf ihm lastenden Sorgen gezeichnet.

Als er jedoch vor seinen Generalen stand, richtete er sich auf. Und sogleich versuchte er sie in seinen Bann zu ziehen: entschlossen fordernd, unerschütterlich überzeugt von sich, von seinem Wesen. Von seiner Sendung.

Zunächst war es, als suche Adolf Hitler mühsam, nahezu qualvoll nach Worten. Um dann jedoch, gleich einem plötzlich geforderten Motor, auf vollen Touren zu laufen. Dröhnende, röhrende Töne stieß er aus, die Anklage und Beschwörung zugleich bedeuteten. Doch dann ließ seine Sprache wieder grübelndes Nachdenken erkennen, das letzte Tiefen auszuloten schien. Worauf dann erneut, plötzlich hervorbrechend, seine Sätze wie Geschosse auf die beeindruckten Zuhörer niederprasselten.

Alles das mutete ungemein spontan, wie ›aus dem Herzen kommend‹ an. Menschen, die nicht zu seiner unmittelbaren Umgebung zählten, pflegte so etwas mächtig zu imponieren. Nur sehr wenige kannten ihn wirklich.

Denn selbstverständlich war nichts davon improvisiert. Hitler hatte sich, wie in solchen Fällen immer, gründlich darauf vorbereitet, vermutlich hatte er die wichtigsten Phasen seiner Darbietung sogar vor dem Spiegel eingeübt. Er war der bedeutendste Charakterdarsteller Deutschlands – und seine Vorstellung an diesem Tag durfte wohl als eine der glänzendsten seiner Laufbahn bezeichnet werden.

Folgendes führte er aus: Er bedauere es sehr, die verehrten, überaus geschätzten Herren der Generalität hierherbemüht zu haben. Das sei jedoch in schwerer Sorge, aber auch mit großem Vertrauen geschehen. Denn er wisse sich mit ihnen einig: Die Ehre und das Ansehen der Wehrmacht müsse ihnen allen heilig sein; das sei zu bewahren – um jeden Preis. »Sie dabei hinter mir zu wissen, eng um mich geschart, damit sollte, müßte sich wohl jede erdenkliche Schwierigkeit überwinden lassen.«

Punkt eins dabei: die Position des Herrn von Blomberg! Ihm voll zu vertrauen, wäre er, Adolf Hitler, stets bereit gewesen! Doch der habe sich dann, leider, nicht in erhoffter Vollkommenheit als der entscheidende Ratgeber und entschlossene Soldat erwiesen. Das, bedauerlicherweise, schon damals nicht, als es um die Remilitarisierung des Rheinlandes durch deutsche Truppen ging. Blomberg habe ihm, erinnerte sich Hitler betrübt, besorgt davon abgeraten. Er habe also die Franzosen und ihre kleinkrämerischen Verbündeten maßlos überschätzt.

»Mein Entschluß jedoch, hierbei das scheinbar Äußerste zu wagen, hat sich inzwischen als absolut richtig erwiesen. Das ist nunmehr bereits Geschichte. Was Sie mir gewiß bestätigen werden, verehrte Herren.«

Das schien eine Art Aufforderung zum Applaus zu sein. Doch keiner aus dieser Generalsversammlung zeigte sich bereit, hierzu irgend etwas zu bekunden. Drei Dutzend Generale muteten wie eine geduldige Schafsherde an – wenn auch wie eine von edler Rasse.

Hitler fuhr fort: Das wäre ja alles noch zu verkraften gewesen! Denn schließlich habe Blomberg auch sehr gute soldatische Eigenschaften besessen: Treue und Gehorsam! Wofür man ihm danken müsse. Die hier versammelten Herren, sicherlich artverwandten Geistes, würden diese seine Ansicht gewiß billigen.

Doch inzwischen sei etwas überaus Bedauerliches geschehen. Man könne es auch als ein sehr menschliches, wenn nicht gar allzumenschliches Unglück bezeichnen. »Etliche Offiziere, auch Generale aus Ihren Reihen, haben mich vorsorglich und mit aller wünschenswerten Deutlichkeit darauf hingewiesen, daß sich daraus ein staatsgefährdender Zustand ergeben könnte.«

Die meisten der um Hitler wie in einem germanischen Halbkreis versammelten Generale machten den fatalen Eindruck, überaus verwundert zu sein. Allerdings gab es dabei auch einige, wenn auch nur geringfügige Variationen: dort mehr vorsichtiges Erstaunen, hier mehr ungläubige Verwirrung. Doch allgemein: lähmende Erwartung. Der Führer durfte sich ermuntert fühlen.

Worauf er dann, schnell nachstoßend, verkündete: »Mithin war es unvermeidlich geworden, einen Nachfolger für den gesellschaftlich beklagenswert entgleisten von Blomberg zu suchen. Dafür wäre an sich kein Geringerer in Frage gekommen als der Generaloberst von Fritsch. Doch inzwischen haben sich Tatsachen herausgestellt, die Ihnen vermutlich nicht unbekannt geblieben sind – die ich also berücksichtigen muß, so schwer mir das auch fällt. Was Sie jedoch, meine Herren Generale, gewiß verstehen werden.«

Einer von denen jedoch, der dicht neben Generalstabschef Beck stand, leistete sich, sehr vorsichtig, sehr höflich, die Frage: »Ist das denn schon so gut wie amtlich, mein Führer?«

Hitler darauf: »Herr von Fritsch persönlich hat – nach Einblick in die gegen ihn vorgebrachten Beschuldigungen – um ein klärendes Ehrengerichtsverfahren ersucht. Er hat darauf bestanden! Eine Entscheidung, die wir nun wohl respektieren müssen.«

Die Generale schwiegen. Das Ausbleiben jeder erkennbaren Reaktion pflegte der Führer stets als Zustimmung auszulegen. Eine gewisse durchaus vorhandene Unruhe übersah er bereitwillig. Die zählte nicht.

Die Generale waren bemüht, ihr Unbehagen zu verbergen. Sie schwankten zwischen Staatsräson, Machtbewußtsein, Ehrgefühl. Sie wußten nicht recht, wie sie zu reagieren hatten. Ihr Führer jedoch, instinktsicher wie immer, schmetterte ihnen nun eine Ankündigung entgegen, die sie wahrhaft sprachlos machte. Er lieferte ihnen, mit einer scheinbar nüchternen Zahl, den überwältigenden Beweis für ihre Bedeutung.

Er verkündete: »Für Sie – also für unsere Wehrmacht, mit der wir allerhöchste Ziele erstreben – darf uns nichts zuviel, nichts zu teuer sein! Ich habe dementsprechend vorgesorgt –

trotz zahlreicher Widerstände so mancher Art. Und zwar gelang es mir, für unsere Streitkräfte eine Summe von einer Größenordnung bereitzustellen, die absolut einmalig sein dürfte – und zwar in der Militärgeschichte aller Länder, aller Zeiten! Es handelt sich um den Betrag von neunzig Milliarden Reichsmark!«

Und das war, in der Tat, eine atemberaubende Feststellung. Die hier um Hitler Versammelten, alles Fachleute, wußten: Nicht einmal jene enormen Summen, welche die vernichtenden Materialschlachten des Ersten Weltkrieges gekostet hatten, ließen sich mit der genannten Zahl vergleichen.

»Ich bitte, meine Herren Generale, um Ihr uneingeschränktes Vertrauen. Ich werde stets nichts wie meine Pflicht tun. Tun Sie die Ihre!«

Worauf sie entlassen waren und staunend verstummt davontrabten. Hitler sah ihnen beglückt nach. Nun gehörte diese Wehrmacht ihm!

Der Prozeß gegen den Generaloberst von Fritsch – wegen zu vermutender Verstöße gegen den Paragraphen 175 des Strafgesetzbuches, Homosexualität betreffend, ein angeblich rein juristischer Vorgang, begann am 10. März 1938. Er fand im sogenannten ›Preußenhaus‹ statt. Das war ein Palais, in dem sich einst Vertreter preußischer Herrenhäuser zu versammeln pflegten.

Oberster Gerichtsherr hierbei war Adolf Hitler. Das jedoch ohne jemals persönlich in Erscheinung treten zu müssen. Das besorgte sein Göring für ihn, der nunmehr Generalfeldmarschall war, aber nach wie vor ›nur‹ Oberbefehlshaber der Luftwaffe. Der war zu diesem Schauspiel als verläßlicher Staatstheatermime abgeordnet worden.

Mit ihm zugleich traten die beiden anderen Oberbefehlshaber in Aktion; also der des Heeres, nunmehr von Brauchitsch, und jener der Marine, immer noch Raeder. Und zu denen gesellten sich, befehlsgemäß, zwei höhere Militärrichter.

Görings erste Handlung in diesem durchaus als ›Schauprozeß‹ gedachten Unternehmen bestand darin, daß er sich selbst, völlig ungeniert, zum Vorsitzenden erklärte. Das mit der wohl kaum zu erschütternden Begründung: er sei hier eindeutig, da nunmehr Generalfeldmarschall, der Ranghöchste. Wenn er den Vorsitz dieses Ehrengerichtes übernehme, tue er das wahrlich nicht gerne, aber doch wohl pflichtgemäß.

Als dann das Tribunal dieser fünf – mit Göring an der Spitze – in dem provisorischen Gerichtssaal Einzug hielt, erhoben sich, wie bei solchen Veranstaltungen üblich, alle Anwesenden. Mit einer Ausnahme: der von Fritsch blieb sitzen.

Vor ihm stellte sich, wie bemüht, ihn abzuschirmen, sein Verteidiger auf. Das war ein Rüdiger Graf von der Goltz. Bei dem handelte es sich um einen Mann allererster Wahl. Dem waren ganz erhebliche Qualitäten zuzugestehen; nicht nur juristische, auch soldatische, sogar charakterliche. Überdies galt er als überzeugter Nationalsozialist, was hier zu einigen Vorteilen führen konnte. Zumindest hatte, bis zu diesem Prozeß, niemand gegen ihn irgend etwas einzuwenden gehabt. Nicht einmal Heydrich.

Daß von der Goltz inzwischen ein bereits erhebliches Entlastungsmaterial besaß, das ihm von Huber zugespielt worden war, vermochte hier noch niemand zu ahnen. Von Oster und Meller wohl abgesehen.

Gleich zu Beginn des Staatsspektakels setzte sich Hermann Göring massig in Szene. Als der Vorsitzende dieses Ehrengerichtes verkündete er den Anwesenden, scharf fordernd:

»Hierbei handelt es sich um einen Vorgang, der als Geheime Reichssache zu bezeichnen ist. Wer Einzelheiten darüber in die Öffentlichkeit trägt, macht sich strafbar und wird zur Rechenschaft gezogen werden! Dafür sorge ich dann persönlich.« Göring ließ nicht den geringsten Zweifel daran, wer hier zu bestimmen hatte.

Sodann marschierten, von Meisinger dirigiert, die angeblichen Zeugen auf – wohlgeordnet, gut präpariert, den Generaloberst mehr oder minder belastend. Minder belastend etwa: ein ehemaliger Stallbursche des von Fritsch, aber auch einer seiner einstigen Ordonnanzoffiziere. Diese gaben höchst ausweichende Aussagen von sich – wie etwa: »Schien es so . . .« – »Hatte ich den Eindruck, daß . . .« – »Könnte immerhin eine zu vermutende Annahme sein . . .«

Sonderlich viel jedenfalls war aus diesen armseligen Kreaturen nicht herauszuholen. Auch wenn Göring sie noch so intensiv fordernd andonnerte, an ihr Gewissen appellierte, ihre Aussagen einen ›lauwarmen Seich‹ nannte. »So was darf man mir doch nicht anbieten wollen!« rief er empört aus – mit scharfem Blick zu den Vertretern der Anklage hin.

Dann jedoch erschien Otto Schmidt, den sein Meisinger vorsorglich dirigierte. Und nun schien alles ganz prall deutlich zu werden. Otto-Otto setzte sich, wie erwartet, ›ganz eisern‹ in Szene, abermals mit seinem unerschütterlich anmutenden »Der war es!«.

Doch Rüdiger Graf von der Goltz, dem Verteidiger, gelang es, diesen Zeugen, ebenso geschickt wie beharrlich, durch Kreuz- und Querfragen unsicher zu machen. Das anhand seiner Huber-Unterlagen. Die boten ihm die Möglichkeit, diesen Otto Schmidt als notorischen Kriminellen zu disqualifizieren.

Worauf Göring warnend eingriff: Wohl vermöge er einzusehen, daß der Verteidiger bemüht sei, seinen Mandanten zu entlasten. Das aber nicht dadurch – und da müsse er doch sehr bitten! –, daß er einen aufrichtig aussagebereiten Zeugen unbedenklich zu belasten versuche. »So was ist einfach nicht sauber! Aber es handelt sich hier, worauf ich nun wohl aufmerksam machen muß, um einen denkbar saubereren Prozeß!«

Eine Erklärung, zu der Brauchitsch und Raeder schwiegen. Die beiden anderen Richter auch. Abwartend.

Unverzüglich trat nunmehr, vom Ankläger aufgefordert, Meisinger in Aktion. »Sie sind Kriminalrat und mit der Leitung der polizeilichen Untersuchung beauftragt. Sie werden gebeten, zu den vorgebrachten Äußerungen des Herrn Verteidigers, betreffend den Zeugen Schmidt, Otto, Stellung zu nehmen.«

Und dieser Kriminalrat erklärte nunmehr, geradezu feierlich auf Otto-Otto weisend: Dieser Mann möge durchaus diverse Jugendsünden begangen haben – wer habe das nicht! Dabei könnte der auch mit dem Gesetz mehr oder weniger geringfügig in Konflikt gekommen sein – doch das sei längst verjährt! Der habe sich inzwischen entschieden gewandelt, sei zu einem nützlichen Glied der deutschen Volksgemeinschaft geworden, zu einem vielfach bewährten Helfer der für Recht und Ordnung sorgenden Institutionen.

»Der ist ein Mensch. Wer will ihm das absprechen?«

An diesem für den Angeklagten von Fritsch wohl äußerst gefährlich erscheinenden Tiefpunkt wurde der Prozeß unterbrochen. Das geschah am zweiten Verhandlungstag, dem 11. März 1938. Göring verkündete, ohne von den Beisitzern Zustimmung zu seinem Entschluß eingeholt zu haben: »Vertagung! Bis auf weiteres. Auf unbestimmte, doch wohl nur kurze Zeit.«

Der Grund dafür war der gerade stattfindende Einmarsch

der deutschen Wehrmacht in Österreich. Auch genannt: ›Heimholung von Hitlers Heimat in das Reich‹! Oder auch ›der Blumenfeldzug‹! Der Führer konnte triumphieren. Alle seine innenpolitischen Schwierigkeiten schienen damit in den tiefsten Schatten der Weltgeschichte geraten zu sein, also auch diese Affären Blomberg und Fritsch.

Doch die nun eingetretene Pause in diesem Ehrengerichtsverfahren wurde für den von Fritsch intensiv genutzt – mit erheblichem Erfolg. Dafür sorgte Huber. Dem gelang es, mit Hilfe von Aktendurchforschung, Abwehragenten und Kriminalpolizisten weiteres Entlastungsmaterial für die Verteidigung aufzuspüren.

Als dann, am 17. März 1938, dieser Ehrengerichtsprozeß fortgesetzt wurde, endete er sehr schnell – und absolut eindeutig. Wie zum letzten Mal schien die ›Gerechtigkeit‹ zu siegen.

Denn dem Kriminalbeamten Huber – derzeit von Heydrichs Gestapo ›beurlaubt‹ – war es inzwischen gelungen, sozusagen ›die Stecknadel im Heuhaufen‹ zu finden: Er entdeckte inmitten von Aktenstapeln des Berliner Polizeipräsidiums eine Notiz – eine amtliche! Mit Datum, Uhrzeit und exakten Einzelheiten. Diese besagte:

»Wannsee-Bahnhof, 1933, November. Registrierter homosexueller Vorgang. Teilnehmer: Weingartner, auch genannt ›Bayern-Seppl‹, als bezahlter Benutzer; karteigerecht hierselbst verzeichnet, diesbezüglich vorbestraft. Sodann als zahlender Benutzer ausgemacht; ein gewisser Frisch, Rittmeister außer Dienst, österreichischer Herkunft; bisher hier noch nicht registriert, mithin als Gelegenheitstäter anzunehmen.

Weiter: Otto Schmidt, auch genannt ›Otto-Otto‹. Dieser weitgehendst amtsbekannt, mit erpresserischen Methoden arbeitend, in einschlägiger Weise mehrfach registriert. Jedoch auch, sehr verwendungsfähig, als V-Mann tätig. Aufstellung der in diesem Fall erpreßten Summen beiliegend: Höhe, Zahlungsweise, Aushändigung: wo, wie und an wen.

Dieser Vorgang wird zunächst, weiterer Materialsammlungen wegen, zurückgestellt.«

Das bedeutsamste jedoch an dieser Aktennotiz waren deren Abzeichnungen. Einmal: ›Bestätigt. Brei.‹ Das war die Signatur des damaligen Karteiführers: Breitner, Kriminalinspektor. Dann aber: ›Erstellt. Mei.‹ Und eben dabei handelte es sich, durch vielfache Vergleichsunterlagen absolut einwandfrei nachweisbar, um den ehemaligen Kriminalkommissar Meisinger – nunmehr als Kriminalrat bei der Gestapo tätig.

Dr. Meller, dem Huber dieses denkbar prächtige Beweisstück als erstem vorlegte, war freudig erregt. Er gedachte unverzüglich alle Fritsch-Hilfskräfte zu mobilisieren – in erster Linie den Verteidiger von der Goltz, doch zugleich auch Oster und die verläßlichen Offiziere beim Oberkommando. »Das«, rief er aus, »wird einschlagen wie eine Bombe! Damit dürften wir es geschafft haben.«

Doch Huber sagte: »Nein.«

»Nein? Sagten Sie nein?« Dr. Meller wirkte nun ehrlich bestürzt. »Aber ich bitte Sie, lieber Freund – was wollen Sie denn noch mehr?«

»Möglichst eine ganze, voll überzeugende Arbeit leisten!« erklärte Huber unbeirrbar fordernd. »Aktennotizen können angezweifelt, auch als Fälschung erklärt werden. Ich will den totalen Beweis. Also werde ich versuchen, diesen Rittmeister Frisch aufzuspüren. Das sollte möglich sein, falls der noch lebt und überdies hier in Berlin lebt, wie wohl anzunehmen ist.«

»Nun gut, nun gut – nehmen wir an, Freund Huber, Sie finden diesen Mann tatsächlich! Doch wie hat es dann weiterzugehen? Glauben Sie denn im Ernst, daß der es riskieren würde, in diesem Staatszirkus als Zeuge aufzutreten?«

»Falls es mir gelingen sollte, den aufzuspüren, dann müßte der unverzüglich von Goltz oder ähnlichen Persönlichkeiten übernommen werden – etwa von Ihnen und Oster. Übernommen, also intensiv bearbeitet werden! Mit dem einzigen Ziel, ihn zu einer direkten Aussage vor diesem sogenannten Ehrengericht zu bewegen. Nur dann wäre es wohl möglich, dieses dreckig-verklebte Kartenhaus der Anklage zum Einsturz zu bringen.«

Und es gelang dann Huber tatsächlich, diesen ehemaligen Rittmeister Frisch aufzuspüren. Er fand einen darniederliegenden, von schleichender Krankheit schwer gezeichneten Mann vor. Der war, nach Ansicht des ihn betreuenden Arztes, kaum transportfähig, mithin schon gar nicht für eine Vernehmung verwendbar.

Doch dem von der Goltz gelang es, in einem längeren, erschöpfenden Gespräch diesen Schwerkranken davon zu überzeugen, daß seine Aussage von höchster Wichtigkeit wäre. Aber auch: keinesfalls gefährlich für ihn – vielmehr vorteilhaft. Denn ein derartiges Eingeständnis würde nicht nur sein Gewissen entlasten, sondern auch einen guten Mann davor bewahren, seine Ehre zu verlieren.

Diese Aussage erfolgte dann tatsächlich. Frisch, Rittmeister außer Dienst, wurde, von einem Krankenpfleger begleitet, dem Ehrengericht im Preußenhaus vorgeführt. Dort angekommen, erklärte er, wenn auch nur mühsam vernehmbar, doch bestrebt, sich mannhaft-aufrichtig darzubieten:

»Jawohl – ich bekenne, es gewesen zu sein!«

Also: Jener, der sich damals im Wannsee-Bahnhof mit einem gewissen Weingartner eingelassen hatte. Jener, der dann von Otto Schmidt erpreßt worden war. »Das zu beschwören, bin ich bereit.«

Worauf dann auch eine Bahnhofswirtin, die als Zeugin der zweiten erpreßten Zahlung in Höhe von zweitausend Mark mobilisiert worden war, und zwar von der Gestapo gegen den von Fritsch, nunmehr spontan versicherte: »Aber ja – das war der! Ganz eindeutig! Dieser Herr hat gezahlt!«

Dabei wies sie, mit weit ausgestreckter Hand, auf den ehemaligen Rittmeister, der sich nur noch mit Mühe aufrecht zu halten vermochte. Und dann wies sie, mit gleicher großer Geste, auf den Generaloberst. »Der jedenfalls ist es bestimmt nicht gewesen! Denn den, da bin ich jetzt absolut sicher, habe ich noch niemals gesehen – außer in diesem Saal.«

Nun brüllte Göring, der von sich selbst ernannte Vorsitzende dieses Ehrengerichtes, hoch theatralisch auf. Er sah alle seine Felle wegschwimmen, wie in einem Strudel davongespült. Wofür er nun auch Schuldige suchte.

»Was ist denn das!« tönte er in den Saal – seine rechte Hand betrommelte erregt die Tischplatte. »Wen hat man denn da gewagt, uns als Zeugen anzubieten? Das kann ich nur noch als bodenlose Schweinerei bezeichnen! Dieser schäbige Saukerl Schmidt ist unverzüglich abzuführen! Erschießen sollte man den!«

Das unmittelbar danach folgende Urteil war absolut unvermeidlich. Der Generalfeldmarschall Hermann Göring persönlich mußte es bekanntgeben. Mit forciert schneidender Stimme verkündete er den Spruch des Gerichts:

»Freispruch wegen erwiesener Unschuld!«

Worauf sich Göring, bereit, großspurig kameradschaftliches Empfinden zu bekunden, zum Abschluß dieses mißglückten Staatstheaters folgende Bemerkung erlaubte:

»Der Ehrenschild des Heeres, und damit seines Oberbefehlshabers, ist nunmehr rein!«

In dieser Richtung sprach sich auch ein Handschreiben des Führers und Reichskanzlers an den von Fritsch aus. In diesem Musterbeispiel für letzte Verlogenheit heißt es, am 30. März 1938, unter anderem:

›Herr Generaloberst!

Sie kennen das Urteil, durch das Ihre volle Unschuld erwiesen ist. Ich habe es dankbar bewegten Herzens bestätigt. Denn so entsetzlich der furchtbare Verdacht auf Ihnen selbst lasten mußte, so sehr habe auch ich unter den dadurch ausgelösten Gedanken gelitten.‹

Und weiter stand in diesem Schreiben:

›Ich werde dies der Nation zur Kenntnis bringen.‹

Was jedoch niemals geschah und wohl auch von den wenigen wirklichen Kennern dieser Szene gar nicht erwartet wurde. Fest stand allein dies: Hitler hatte, wieder einmal mehr, eins seiner Hochziele erreicht. Jeder erdenkliche weitere Machtmißbrauch schien sich verlockend anzubieten. Er wurde dann auch, völlig enthemmt, betrieben.

Schlußbericht
Das Ende dieser Generalsaffären

Otto Schmidt wurde, unmittelbar nach diesen Vorgängen, in ein Konzentrationslager eingeliefert. Dort vegetierte er noch bis zum Juli 1942 dahin. Das wohl in der Hoffnung, wenigstens seines Lebens sicher zu sein. Denn das war ihm, mit Gestapo-Ehrenwort, mehrfach versprochen worden.

Doch dann ersuchte Himmler seinen Hitler um die Erlaubnis, diverse, laut ärztlicher Gutachten – ›schizophrene und asoziale Geschöpfe‹ liquidieren zu dürfen.

Erlaubnis wurde erteilt. Die Liquidierung des Otto Schmidt erfolgte.

Die Ehe des unmittelbaren Nachfolgers des Generalobersten von Fritsch im Oberkommando des Heeres, also jene des Generals von Brauchitsch, wurde, nach prompter Zahlung der vereinbarten, recht großzügigen Abfindung an dessen Frau, am 4. August des Jahres 1938 geschieden. »Für Geld«, meinte Meller, »pflegte meine Großmutter zu sagen, kannst du sogar den Teufel tanzen sehen!«

Die Trauung des Generals von Brauchitsch mit seiner langjährigen Weggefährtin Charlotte Schmidt-Rüffer fand am 23. September des gleichen Jahres statt. Hitler und Göring waren anwesend; sie hatten schließlich einige Übung darin, sich an derartigen Vorgängen zu beteiligen. Auch diese

Handlung verlief ebenso würdig wie feierlich. Staatsstandesgemäß.

Die finanzielle Seite dieses Arrangements, einem unter etlichen anderen, mit denen Hitler nicht nur diverse seiner Generale einzukaufen pflegte, regelte der dafür zuständige, sich stets geschickt im Hintergrund aufhaltende Reichsleiter Bouhler. Für den gab es so gut wie nichts in dieser Hinsicht, was er nicht ins rechte Lot zu bringen wußte. Denn dessen Devise war es wohl: Nur der oder das zählt, was bezahlbar ist! Und eben das ist alles – sind alle!

Der Generalfeldmarschall Werner von Blomberg blieb fortan weitgehend isoliert. Fast schien es, als wäre er frühzeitig verstorben. Selbst als der Zweite Weltkrieg ausgebrochen war, von Hitler mutwillig vorausgeplant, durch diese Generalsaffäre ermöglicht und dann rücksichtslos ausgelöst – selbst dann noch wurde keinerlei Notiz von ihm genommen.

In einem derartigen ›Ernstfall‹, hatte der von Blomberg gehofft, würde ihm ein Truppenkommando von entsprechender Größenordnung anvertraut werden. Denn das hatte ihm Hitler nahezu feierlich versprochen. Doch als es dann soweit zu sein schien, stellte der Führer lediglich fest: »Wenn ich so was diesem Blomberg genehmige, dann muß ich das auch einem Fritsch zugestehen! Doch warum sollte ich? Ich bin heilfroh darüber, daß diese beiden isoliert, also so gut wie weg vom Fenster sind.«

So lebte denn dieser erste großdeutsche Generalfeldmarschall jahrelang ziemlich vereinsamt dahin. Wie am äußersten Rande aller Geschehnisse. Das jedoch gemeinsam mit seiner Frau Eva. Der war er von Herzen ergeben. ›Oder auch hörig‹, wie interessierte Kreise verbreiteten. Die Verleumdungen um sie schienen kein Ende nehmen zu wollen.

Als sich Werner von Blomberg nach 1945 in einem britischen Kriegsgefangenenlager aufhalten mußte, wurde er von seinen dort versammelten Generalskollegen fast ausnahmslos, wie es im Militärjargon heißt, ›geschnitten‹. Dort mußte er sich von denen geradezu verabscheut fühlen. Das selbst dann noch, als er zwischen ihnen im Sterben lag.

Doch kurz vor seinem Tod, nachsichtig lächelnd über sich, über diese Welt, bekannte er: »Schließlich bin ich sieben Jahre lang unsagbar glücklich gewesen. Mit Eva, meiner Frau – durch sie! Was – will man mehr?«

Werner Freiherr von Fritsch wurde, noch vor Ausbruch des bald so genannten ›Zweiten Weltkriegs‹, zum ›Ehrenoberst‹ des 12. Artillerieregimentes ernannt. Er übernahm es am 12. August 1938. Das geschah im Rahmen einer feierlichen Zeremonie auf einem Truppenübungsplatz in Norddeutschland, in Anwesenheit seines Nachfolgers, des Generals von Brauchitsch.

Und abermals hatte ihm Hitler ein überaus herzlich gehaltenes Handschreiben zukommen lassen. Dieses gipfelte in der Formulierung: ›. . . in dankbarer Würdigung Ihrer Verdienste um den Wiederaufbau der deutschen Wehrmacht!‹

Bei einem zu diesem Anlaß veranstalteten Bankett sollen, so wird behauptet, etwa fünfhundert Offiziere zugegen gewesen sein. Auch wird von einer Ansprache berichtet, die der von Fritsch vor seinen Kameraden gehalten habe. Diese enthielt jedoch kein Wort der Anklage, nicht die geringste Anschuldigung. Vielmehr dieses, wie zu vermuten ist, sehr ehrliche Bekenntnis:

»Ein Soldat ist nichts wie ein Soldat! Er muß also stets bereit sein, zu dienen! Das hat völlig vorbehaltlos, mit absoluter Selbstlosigkeit, zu geschehen. Ohne Rücksicht darauf, was dabei auf ihn zukommen mag!«

Werner von Fritsch kümmerte sich fortan, wie übereinstimmend bezeugt wird, hingebungsvoll um ›sein‹ Regiment. Er trug dessen Uniform, überwachte Ausbildung, Fortbildung und kämpferische Übungen. Er soll dort, so wird berichtet, besonders schöne Stunden, die letzten in seinem Leben, in harmonischer Kameradschaft verbracht haben.

Als dann der Zweite Weltkrieg begann, begleitete der von Fritsch sein Regiment in den Feldzug nach Polen. »Und wenn auch nur als Zielscheibe!« Das soll er zu einem seiner gewiß sehr wenigen Freunde gesagt haben: Er fiel dann vor Warschau, am 22. September 1939. Eine Kugel zerschmetterte seinen Schädel.

Die später offen geäußerte Vermutung, der Generaloberst habe seinen Tod bewußt gesucht, scheint sicherlich nicht zuzutreffen; jedenfalls nicht für seinen Aufenthalt in der vordersten Frontlinie, bei dem ihn dann die Kugel traf.

Denn der von Fritsch hatte sich dabei von seinem Adjutanten begleiten lassen. Den aber hätte er nicht, um seinetwillen, vorsätzlich in Lebensgefahr gebracht. Das wäre der selbstlos-noblen Art dieses Mannes nicht zuzutrauen gewesen.

An diesem Tag stellte der angeblich äußerst sachliche, oft für gemütsarm gehaltene General Jodl bei der täglichen Lagebesprechung im Führerhauptquartier fest: »Heute fiel einer der besten Soldaten, die unser Deutschland jemals hatte!« Und das sagte er, unverkennbar anklagend, direkt in das Gesicht des ihn verwundert anblickenden Führers hinein.

Der ordnete unverzüglich ein ›Staatsbegräbnis‹ an, ein denkbar würdiges! Und er bedauerte lebhaft, dabei nicht persönlich anwesend sein zu können. Mit der Gestaltung dieses Staatsaktes beauftragte er seinen Göring. Und der bewältigte auch diese Aufgabe, mit großartig tönender Verlogenheit.

Es war eben – wieder einmal mehr in der Weltgeschichte

– eine Zeit angebrochen, in der sich Henker mit schamloser Selbstverständlichkeit als Leidtragende aufzuspielen vermochten. Geistliche wurden zu Seelenbetrügern, Soldaten benahmen sich wie Kaufleute, Generale muteten wie Preisringer an.

Alles war ›sehr menschlich‹.

Nicht wenige Menschen in jener Zeit, darunter selbst jene, die einigen Einblick genommen hatten, glaubten, es bleibe ihnen nichts anderes übrig, als diese Entwicklung in Hoffnung auf Veränderung ergeben hinzunehmen. Andere versuchten, gleich gejagten Hasen, gekonnte Haken zu schlagen. Und wieder andere ließen sich willig in heimtückische Konspirationen verwickeln; sie stellten sich darauf ein, daß nunmehr ihr Leben nichts wie eine endlose Kette von Intrigen zu werden drohte.

Fast alle. Einer nicht.

Das war Huber. Den widerten derartige Vorgänge maßlos an. Ausgerechnet ihn, der in seinem Beruf wohl mit allen erdenklichen menschlichen Scheußlichkeiten konfrontiert worden war, mit der ganzen Skala aller sittlichen Entartungen.

Doch ausgerechnet der sagte zu seinem Freund Meller, wie abschließend: »Krankheiten zerstören! Kranke Menschen können wie zerstörte Tiere sein. Wohl verdienen die unser Mitgefühl; doch man muß sie isolieren und versuchen, sie zu heilen. Was jedoch dann – wenn derart zersetzte und zersetzende Elemente die Möglichkeit erhalten, über ihre Mitmenschen machtpolitisch voll zu verfügen? Kann, darf man dann noch tatenlos zusehen?«

Meller versuchte seinen Huber zu beruhigen, was ihm gar nicht leichtfiel. Seine Argumente dabei: In dieser Welt, die sich unentwegt verändere, dürfe nichts als absolut ›ewig‹ gelten. Mithin sei auch die Proklamation des ›tausendjährigen

Reiches‹ durch Hitler völliger Unsinn! Nichts wie ein Beweis mehr dafür, daß der nicht historisch zu denken vermöge.

»Aber ihr glaubt das zu können«, stellte nun Huber fest. »Höchstens ein Jahr habt ihr diesem Kerl nach seiner Machtergreifung gegeben. Dann allenfalls drei. Doch nun sind fast sechs Jahre daraus geworden. Ein Ende ist nicht abzusehen. Und jeder Tag ist zuviel!«

Dieser, sein ihm sehr lieber Freund Huber, war, das wußte Meller, überaus gefährdet. Denn er war nicht gewillt, wie es dem Geist der Zeit entsprochen hätte, im geheimen zu konspirieren. Der wollte kein Untergrundkämpfer sein, vielmehr in aller Offenheit, vor aller Öffentlichkeit, Gerechtigkeit erzwingen!

Vor derartig selbstzerstörerischen Eigenwilligkeiten suchte ihn Meller zu bewahren. Das, indem er Meisinger aufforderte, bei ihm zu erscheinen. Was mit der verlockenden Bemerkung geschah: »Es könnte sich lohnen.«

Meisinger erschien prompt. Er wirkte verbissen wie ein scharf gemachter Hund. Knurrend stieß er hervor: »Vermutlich wollen Sie versuchen, sich abzusichern – was? Sie haben also Arschsausen – wie? Denn falls alles das zutrifft, Meller, was ich vermute und schon so gut wie beweisen kann, dann sind Sie bei Heydrich, Ihrem angeblichen Jugendfreund, erledigt! Total. Und Ihr spezieller Zuträger ebenfalls!«

»Nur nicht gleich so voreilig!« warnte ihn Meller. Worauf er Meisinger ein Blatt Papier überreichte. Der griff hastig danach – und Meller erfreute sich an dessen immer starrer werdendem Blick.

»Das, Meisinger, ist lediglich eine Kopie, eine von mehreren. Das Original ist sichergestellt. Und ich brauche Ihnen wohl nicht eigens zu erklären, was diese im Fritsch-Prozeß vorsorglich nicht ausgespielte dokumentarische Aktennotiz tatsächlich bedeuten könnte. Denn die beweist ganz eindeutig: Sie waren über die tatsächlichen Vorgänge sehr gut unterrichtet! Das heißt also: dieses Dokument beweist Ihre hinterhältige Mitschuld an den falschen, gefälschten Anschuldigungen gegen den Generaloberst von Fritsch.«

Meisinger, auch jetzt ganz Praktiker, erkannte prompt die Bedeutung dieses Dokumentes. »Sie beabsichtigen doch nicht etwa, das Heydrich vorzulegen?«

»Worauf Sie, Meisinger, mit ziemlicher Sicherheit, erledigt wären! Das, allerdings, könnte ich tun. Will ich aber nicht – nicht unbedingt. Doch ich stelle eine Bedingung.«

»Sie reden von Ihrem Huber!« erkannte Meisinger mit beachtlich sicherem Instinkt. »Nun gut – das wird akzeptiert! Solange ich in Sicherheit bin, ist der es auch.«

So konnte also auch Huber, erneut im Bereich der Gestapo, wirksam weiterarbeiten. Wenn auch fortan von Kriminalrat Meisinger mißtrauisch überwacht. Der ließ ihn nie mehr aus den Augen, also an keinen größeren Fisch heran.

Doch unmittelbar nach dem Attentat 1942 in Prag, dem der inzwischen zum reichsgewaltigen Verfolger in der Tschechei ernannte Reinhard Heydrich zum Opfer fiel, war sein Meisinger bereits in die höhere SS-Laufbahn übernommen worden. Der wurde dann sogar dem Diplomatischen Korps zugemutet. Dort fand er, etwa als ›Polizeiattaché‹ der Botschaft in Tokio, einen weiteren, vielversprechenden Wirkungsbereich.

Doch dadurch ergaben sich für Huber, nun ohne seinen ›Aufpasser‹ Meisinger, ganz neue Möglichkeiten! Von dem befreit, gelang es ihm, einen Gauleiter als notorischen Notzuchtsverbrecher zu entlarven. Unmittelbar danach hob Huber einen Freudenverkehrsverein in der Berliner Masurenallee aus, der von Diplomaten und höheren Parteiführern bevorzugt wurde. Schließlich unternahm er es, Minderjährige, die zu sexuellen Orgien verführt worden waren, den Gestapokameraden aus ihren schmutzigen Klauen zu reißen.

Heydrichs Nachfolger, ein Mann namens Kaltenbrunner, sprach dann endlich das von vielen ersehnte Machtwort aus: Huber wurde, im Frühjahr 1943, in ein Konzentrationslager eingewiesen, das Flossenbürg hieß. Dort vegetierte er etliche Monate dahin.

Doch wenige Tage vor Beendigung des Zweiten Weltkrieges wurde er von beamteten Schergen nackt in einen Hof getrieben. Mit ihm stießen die SS-Leute dieses Vollzugskommandos auch einen Mann vor sich her, den Huber noch nie zuvor gesehen hatte, dessen Namen und Funktion er jedoch recht gut kannte.

Denn für den hatte er, in den entscheidenden Augenblicken der Blomberg-Fritsch-Affäre, indirekt gearbeitet – auf Anregung von Oster und Meller. Dieser Mann, der nun nackt neben ihm stand, gleich ihm zitternd in der blaßkalten Morgenluft, war ein gewisser Admiral Canaris.

Sie wurden zusammengeschossen.

Der Regierungsrat Dr. Erich Meller wurde nach dem Attentat auf Hitler, am 20. Juli 1944, von der Gestapo verhaftet, verhört und gefoltert. Er gab nichts zu, nannte keinen Namen – bis auf einen: den Görings. Und das geschah mit dem Hinweis: »Fragt den doch mal, was er davon hält!«

Und das taten sie denn auch. Worauf der nunmehrige Reichsmarschall empört, vor mehreren Zeugen, aufbrüllte: »Wie könnt denn ihr Kerle, ohne mich zu fragen, eure dreckigen Pfoten nach einem meiner besten Mitarbeiter ausstrekken! Ein Freund von Heydrich! Das verbitte ich mir!«

Hierzu Meller: »Diese Äußerung Görings rettete mir damals das Leben. Zugleich bereitete sie mir eine große Genugtuung. Bewies sie doch, was mich nicht wenig stolz machte, daß ich, was ich immer gerne geglaubt habe, auf meine Art auch ein ›Meister der Intrige‹ gewesen bin. Selbst dieser Reichsmarschall, ein anerkannter Staatstheatermime von großem Format, hatte meine Darbietungen für echt gehalten.«

Meller erkannte jedoch damals noch nicht, daß er sich damit, für die Zeit nach dem Krieg, erhebliche Schwierigkeiten eingehandelt hatte. An ihm drohten die damals noch vereint aus West und Ost der deutschen Nazizeit nachspürenden Vergangenheitsaufklärer Anstoß zu nehmen. Deren Kommentare hierzu: Eine fragwürdige Person – schwer zu durchschauen – also wohl nicht ganz unverdächtig . . .

Damit konfrontiert, erklärte Meller mit großer Gelassenheit:

»Irren, sagt man, ist menschlich. Doch allzu menschlich in diesem Sinne sollte man sich das Dasein nicht machen. Was mich stets beunruhigt, ist der beständige Versuch jener, die in dieser Welt bestehen wollen, möglichst alles zu vereinfachen, um es sich gleichsam für den alltäglichen Gebrauch zurechtzustutzen.

Da gibt es immer nur: weiß oder schwarz, gut oder böse, links oder rechts. Nichts dazwischen! Haben wir uns damit abzufinden?

Niemals!«

Unmittelbar vor seinem Tode sagte Adolf Hitler zu seinem Kraftfahrer, der dann mithalf, ihn mit Benzin zu verbrennen:
»Auf meinem Grabstein sollte stehen:

Hier ruht

das Opfer seiner Generale.«

Frau Eva von Blomberg hat das alles überlebt. Zur Zeit, da dieses Buch geschrieben wurde, hielt sie sich in Berlin auf, bewußt abgesondert, doch wohl nicht ganz einsam. Vermutlich hat sie bereits bemerkt, daß ihr ›Zerrbild in der Geschichte‹ langsam einer dringend notwendigen Korrektur unterzogen wird.

Historiker haben inzwischen nachgeforscht: Hitlers Ausspruch ›eine Hure‹ ist widerlegt. Es handelte sich um nichts anderes als um eines der übelsten Verleumdungs- und Fälschungsmanöver der Nazi-Zeit. Und dennoch wurde das, was die Nazis erzeugt hatten, nach 1945 immer wieder mit Andeutungen, augenzwinkernd, weiterverbreitet. Es war Zeit, dem ein Ende zu setzen. Wenn Frau Eva von Blomberg geb. Gruhn eine ›Schuld‹ traf, dann nur die: Die menschliche Sehnsucht nach Glück, nach Liebe in einer Zeit gefühlt zu haben, in der das Unmenschliche zum Programm formuliert war. Und einen menschlichen Mann geliebt zu haben, der den Unmenschen im Wege stand. Um dann deren Opfer zu werden, gemeinsam mit seiner Frau.

Ihr, gerade ihr den Versuch einer späten ›Wiedergutmachung‹ zukommen zu lassen, war wesentlichste Aufgabe dieses Buches:

Den Opfern der Verleumdung.

Hans Hellmut Kirst
bei C. Bertelsmann

Ausverkauf der Helden
Roman. 384 Seiten

Hans Hellmut Kirst
bei Blanvalet

**Die merkwürdige Hochzeit
in Bärenwalde**
Eine heitere Erzählung aus Ostpreußen
176 Seiten

Die seltsamen Menschen von Maulen
Heitere Geschichten aus Ostpreußen
Erzählung. 160 Seiten

Blitzmädel
Roman. 384 Seiten

Der unheimliche Mann Gottes
Erzählung. 208 Seiten

Stunde der Totengräber
Roman. 316 Seiten

HANS HELLMUT KIRST

Alles hat seinen Preis. Roman (9236)

Aufruhr in einer kleinen Stadt. Roman (8487)

Aufstand der Soldaten. Roman (6895)

Deutschland, deine Ostpreußen.
Erinnerungen an eine unvergessene Heimat (9096)

Fabrik der Offiziere. Roman (6588)

Faustrecht. Roman (6597)

Generalsaffären. Roman (3906)

Glück läßt sich nicht kaufen. Roman (3711)

Gott schläft in Masuren. Roman (6444)

Held im Turm. Roman (6615)

Kameraden. Roman (6789)

Keiner kommt davon. Roman (3763)

Kein Vaterland. Roman (6823)

Kultura 5 und der Rote Morgen. Roman (6844)

Die letzte Karte spielt der Tod. Roman (9276)

Letzte Station Camp 7. Roman (6605)

Mit diesen meinen Händen. Roman (8367)

Der Nachkriegssieger. Roman (6545)

Die Nacht der Generale. Roman (3538)

08/15 in der Kaserne. Roman. Teil 1 der »08/15«-Trilogie (3497)

08/15 im Krieg. Roman. Teil 2 der »08/15«-Trilogie (3498)

08/15 bis zum Ende. Roman. Teil 3 der »08/15«-Trilogie (3499)

08/15 heute. Der Roman der Bundeswehr (1345)

Das Schaf im Wolfspelz. Ein deutsches Leben (8658)

Verdammt zum Erfolg. Roman (6779)

Verfolgt vom Schicksal. Roman (8815)

Verurteilt zur Wahrheit. Roman (8848)

Wir nannten ihn Galgenstrick. Roman (8507)

Die Wölfe. Roman (6624)

GOLDMANN